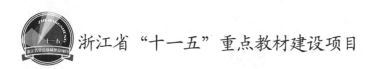

浙江省"十一五"重点教材建设项目

普通本科经济管理类精品教材系列

# 管理学原理

## （第二版）

郑文哲　　主编

科学出版社

北　京

# 内 容 简 介

本书是高等院校经济与管理类本科专业的基础课通用教材。本书吸收了国内外最新的管理理论与实践成果，用深入浅出的写作方式，全面系统，简明扼要地阐述了管理学的基本理论，从总论、管理环境、管理基础工作、职能、原理、方式和学说史等角度对管理学做了全方位的研究与介绍。与同类教材相比，本书的内容与结构新颖，突破了一般教材仅仅按照管理职能来安排内容的传统做法，拓宽了管理学的研究领域，增强了管理学科作为应用性学科的实践性。

本书可作为高等院校经济管理专业本科生教材，也可作为政府与企业经营管理人员的专业培训教材。

**图书在版编目(CIP)数据**

管理学原理/郑文哲主编. —2 版. —北京：科学出版社，2011
(浙江省"十一五"重点教材建设项目·普通本科经济管理类精品教材系列)
ISBN 978-7-03-031355-3

Ⅰ.①管…　Ⅱ.①郑…　Ⅲ.①管理学－高等学校－教材　Ⅳ.①C93

中国版本图书馆 CIP 数据核字（2011）第 104826 号

责任编辑：田悦红/ 责任校对：马英菊
责任印制：吕春珉 / 封面设计：一克米工作室

**科 学 出 版 社** 出版
北京东黄城根北街 16 号
邮政编码：100717
http://www.sciencep.com

**天津翔远印刷有限公司** 印刷
科学出版社发行　各地新华书店经销
＊

2004 年 9 月第 一 版　　开本：787×1092　1/16
2011 年 6 月第 二 版　　印张：18 3/4
2019 年 1 月第二十一次印刷　　字数：414 000
**定价：45.00 元**
（如有印装质量问题，我社负责调换〈翔远〉）

销售部电话 010-62140850　编辑部电话 010-62135763-2020 (HF02)

# 普通本科经济管理类精品教材系列
## 编 委 会

## 本书编写人员

# 第二版前言

管理学的学科特点，决定了它是一门不断发展变化着的科学，是随着社会实践的发展和人们认识的提高而不断实现理论创新的科学。有鉴于此，自2004年第一版出版后，我们密切关注经济、社会、文化日新月异的发展变化，密切关注管理学科与时俱进的理论创新，密切关注国内外高校管理学课程改革的动向与成果，不断征求使用本节的师生的意见和建议，不断反思管理学教材的体系与内容，以期对教材作进一步的调整、补充和完善。

第一版出版后，我们坚持以"什么是管理"、"怎样实现科学有效管理"两大基本理论作为管理学的主线，力图构建系统、完整的管理学教材体系。第二版在原来以总论、职能论、原理论、方式论、史论来安排全书框架与内容体系的基础上，新增加了环境论和基础论，使管理学教材的研究视角和内容体系更加多元和完整。全书由十四章组成。第一章阐明管理与管理者的含义，管理学的研究对象、学科性质、学科特点以及学习研究管理学的方法与重要性。第二章对管理学的产生、发展与演变的轨迹进行追踪与描述，理清管理学发展的历史线索，揭示管理学发展的规律、特点、趋势及对现代管理的启示。第三章对现代管理理论丛林的主要管理学派进行介绍，分析每一学派产生的背景、主要观点，并对每一学派的贡献与不足进行简要的评述。第四章对管理环境进行阐述，分析当今时代组织外部环境变化的主要趋势、特点以及对管理创新提出的要求。第五章从管理实践出发，阐述现代管理应高度重视和持续强化的各项基础工作，并对每项基础工作的内容、要求、特点和强化对策作了较为详尽的阐述。第六章到第十章为管理职能部分，我们坚持大多数管理学家认可的法约尔管理"五职能说"，把信息、决策等归入计划职能，把人员配备列入组织职能，把激励并入领导职能，把沟通划入协调职能，依次对计划、组织、领导、控制和协调各项管理职能的内涵、要求、程序及规则等做了系统阐述。第十一章到第十三章为管理原理部分，分别对系统原理、人本原理、权变原理及由上述原理派生的八项原则做了全面、系统、深入的阐述。第十四章为管理方式部分，从方法论的角度着重对目标管理方式、基于各种人性假设的各种不同管理方式进行阐述。

案例分析是公认的管理学课程的基本教学方法。本版在各章的结尾新增添了相关的管理学经典案例。另外，也对第一版的部分内容作了调整、修改、更新。编写过程中，我们参阅和借鉴了大量的相关书籍和论文，在此谨向这些书籍和论文的作者表示最诚挚的感谢。

全书的结构与内容由郑文哲确定，他还具体撰写了第一章、第三章、第四章、第五章、第七章、第十二章、第十四章，并对全部初稿进行修订和总纂。参加本书编写的还有金康伟（第二章和第十章）、王水嫩（第六章和第八章）、郑鹏举（第十一章和第十三章）、王晓玲（第九章）。夏凤、徐敏、陈双双、胡珊珊、陈晓雯、戚美兰、侯晓婷等承担了大量的文献检索、文字录入、文字校对等工作，作者在此一并表示感谢。

限于作者的知识水平及认知能力，本书的错误和遗漏在所难免，恳请广大师生提出宝贵意见。

郑文哲
2011年3月

# 第一版前言

管理学是一门年轻的应用性学科，是一门系统研究管理活动及其基本规律的科学。随着科学技术日新月异的进步和生产社会化程度的不断提高，管理的重要性日益凸现。管理已成为现代社会的三大支柱之一，成为新生产力的重要构成要素，社会对管理人才与管理水平的要求也越来越高。

管理学原理是高等院校经济与管理类专业的专业基础课，是财务管理、人力资源管理、生产作业管理和信息管理等专项管理的"元科学"。本书旨在通过"管理是什么"与"怎样进行管理"两大基本理论问题的阐述与演绎，使学生全面系统地掌握管理学的基本理论，为后续的各专业管理课程的学习提供坚实的认识论与方法论基础。本书是根据管理学原理这一课程性质、教学目标与课程特点，由长期从事管理学教学与研究的高校教师编写的。

本书以"什么是管理"和"怎样实现科学有效的管理"两大基本理论问题为主线，突破了一般教材仅仅按管理职能来安排内容体系的传统做法，从总论、职能、原理、方式和学说史等视角与维度来安排全书框架与内容体系。全书由 13 章组成。第 1 章至第 3 章为总论部分。其中第 1 章阐明管理与管理者的含义，管理学的研究对象、学科性质、学科特点以及学习研究管理学的方法与重要性；第 2 章从学说史的角度对管理学产生、发展与演变的轨迹进行追踪与描述，理清管理学发展的历史线索，揭示管理学发展的规律、特点、趋势及对现代管理的启示；第 3 章对现代管理理论丛林中的主要管理学派进行介绍，分析每一学派产生的背景、主要观点，并对每一学派的贡献与不足进行简要的评述。第 4 章到第 8 章为职能部分。在这部分，我们坚持大多数管理学家认可的法约尔的管理"五职能说"，把信息、决策等归入计划职能，把人员配备列入组织职能，把激励并入领导职能，把沟通划入协调职能，依次对计划、组织、领导、控制和协调各项管理职能的内涵、要求、程序及规则等做了系统阐述，真正回答与解决了"管理是什么"的问题。第 9 章到第 11 章为原理原则部分。分别对系统原理、人本原理、权变原理及由上述原理派生的 8 项原则做了全面、系统、深入的阐述。这部分为"怎样管理"提供了基本规律、基本原理与主要原则等方面的理论指导，可以大大减少管理者单凭经验管理而产生的种种失误。第 12 章和第 13 章为方法论部分。这部分从方法论角度进一步明确"怎样管理"的问题，着重对目标管理方式、基于各种人性假设基础上的各种不同管理方式以及现代组织高度重视并在积极推行的组织文化管理方式进行阐述。

本书编写力图运用理论联系实际的方法，尽可能汲取古今中外人类在管理活动中积累起来的管理思想和管理理论的精华，使本书深入浅出、系统完整，做到科学性与实用性的统一。在编写过程中，我们参阅和借鉴了大量的相关书籍和论文，在此谨向这些书籍和论文的作者表示最诚挚的谢意。

全书的框架结构与内容体系由郑文哲确定，他还具体撰写了第 1 章、第 3 章、第 4 章、第 8 章、第 9 章和第 12 章，并对全部初稿进行修订与总纂。参加本教材编写的还有金康伟（第 2 章和第 6 章）、王晓玲（第 5 章）、季昀（第 7 章）、郑鹏举（第 10 章和第 11 章）、

王水嫩（第13章）。夏凤承担了大量的文献检索、文字录入工作，特此一律表示感谢。

本书在编写过程中得到了杭州开元书局的大力支持，亦表示感谢。

限于我们的知识水平及认知能力，加之时间仓促，本书的错误和遗漏在所难免，恳切希望广大师生提出宝贵意见。

郑文哲

2004年5月

# 目　录

# 第一章  管理与管理学

**教学目标**

通过本章学习，掌握管理、管理者的概念，明确管理的重要性、基本职能与二重属性，了解管理者的角色与技能素质，掌握管理学的学科特点与研究方法。旨在对管理、管理者及管理学有个概括性认识，为今后各章的学习奠定基础。

管理作为一种社会行为，是与人类共始终的。人作为社会动物，其所从事的生产活动和社会活动是以群体的形式进行的，而要组织和协调这种群体活动，就需要有管理。如原始人在狩猎时，往往是由许多人一起配合行动来捕杀凶猛的野兽的。一些人拿着木棒追赶、一些人抛掷石块……他们意识到单个人的力量有限，只有许多人同时从事这一活动，才能既保全自己，又捕获猎物。组织协调这种相互配合的集体狩猎活动，实际上就是管理活动。管理活动在人类现实的社会生活中更是广泛存在，政府机关、企业、学校、医院等社会组织都离不开管理，都需要通过管理活动来指导、组织、协调人们的活动并实现共同的组织目标。因此，我们有必要对管理这一普遍存在的社会活动的内涵、性质、职能、规律、方式等进行理论研究，以便提高这一社会活动的水平与效率。本章主要介绍管理的概念、职能和性质，阐明管理学的研究对象与研究方法。

## 第一节  管理与管理者

### 一、管理的定义

虽然管理活动源远流长，长期而广泛地存在，但究竟什么是管理，至今仍众说纷纭。从字面上看，管理有"管辖"、"处理"、"管人"、"理事"等意，即对一定范围的人员和事务进行安排和处理。当然这种单纯字面上的解释是不可能严格地表现出管理本身所具有的完整含义的，因此许多国内外管理学理论工作者都试图对管理下过定义，已出现了几十种甚至上百种关于管理的定义。

#### 1. 国外学者的管理定义

1）美国的管理学家弗雷德里克·温斯洛·泰罗（Frederick Winslow Tanylor）认为：管理就是"确切地了解你希望工人干些什么，然后设法使他们用最好、最节约的方法完成它"。

2）法国的学者享利·法约尔（Henri Fayol）认为："管理就是实行计划、组织、指挥、协调和控制。"这主要是从管理的功能的角度来定义的，它明确了管理的过程和职能。

3）美国学者玛丽·帕克·福莱特（Mary Parker Folletty）认为："管理是通过其他人来完成工作的艺术。"

4）美国的小詹姆斯·H. 唐纳利（James H. Donnelly）等人认为："管理就是一个或更多的人来协调他人的活动，以便收到个人单独活动所不能收到的效果而进行的各种活动。"这一定义的出发点是认为协调配合的集体活动所能取得的效果是个人劳动无法取得的，或者只能在小规模且很长时间内才能取得。

5）美国学者亨利·西斯克（Henry Sisk）认为："管理是通过计划工作、组织工作、领导工作和控制工作的诸过程来协调所有的资源以便达到既定的目标。"他强调管理是通过各种工作来协调资源，以达到既定目标的。

6）美国的丹尼尔·A. 雷恩（Daniel A. Wren）认为："给管理下一个广义而又切实可行的定义，可把它看成是这样的一种活动，即它发挥某些职能，以便有效地获取、分配和利用人的努力和物质资源，来实现某个目标。"

7）美国的管理学家哈罗德·孔茨（Harold Koontz）给管理下的定义是："管理就是设计并保持一种良好环境，使人在群体里高效率地完成既定目标的过程。"孔茨认为管理是使人群高效率完成工作的过程。美国的斯蒂芬·P. 罗宾斯（Stephen P. Robbins）和玛丽·库尔塔（Mary Coultar）也有相同的观点，认为："管理这一术语指的是和其他人一起并且通过其他人来切实有效完成活动的过程。"

8）美国当代著名管理学家彼得·费迪南·德鲁克（Peter Ferdinand Drucker）认为："管理不只是一门学问，还应是一种'文化'，它有自己的价值观、信仰、工具和语言。"

9）美国的管理大师赫伯特·亚历山大·西蒙（Herbet Alexander Simon）则认为："管理就是决策。"他十分强调管理中决策的作用。而穆尼（Mooney）从强调管理者个人作用的角度出发认为："管理就是领导。"

10）沃伦·R. 普伦基特（Warren P. Plunkett）和雷蒙德 F. 阿特纳（Raymond F. Attner）把管理定义为："一个或多个管理者单独和集体通过行使相关职能（计划、组织、人员配备、领导和控制）和利用各种资源（信息、原材料、货币和人员）来制订并达到目标的活动。"帕梅拉·S. 路易斯（Pamela S. Lenis）、斯蒂芬·H. 古德曼（Stephen H. Gudeman）、帕特丽夏·M. 范特（Patricia M. Fandt）认为："管理被定义为切实有效支配和协调资源，并努力达到组织目标的过程。"他们都强调管理是通过对资源的协调来达到组织目标的活动。

2. 国内学者的管理定义

1）杨文士和张雁等人认为："管理是组织中的管理者，通过实施计划、组织、人员配备、指导与领导、控制等职能来协调他人的活动，使别人同自己一起实现既定目标的活动过程。"

2）徐国华等认为："管理是通过计划、组织、控制、激励和领导等环节来协调人力、物力和财力资源，以期更好地达成组织目标的过程。"

3）芮明杰认为："管理是对组织的资源进行有效整合以达成组织既定目标与责任的动态创造性活动。"

4）张尚仁认为："管理就是由专门机构和人员进行的控制人和组织行为使之趋向预定目标的技术、科学和活动。"

5）戴金珊认为："管理是管理者为使客观事物的存在和发展合乎一定的目的而采用相应的方式所进行的活动。"

6）周三多等认为："管理是指组织中的如下活动或过程：通过信息获取、决策、计划、组织、领导、控制和创新等职能的发挥来分配、协调人心所向人力资源在内的一切可以调用的资源，以实现单独的个人无法实现的目标。"

上述种种定义虽然说法不尽相同，但都从不同的角度、不同的侧面揭示了管理的内涵，有助于我们全面、深刻地认识和把握管理的内涵，我们不能简单地肯定或否定哪一种定义。

3. 界定管理定义必须明确的五个问题

综合国内外学者关于管理概念的种种表述，我们认为要给管理下一个完整的定义，必须明确如下五个问题：

1）管理的载体问题——管理的存在空间或归属问题。任何管理都以组织的存在为前提，任何管理都是组织的管理，组织是管理的载体。管理是基于组织的形成、存在、运行并实现目标的需要而产生的一种必不可少的活动。离开组织，就无所谓管理。

2）管理的主体问题——由谁来管理的问题。管理是组织中的主管人员单独或集体通过行使职能和利用各种资源来达成组织目标的活动。因此，管理的主体是人，是组织中对资源的使用进行分配和监督的人员，即组织中的主管人员。不能简单地用是否拥有领导职位作为判断是否是管理者的标准。

3）管理的目的问题——为什么而管理的问题。管理既然以组织作为载体，因此，任何管理都是为了实现既定的组织目标，这种组织目标依组织的不同性质而异，它是仅凭单个人的力量所无法实现的。

4）管理的对象问题——管理什么的问题。管理的对象或客体是一个组织可以调用的全部资源。既包括传统的人、财、物等有形资源，又包括时间、信息、技术等无形资源，还包括组织的全部活动过程。

5）怎样管理的问题——管理的职能问题。怎样管理的问题事实上就是对管理过程或管理活动中包括的职能的揭示与描述，如计划、组织、指挥、协调、控制等。

综合以上分析，我们认为管理的定义可概括为：管理是一定组织中的主管人员，为了实现组织目标，对该组织的人、财、物、时间、信息、技术等资源以及组织的各项活动所进行的计划、组织、指挥、协调、控制等一系列职能的总称。

## 二、管理者

管理者是管理行为过程的主体，一般由拥有相应的权力和责任，具有一定管理能力，从事现实管理活动的人或人群组成。管理者及其管理技能在组织管理活动中起决定性作用。

1. 管理者角色

（1）管理者是具有职位和相应权力的人

管理者的职权是管理者从事管理活动的资格，管理者的职位越高，其权力越大。组织或团体必须赋予管理者一定的职权。如果一个管理者处在某一职位上，却没有相应的职权，那么他是无法进行管理工作的。马克思·韦伯（Max Weber）认为管理者有三种权力：①传统权力，即传统惯例或世袭得来，如帝王的世袭制。②超凡权力，来源于别人的崇拜与追随，带有感情色彩并且是非理性的，不是依据规章制度而是依据以往所树立的威信。③法定权力，即法律规定的权力，通过合法的程序所拥有的权力，比如通过直接选举产生的总统。但实际上，在管理活动中，管理者仅具有法定的权力，是难以做好管理工作的，管理者在工作中应重视"个人影响力"，成为具有一定权威的管理者。所谓"权威"，是指管理者在组织中的威信、威望，是一种非强制性的"影响力"。权威不是法定的，不能靠别人授权。权威虽然与职位有一定的关系，但主要取决于管理者个人的品质、思想、知识、能力和水平；取决于同组织人员思想的共鸣，感情的沟通；取决于相互之间的理解、信赖与支持。这种"影响力"一旦形成，各种人才和广大员工都会被吸引到管理者周围，心悦诚服地接受管理者的引导和指挥，从而产生巨大的物质力量。

（2）管理者是负有一定责任的人

任何组织或团体的管理者，都具有一定的职位，都要运用和行使相应的权力，同时也要承担一定的责任。权力和责任是一个矛盾的统一体，一定的权力总是和一定的责任相联系的。当组织赋予管理者一定的职务和地位，从而形成了一定的权力时，相应地，管理者同时也就担负了对组织一定的责任。在组织的各级管理人员中，责和权必须对称和明确，没有责任的权力，必然会导致管理者的用权不当，没有权力的责任是空泛的、难于承担的责任。有权无责或有责无权的人，都难以在工作中发挥应有的作用，都不能成为真正的管理者。

责任是对管理者的基本要求，管理者被授予权力的同时，应该对组织或团体的命运负有相应的责任，对组织或团体的成员负有相应的义务。权力和责任应该同步消长，权力越大，责任越重。比较而言，责任比权力更本质，权力只是尽到责任的手段，责任才是管理者真正的象征。如果一个管理者仅有职权，而没有相应的责任，那么他是做不好管理工作的。管理者的与众不同，正因为他是一位责任者。如果管理者没有尽到自己的责任，就意味着失职，等于放弃了管理。

（3）西方管理学者关于管理者角色的主要理论

德鲁克在1955年提出"管理者角色"（The role of the manager）的概念。德鲁克认为，管理是一种无形的力量，这种力量是通过各级管理者体现出来的。所以，管理者扮演的角色或者说责任大体上分为三类：

1）管理一个组织，求得组织的生存和发展。为此管理者必须做到：一是确定该组织是干什么的？应该有什么目标？如何采取积极的措施实现目标？二是谋取组织的最大效益；三是为社会服务和"创造顾客"。

2）管理管理者。组织的上、中、下三个层次中，人人都是管理者，同时人人又都是被管理者，因此管理者必须做到：一是确保下级的设想、意愿、努力能朝着共同的目标前进；二是培养集体合作精神；三是培训下级；四是建立健全的组织结构。

3）管理工人和工作。管理者必须认识到两点：一是关于工作，其性质是不断急剧变动的，既有体力劳动又有脑力劳动，而且脑力劳动的比例会越来越大；二是关于人，要正确认识到"个体差异、完整的人、行为有因、人的尊严"对于处理各类各级人员相互关系的重要性。

亨利·明茨伯格（Henry Mintzberg）一项广为引用的研究认为，管理者扮演着十种角色，这十种角色又可进一步归纳为三大类：人际角色、信息角色和决策角色。

1）人际角色。人际角色直接产生自管理者的正式权力基础，管理者在处理与组织成员和其他利益相关者的关系时，就在扮演人际角色。人际角色又包括代表人角色、领导者角色和联络者角色。①代表人角色。作为所在单位的领导，管理者必须行使一些具有礼仪性质的职责。如管理者有时出现在社区的集会上，参加社会活动，或宴请重要客户等，在这样的情况下，管理者行使着代表人的角色。②领导者角色。由于管理者对所在单位的成败负重要责任，他们必须在工作小组内扮演领导者角色。对这种角色而言，管理者和员工一起工作并通过员工的努力来确保组织目标的实现。③联络者角色。管理者无论是在与组织内的个人或工作小组一起工作时，还是在与外部利益相关者建立良好关系时，都起着联络者的作用。管理者必须对重要的组织问题有敏锐的洞察力，从而能够在组织内外建立良好的关系网络。

2）信息角色。在信息角色中，管理者负责确保和其一起工作的人员具有足够的信息，从而能够顺利完成工作。由管理责任的性质决定，管理者既是所在单位的信息传递中心，也是组织内其他工作小组的信息传递渠道。整个组织的人依赖于管理结构和管理者以获取或传递必要的信息，以便完成工作。管理者必须扮演的信息角色，具体包括监督者、传播者、发言人三种角色。①监督者角色。管理者持续关注组织内外环境的变化以获取对组织有用的信息。管理者通过接触下属来收集信息，并且从个人关系网中获取对方主动提供的信息。根据这些信息，管理者可以识别组织的潜在机会和威胁。②传播者角色。管理者把他们作为信息监督者所获取的大量信息分配出去。③发言人角色。管理者必须把信息传递给组织以外的人。

3）决策角色。在决策角色中，管理者处理信息并得出结论。如果信息不用于组织的决策，这种信息就失去其应有的价值。决策角色具体包括企业家、干扰对付者、资源分配者、谈判者四种角色。①企业家角色。管理者密切关注组织内外环境的变化和事态的发展，以便发现机会，并对所发现的机会进行投资以利用这种机会。②干扰对付者角色。管理者必须善于处理冲突和解决问题，如平息客户的怒气，同不合作的供应商进行谈判，或者对员工之间的争端进行调解等。③资源分配者角色。管理者决定组织资源用于哪些项目。④谈判者角色。管理者把大量时间花费在谈判上，管理者的谈判对象包括员工、供应商、客户和其他工作小组。

亨利·明茨伯格关于管理者角色理论的上述内容，可通过表1.1直观地予以概括和表述。

表 1.1　亨利·明茨伯格的管理者角色理论

| 角　色 | | 描　述 | 特　征　活　动 |
|---|---|---|---|
| 人际关系方面 | 代表人 | 象征性的首脑，必须履行许多法律性或者社会性的例行义务 | 迎接来访者，签署法律文件 |
| | 领导者 | 负责激励和动员下属，负责人员配备、培训和交往的职责 | 实际上从事所有的有下级参与的活动 |
| | 联络者 | 维护自行发展起来的外部接触和联系网络，向人们提供信息 | 发感谢信，从事外部委员会工作，从事其他有关外部人员参加的活动 |
| 信息传递方面 | 监督者 | 寻求和获取各种特定的信息（其中很多是即时的），以便透彻地了解组织环境；作为组织内部和外部信息的神经中枢 | 阅读期刊和报告，保持私人接触 |
| | 传播者 | 将从外部人员和下级那里获得的信息传递给组织的其他成员——有些是关于事实的信息，有些是解释和综合组织中有影响的人特定的各种价值观点 | 举行信息交流会，用打电话方式传达信息 |
| | 发言人 | 向外界发布有关组织的计划、政策、行动和结果等信息；作为组织所在的产业方面的专家 | 举行董事会议，向媒体发布信息 |
| 决策制订方面 | 企业家 | 寻求组织和环境中的机会，制订"改进方案"以发起变革，监督某些方案的策划 | 制订决策，检查会议决议执行情况，开发新项目 |
| | 干扰对付者 | 当组织面临重大的、意外的动乱时，负责采取补救行动 | 制订战略，检查陷入混乱和危机时期补救措施的落实情况 |
| | 资源分配者 | 负责分配组织的各种资源——事实上是批准所有重要的组织决策 | 计划、咨询、授权、从事涉及预算的各种活动和安排下级的工作 |
| | 谈判者 | 在主要的谈判中作为组织的代表 | 参与工会进行合同谈判 |

（资料来源：斯蒂芬·P.罗宾斯. 2003. 管理学. 7 版. 北京：中国人民大学出版社）

### 2. 管理者技能

不管什么类型的组织中的管理者，也不管他处于哪一管理层次，所有的管理者都需要有一定的管理技能。罗伯特·李·卡茨（Robert L. Katz）列举了管理者所需的三种素质或技能，海因茨·韦里克（Heinz Weihrich）对此进行了补充。综合来说，管理者需要具备的素质或管理技能主要有：

1）技术技能。技术技能是指对某一特殊活动——特别是包含方法、过程、程序或技术的活动的理解和熟练掌握。它包括专门知识、在专业范围内的分析能力以及灵活地运用该专业的工具和技巧的能力。技术技能主要是涉及到"物"（过程或有形的物体）的工作。

2）人事技能。人事技能是指一个人能够以小组成员的身份有效地工作的行政能力，并能够在他所领导的小组中建立起合作的能力，也即协作精神和团队精神，创造一种良好的氛围，以使员工能够自由地表达个人观点的能力。管理者的人事技能是指管理者为完成组织目标应具备的领导、激励和沟通能力。

3）思想技能。思想技能包含"把企业看成一个整体的能力，包括识别一个组织中的彼此互相依赖的各种职能，一部分的改变如何能影响其他各部分，并进而影响个别企业与工人、社团之间，以及与国家的政治和经济力量这一总体之间的关系"，即能够总揽全局，判断出重要因素并了解这些因素之间关系的能力。

4）设计技能。设计技能是指以有利于组织利益的种种方式解决问题的能力，特别是高层管理者不仅要发现问题，还必须像一名优秀的设计师那样具备找出某一问题切实可行的解决办法的能力。如果管理者只能看到问题的存在，并只是"看到问题的人"，他就是不合格的管理者。管理者还必须具备这样一种能力，即能够根据所面临的现状找出行得通的解决方法的能力。

这些技能对于不同管理层次的管理者的相对重要性是不同的。技术技能、人事技能的重要性依据管理者所处的组织层次从低到高逐渐下降，而思想技能和设计技能则相反。对基层管理者来说，具备技术技能是最为重要的，具备人事技能在同下层的频繁交往中也非常有帮助。当管理者在组织中的组织层次从基层往中层、高层发展时，随着他同下级直接接触的次数和频率的减少，人事技能的重要性也逐渐降低。也就是说，对于中层管理者来说，对技术技能的要求下降，而对思想技能的要求上升，同时具备人事技能仍然很重要。但对于高层管理者而言，思想技能和设计技能特别重要，而对技术技能、人事技能的要求相对来说则较低。当然，这种管理技能和组织层次的联系并不是绝对的，组织规模大小等一些因素对此也会产生一定的影响。

# 第二节　管理的职能和性质

## 一、管理的职能

管理的职能是指管理者为了实现有效管理所必须开展的基本活动，它是具体回答管理者"干什么"和"怎么干"的问题。

管理活动到底包括哪些职能？不同学者对此有不同的回答与观点。法国的法约尔最早提出"五职能说"，他在 1916 年发表的《工业管理和一般管理》一书中指出："管理，就是实行计划、组织、指挥、协调和控制。"此后，研究管理职能就成为管理学的重大研究课题之一。由于各管理学者强调的重点不同，因而对管理职能的具体提法也各不相同。1934 年美国的拉尔夫·戴维斯（Ralphc Davis）等人提出管理的"三职能说"，即计划、组织、控制。1937 年美国的另一位学者卢瑟·古利克（Luther Gulick）认为管理应当分为：计划、组织、人事、指挥、协调、报告、预算七项职能。这里古利克根据行为科学学派的理论将人事、报告（沟通）作为独立的职能提出来，以强调管理中人的因素的重要性。在当时，古利克的"七职能说"具有代表性。20 世纪 40 年代以后，由于系统论、控制论、信息论的问世及其在管理中的应用，管理决策学派开始形成。同时，行为科学学派也进一步发展。有关管理职能的表述，也就有了新的内容。如美国的梅西·米·希克斯等人认为管理职能除了计划、组织、控制外，还应加进决策、创新、激励等职能。其他国内外学者对此也作了许多有益的探索。表 1.2 概括和比较了西方学者中较有代表性的对管理职能的划分。

表 1.2　西方部分管理学者对管理职能的划分

| 时间 | 管理职能的划分　　管理学者 | 计划 | 组织 | 指挥 | 协调 | 控制 | 激励 | 人事 | 决策 | 资源配置 | 通讯联络 | 创新 |
|---|---|---|---|---|---|---|---|---|---|---|---|---|
| 1916 | 法约尔 | ▲ | ▲ | ▲ | ▲ | ▲ | | | | | | |
| 1934 | 戴维斯 | ▲ | ▲ | | | ▲ | | | | | | |
| 1937 | 古利克 | ▲ | ▲ | ▲ | ▲ | ▲ | | ▲ | | | ▲ | |
| 1947 | 布朗 | ▲ | ▲ | ▲ | | ▲ | | | | ▲ | | |
| 1947 | 布雷克 | ▲ | | | | ▲ | ▲ | | ▲ | | | |
| 1949 | 厄威克 | ▲ | ▲ | | | ▲ | | | | | | |
| 1951 | 纽曼 | ▲ | ▲ | ▲ | | ▲ | | | | ▲ | | |
| 1955 | 孔茨和奥唐奈 | ▲ | ▲ | | | ▲ | | ▲ | | | | |
| 1964 | 艾伦 | ▲ | ▲ | | | ▲ | | | ▲ | | | |
| 1964 | 梅西 | ▲ | ▲ | | | ▲ | | ▲ | ▲ | | | |
| 1964 | 米 | ▲ | ▲ | | | ▲ | ▲ | | | | | ▲ |
| 1966 | 希克斯 | ▲ | | | | ▲ | ▲ | | | | | ▲ |
| 1970 | 海曼和斯科特 | ▲ | ▲ | | | ▲ | | | ▲ | | | |
| 1972 | 特里 | ▲ | | | | ▲ | ▲ | | | | | |

　　以上种种关于管理职能的学说表明，管理的职能是随着社会、经济的发展，科学技术的进步和管理理论与实践的发展而不断发展变化的。目前理论界对管理职能的具体表述也没有统一的说法。我们认为，管理究竟包括几项职能，每一职能究竟用什么词汇来定义，并不是特别重要。因为不仅同一职能本身可用不同的术语来表示，而且同一术语，其概念的外延有时也有相当大的差别。为了提高管理学科的规范性，应在承延管理学界理论研究历史轨迹的基础上，采用大家较一致认可的法约尔的"五职能说"。当然，这并不妨碍与排斥把管理实践的新发展与各管理学说的理论贡献融入到管理职能的理论表述中，即我们可以一方面坚持管理的"五职能说"，另一方面，我们也可以对每一职能包含的内容、重点、范围、过程及概念外延等进行新的理论阐述。基于此，本书坚持管理的五职能说，而把决策、人员配备、激励、创新等并入五职能的相关职能中，不作为并列的独立的新管理职能。

　　这里要明确的是，将管理活动的整个过程分解为各种活动，即划分为管理的职能，并不意味着这些独立出来的管理活动是互不相关、截然不同的。每一职能尽管侧重于管理活动的某一方面，但它们之间在内容上是相互交叉、密切相关的。同样，讨论这些职能的顺序也并不意味着管理就是执行这些职能的先后次序，它们实际上构成了一个连续往复的过程。一般而言，管理人员并不是顺次执行这些职能，而是同时执行。之所以划分管理的职能，只是为了从理论研究上更清楚地描述管理活动的整个过程，也便于使管理人员更容易接受这些概念。

## 二、管理的性质

　　管理的性质就是指管理的属性问题。管理具有自然属性和社会属性双重属性，这是马克思主义关于管理问题的基本观点。

1. 管理的自然属性

管理由人类活动的特点所产生，人类的任何社会活动都需要通过一定的群体组织才能进行。而有社会组织与群体活动，就需要有管理。如果没有管理，人类的生产、交换、分配活动都不可能正常进行，社会劳动过程就要发生混乱和中断，社会文明就不能继续。这一点马克思在一百多年前就作了有力的论证："一切规模较大的直接社会劳动或共同劳动，都或多或少地需要指挥，以协调个人的活动，并执行生产总体的运动——不同于这一总体的独立器官的运动——所产生的各种一般职能。一个单独的提琴手是自己指挥自己，一个乐队就需要一个乐队指挥。" 可见管理是人类社会活动的客观需要。

管理也是由社会分工所产生的社会劳动过程的一种特殊职能。管理寓于各种社会活动之中，所以说它是一般职能，但就管理职能本身而言，由于社会的进步，人类分工的发展，早在原始社会就已经有专门从事管理职能的人从一般社会劳动过程中分离出来，就如同有人专门从事围猎，有人专门从事进攻，有人专门从事农业一样。人类社会经过几千年的演变发展，出现了许多政治家和行政官员，专门从事国家的管理；出现了许多军事家和军官，专门从事军队的管理；出现了许多社会活动家，专门从事各种社会团体的管理；出现了许多商人、厂长、企业家、银行家，专门从事商店、工厂、企业、银行的管理。还有许多人专门从事学校、医院、交通运输和人事的管理等。据保守的估计，全体就业人员中，至少有30%～40%的人专门从事各类管理工作，他们的职能就是协调人们的活动，而不是直接从事物质产品或精神产品的产出。因此管理职能早已成为社会劳动过程中不可缺少的一种特殊职能。

管理也是生产力。任何社会，任何企业，其生产力是否发达，都取决于它所拥有的各种经济资源或各种生产要素是否得到有效的配置和利用，取决于从事社会劳动的人的积极性是否得到充分的发挥，而这两者都有赖于管理。在同样的社会制度下，企业外部环境基本相同，内部条件如资金、设备、能源、原材料、产品及人员素质和技术水平也基本类似，但其经营结果、所达到的生产力水平却相差悬殊。同一个企业有时只是更换了企业主要领导，如换了厂长经理，企业就可能出现新的面貌。其他社会组织也有类似情况，其原因就在管理，由于不同的领导人采用了不同的管理思想、管理制度和管理方法，就会产生完全不同的效果，这样的事例不胜枚举。事实可以证明管理也是生产力。科学技术是生产力，但科学技术的发展本身需要有效的管理，并且也只有通过管理，科学技术才能转化为生产力。

管理的上述性质并不以人的意志而转移，也不因社会制度、意识形态的不同而有所改变，这完全是一种客观存在，所以，我们称之为管理的自然属性。

2. 管理的社会属性

管理是为了达到预期目的所进行的具有特殊职能的活动。谁的预期目的？什么样的预期目的？实质上就是"为谁管理"的问题。在人类漫长的历史中，管理从来就是为统治阶级、为生产资料占有者服务的，必然体现出生产资料占有者指挥劳动、监督劳动的意志，因此，它具有同生产关系、社会制度相联系的社会属性。马克思曾对资本主义企业管理的社会属性有过十分深刻的分析："资本家的管理不仅是一种由社会劳动过程的性质产生并属于社会劳动过程的特殊职能，它同时也是剥削社会劳动过程的职能，因而也是由剥削者和他所剥削的原料之间不可避免的对抗决定的。"列宁当时也曾指出："资本家所关心的是怎样为掠夺而管理，怎样借管理来掠夺。"因此，资本主义企业管理的社会属性具有剥削性和资本的独裁性。

世界在变化，企业也在变化。昔日马克思、列宁曾经剖析过的资本主义企业管理，今天已经面目皆非。我们认为，与企业管理的社会属性有关的基本变化至少有如下几个方面：

1）科学技术的飞速进步促进了经济的加速发展，工业组织规模不断扩大，社会分工更加细密，信息传播速度和传播数量都空前增加，人们之间的相互交往频繁，使管理的复杂性大大提高了，于是一批受过良好职业训练的经理阶层应运而生，使企业的终极所有权与经营权发生了分离。通过股份制的组织形式，企业资本的所有者——股东不再直接管理企业。由于股东可以随时出卖自己的所有权——股权，因而他们不怎么关心企业的管理，他们所关心的仅仅是股票价格的涨落和红利的多少。

2）许多资本主义国家经过最近几十年和平的经济发展，人民的生活水平提高了，尽管贫富差距仍十分悬殊，失业率时高时低，但整个社会普遍出现了一个庞大的中产阶级，有相当一部分职工持有企业的股票，使表面上拥有企业所有权的人数大大增加了。在英国有 3/4 的成年人是直接或间接投资者，其中直接投资者约有 500 万。例如，英国煤气公司是一家拥有 85 000 名雇员的大公司，其中有 99%的人拥有股票；美国通用汽车公司 20 世纪 80 年代就已拥有 200 万股东。

3）资本主义国家政府对本国的经济采取了不同形式、不同程度的干预。瑞典、挪威、芬兰、法国、德国以及日本等国政府都制订了长期和中期以至年度的经济发展计划，并用法律、经济、行政等手段促使企业执行政府的计划。美国、英国、法国、日本等国家也都对产业结构进行调整与控制，对企业的经营活动采取干涉的政策。国家干预使资本主义世界本来就不十分自由的"自由竞争"变得更不自由了。

4）社会公众和广大消费者（用户）对企业提供的商品和劳务，以及企业活动对环境造成的损害，抱着更加挑剔的态度，并且形成了各种消费者协会和环境保护组织，迫使企业管理者不得不认真考虑对消费者利益和社会生态环境的保护。

现实世界所发生的新变化，深刻地影响到管理的社会属性。在资本主义企业中，已不能简单地说管理只是资本家剥削工人的工具。作为企业的职业管理者在行使管理职能时，他既要满足资本家及所有股东对股息和红利的要求，又要保证扩展企业实力的需要；既要尽可能满足本企业职工物质和精神方面的需要，又要考虑到社会公众、广大消费者和用户的利益；既要千方百计追求企业的最大利润，又要处理好企业同政府的关系，遵从政府的种种法规和限制。因此，资本主义企业管理的社会属性已经多元化了。当然从本质上讲，这些变化并没有改变资本的剥削性和独裁性。只是由于经济繁荣和管理的进步，使蛋糕做得更大了，普通职工变得富裕了，所以资本家连管理的特殊职能也不需要履行，就可从大蛋糕中得到比普通职工更多的份额。虽然许多职工也拥有股票，但是普通职工大多只是 100 股以下的小股东，小股东大约占公司股份的 80%，股东的分散化恰好给大资本家利用他人的财富来掠夺更多财富提供了机会。

　　我国经济体制改革的目标是建立社会主义市场经济体制，目前正处在艰难的转变之中。由于历史的原因和初级阶段的国情，我国仍然是处在社会主义初级阶段，需要在以公有制为主体的条件下发展多种所有制经济。并且，公有制实现形式也正在向多样化方向发展，并且以股份制为主要实现形式。所有权和经营权分离，已成为国有企业改革的目标之一。在我国，企业管理的形式正在发生急剧的变化，但管理的社会属性并未发生根本性质的变化。从总体上看，在社会主义社会中，社会主义国家的企业及其他社会组织的管理都是为人民服务的，管理的预期目的都是为了使人与人之间的关系以及国家、集体和个人的关系更加协调。所以在社会主义条件下的管理的社会属性与资本主义社会有着根本的不同。社会主义条件下，管理的社会属性应当体现为：任何组织、任何个人在实行管理时都要从全社会、全体人民的利益出发，并且自觉地让局部的利益服从全局的利益、个人的利益服从集体的利益。任何层次的管理者都应当真正成为人民的公仆，而人民则应当真正成为各种社会组织的主人。但是应当把社会主义理解为一种发展过程，当她尚处在初级阶段时，由于封建主义和资本主义意识形态的影响，总是要在管理实践中程度不同地表现出来。也许，这正是反映了社会主义初级阶段管理属性的一个侧面。管理也和整个社会一样，要经过一定的历史阶段，才能逐步摆脱不发达状态。

# 第三节　管理学的研究对象和方法

## 一、管理学的研究对象

　　管理学是一门从管理实践中形成和发展起来的，系统地研究管理活动及其基本规律和一般方法的科学。它是由一系列的管理职能、管理原理、管理原则、管理方法、管理制度等组成的科学体系。

　　由于管理活动总是在一定的社会生产方式下进行的，因此管理学研究对象的范围涉及到社会的生产力、生产关系和上层建筑三个方面：

　　1）生产力方面。主要研究如何合理配置组织中的人、财、物，使各生产要素充分发挥作用的问题；研究如何根据组织目标、社会需求，合理使用各种资源，以求得最佳经济效益与社会效益的问题。

　　2）生产关系方面。主要研究如何处理组织内部人与人之间的相互关系问题；研究如何完善组织机构与各种管理体制的问题，从而最大限度地调动各方面的积极性和创造性，为实现组织目标服务。

　　3）上层建筑。主要研究如何使组织内部环境与组织外部环境相适应的问题；研究如何使组织的意识形态（价值观、理念等）、规章制度与社会的政治、法律、道德等上层建筑保持一致的问题，从而维持正常的生产关系，促进生产力的发展。

　　管理学的具体研究内容，应涉及以下几个主要方面：

　　1）基础部分。介绍什么是管理，管理者的角色与技能，管理的性质，管理的职能，管理学的特点，管理学的发展历史等。从最一般意义上，对管理学进行总体描述，为管理学的学习研究构建总纲和基础。

2）职能部分。研究管理的计划、组织、领导、控制、协调等各项职能，具体分析每一职能的内涵、地位、功能、过程及要求。从管理过程角度，分析管理是什么的问题，奠定管理学学习与研究的世界观或认识论。

3）原理部分。研究反映管理活动本质内容及必然联系的系统原理、人本原理、权变原理等基本管理原理，分析由这些原理派生的各项管理原则的内涵、要求及实现途径。从管理规律的角度，阐明管理应遵循的各项原理与原则。

4）方式部分。探讨管理者应如何根据管理环境、组织性质、人性等变量的综合分析，选择科学有效的管理方式与管理方法。从方法论的视角，揭示各种管理方式的适应性问题。

## 二、管理学的特点

### 1. 管理学既是一门科学又是一种艺术

自从 20 世纪初泰罗的科学管理理论产生以来，管理知识逐渐系统化，并形成了一套能反映管理活动内在规律性的理论体系，这个由一系列的基本概念、管理原理和管理方法等组成的理论体系在此后的管理实践中，一方面用于指导人们的管理实践，使人们的管理水平得到不断的提高；另一方面又随着人们管理实践的不断丰富而得到不断的发展和完善。因此，从这个意义上说，管理学是一门科学，它是人们在长期的管理实践中，经过无数次的成功和失败，总结出来的一系列可供人们学习和传授的反映管理活动客观规律的管理理论和一般方法。例如，通过本书的学习，你将学到许多作为管理者要用到的管理知识，懂得应如何决策，如何编制计划，如何设计组织结构，如何激励下属，如何进行有效的控制与协调等。

然而，毋庸置疑，管理学是一门不精确的科学。人们在认识管理活动的内在规律性的过程中所形成的概念、原理、原则、方法等不可能像自然科学的原理和定理那样通过实验加以提炼和验证。因此，一方面当管理者应用管理理论指导管理实践时，不可能像自然科学应用其定理和原理去指导自然科学实践那样严谨、精确和一丝不苟，而是要求管理者在管理过程中灵活地运用管理理论进行具体问题具体分析。另一方面管理又具有很强的实践性，由于管理工作对象的复杂性，管理问题和管理环境的多变性，管理学所能提供的专业手段和方法又是极其有限的。因此这也需要管理者有丰富的能根据实际情况行事的技巧，这就是说管理是一种艺术。艺术的含义是指能够熟练地运用知识并且通过巧妙的技能来达到某种效果，或者说是指达到某种预期效果的"诀窍"。正如其他所有技能一样，管理工作也需要利用系统化的知识，根据实际情况加以运用，以获得预期的效果。这就是说，在管理实践中，如果只凭书本知识来诊断，仅仅借助原则来设计，靠背诵原理来管理，是远远不够的。只有将管理知识与具体的管理实践相结合，发挥管理者的积极性、主动性和创造性，才能进行有效的管理。所以，管理的艺术性就是强调管理活动除了要掌握一定的理论和方法外，还要有灵活运用这些知识的技巧和经验。

因此，我们说管理学既是一门科学，又是一种艺术，是科学与艺术的有机结合。管理的这一特性，对于学习管理学和从事管理工作的管理者来说是十分重要的，它可以促使人们既注重对管理理论的学习，又不忽视在实践中因地制宜地灵活运用管理的理论和方法。对一个管理者来说，如果他不懂得管理的科学理论，他在管理的过程中就只能靠碰运气，靠直观或过去的经验办事；而如果管理者掌握了管理的科学理论，他就有可能对他所要解决的问题找出切实可行的解决办法。当然，管理者也不能空谈管理理论，而要通过实践来丰富自己的管理经验和技巧。总之，一个管理者要能成为一个有效的管理者，不但要学好管理理论，还要掌握管理的艺术。前者需要的是系统的理论学习，而后者则需要个人的智慧和经验。

### 2. 管理学是一门综合性的科学

管理学的综合性特点我们可从三个方面来分析：

1）从管理学自身的知识体系构成来看它具有综合性。管理学的整个知识体系可分成三个层次，即管理的基本理论知识，管理技术、管理方法等工具性知识，专门领域的专业性管理知识。如图 1.1 所示。

2）从管理学的学科体系结构分析，管理学是一个包含有许多分支学科的综合性学科。因为在整个人类社会中，人们会按照专业化分工的原则从事各种各样的工作，社会也因此形成各种各样的部门或行业，这样也就有各个部门或行业的管理活动，也就形成了不同部门或行业的专业管理，包括经济、技术、教育、行政、军事等许多方面

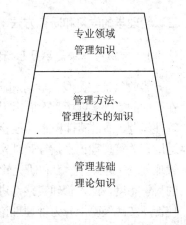

图 1.1　管理学学科知识体系层次图

的专业管理，因而形成了众多分支学科，而每个分支学科又可以细分，如经济管理又可细分为宏观经济管理、中观经济管理和微观经济管理。

3）从管理的知识来源和构成方面分析，管理学吸收了许多自然科学和社会科学的知识，如数学、政治经济学、哲学、生产技术学、社会学、心理学、行为科学、信息学、仿真学等。也就是说管理学与社会科学、自然科学两大领域的多种学科有着广泛而密切的联系，并且它需要综合利用社会科学和自然科学的成果，才能发挥自身的作用，它具有与社会科学与自然科学相互渗透、相互交叉的特点。因此我们说管理学是一门综合性学科，或称为综合性的边缘学科。管理学的综合性特征，要求管理者要掌握广博的知识，但并不一定是各学科的专家。

### 3. 管理学具有历史发展性

任何科学的发展，都是在人类思想遗产和前人研究成果的基础上坚持探索、坚持创新而实现的。同样，管理学的产生和发展，有其深刻的历史渊源。管理学发展到今天，已经历了许多不同的历史发展阶段，在每一个历史阶段，由于历史背景不同，产生了各种管理理论。这些理论，有些已显陈旧，有的尚能适用，但总的来说，管理学作为一门现代科学来研究还只不过几十年时间，它还是一门非常年轻的学科，其理论还处于新旧更迭的大发展之中。同时，作为一门与社会经济发展紧密关联的学科，管理学也必将随着经济的发展和科技的进步而发展。

**4. 管理学是一门应用性、实践性很强的科学**

管理学来源于实践又应用于实践，其目的是为人们提供高效率的管理。由于管理对象的复杂性和管理环境的多变性，使有的管理知识在运用时要注意技巧性、灵活性和创造性，不能用陈规旧矩或思维定势把它禁锢起来，需要在实践中不断创新。须知，学校是培养不出"合格"的直接管用的管理者的。

## 三、管理学的学习和研究方法

**1. 唯物辩证法是学习和研究管理学的方法论基础**

唯物辩证法是我们学习和研究管理学的强大的思想武器。管理学源于管理的实践活动，在长期的管理实践中，人们运用历史的、全面的、发展的观点去观察和分析各种管理现象和管理问题，通过感性积累的经验的加工提炼，上升为理性认识即管理理论；反过来又能动地运用有关管理理论去指导管理实践，验证管理理论的正确性和有效性，并进一步发展和完善管理理论。因此，学习和研究管理学，必须以唯物辩证法为总的方法论基础，坚持实事求是的科学态度，深入管理实践，进行调查研究，总结管理实践经验并运用判断和推理的方法，使管理实践经验上升为管理理论。在学习和研究中还要认识到一切现象都是相互联系和相互制约的，一切事物也都是不断发展变化的。因此，必须用全面的、联系的、历史的、发展的观点，去观察和分析管理问题，重视管理学的历史，考察它的过去、现状及其发展趋势，不能固定不变地看待组织及组织的管理活动。

**2. 系统方法是学习和研究管理学的主要思维方法**

所谓系统方法，是指用系统的观点和方法来研究和分析管理活动的全过程。系统是由相互作用和相互依赖的若干组成部分结合而成的具有某种特定功能的有机整体。系统本身，又是它所从属的一个更大系统的子系统。

从管理的角度看，系统有两层含义：第一层含义指系统是一种实体，如组织系统。作为实体系统的组织，一般具有整体性、目的性、动态性、层次性、开放性、功能性、结构性等特征。既然组织是个系统，为了更好地研究组织与组织管理，我们就必须用系统理论来理解、分析和研究组织。第二层含义是指系统是一种方法或手段，它要求在研究和解决组织管理问题时，必须具有整体观、过程观、"开放"与相对"封闭"观、反馈观、分级观等有关系统的基本观点。

尽管在现代管理科学领域，各学派在管理系统的定义、具体特征等问题上，还很不统一，存在较大的理论分歧，但没有一个管理学派不运用系统理论来研究组织与组织管理。系统原理是公认的管理的基本原理，几乎每一本管理学著作，都离不开系统概念。

因此，学习研究管理学，必须用系统方法作为主要的思维方法。我们在学习与研究管理理论和管理活动时，应首先把组织与组织管理活动看作一个系统，对影响管理过程的各种因素及其相互之间的关系进行总体的、系统的分析研究，对管理的概念、职能、原理、方法等管理理论作系统的分析和思考。唯有如此，才能形成科学的管理理论和有效的管理活动。

### 3. 理论联系实际是学习和研究管理学的重要方法

管理学是一门应用性、实践性很强的科学，它是科学性与艺术性的统一。这决定了管理学应更多地采用理论联系实际的学习方法和研究方法。具体说可以是管理案例的调查和分析，边学习管理理论边从事管理实践，以及带着问题学习等多种形式。通过这种方法，有助于提高学习者运用管理的基本理论和方法去发现问题、分析问题和解决问题的能力。同时，由于管理学是一门生命力很强的建设中的年轻的学科，因而还应以探讨研究的态度来学习，通过理论与实践的结合，使管理理论在管理实践中不断地加以检验。同时，通过对管理实践经验的总结和提升，不断丰富、深化和发展管理理论。

### 4. 学习和研究管理学的具体方法

1）观察总结法。按照理论联系实际的要求，研究管理学必须掌握观察管理实践，总结管理经验，并进行提炼概括，使其上升为理论的方法。人们的管理实践，特别是众多优秀管理者的管理经验，蕴藏着深刻的管理哲理、原理和方法，因此有必要运用综合、抽象等逻辑方法，总结人们的管理实践经验，从而形成系统的管理理论来进一步指导管理实践。这样研究和学习管理学，就会收到事半功倍的效果。

2）比较研究法。有比较才有鉴别。当代世界各国都十分重视管理和管理学的研究，各自形成了有特色的管理科学。学习和研究管理学时，要注意管理学的二重性，既要吸收发达国家管理中科学性的东西，又要去其糟粕；既要避免盲目照搬，又要克服全盘否定；要从我国国情出发加以取舍和改造，有分析、有选择地学习和吸收西方管理的理论和实践经验。在学习和研究外国的管理经验时，至少要考虑到四个不同：社会制度的不同，生产力发展水平的不同，自然条件的不同，民族习惯和传统文化的不同。这就要求我们学会用比较研究的方法对世界上先进的管理理论和实践进行比较研究，分辨出一般性的东西和特殊性的东西，可以为我们借鉴的东西和不可借鉴的东西，真正做到兼收并蓄，丰富我国管理学的内容，建立具有中国特色的管理科学体系。

3）历史研究法。历史研究法，就是指要研究管理的发展演变的历史，要考察管理的起源、历史演变、管理思想和管理理论的发展历程、重要的管理案例，从中揭示管理规律和管理学的发展趋势，寻求具有普遍意义的管理原理、管理原则、管理方式和管理方法。无论是中国的历史，还是外国的历史，都有大量的关于管理方面的文化典籍，有许多值得研究的管理事例。只要我们坚持正确的指导思想，通过细致的工作方法，深入地研究前人留下的管理思想精华，就会有所收获、有所创新、有所发展。

4）案例研究法。案例研究法是指对有代表性的案例进行剖析，从中发现可以借鉴的经验、方法和原则，从而加强对管理理论的理解与方法的运用，这是研究和学习管理学的重要方法。哈佛商学院因其成功的案例教学，培养出了大批的优秀企业家。管理的案例研究法，是当代管理科学比较发达的国家在管理学教学中广为推行的学习研究方法，效果甚佳。学习研究管理学，必须掌握案例教学法、案例研究法，将自己置身于模拟的管理情景中，学会运用所学的管理原理、原则和方法去指导管理实践。

5）试验研究的方法。试验研究法，是指有目的地在设定的环境下认真观察研究对象的行为特征，并有计划地变动试验条件，反复考察管理对象的行为特征，从而揭示出管理的规律、原则和艺术的方法。试验研究不同于案例分析，后者是将自己置于已发生过的管理情景中，一切都是模拟的，而前者则是在真实的管理环境中对管理的规律进行探讨。只要设计得合理，组织得好，通过试验方法是能够得到很好的结果的。如管理学发展史上泰罗的科学管理原理，就以"时间—动作"的实验性研究为基础。著名的"霍桑试验"就是运用试验研究方法研究管理学的又一典范，通过试验所得到的重要成果是扬弃了传统管理学将人视为单纯的"经济人"的假说，建立起了"社会人"的观念，从而为行为科学这一管理学的新分支的形成和发展奠定了基础。因此，试验研究法是管理学研究的一种重要的方法。

总之，研究和学习管理学，要以马克思主义的唯物辩证法为总的方法论进行指导，同时综合运用各种方法，吸收和采用多学科的知识，从系统的观点出发，理论联系实际，实事求是，这样才能真正掌握和发展管理科学，为提高我国的管理水平做出有益的贡献。

## 四、学习管理学的重要意义

### 1. 管理在现代社会中的地位和作用决定了学习管理学的重要性

管理与科学技术是现代文明社会前进的两大车轮。就科学技术和管理二者的关系来看，科学技术是第一生产力，是社会发展的原动力；而管理为科学技术作用的充分发挥和进一步发展提供了保证。换言之，先进的科学技术必须通过有效的管理才能充分发挥出它们应有的作用。如美国"阿波罗登月"计划的成功实施。1961 年，美国组织了震惊世界的"阿波罗登月"计划，发射火箭的"土星一号"有 590 万个零部件，飞船也有 300 万个零部件。为了这项研究前后有 400 万人参与，最多的一年动用了 42 万人。参加该项目研究开发的有 200 家公司、120 所大学，整个项目共耗资约 300 亿美元，它使人类第一次离开地球。阿波罗登月计划的总负责人韦伯博士后来总结说："我们没有使用一项没用过的技术，我们的技术就是科学的组织管理。"事实上美国经济的强大，日本经济的崛起，无不得益于先进的科学技术和先进的管理，尤其是管理。

### 2. 学习管理学是提高管理人员管理能力的重要途径

当前，我国正在发展社会主义市场经济，需要大批的合格的管理人员，而我国的管理人员大多是经验型的，或者是一些刚从专业技术岗位走向管理岗位的，因此要迅速提高这些管理人员的管理能力，必须加强管理学的学习和研究。管理人员只有通过学习和研究才能掌握扎实的管理理论与方法，才能很好地指导管理实践并取得成效。

### 3. 学习研究管理学是未来社会的需要

管理是由共同劳动引起的。随着未来社会共同劳动规模的日益扩大，劳动分工协作将更加精细，社会化大生产将更加复杂，因而未来社会将更加需要科学的管理。

4. 学习和研究管理学是我们每一个人在社会中生存的需要

　　人们在生活中可以切实地感受到高效的管理对整个社会乃至每个人的重要性。试想一下，假如你去学校食堂办一张金龙卡要耗时几小时，你会不感到沮丧吗？假如你到百货商店购物，店里的售货员都不搭理你，你会不感到困惑吗？当你三次打电话到民航售票处去询问北京的机票价格，而每次办事员答复你的价格都不一样时，你会不生气吗？这些低水平的管理导致的不良后果都直接影响我们每一个人的生活质量。还有当你从学校毕业开始你的职业生涯时，你所面对的现实是：不是你去管理别人，就是被别人管理。对于那些渴望成为管理者的人来说，学习管理以获得管理的基础知识，将有助于你成为优秀的管理者。假如你不想成为管理者，但为了生活你不能不工作，那么你总要面对某个组织，于是你就得服从组织或者是"老板"的管理。通过学习管理学，可以帮助你更好地了解管理者的行为方式和你所在组织的内部运作方式，从而有助于你更好地适应组织，增强生存和竞争能力。

# 习　题

1. 为什么说管理活动与人类社会共始终？
2. 何谓管理？怎样把握管理概念？
3. 管理的职能有哪些？它们之间有什么关系？
4. 简述管理二重性的基本内容及其现实意义。

# 第二章 管理学的产生和发展

 **教学目标**

通过本章学习，了解管理学产生、发展和演变的基本历史轨迹；了解中国古代管理思想的精华及其对现代管理的启示；掌握西方管理学产生、发展各阶段的代表人物及主要管理理论；认识管理学产生与发展的背景、推动力与规律；增强对管理规律、原理与管理学历史科学性的认识。

管理活动源远流长，从历史上看，管理与人类社会几乎同时产生。而有了管理实践后，人们必然对这种实践活动以及经验进行研究、总结和探索，于是便产生了管理思想。但管理实践乃至管理思想的出现，并不意味着管理科学的产生。事实上管理科学是经历了一段漫长的历史发展过程后，直到19世纪末20世纪初才逐渐形成的，以后又随着管理实践的不断发展和社会生产力的不断提高，管理科学才得以不断的丰富和完善。纵观管理学的形成和发展的历史，大致可以分为以下几个阶段：

1）早期管理活动与管理思想产生阶段（从人类社会产生至18世纪中叶）。这一阶段人类仅仅为了谋求生存而进行各种活动，自觉不自觉地进行着管理活动，但由于组织规模很小，管理的重要性尚未充分显示，人们对管理的知识的了解还十分有限，大多凭经验进行管理。

2）管理理论的萌芽阶段（从18世纪中叶至19世纪末）。这一时期，欧洲逐渐成为世界的中心，欧洲各国在社会、政治、经济、技术等方面经历了几次大变动：几次大规模的资产阶级革命，商业城市发展，机器大生产和工厂制度逐步替代家庭手工业。伴随上述变化，管理的地位越来越重要和突出，于是许多理论家特别是经济学家，开始探讨管理问题，他们的著作中也越来越多地涉及有关管理的职能、原则、技术、方法等问题。但这些管理思想都是某个人或某个集团对某一活动的单一管理实践和管理思想的体现，还没有形成一个完整的系统。

3）科学管理阶段或古典管理理论阶段（从19世纪末至20世纪20年代）。这是资本主义从自由竞争向垄断过渡的时期，由于科学技术的进步、生产力的发展、企业规模的扩大、生产社会化程度的提高，使企业管理工作更加复杂，对管理的要求越来越高。与此同时，企业主为了获得高额利润，往往增加工人劳动强度、延长工作时间、降低工人工资，导致劳资双方矛盾不断扩大。这一切表明传统管理已远不适应生产力的发展。这种状况引起了企业家、工程技术人员的注意。他们开始进行多方面的探索和试验，并力图把当时的科学技术成果运用到企业管理的实践中去。于是管理作为一个独立的研究领域，管理学作为一门独立的学科应运而生。

4）早期的行为科学理论阶段或新古典管理理论阶段（从 20 世纪 30 年代至 20 世纪 50 年代）。这一阶段，随着机器大工业的迅速发展，生产规模和生产社会化程度空前提高，管理人员和职工队伍的文化水平越来越高，生活条件也有了一定改善，人们的思想行为变得复杂起来。科学管理理论的基本立足点却是把工人看成单纯的"经济人"，强调对其进行严格的控制和操作规范化。这虽然在提高劳动生产率方面发挥了显著的作用，但同时也激化了劳资矛盾。员工在生产中不仅有物质方面的要求，而且有精神方面的要求。在此情况下，西方一些管理学家开始突破古典管理理论的局限，重视生产过程中的"人"的行为因素的研究。于是，人际关系学说及以后的行为科学便应运而生了。

5）现代管理理论阶段或称管理理论丛林阶段（从 20 世纪 50 年代直至现在）。第二次世界大战后，西方的科学技术和生产力进一步发展，企业规模急剧扩大，市场竞争更加激烈，企业经营管理问题越来越复杂。这一时期，新的科学领域不断拓展，特别是系统论、控制论、信息论和电子计算机等最新研究成果在企业管理中广泛应用。越来越多的学者卷入了管理理论的研究，管理学大量吸收全部人类研究成果，出现了百花齐放的繁荣局面。

当然，这种划分并不是绝对的。这里的划分标准主要是看其是否对前期理论有重大突破，是否具有不同于其他阶段的本质特点。因此不可避免地在各个阶段间有交叉的现象，而且前一阶段的学说和理论在以后的阶段中也并未埋灭，而是被以后的学者及理论所吸收和发展。

# 第一节　早期的管理思想

## 一、中国古代的管理思想

中国作为四大文明古国之一，是一个具有几千年文明史的国家，我国古代各族人民以自己的智慧和辛勤劳动创造了许多令现代人叹为观止的著名的管理实践和极为丰富的管理思想。例如，由李冰父子主持修建的集分洪、灌溉、排沙诸功能于一体的都江堰水利工程；秦大将蒙恬"役 40 万众"建造的万里长城；隋唐人工挖建的京杭大运河等等，这些伟大工程，无不凝聚了我们祖先的管理才能和光彩夺目的管理思想。在浩瀚的古史卷中，也蕴含着十分丰富的管理思想，如《论语》、《易经》、《老子》、《孙子兵法》、《三十六计》、《资治通鉴》、《史记》、《西游记》、《菜根谭》等古书籍中所包含的管理思想，至今仍备受世界各国管理界的推崇。下面列举的仅仅是我国早期管理思想中的一部分。

### 1.《孙子兵法》的战略管理思想

"运筹帷幄之中，决胜千里之外"（《史记·高祖本记》）这句古代名言充分说明我们的祖先为了在竞争和对抗活动中获胜，十分重视运筹思想与战略决策方法的应用。2300 多年前"田忌赛马"的故事是孙膑运用运筹思想的生动反映。三国时期的诸葛亮也是我们今天一直称道的一位具有非凡决策能力的思想家和军事家，他的《隆中对》就是一个高瞻远瞩、善于审时度势的决策典范。而 2500 多年前由孙武创作的《孙子兵法》不仅是我国军事文化遗产中的瑰宝，而且对现代战略管理仍具有多方面的启迪作用。

1）系统论思想。《孙子兵法》开篇就提出了"经五事，校七计"的系统论思想。战争的胜败取决于各个方面的因素和情况，但关键是"经五事"，即"道、天、地、将、法"五个方面的因素："道者，令民与上同意也"，即要使老百姓和统治者同心同德，也即"人和"；"天者，阴阳、寒暑、时制也"，即"时机"或"天时"；"地者，远近、险易、广狭、死生也"，即地理位置或"地利"；"将者，智、信、仁、勇、严也"，即将要有智有谋、诚信、仁慈、无私、勇敢、严明；"法者，曲制、官道、主用也"，即强调编制与制度规范。同时还要"校七计"："主孰有道？将孰有能？天地孰得？法令孰行？兵众孰强？士卒孰练？赏罚孰明？吾以此观之，知胜负也"即要比较哪一方统治者更清明？哪一方将帅更有才能？哪一方拥有更好的天时地利？哪一方法令能够贯彻执行？哪一方武器装备精良？哪一方士兵训练有素？哪一方更能做到赏罚分明？通过这七个方面的观察与比较，就可以预测战争的胜败。

《孙子兵法》提出的"经五事、校七计"的系统论思想，对现代组织的战略管理有着极强的指导意义，为现代管理提出了战略上的基本思路：必须指明组织的发展目标与发展方向，建设组织文化，以此来凝聚人心；抓住组织发展的有利时机；摆正组织在激烈竞争中自己所处的位置；高度地重视人才并培养组织的人才；引进先进的技术设备；注重对员工的培训；建立健全组织内部的各项规章制度，依法进行规范管理等。

2）人才论思想。《孙子兵法》中对"将"的要求，对我们重视人才、选拔人才、使用人才也有启示作用。"将者，智、信、仁、勇、严也。"将领，要有智有谋，要讲诚信，要取信于下属；要仁慈，即对下属要友好、友善且公正、公平、无私；要勇敢，即要勇于开拓、勇于创新、勇于承担责任、敢冒风险；要严于律己，又严格要求下属。这里孙子把"将"的首要素质要求定位在"智"，即把知识和才能放在首位，值得我们深思。现代管理非常强调人才的重要性，但什么是人才？人才的衡量标准和基本素质是什么？什么素质最重要？我们可以从中获得启发。现代管理亦要求管理者必须具备思维、规划、判断、独创和洞察等能力，应具备信赖感、诚实、品德超人、勇于负责、敢于创新、敢冒风险、公平、严于律己等基本素质。

3）对策论思想。《孙子兵法》强调要有预见性，要进行正确的决策和计划："夫未战而庙算胜者，得算多也；未战而庙算不胜者，得算少也。多算胜，少算不胜，而况无算乎！"开战之前就预测到能够取胜，是因为事前筹划周密，胜利的条件充分；开战前就预计不能取胜，是因为营谋筹划不够，胜利的条件不足。筹划周密、营谋充分、条件充足就能取胜，筹划疏漏、条件不足就会失败，更何况不作筹划、毫无准备呢？这对现代管理强调计划管理、战略管理、事前控制有十分重要的启迪意义。

4）信息论思想。《孙子兵法》中虽然没有"信息"这样的术语，但其对信息的重视对我们现代管理也有些深刻的启示，例如，"知己知彼，百战不殆。不知彼而知己，一胜一败，不知彼，不知己，每战必败"、"明君贤将，所以动而胜人，成功出于众者，先知也。先知者不可取于鬼神，不可象于事，不可验于度，必取于人，知敌之情也"、"不知敌之情者，不仁之至也，非人之将也，非主之佐也，非胜之主也"。

2. 经营理财思想

1）重视预测。在《货殖列传》一书中，司马迁记述了春秋末年范蠡、白圭等人的市场预测思想。他们认为"六岁穰，六岁旱，十二岁一大饥"，主张要"乐观时变"以及"水则资车，旱则资舟"、"人弃我取，人取我予"、"欲长钱，取下谷"的待乏原则。

2）专业化分工。古人根据自己从事手工业生产的经验，认为专业化分工协作有利于提高人们的工作效率。战国时期的墨子就提出了劳动分工的思想，主张"各事其能"。孟子也认为劳动分工是非常重要的，"且一人之身，而百工之所为备，如必自为而后用之，是率天下而路也"（《孟子·滕文公上》）一个人什么事都自己去做，就会疲惫不堪，而以自己之有余以换不足，则大家都受益。孟子把劳动分工加以引申，得出"劳心者治人，劳力者治于人"的结论。

3）理财之道。古代理财思想中最著名的莫过于陶朱公的理财十二则和十二戒。陶朱公，据说就是春秋末期越国的名臣范蠡，他在帮助越王勾践灭亡吴国之后弃官出走，先到齐国经商，后又到了卫国的定陶定居，化名陶朱公。陶朱公经商有方，屡获巨利，他把自己的经营之术称之为"计然之策"，其中有理财的十二则和十二戒。十二则：能识人，能用人，能知机，能倡率，能整顿，能敏捷，能接纳，能安业，能辩论，能办货，能收账，能还账。十二戒：莫悭吝，莫浮华，莫畏烦，莫忧柔，莫狂躁，莫固执，莫贪赊，莫懒收，莫痴货，莫昧时，莫争趋，莫怕蓄。陶朱公的理财十二则和十二戒较全面地阐述了理财的原则。

3. 用人方面的思想

在用人方面，我国古代早就注意到要"选贤任能"、"任人唯贤"、"唯才是举"，要"用人所长"、充分发挥人才的作用，要"疑人不用，用人不疑"，如唐太宗讲："致安之本，惟在得人"、"能安天下者，惟在用得贤才"。在选才方面，战国时期的墨子对当时王公大臣重用骨肉之亲而不问德行、"任人唯亲"的做法非常不满，主张用人应当是"尚贤"。他指出国家在用人时应"不辨贫富、贵贱、远近、亲疏，贤者举而尚之，不肖者抑而废之"，而在采用贤哲时，要先"听其言，迹其行，察其所能"。庄子在选人方面还提出了九条原则，即"故君子远使之而观其忠，近使之而观其敬，烦使之而观其能，卒然问焉而观其知，急与之期而观其信，委之以财而观其仁，告之以危而观其节，醉之以酒而观其则，杂之以处而观其色，九征矣，不肖人得矣。"管子在《管子·形势解》指出："明主之官物也，任其所长，不任其所短。故事无不成，而功无不立。乱主不知物之各有所长所短也，而责必备。"宋代政治家欧阳修指出："任人之道，要在不疑。宁可艰于择人，不可轻任而不信"，意为宁可择人时多费一些精力，看准了再用，也不可轻易任用却不信任，不敢放手让其施展才干。

4. 奖惩思想

1）奖惩的重要性。荀子说："赏不行，则贤者不可得而进也；罚不行，则不肖者不可得而退也。"意为没有奖赏，有才德的人就得不到提拔；没有惩罚，则不贤能的人就不能被斥退。古代统治者认为，只赏不罚，必乱；只罚不赏，必怨；无赏无罚，既乱又怨；只有赏罚结合，赏罚分明，才能治。

2）量功分禄。荀子指出："无能不官，无功不赏。"把"官"和"赏"区别开来，把官和能相对应，把功和赏相对应。墨子也主张"量功而分禄"，他把任官（用人）与分禄分别开来，主张对有功的多给荣誉和享受，而把官授予有才能的人。

3）奖惩的原则。管子、韩非子都主张重赏重罚。管子"赏薄则民不利，禁轻则邪人不畏。"（《管子·正世》），韩非子"赏莫如厚，使民利之；誉莫如美，使民荣之；诛莫如重，使民畏之；毁莫如恶，使民耻之。"（《韩非子·八经篇》）就是说，奖赏最好是重赏，而且该赏的一定要赏，使人们得到好处；惩罚最好是重罚，而且该罚的一定要罚，使人们感到害怕。唐太宗李世民用最精练的语言阐述了赏罚严明的原则："赏当其劳，无功者自退。罚当其罪，为严者咸惧。"（《贞观政要》）

5. 中国古代管理思想的特点

中国古代光彩夺目的管理实践和管理思想还可列举很多，通观中国古代管理实践和管理思想有下列特点：

1）源发历史长。可追溯到公元前几千年的春秋战国时代。

2）涵盖内容广。涉及政治、经济、军事、文化、工程等各个领域。

3）适用层次多。微观可应用于家庭、家族的日常事务管理，宏观可作为"治国平天下"之文韬武略。

4）辐射影响大。广泛流传海内外，特别是日本、韩国及东南亚地区。

5）思想凝炼精。如"孙子兵法"的格言早就被日本、美国等发达国家应用于企业管理，被一些企业家奉若神明，视为"商界竞争必胜之武器"。

但令人遗憾的是，中国古代的管理思想比较零散，缺乏系统的整理、总结和提高，没有形成系统的管理理论。特别是到了近代以后，中国经济、政治、社会、科技、文化开始全面衰落，与西方国家的差距不断扩大，这种落后必然导致并反映到管理思想与管理理论上。

## 二、外国早期的管理思想

国外有记载的管理实践和管理思想可以追溯到 6000 多年前，一些文明古国如古埃及、古巴比伦、古罗马等在组织大型工程的修建，指挥军队作战，教会组织的管理和治国施政中都体现出了大量高深的管理思想。

古埃及人在公元前 5000 年左右开始建造的金字塔，是世界上最伟大的管理实践之一。其中最大的胡夫金字塔，高 146 米，底边各长 230 米，共耗用上万斤重的大石块 230 多万块，动用了 10 万人力，费时 20 年得以建成。现代著名管理学家德鲁克认为那些负责修建埃及金字塔的人是历史上最优秀的管理者，因为他们当时在时间短、交通工具落后及科学手段缺乏的情况下创造了世界上最伟大的奇迹之一。

公元前 2000 年左右，古巴比伦国王汉穆拉比曾经颁布《汉穆拉比法典》（又名《石柱法》，因是用楔形文字刻在石柱上的）。这部法典共有 280 多条，包含丰富的管理思想。如其中对责任的承担、借贷、最低工资、货物的交易、会计和收据的处理、贵金属的存放等，都作了明确的规定。法典中规定"如果一个人在另一个人那里存放金银或其他东西，必须有一个证人，并拟订契约，然后再存放""如果某家的房屋倒塌，并压死了人，那么造房子的人要被处以死刑"等。

古罗马帝国的长期兴盛也为我们留下了管理方面的宝贵遗产。公元 284 年，狄奥克利雄大帝登上王位后，发现古罗马帝国过于庞大，属下人员太多，难以管理，于是建立了层次分明的中央集权组织，这种组织采用了按地理区域划分基层组织，并采用效率很高的职能分工，还在各级组织中配备了参谋人员。古罗马帝国当时之所以能迅速扩张并延续统治几个世纪，在很大程度上应归功于狄奥克利雄大帝卓越的组织才能。

15 世纪，意大利的著名思想家和历史学家马基雅维利在他的《君主论》、《谈话录》中阐述了许多管理思想。其中影响最大的是他提出的四项领导原理：①群众的认可，领导者的权威来自群众。②内聚力，领导者必须维持并加强组织的内聚力，否则组织不可能长期存在。③求生存的意志，领导者必须具备坚强的生存意志力，以免被推翻。④领导能力，领导者必须具有崇高的品德和非凡的能力。这些领导原理，与现代管理学尤其是领导科学理论有高度的相关性与一致性。

另外，15 世纪世界最大的几家工厂之一的威尼斯兵工厂，在当时就采用了流水线作业，并建立了早期的成本会计制度，实行了管理分工，工厂的管事、指挥、领班和技术顾问全权管理生产，而工厂的计划、采购、财务事宜由议会通过一个委员会来负责。这些都体现了现代管理思想的雏形。

## 第二节　管理理论的萌芽阶段

18 世纪中叶，西方国家相继发生了产业革命。产业革命大大推动了生产技术的进步，使人力资源与自然资源的大规模结合成为可能，以手工技术为基础的资本主义工场手工业开始过渡到以机器大生产为特征的资本主义工厂制度。工厂制度的产生，导致生产规模的扩大、专业化协作的发展、投入生产的资源增多等，这就带来一系列迫切需要解决的新问题：如工人的组织、分工、协作、配合问题，工人与机器、机器与机器间的协调运转问题，劳资纠纷问题，劳动力的招募、训练与激励问题，劳动纪律的维持问题等。在这种形势下，一些管理先驱者从不同角度对管理进行了理论研究，其中对以后管理理论的形成有较大影响的代表人物有亚当·斯密、罗伯特·欧文、查尔斯·巴贝奇等。

### 一、亚当·斯密的劳动分工与"经济人"思想

英国古典政治经济学家亚当·斯密（Adam Smith）在 1776 年发表的代表作《国民财富的性质和原因的研究》中，最早对劳动分工进行了研究。他以工人制造大头针为例，详细阐述了劳动分工可以极大地提高劳动生产率：如果一名工人没有受过专门的训练，恐怕一天也难以制造出一枚针来，如果把制针的程序分为若干专门操作，平均每人"一日也能成针十二磅"（大约 48 000 枚）。他还进一步阐述了劳动分工之所以能提高劳动生产率的原因：第一，劳动分工可以使劳动者专门从事一种单纯的操作，从而提高工人技术的熟练程度；第二，

劳动分工可以减少由于变换工作而损失的时间；第三，分工使劳动简化，可以使人们把注意力集中到一种特定的对象上，有利于发现比较方便的工作方法和改进机器和工具。

亚当·斯密还提出了"经济人"的观点，认为人们在经济活动中追求的是个人利益，社会利益是由于个人利益之间的相互牵制而产生的。亚当·斯密的分工理论和"经济人"观点，对后来西方管理理论的形成有巨大而深远的影响。

### 二、罗伯特·欧文的人事管理思想

英国空想社会主义代表人物之一的罗伯特·欧文（Robert Owen），从 18 岁创办他的第一个工厂开始，就一直致力于工厂管理的研究。他最早注意到了工厂中人力资源的重要性，并对人力资源的利用提出了独特的见解。在欧文以前，工厂的老板大多把工人看作是呆板的机器和工具，而欧文把他们看作是有感情的人，他认为工厂要获利，就必须注意对人的关心，在人际关系方面取得和谐一致。他在给他的工厂总管的信中写道："你们对无生命的机器给予良好的保养，能够产生有利的结果，那么要是对构造奇妙的有生命的机器——人给予同样关心的话，那还有什么不能指望的呢？"他在自己管理的工厂中进行了一系列改革：如禁止招收童工，送他们去学校读书；着手改善工人的生产条件和生活条件；缩短劳动时间；禁止对工人进行惩罚；工人对任何人有抱怨都可向他直接诉说等。所有这些使他赢得了工人的信任，他的棉纺厂的事业也蒸蒸日上。由于欧文对人力资源的重视和开拓性研究，后人把他称为人事管理的先驱。

### 三、查尔斯·巴贝奇的科学管理

查尔斯·巴贝奇（Charles Babbage）是英国有名的数学家和机械专家，他在科学管理方面做了许多开创性工作，他曾花几年的时间到英、法等国的工厂调查与研究管理问题。他在 1832 年出版的代表作《论机器和制造业的节约》中，对专业分工、科学工作方法、机器与设备的有效使用、成本的记录与核算等问题进行了深入论述。此外，他还发展了亚当·斯密的劳动分工思想，第一次指出脑力劳动和体力劳动一样，也可以进行劳动分工。他还对劳动报酬问题进行研究，提出固定工资加利润分享制度，即应该比例于工人的效率和工厂的成功而付给工人奖金，以谋求劳资双方的调和。巴贝奇主张通过科学研究来提高机器工具、工人的工作效率，这已展示出了科学管理的萌芽，因此后人把巴贝奇称为科学管理的先驱。

当然，这个阶段的管理理论尚处于萌芽时期，企业的管理者一般就是企业的所有者，企业主大权独揽，完全凭个人的能力和经验，来制订企业的大政方针，并实施管理。各类人员主要采取师傅带徒弟和自己摸索的经验来操作，没有统一的操作规程，没有统一的管理方法。研究的管理问题也着重在企业内部，管理内容主要局限于生产管理、成本管理、工资管理等方面，还没有形成系统化的管理理论。

## 第三节　古典管理理论

19 世纪末 20 世纪初，伴随着第二次科技革命，电力、内燃机等新技术在企业中广泛应用,大大促进了资本主义生产的发展,推动了资本的积累和集中,企业的生产规模不断扩大,生产技术更加复杂,生产的专业化、社会化程度日益提高。同时,随着自由竞争资本主义发展为垄断资本主义,企业主为了获得高额垄断利润,往往采取提高工人劳动强度、延长工人工作时间、降低工人工资等办法,导致劳资双方矛盾不断扩大。此时单凭企业主个人经验和传统管理方式已行不通,客观上要求有科学的管理来代替传统的经验管理。

正是基于上述形势的客观需要,很多人都在总结、研究、探讨新的管理理论和管理方法,以取代落后的经验管理。于是出现了以泰罗、法约尔等为代表的着眼于寻找科学组织生产,提高劳动生产率的古典管理理论。

## 一、泰罗的"科学管理理论"

泰罗,出身于美国费城一个富有的律师家庭,中学毕业后考上哈佛大学法律系,但不幸因眼病终止了学习。之后到一家机械厂当徒工,1878 年进入费城的米德维尔钢铁公司当技工,由于工作突出,先后当了领班、车间工长、总机械师、总绘图师,1884 年任总工程师。1898~1901 年,泰罗受雇于宾夕法尼亚的伯利恒钢铁公司。1901 年以后,他把大部分时间用在写作和演讲上。他的代表著作有《计件工资制》(1895 版)、《车间管理》(1903 版)和《科学管理原理》(1911 版)等。泰罗在这些书中提出的管理理论奠定了科学管理的理论基础,标志着管理科学的正式形成,泰罗也因此被西方管理学界称为"科学管理之父"。泰罗的"科学管理理论"的主要包括八个方面的内容。

### 1. 工作定额

泰罗认为,提高工人劳动生产率的潜力非常大。工人之所以"磨洋工",是由于雇主和工人对工人一天究竟能做多少工作都心中无数,而且工人工资太低,多劳也不能多得。为了发掘工人的劳动生产潜力,就必须制订出科学的操作方法和有科学依据的合理的日工作量。为此,必须进行"时间—动作"的研究。方法是挑选合适且技术熟练的工人,把他们的每一个动作、每一道工序及所使用的时间记录下来,然后进行分析研究,消除其中多余的不合理的部分,得出最有效的操作方法作为标准。然后,累计完成这些基本动作的时间,加上必要的休息时间和其他延误时间,就可以得到完成这些操作的标准时间,据此制订一个工人的"合理的日工作量"。

### 2. 标准化

泰罗认为,要用标准操作方法训练工人,使工人掌握标准化的操作方法。同时还要使用标准化的工具、机器和材料,并且使作业环境也标准化。用标准操作方法进行操作,工人每天搬运生铁的数量提高了 3.8 倍。

### 3. 挑选和训练"第一流的工人"

泰罗指出,为了提高劳动生产率,必须为工作挑选第一流的工人。第一流的工人,是指他的能力最适合做这项工作而且他又愿意干这项工作的人,并不是指体力超过常人的"超人"。泰罗认为，健全的人事管理的基本原则是：要根据工人的能力把他们分配到相应的工作岗位上，并进行培训，教会他们科学的工作方法，使他们成为第一流的工人，激励他们尽最大的努力工作。

### 4. 有差别的计件工资制

泰罗认为，工人磨洋工的一个重要原因是报酬制度不合理。计时工资不能体现劳动的数量，计件工资虽能体现劳动的数量，但工人又担心劳动效率提高后，雇主会降低工资率。针对这种情况，泰罗提出了一种新的报酬制度——有差别的计件工资制。这种工资制度主要通过制订合理的工作定额，实行有差别的计件工资制来鼓励工人完成或超额完成工作定额。也即按照完成工作定额的不同情况规定差别工资率：完成定额的以正常工资率付酬，未达到工作定额标准的以低工资率付酬，超过工作定额标准的则以高工资率付酬。这种工资制度，促使工人掌握科学的操作方法，不断提高劳动生产率。

### 5. 计划职能和执行职能相分离

泰罗认为，应该用科学的工作方法取代经验工作方法。工人凭经验很难找到科学的方法，而且他们也没有时间研究这方面的问题，所以应该将计划同执行分离开来，计划由管理当局负责，并设立专门的计划部门来承担，这样才能把分散在工人手中的手工艺知识和实践经验集中起来，使之条理化、系统化、标准化，然后让工人执行，而且对工人执行计划的情况进行控制。而工人就要是服从管理当局的命令，从事执行的职能，并且根据执行的情况领取工资。在这里，泰罗明确了管理者和工人各自的工作和责任。

### 6. 实行职能工长制

泰罗主张实行职能管理，即把管理工作进行细分，使每一管理者只承担一两种管理职能。泰罗将原来由一个工长负责的工作细分为八个职能工长负责，其中四个在计划部门，分别履行纪律、工时成本、工作程序、指令卡四项职能；另外四个在车间，分别履行工作分配、速度、检验、维修四项职能。每个职能工长在其职能范围内，可以直接向工人发布命令。这样一个工人同时要从几个职能工长那里接受命令，后来的实践证明，这种多头领导的职能工长制，容易引起混乱，因而后来没有得到推广。但是泰罗的这种职能管理思想，对以后职能部门的建立和管理专业化提供了思路。

### 7. 例外原则

泰罗认为，规模较大的企业组织及其管理，需要运用例外原则，即企业的高层管理人员为了减轻处理纷繁事务的负担，把例行的一般日常事务授权给下级管理人员去处理，自己只保留对例外事项（重大事项）的决策权和监督权。这种以例外原则为依据的管理控制原理，以后发展成为管理上的分权化原则和实行事业部制的管理体制。

8. 劳资双方的"精神革命"

泰罗认为，雇主和工人两方面都必须来一次"精神革命"，认识到提高效率对双方都是有利的。双方应把原来的相互对立变为互相协作，共同为提高劳动生产率而努力。双方应把注意力从过去的注意剩余的分配，转移到如何增加剩余上来，要把剩余这张"饼"做得足够大，以致没有必要为"饼"的如何分配而争吵。

泰罗的上述理论，在今天看来也许是平常的，但在19世纪末20世纪初，泰罗的理论使企业管理掀起了一场声势浩大的革命，开创了科学管理的新阶段。从此，企业管理从只凭经验管理，走上了科学管理的道路。列宁对此的评价是：泰罗制也同资本主义其他一切进步的东西一样，有两个方面，一方面是资产阶级剥削的最巧妙的残酷手段，另一方面是一系列的最丰富的科学成就。

现代管理学家德鲁克认为：泰罗的发现是一个转拆点，在泰罗以前人们认为取得更多产出的唯一途径是增加劳动强度和劳动时间，但是泰罗发现，要取得更多产出的方法是工作得更聪明一些，也就是更具有生产力。他发现使工作具有生产力的责任不在于工人而在于管理人员。

这一时期，对科学管理作出贡献的还有另一些人，如吉尔布雷斯夫妇创立的动作研究；甘特发明的用于制定生产作业计划和控制计划执行的"甘特图"；H.福特（H. Ford）创立的汽车工业的流水线生产，促进了生产组织工作的进一步标准化，并为生产自动化创造了条件等。

由上可见，这一时期泰罗等人所研究的科学管理，是以工厂内部的生产管理为重点，以提高生产效率为中心，主要研究和解决生产组织方法的科学化和生产程序的标准化问题，没有超出车间管理的范围。

## 二、法约尔的"一般管理理论"

亨利·法约尔，法国人，被称为"经营管理之父"。法约尔19岁从圣艾帝安国立矿业学院毕业后进入一家大型采矿冶金公司担任工程师，很快显露出他的管理才能，28岁担任公司总经理。他与泰罗不同，泰罗从企业底层开始研究管理问题，着重研究生产过程中的工作管理，而法约尔位居高层，是从企业上层开始研究管理问题，着重研究企业的经营管理问题。1916年出版了他的代表作《工业管理和一般管理》，这本著作是法约尔一生的管理经验和管理思想的总结，法约尔被公认为是第一位概括和阐述一般管理理论的管理学家。他的管理理论主要体现在以下几个方面。

1. 明确区分经营和管理

法约尔认为，企业的全部经济活动可以归结为六项基本活动，这六项基本活动就是经营，分别是：技术活动、商业活动、安全活动、财务活动、会计活动、管理活动。可见，管理只是经营六项活动中的一项活动。在经营的六项基本活动中，管理活动处于核心地位，不但企业本身需要管理，而且其他五项活动也需要管理。

## 2. 指出管理的五个职能

法约尔认为，管理包括计划、组织、指挥、协调和控制五个职能或要素。计划，是对未来的预测和对未来行为的安排，是管理的首要职能；组织，是指建立企业的物质结构和社会结构，并通过其对人力、物力、财力等资源进行合理配置；指挥，是让已经组建的组织发挥作用；协调，是指企业人员团结一致，使企业中的所有活动和努力得到统一与和谐；控制，是保证企业中进行的一切活动符合所制订的计划和所下达的命令，保证计划得以实现。

## 3. 首次提出管理的十四条原则

1）分工。通过专业化分工使人们的工作更有效率。

2）职权与职责。职权是管理者命令下级的权力和要求服从的威望，但是，责任与权力是相对应的，凡是行使职权的地方，就应当承担相应的责任。

3）纪律。用统一、良好的纪律来规范人们的行为可以提高组织的有效性，人们必须遵守和尊重组织的规则，违反规则的人应受到惩罚。

4）统一指挥。每一个下属应当只接收来自一位上级的命令。

5）统一领导。围绕同一目标的所有活动，只能有一位管理者和一个计划，多头领导将造成管理的混乱。

6）个人利益服从整体利益。任何个人或小群体的利益，不应当置于组织的整体利益之上。当二者不一致时，主管人员必须想方设法使它们一致起来。

7）个人报酬。报酬与支付方式要公平合理，对工作成绩和工作效率优良者给予奖励，但奖励应有一个限度，尽可能使职工和公司双方都满意。

8）集权与分权。集权与分权反映的是下属参与决策的程度。集权与分权可以不同程度地存在，管理者的任务在于根据组织的情况找到两者的平衡点。

9）等级链。从组织的最高层管理到最低层管理之间应建立关系明确的职权等级，它是组织内部权力等级的顺序和信息传递的途径。但当组织的等级太多时，会影响信息的传递速度，此时同一层级的人员在有关上级同意的情况下可以通过"跳板"（"法约尔桥"）进行信息的横向交流，以便及时沟通信息，快速解决问题。

10）秩序。包括"人"的秩序和"物"的秩序。要求每个人和每一物品，都处在恰当的位置上。

11）公平。管理者应当公平善意地对待下属。

12）人员的稳定。人员的高流动率会导致组织的低效率，为此，管理者应当制订周密的人事计划，当发生人员流动时，要保证有合适的人接替空缺的职务。

13）首创精神。指人们在工作中的主动性和积极性。当组织允许人们发起和实施他们的计划时，将会调动他们的极大热情。

14）团体精神。提倡团结精神，在组织中建立起和谐、团结、协作的氛围。

法约尔强调，这些原则不是死板的概念，而是灵活的，是可以适应于一切需要的。关键是要懂得如何根据不同的情况灵活运用。

法约尔的一般管理理论对管理科学的形成与发展做出了重要贡献,主要体现在以下三个方面:

1)提出了"管理"的普遍性。法约尔不再把管理局限于某一个特定的范围内,即不是仅看成是某一类组织的活动,而是认为所有的组织都需要实行管理。同时,他把管理活动从经营中单独列出来,作为一个独立的功能和研究项目。这种对管理"普遍性"的认识和实践,在当时是一个重大的贡献。

2)提出了更具一般性的管理理论。由于泰罗是以工厂管理这一具体对象为出发点的,因此,泰罗的科学管理理论非常富有实践性,但缺乏一般的理论性。与泰罗的科学管理理论相比较,法约尔的管理理论是概括性的,所涉及的是带普遍性的管理理论问题,其形式和对象均是在极其普遍的条件下得出的有关管理的一般理论,所以更具理论性和一般性。

3)为管理过程学派奠定了理论基础。法约尔的主张和术语在现代的管理文献中使用得很普遍。这说明一般管理理论对现代管理理论有重要的影响。他所开创的一般管理理论,后来成为管理过程学派的理论基础。

### 三、马克斯·韦伯的"理想的行政组织体系理论"

德国社会学家马克斯·韦伯的研究主要集中在组织理论方面,被后人称为"组织理论之父"。他的代表作是 1921 年出版的《社会组织和经济组织》(死后由他妻子整理出版)。他的主要贡献是提出了所谓理想的行政组织体系理论(也称官僚行政组织理论),这一理论的核心是:组织活动要通过职务或职位而不是通过个人或世袭地位来管理。他所讲的"理想的",不是指最合乎需要的,而是指现代社会最有效和最合理的组织形式。

韦伯的理想的行政组织体系具有以下特点:

1)明确的分工。每个职位的权力和义务都应有明确的规定,人员按职业专业化进行分工。

2)形成自上而下的等级体系。一个组织应遵循等级原则,上一级部门应控制和管理下一级部门,直到每一成员都被控制为止,形成一个自上而下的指挥链或等级体系。

3)人员的任用。人员任用应通过正式选拔,要完全按照职务的要求,通过考试和教育训练来实行。

4)职业管理人员。组织中的管理人员是专业的公职人员,而不是该组织的所有者。

5)正式的规则和纪律。管理人员必须严格遵守组织中规定的规则和纪律,明确办事的程序。

6)非人格化。组织中成员之间的关系以理性准则为指导,只是职位关系而不受个人情感的影响。这种公正不倚的态度,不仅适用于组织内部,而且也适用于组织与外界的关系。

韦伯认为,这种体现劳动分工原理的、有着明确定义的等级和详细的规则与制度,以及非个人关系的组织模型是最符合理性的原则,是达到目标、提高劳动生产率的最有效的形式,并在精确性、稳定性、纪律性以及可靠性等方面均优于其他组织。这是由于程序化的工作方式和结构化的正式关系网络,并用规则和法规来规范着人们的行为,能够消除管理者的主观判断,即使是人事变动也不会影响组织的正常运行。同时,这种组织模式对人没有偏见,无论是上级还是下属，无论是顾客还是员工，都应当一视同仁地遵守规则，使得领导的权威更多地来源于位置而不是个人。这样，组织可以更加公正有效地运作。所以，它适用于所有的大型组织，如教会、国家机构、军队、政党、企业和各种团体。

### 四、古典管理理论评析

#### 1. 古典管理理论的特点

1）以提高生产效率为主要目标。泰罗等人从事的一系列企业管理科学研究，都是以提高生产效率为目标的。

2）以科学求实的态度进行调查研究。科学管理这一名称本身就表明泰罗等人对企业管理问题研究的科学求实精神。为了提高劳动生产率，泰罗等人运用科学方法对生产方法的改进作了长时间的、大量的调查研究。例如，泰罗进行了著名的"铁块搬运试验"、"金属切削试验"，吉尔布雷斯对砌砖工人动作与效率的关系进行了大量的调查研究。

3）强调以物质利益为中心，重视个人积极性的发挥。泰罗认为，生产效率的提高主要取决于工人个人积极性的发挥，而物质利益则是刺激工人劳动积极性的惟一有效的手段。

4）强调规章制度的作用。泰罗等人在企业管理实践中，通过大量调查研究总结出一套科学管理的方法，如职能分工、劳动定额、操作规程、作业标准化、计件工资等，并主张把科学管理的措施形成企业规章制度，以约束工人在生产经营活动中的行为，并区别表现的好坏，给予一定的奖罚；强调组织中上下级的关系必须遵从规章制度，把规章制度作为企业组织重要的管理工具。可见，在企业管理工作中，应当重视规章制度对职工行为的约束功能和导向功能。

#### 2. 古典管理理论的贡献与局限性

1）古典管理理论的贡献。古典管理理论家们建立了管理研究和实践的科学基础。他们把提高组织效率作为其研究的目标，把科学的方法运用到管理活动和管理过程中，使管理学成为一个独立的研究领域，使管理活动能够在科学的基础上进行，从而使管理者能够管理大型的复杂的组织。

2）古典管理理论的局限性。①对组织中人的因素的研究不够，一般只是把人看作"经济人"。②主要强调对组织内部有效运行问题的研究，而忽略了或较少地分析有关外部环境对组织的影响问题。③对解决管理实践中的协调问题以及为贯彻各种管理职能提供服务方面较少涉及。

## 第四节　人际关系学说

尽管科学管理理论和方法在20世纪初对提高劳动生产率起了很大的作用，但也激起了员工的不满和反抗。首先，金钱的刺激和严格的控制逐渐失去了应有的作用；其次，20世纪 20 年代组织环境日益复杂化，组织规模也日益扩大，市场竞争更加激烈，这要求管理者不仅要掌握技术、经济因素，而且还需要洞察社会、心理因素，重视人的因素；再次，工人运动有了进一步发展，工会的作用和工人的地位都有了明显的提高，使得管理者不能不考虑到员工的因素。由于上述因素，对人的行为进行研究就变得十分迫切，于是产生了早期的人际关系学说。

## 一、玛莉·福莱特的小组行为研究

玛莉·福莱特（Mary Follett）注意到来自小组的想法不同于来自任何个人的想法。所有小组成员由于加入了小组而在思想模式上有了重要变化。管理者的作用在于培养小组成员相互沟通和协调，使之产生最优结果。她的理论的核心是"共融的概念"，即把小组成员的差异和谐地融合在一起，以产生出大家都能接受的结果。这个结果只能维持较短的时间，新的差异还是会出现，管理人员的职责就在于主持这种共融的过程。

## 二、雨果·孟斯特伯格的工业心理学

雨果·孟斯特伯格（Hugo Munsterberg），1892 年在哈佛大学创办了一个心理学实验室，并于 1912 年发表了《心理学与工业效率》一书，在书中他指出心理学可以帮助管理者去认识每个人的心理特性和他适合做什么工作，并了解处于什么样的心理状态下才能使每个人达到最高效率，从而采取合适的方式刺激、诱导人们努力工作以达到最满意的产量或最高效率。他的思想导致了工业心理学的建立和人们对工作中人的行为的关注。

## 三、乔治·梅奥及其领导的"霍桑实验"

乔治·梅奥（Gedrge EltonMayo），原籍澳大利亚的美国行为科学家，人际关系学说的创立人。1924～1932 年，由他负责在美国西方电器公司下属的霍桑工厂中进行了著名的霍桑试验。之所以在这个工厂进行试验，是因为霍桑工厂虽然有很好的物质待遇和福利条件，但是工人仍然愤愤不平，生产效率也很不理想。为了探究原因，1924 年 11 月美国国家研究委员会组织了一个包括多方面专家在内的研究小组进驻这个工厂，开始了一系列试验，由此产生了人际关系学说。试验分四个阶段：

第一阶段（1924～1927 年），工场照明试验。实验的目的是研究照明的强度对生产效率是否有影响，即工作环境与生产效率有无直接因果关系。实验是将挑选出来的工人分为两组，一组为"参照组"，另一组为"试验组"。将实验组的照明条件作各种变化，而参照组的照明度始终保持不变。试验结果：两组的生产效率都有了显著提高，且没有什么差异。结论是照明度与生产效率无直接因果关系。研究者面对此结果感到茫然，失去了信心。

从 1927 年起，以梅奥教授为首的一批哈佛大学心理学工作者将实验工作接管下来，继续进行。

第二阶段（1927～1928 年），继电器装配室试验。实验的目的是研究福利和工作条件对生产效率是否有直接影响。为了有效地控制影响生产效率的因素，研究小组决定单独分出一组工人进行研究。他们通过改变工作时间长短、工资支付方式、劳动条件（进茶点、放音乐等）、管理作风、材料供应方式等来进行实验，结果发现无论各个因素如何变化，产量都是提高的。且除了管理作风这个因素外，其他因素对生产效率没有特别的影响，管理作风最能改变产量，因为它能改变"工人的工作态度"。

　　第三阶段（1928～1931年）：大规模访谈试验。既然前两个实验表明生产效率提高的主要原因不是物质条件的改善，而是管理的方式和工人的士气等，那么就应该了解职工对现有的管理方式有什么意见，以便为改进管理方式提供依据。于是梅奥等人制订了一个征询职工意见的访谈计划。访谈实验持续了两年多的时间，研究小组的实验人员对工厂内的工人进行了两万多人次的访问谈话。计划开始时的想法是要求工人就管理当局的规划和政策、监工的态度和工作条件等问题做出回答。但在计划的执行中，访谈人员发现工人对这些问题根本不感兴趣，不想就调查提纲以外的问题发表意见。显然，工人认为重要的事并不是调查者认为的那些事情。于是，研究小组对访谈计划进行了调整。每次访谈之前，不规定谈话的内容和方式，工人可以就任何一个问题自由地发表一番，访谈者的任务就是让工人说话。有了这样一个自由发表意见、发泄心头之气的机会以后，虽然工作条件或劳动报酬实际上并未得到任何改善，但工人们却普遍认为自己的处境比以前好了，从而对生产的态度有了大大的改变，产量也随之提高。

　　通过这些研究发现，影响生产效率的最重要的因素是工作中发展起来的人际关系，而且一个人的工作效率高低不仅取决于他们自身的情况，还要受到他的同事和其他人的影响，特别是受到一些在工作过程中产生的小团体的影响。于是，研究小组进行了第四阶段的试验。

　　第四阶段（1931～1932年）：接线板接线工作室"群体试验"。实验的目的是要证实在以上试验中研究人员感觉到工人中似乎存在一种非正式组织，而且这种非正式组织的存在对工人态度有着很重要的影响。研究小组为了系统地观察在实验群体中的工人之间的相互影响，安排了电话接线工作室的实验。他们挑选了14名男工，其中9名接线工，3名焊工以及2名检验工，让他们在一个单独的房间内工作。除检验工外，其他12人分成3组，构成正式组织。采用的工资制度是集体计件制，目的在于要求他们加强协作，想给"慢手"造成压力，便于"快手"带动"慢手"。结果这种压力根本不存在。实验中，研究人员观察到工人们对于"合理的日工作量"有明确的概念，且这个工作量低于管理当局估计的水平和他们的实际能力。因为每个工人都自觉限制自己的产量，他们在产量水平上达成了某种默契，并运用团体的压力来促使人们共同遵守这一非正式的定额，这些压力包括讽刺和嘲笑等。如果某个工人在某天的产量高了，他也只会上报符合"合理的日工作量"的部分，其余产品则会隐藏起来，以供第二天放慢生产速度后的补缺。工人们认为，如果产量超过这种非正式的定额，工资率就可能下降；而如果产量低于这个水平，则可能引起管理当局的不满。

　　另外，研究人员发现，在正式组织中存在着小团体，即非正式组织。在工作过程中或工作结束后，工人跨越正式组织的界限而相互交往，形成相对稳定的非正式团体。这种非正式团体有自然形成的领袖和自己的行为规范。比如，不应该提供过多或过少的产量，即工作不要做得太快，否则就是"害人精"，原因是怕标准再度提高和失业的威胁；同时也是为了保护工作速度慢的同伴的利益，但也不能干得太少，否则就是"懒惰鬼"。不应该成为告密者或向监工打小报告，不应当清高或多管闲事，不应当过分喧嚷，不应该在工作中一本正经，对同伴保持疏远态度或好管闲事，不能自以为是和一心想领导别人等。违反这些规范则会受到某种形式的攻击和小团体的排挤。

梅奥对历时近八年的"霍桑试验"的结果进行了总结和分析，于 1933 年出版了《工业文明中人的问题》一书，标志着管理学发展到了"以人为中心"的新阶段。书中的理论被称作为"人际关系学说"，其要点有以下几个方面：

1）工人是"社会人"，而不是单纯的"经济人"。梅奥认为泰罗把工人看成是只追求物质利益的"经济人"，其倡导的科学管理方法主要是通过工作条件、工资报酬来刺激工人提高劳动生产率。但是，霍桑实验表明，工作条件、工资报酬等并不是影响劳动生产率高低的第一位因素。工人是"社会人"，工人除了有生理和物质方面的需求以外，他们还有很多社会、心理方面的需求，即追求人与人之间的友情、安全感、归属感和受尊重等。因此，强调必须同时从社会、心理方面来激励工人提高生产率。

2）企业中除了正式组织外，还存在着非正式组织。梅奥认为，企业中除了正式组织之外，还存在着非正式组织，即企业成员在工作过程中，由于共同的兴趣、爱好、处境、背景以及相容的个性特点等而自发形成的无形的群体体系，通常也有其"领袖"和不成文的规范、倾向与感情，左右着成员的行为。既然非正式组织对生产效率的提高有很大的影响，因此，不能只注意正式组织。非正式组织和正式组织尽管二者目标往往各异，利益也不一致，但却是普遍存在的客观现象，能否协调好二者的行为、利益与目标，对生产率的提高有很大的影响。

3）新型的领导人员的领导能力在于提高工人的满足度，以提高工人士气和干劲，进而提高工人的生产效率。梅奥认为，促进生产率提高的最重要因素是工人的"士气"，而"士气"又取决于家庭、社会生活和企业内的人际关系，即取决于工人社会需要和心理需要得到满足的程度。在工人所希望满足的需要中，金钱只是一部分，更多的是安全的需要、归属的需要、尊重的需要等社会性心理需要。所以，领导者不仅要具有解决技术经济方面问题的能力，还要具有善于了解职工思想感情、掌握职工思想情绪、解决人际关系的能力，即要具有把企业的经济需求同职工的社会心理需求结合起来和统一起来的新型领导能力。

人际关系学说，使管理学的研究从"以事为中心，以人来适应事"的阶段发展到"以人为中心"的管理阶段，使管理学的发展又向前推进了一大步，并为后来行为科学理论的发展奠定了基础。

案例 —— **联合邮包服务公司（UPS）的科学管理**

联合邮包服务公司（UPS）雇用了 15 万名员工，平均每天将 900 万个包裹发送到美国各地和世界 180 多个国家和地区。他们的宗旨是：在邮运业中办理最快捷的运送。UPS 的管理者系统地培训他们的员工，使他们以尽可能高的效率从事工作。

让我们看一下他们的工作情况。UPS 的工业工程师们对每一位司机的行驶路线进行了时间研究，对每种送货、取货和暂停活动设立了工作标准。这些工程师们记录了红灯、通行、按门铃、穿过院子、上楼梯、中间休息喝咖啡的时间，甚至上厕所的时间，将这些数据输入计算机中，从而给出每一位司机每天工作的详细时间标准。

为了完成每天取送130件包裹的目标，司机们必须严格遵守工程师们设定的标准。当他们接近发送站时，他们松开安全带，按喇叭、关发动机、拉起紧急制动、把变速器推倒一挡上，为送货完毕后的启动离开做好准备，这一系列动作极为严格。

然后司机从驾驶室下到地面上。他们看一眼包裹上的地址，把它记在脑子里，然后以每秒钟3英尺的速度快步走到顾客的门前，敲一下门以免浪费时间找门铃。送货完毕，他们在回到卡车上的路途中完成登录工作。

UPS是世界上效率最高的公司之一。联邦捷运公司每人每天取运80件包裹，而UPS公司却是130件。高的效率为UPS公司带来了丰厚的利润。

（案例来源：谢希钢. 2006. 管理学原理. 长沙：湖南科学技术出版社）

# 习　题

1．《孙子兵法》对现代管理有什么启迪意义？
2．泰罗的科学管理理论的主要内容是什么？
3．法约尔对管理学理论的奠基性贡献是什么？
4．人际关系学说的主要内容是什么？
5．如何认识UPS公司的工作程序？
6．UPS公司这种刻板的工作时间表为什么能带来效率呢？

# 第三章 现代管理理论丛林

 **教学目标**

通过本章学习，掌握现代管理理论丛林的主要学派，了解各学派的特点、代表人物及基本观点，体会管理学研究视角的多维性，把握管理学科的综合性特征，了解现代管理学的发展趋势及应树立的基本观念，为未来更好地学习、研究和从事管理工作打下良好的理论与思想基础。

第二次世界大战以后，随着科学技术日新月异的发展，生产和组织规模的急剧扩大，生产力迅速发展，生产的社会化程度日益提高，市场竞争更加激烈，企业经营管理问题越来越复杂。这一时期，新的科学领域不断拓展，特别是系统论、控制论、信息论和计算机等最新研究成果在企业管理中得到广泛的应用。不仅从事实际管理工作的人和管理学家在研究管理，而且一些心理学家、社会学家、人类学家、经济学家、生物学家、哲学家及数学家等也从各自不同的背景、角度，用不同的方法对现代管理问题进行研究，这带来了管理理论的空前繁荣，出现了各种各样的学派。美国著名管理学家哈罗德·孔茨把这种现象称为管理理论的"丛林"。孔茨在1961年12月发表的《管理理论的丛林》一文中，把当时的管理理论丛林划分出为六个主要学派：①管理过程学派。②经验学派。③人类行为学派。④社会系统学派。⑤决策理论学派。⑥数学学派。

19年后，孔茨于1980年又发表了《再论管理理论的丛林》，文中指出：管理理论学派已不止六个，而是发展到了十一个，包括①经验学派。②人际关系学派。③群体行为学派。④社会协作系统学派。⑤社会技术系统学派。⑥系统学派。⑦数学（或管理科学）学派。⑧决策理论学派。⑨经理角色学派。⑩管理过程学派。⑪权变理论学派。

到今天，时间又过去了30多年，管理所面临的环境、形势和任务发生了很大的变化，在管理理论丛林中又出现了一些新的学派，如企业文化学派和战略理论学派等，并出现了许多新的管理思潮。

## 第一节 现代管理理论丛林的主要学派

### 一、行为科学学派

行为科学作为一门独立的学科，产生于20世纪40年代末，即1948年在美国芝加哥召开的世界跨学科会议上创立了行为科学。自从20世纪30年代在霍桑试验基础上的人际关系学说创建以后，其在企业和其他组织的管理中发挥了一定的作用，使得从事这方面研究的人

层出不穷。如 1943 年，美国心理学家马斯洛提出了需求层次论；1960 年麦克雷戈提出"X—Y 理论"；赫茨伯格提出了激励因素和保健因素的双因素理论；布莱克和莫顿创立了管理方格图理论等，从而不断丰富了行为科学的理论内容。该学派以心理学、社会学、社会心理学及人类学等学科为理论基础，强调用观察和实践的方法去研究人类行为的产生、发展和控制，探求行为与需要、动机、目标及环境之间的关系，揭示人的行为的规律，以提高对组织成员行为的预见性和有效控制，试图为管理者提供领导和激励组织成员的有效方法。

进入 20 世纪 60 年代中期，行为科学的又一重要动向是组织行为概念的出现，其特征是既注重人的因素，又注重组织的因素（例如工作任务、组织结构、隶属关系等），如德国卢因"团体力学理论"和美国的阿吉里斯"不成熟—成熟理论"等，着重研究组织中的群体行为和群体行为模式，强调管理的民主性和职工参与管理的重要性，即通过利用各种形式，让各级管理人员和职工有提出建议、参与决策以及参与管理的机会。这样，职工可以在实现组织目标的同时，也能获得个人社会需要和心理需要的满足。

行为科学理论虽众说纷纭，但归纳起来主要集中在四个领域：

1）对人的需要、动机和激励的研究。包括需求层次理论、双因素理论、成就激励理论、期望理论、公平理论、强化理论和归因理论等。

2）与管理方式有关的"人性"问题的研究。主要包括：美国社会心理学家道格拉斯·麦克雷戈提出的"X—Y 理论"，围绕"人的本性"来论述人类行为规律及其对管理的影响；美国行为科学家克里斯·阿吉里斯把马斯洛的需求层次理论加以发展，提出了"不成熟—成熟理论"。阿吉里斯认为，在人的个性发展方面，如同婴儿成长为成人一样，也有一个从不成熟到成熟的连续发展过程，最后发展成为健康的个性。

3）有效的领导方式问题的研究。主要包括三大类，即领导性格理论、领导行为理论和领导权变理论。

4）有关组织团体行为的研究。团体是由两人或两人以上组成，并通过人们彼此之间相互影响、相互作用而形成的。团体可分为正式团体和非正式团体，也可划分为松散团体、合作团体和集体等。团体行为理论主要研究团体发展动向的各种因素以及这些因素的相互作用和相互依赖关系。如团体的目标、团体的结构、团体的规模、团体的规范及信息沟通和团体意见冲突理论等。

以上这些理论，将在第八章中有选择地进行论述。

行为科学理论与科学管理理论的不同点表现在：由以"物"为中心的管理，发展为以"人"为中心的管理；由对"纪律"的研究，发展为对"行为"的研究；由"监督"为主的管理，发展到"自主激励"为主的管理；由"专制式"管理，发展到"参与式"管理。

## 二、管理科学学派

管理科学学派的代表人物主要是美国的 E. S. 伯法（E. S. Buffa）等人。这个学派认为管理工作是可以用数学模型来表示、分析的，他们反对凭经验、凭直觉、凭主观判断来进行管理，主张采用科学的方法，探求最有效的工作方式或最优的方案，以达到最高的工作效率，用最短的时间、最小的支出取得最大的效果。它是以现代自然科学和技术科学的最新成果，如先进的数学方法、电子计算机技术、系统论、控制论及信息论等为手段，运用数学模型，对管理领域中的人、财、物和信息、时间等资源进行系统的定量分析，并作出最优规划和决策，使整个管理从以往的定性描述变为定量的科学预测。管理科学学派的主要内容有三个方面：运筹学、系统分析和决策科学化。

运筹学是管理科学学派的基础。管理科学学派的发展与运筹学的研究和应用是分不开的，在第二次世界大战期间，由于军事上对德作战的需要，从 1939 年开始，首先在英国成立了许多运筹学小组，其后美国也很快开始从事这方面的研究。第二次世界大战后，各国继续进行研究，并应用于生产管理。高等学校也开设了这方面的课程，并出版了一批教科书。1948 年，英国成立了"运筹学学会"，1950 年出版了《运筹学季刊》。1952 年，美国也成立了"运筹学学会"，1953 年又成立了"管理科学协会"，开始出版了《管理科学》杂志。这些学会的成立和杂志的创办，使"管理科学"在理论上的发展十分迅速。到了 20 世纪 70 年代，运筹学的发展重点转向实际应用，其影响更加广泛，也取得了显著的成效。由于研究的不同，形成了许多新的分支学科，如规划论、库存论、排队论、博弈论、搜索论及网络计划技术等。

系统分析，由美国兰德公司 1949 年首先提出，主要是把系统的观点和思想引入管理当中。其特点是解决问题时要从全局出发，进行分析和研究，制定出正确的决策。

决策科学化是指要以充足的事实为依据，采取严密的逻辑思考方法，对大量的资料和数据按照事物的内在联系进行系统分析和计算，遵循科学程序，作出正确决策。

管理科学学派认为，管理就是制定和建立数学模型与程序的系统，就是用数学符号和公式来表示计划、组织、控制及决策等合乎逻辑的程序，求出最优的解答，以达到企业的目标。所谓管理科学，就是制定用于管理决策的数学和统计模型，并把这些模型通过电子计算机应用于管理。管理科学主要不是研究、探索管理的科学，而是设法把科学的原理、方法和工具应用于管理的各种活动，减小不确定性，使投入的资源发挥更大的作用得到最大的效益。因此，可以说"管理科学"是科学管理理论的延伸和发展。

管理科学学派的研究具有以下一些特征：

1）以决策为主要着眼点，在不同程度的不确定条件下，作出合理的决策。

2）以经济效果标准作为评价依据，注重经济技术方面的问题。

3）以数学模型和电子计算机作为处理和解决问题的方法和手段，注重解决问题的数量方法和系统方法。

管理科学应用的工具主要是电子计算机，随着电子计算机的不断发展，使得原来理论上的数学模型成为日常的实际决策工具，从而大大推动了"管理科学"的发展，使"管理科学"在管理工作中得到广泛和深入的运用成为可能。目前，"管理科学"的研究，已经突破了操作方法、作业水平的范围，向整个组织的所有活动方面扩展，要求对组织的所有活动进行整体性、系统性及全面性的研究。

## 三、管理过程学派

管理过程学派的主要代表人物是孔茨和奥唐奈里奇等。这一学派的特点是把管理学说同

管理人员的职能，也就是同管理人员从事管理工作的过程联系起来，因此，称为"管理过程学派"。他们认为，不论组织的性质多么不同，所处的环境多么不同，但管理人员的职能是相同的。因此，他们首先确定管理人员的职能，作为理论的概念结构。如法约尔把管理划分为计划、组织、指挥、协调和控制五种职能。以后各管理学家的职能划分虽不完全一致，但也大同小异。如厄威克主张计划、组织、控制三种职能说；古利克提出了有名的POSDCORB即"计划、组织、用人、指挥、协调、报告和预算"等七种职能说。

孔茨与奥唐奈里奇把管理解释为"通过别人使事情做成的职能"。他们认为，管理的职能有计划、组织、人事、指挥和控制五种，并按此来分析、研究和阐明管理理论。他们指出，有人认为这些职能是按顺序执行的，但事实上管理者是同时执行这些职能的。他们强调，这些职能中的每一种都对组织的协调有所贡献，但协调本身并不是一种独立的职能，而是有效地应用了这五种管理职能的结果。他们对每个职能按以下几个基本问题来进行分析：

1）这个职能的性质和目的是什么？

2）它的结构上的特性是什么？

3）它如何执行？

4）在它的领域里，主要的原则和理论是什么？

5）在它的领域里，最有用的技术是什么？

6）执行这一职能有什么困难？

7）完成这一职能的环境是怎样造成的？

他们认为，一切最新的管理思想都能纳入上述的理论结构中去。管理理论就是围绕这样的结构，把经过长期的管理实践积累起来的经验、知识综合起来，提炼出管理的基本原则。这些原则对于改进管理实践是有明显价值的。

孔茨等人还认为，管理理论要吸收社会学、经济学、生理学、心理学、物理学和其他学科的技术和知识，因为它们都与管理工作者有关。但是又不能把这些学科的所有领域都概括到管理理论中去，因为科学的进步要求把知识分门别类，有所区别。

## 四、经验学派

经验学派，又称案例学派。这一学派的代表人物主要有：彼得·德鲁克，大企业的顾问，大学教授，《有效的管理者》一书的作者；欧内斯特·戴尔（Ernest Dale），大公司的董事，大企业的顾问，著有《企业管理的理论与实践》等书；威廉·纽曼（William. Newman），大学教授，著有《经济管理活动·组织和管理的技术》等书；A. P. 斯隆（A.P. Sloan），曾长期担任美国通用汽车公司的董事长。

该学派以向西方大企业的经理提供管理企业的成功经验和科学方法为目标。他们以成功或失败的大企业的管理经验作为案例，分析其成功的管理经验和失败的教训，然后加以概括，找出它们成功经验中的共同点以及失败的原因，然后使其系统化、理论化，并据此向管理人员提供实际的建议。在这一学派中，有管理学家、经济学家、社会学家、统计学家、心理学家、大企业的董事长和总经理及其顾问等。该学派强调管理的艺术性，强调从管理的实践出发，试图通过分析各种成功和失败的管理案例，为人们提供解决具体管理问题的有效方法。

他们认为，古典管理理论和行为科学理论都不能完全适应企业发展的实际需要，有关企业管理的科学应该从企业管理实际出发，以大企业的管理经验为主要研究对象，以便在一定的情况下可以把这些经验加以概括和理论化，在更多情况下，提出实际的建议。这一学派的人在某些问题上的看法也不尽相同，但以管理经验为主要研究对象这一基本特点却是共同的，所以，这一学派称为经验学派。经验学派的主要观点有如下几种。

### 1. 管理的性质

该学派认为，管理是管理人员的技巧，是一个特殊的、独立的活动和知识领域，但对什么是管理，对管理概念的认识却不一致。《工商业组织和管理》一书的作者彼得森和普洛曼认为，管理是一个特定的人群团体用以确定、阐明和实现其目的和目标的技能。管理的具体概念随其应用的人群团体的类型而有所不同，但其基本意义不变。如政府是公共事务管理，军队是一种特殊形式的公共事务管理，工商业管理是一种专业化的管理，国营企业是一种特殊形式的工商业管理。

德鲁克不同意彼得森等人对"管理"的这种广义解释。他认为，管理只同生产商品或提供各种经济服务的工商企业有关。而管理学由管理一个工商业的理论和实际的各种原则组成，管理的技巧、能力、经验不能移植并应用到其他机构中去。这是典型的经验学派观点。

纽曼把管理解释为：把一个人群团体的努力朝某个共同目标引导、领导和控制。一个好的管理者就是能使团体以最少的资源和人力耗费达到目的的管理者。纽曼提到，企业的经理往往是在他管理的具体领域中显示出优秀才能的人，如一个制造雷达的公司的副经理可能是一个很好的电子工程师。这说明个人经验和专业知识对一个经理来说是很有价值的。但是，要做好一个经理，单有个人经验和专业知识是不够的。相反，有些在专业领域并没有杰出才能的人却可以成为一个能干的经理，而且有的人还能管理好一些性质不同的企业。这就说明管理活动有其特殊性，这一点是经验学派的共同观点。

### 2. 管理的任务

德鲁克认为，作为主要管理人员的经理，有两项别人无法替代的特殊任务：第一项任务是，他必须造成一个"生产的统一体"，从这个意义上说，经理好比一个乐队指挥。为了造成一个"生产的统一体"，经理就要克服企业中所有的弱点并使各种资源，特别是人力资源得到充分的发挥。为了使企业的各项动作得到协调，他必须既考虑到作为一个整体的企业，又要照顾到所有的特殊问题。第二项任务是，经理在作出每一决策和采取每一行动时，要把当前利益和长远利益协调起来。每一个经理都有一些共同的、必须执行的职能。这就是：

1）树立目标并决定为了达到这些目标要做些什么，然后把它传达给与实现目标有关的人员。

2）进行组织工作，包括建立机构、分配人员等。

3）进行鼓励和联系工作。

4）对企业的成果进行分析，确定标准，并对企业所有的工作进行评价，使职工得到成长发展。

### 3. 目标管理

德鲁克最早提出了目标管理的概念和方法。德鲁克认为，传统管理学派偏于以工作为中心，忽视了人的一面；而行为科学又偏于以人为中心，忽视了同工作相结合。目标管理则是综合了以工作和以人为中心的管理办法，它能使职工发现工作的兴趣和价值，从工作中满足其自我实现的需要。他认为，目标管理能从根本上激发职工的积极性，比参与管理更能体现自我的价值和责任，便于统一企业与个人的利益和目标，目标管理法更适用于企业高层管理者对中、下层管理者的有效管理。奥迪·奥恩曾描述目标管理制度是这样的一个过程：一个组织中的上级和下级管理人员共同制定目标；同每一个人的应有成果相联系，规定他的主要职责范围；并把这些措施用来作为经营一个单位和评价每一成员的指导标准。

经验学派是一个很庞杂的学派，其中有些人受古典管理理论的影响较深，另一些则向行为科学靠拢。他们功利主义的经验论虽然在科学上的成就不大，但其中有些研究反映了当代大工业生产的客观要求是值得注意的。不少学者认为，从严格意义上讲，经验学派实质上是传授管理学知识的一种方法，称为"案例教学"。实践证明，这是培养学生分析和解决问题的一种很有效的途径。事实上，目前美国等一些国家的很多大学都采用"案例教学"的方法来培训工商管理学院的学生。但从管理学思想和理论来看，这个学派在管理学界的影响不大。

## 五、社会协作系统学派

创始人 C. I. 巴纳德（C. I. Barnard，）。巴纳德是美国的经济学家，1909 年进入美国电话电报公司统计部工作。1927 年起开始担任美国贝尔电话公司的总经理，一直到退休。巴纳德以最高经营者的经验为基础，从社会学和系统论的观点来研究管理问题，并以组织理论为研究重点，在管理学界享有很高的地位。他的代表作是 1938 年出版的《经理的职能》一书，该书被称为美国管理文献中的经典著作。社会协作系统学派的主要观点有如下几种。

### 1. 组织的性质

巴纳德等人认为社会的各级组织都是一种社会协作系统，是一种人的相互关系的协作体系，它是社会大系统中的一部分，受到社会环境各方面因素的影响。经理人员是这个协作系统的中心人物，在组织中起着沟通、协调和领导的作用，使组织能够顺利运转。巴纳德在《经理的职能》一书中指出："组织不是集团，而是相互协作的关系，是人相互作用的系统。"简单地说，组织是一个协作的系统，是"两个或两个以上的人，有意识协调的活动和效力的系统"。他认为这个定义适用于各种类型的组织。组织的差异在于物质和社会的环境、成员的数量和种类、成员向组织提供的贡献等的不同。组织由人组成，而这些人的活动是互相协调的，因而成为一个系统。一个系统要作为一个整体来对待。系统有各种级别，一个组织内部的各个部门或子系统是低级系统，由许多系统组成的整个社会是一个高级系统。因此，管理人员的作用就是要围绕着物质的（机器与材料）、生物的（作为一个呼吸空气和需要空间的抽象的人）和社会的（群体的相互作用、态度和信息）因素去适应总的协作系统。

基于上述思想，巴纳德独创性地提出了关于"一个组织必须包括内部平衡和外部适应"

的思想。传统管理理论只强调对组织内部的情况进行分析研究,认为组织是由有限成员组成的一个有限的孤立系统。巴纳德指出,一个协作系统是由个人构成的,个人只有在一定的相互作用的社会关系之下,同其他人协作才能发挥作用。个人是否参加某协作系统,自己可以做出选择,这种选择是以他们的目标、愿望和推动力为依据的。组织则通过其他影响和控制的职能来改变个人的行为和动机,但这种改变不一定成功,组织和个人目标也不一定总是能够实现的。

巴纳德提出一个组织要实现效力原则和效率原则。为什么要提出这两条原则呢?这是由于组织系统中个人目标与组织目标存在不一致的缘故。他认为,一个正式组织协作系统有一个目标。当这个系统协作得很成功时,它的目标就能够实现,这时,这个协作系统是有效力的。效力是组织系统协作的成功力量。假如一个协作系统的目标没有实现,这个系统就将崩溃瓦解。所以,系统的效力是系统存在的必要条件。协作系统成员的个人目标是否得到满足,直接影响到他们是否积极参加协作系统以及对协作系统作出贡献的程度。如果协作系统成员的个人目标得不到满足,他们就会认为这个系统是没有效率的,他们就会不支持或退出这个系统。可见,所谓系统的效率,是指系统成员个人目标的满足程度。协作效率则是个人效率的结果。所以,一个协作系统的效率的尺度,就是它生存的能力。这个能力就是为其成员提供使他们的个人需要得以满足,使集体目标得以实现的能力。如果一个系统是无效率的,它就不可能是有效力的,因而也就不能存在。这样,巴纳德就把正式组织的要求同个人的需要联结起来了。这个论点,被西方许多人所信奉。

2. 组织的要素

巴纳德认为,社会活动一般是通过正式组织来完成的,而作为正式组织的协作系统,不论其级别的高低和规模的大小,都包含三个基本要素:

1) 共同目标。这是组织的基本要素。有共同的目标,就可以统一决策,统一组织中各个成员的行动。没有明确的共同目标,成员的协作意愿就无从产生。这种共同目标,必须被构成组织的各个成员所接受。组织的成员,具有组织人格和个人人格双重性。他既有对共同目标做出合理行动的一面,也有为了满足个人欲望,实现个人目标做出行动的一面。因而,他对于组织目标可以有两种不同的理解:一种是站在组织整体立场上的客观理解;另一种是站在个人立场上的主观理解,这两者往往会发生矛盾。管理人员的一项重要任务就是消除组织目标与个人目标的背离,消除对组织目标的两种不同理解的矛盾,使组织目标与个人目标相一致。为了组织的生存和发展,必须适应环境变化,及时对组织目标做出相应的改变。如果组织目标无法达到,组织必然趋于崩溃。

2) 协作意愿。这是组织不可缺少的要素。所谓协作意愿,是指组织成员愿意为组织的目标做出贡献的意志。没有协作意愿,就无法把个人的努力一致起来,也无法使个人的努力持久下去,从而组织的目标也无法达到。组织内每个成员的协作意愿的强度是不相同的。由于成员的协作意愿的强度是由组织成员自己衡量所确定的,组织成员对于自己在协作中的牺牲(或贡献)同所得到的"诱因"(即所得)进行比较后,如果其净效果(即个人欲望的满足)是正数,则产生协作意愿;如果是负数,则协作意愿消失,而趋于消极;如果大部分成员因为"满足"是负数，他们就不再愿意作贡献而自动退出组织，使组织失去均衡。同时，成员的协作意愿，还受这一特定组织所提供的诱因效果与代替性机会（即参加其他组织，或独立地进行生产活动）所提供的诱因净效果相比较所得结果的影响。组织要求均衡达到最优化，就必须使所有组织成员的"满足"总和达到最大化。因此，为了保证达到组织目的，必须确保和维持各个成员的贡献能力。这样，才能使组织保持均衡而继续存在与发展。

3）信息联系。组织的一端是共同目标，另一端是参与组织的具有协作意愿的成员，要把这两端联结起来，就必须通过信息联系进行调节，使组织成为动态过程。共同目标即使存在，如果不通过信息联系使组织中的成员对此目标有所了解，是没有意义的。另外，为了使组织的成员有协作的意愿，能合理地行动，也必须有良好的信息联系。所以，一切活动都是以信息联系为基础的。

为了有效地进行信息沟通，巴纳德列出了几条必须遵循的原则：①信息沟通的渠道要被组织成员所了解。②每个组织成员要有一个正式的信息沟通线路。③信息沟通的路线必须尽可能直接而快捷。④必须依循正式的路线沟通信息，不要在沟通过程中跳过某些环节，以免产生矛盾和误解。⑤作为信息沟通中心的各级管理人员必须称职。⑥组织工作期间信息沟通的路线不能中断。⑦每一次信息沟通都必须具有权威性。在现代技术条件下，实际变化非常迅速，但原则是一样的。

信息联系的上述原则，主要是就复杂组织维持客观的权力需要而说的。至于比较简单的组织，这些原则的具体应用是结合在一起的，很难分开。但是，总的来说，不论是复杂的组织还是简单的组织，都必须满足巴纳德七个原则的要求，否则不能保持客观的权力系统。

## 3. 非正式组织

所谓非正式组织，巴纳德的定义是：不属于正式组织的一部分，且不受其管辖的个人联系和相互作用以及有关的人们集团的总和。非正式组织没有正式的组织机构，也常常并不具有自觉的共同目标。非正式组织产生于同工作有关的联系，并形成了一定的看法、习惯和准则。

非正式组织可能对正式组织起某些不利的影响，但它对正式组织至少起着三种积极影响：①就一些易于引起争论、不便在正式渠道提出的，难以确定的事情、意见、建议和怀疑等在成员间交换意见。②通过对协作意愿的调节，维持正式组织内部的团结。③保持个人品德和保护自尊心，并抵制正式组织的不利影响以保持个人人格。巴纳德指出，当个人和正式组织之间发生冲突时，这些因素对维持一个组织的机能起重要的作用。所以，非正式组织是正式组织不可缺少的部分，其活动使正式组织更有效率并促进其效力。

## 六、决策理论学派

决策理论学派的主要代表人物是曾获诺贝尔经济学奖的赫伯特·西蒙，他的代表作是《管理决策新科学》（1960版）。西蒙原属于巴纳德的社会系统学派，后又致力于决策理论、运筹学、电子计算机在企业管理中的应用等方面的研究，获得丰硕成果，所以另成一派。

西蒙对决策的作用、过程、类型及标准等都作了深入的研究。决策理论的主要观点如下：

### 1. 决策的作用

决策理论学派特别强调决策在管理中的作用，认为管理就是决策，管理是以决策为特征的；决策是管理人员的主要任务，管理人员应该集中研究决策问题，决策贯穿于整个管理过程。组织的全部活动都是集体活动，对这种活动的管理实质上就是制定一系列决策。制订计划的过程是决策，在两个以上的可行性方案中选择一个也是决策，组织设计、机构选择和权力分配属于组织决策，实际同计划标准的比较、检测和评价标准的选择属于控制决策等。

### 2. 决策的过程

过去，人们对决策的认识过于狭窄，认为决策就是对现成的几个方案进行选择决定的过程。人们往往把着眼点放在最后对决策方案的决定上，而忽视了在这之前的大量的信息资料的收集、决策方案的拟定和评价等工作。西蒙认为，决策是一个包括有四个阶段的完整的过程。这四个阶段是：①情报活动，其任务是收集和分析反映决策条件的信息。②设计活动，在情报活动的基础上设计、制定和分析可能采用的行动方案。③抉择活动，从可行方案中选择一个适宜的行动方案。④审查活动，对已作出的抉择进行评估。

实际上，决策学派的学者是从一个完整的过程来理解决策，从而得出管理就是决策这个结论的。西蒙指出："为了了解决策的含义，就得将决策一词从广义上予以理解，这样，它和管理一词几近同义。"他还说："把决策过程四个阶段的活动加在一起，就构成了经理所做的主要事情。"

### 3. 决策的准则

决策的核心是选择，而要进行正确的选择，就必须有合理的标准。西蒙认为，人们习惯上运用"最优"或"绝对的理性"作为决策的准则。根据这个准则进行决策需要三个前提：①决策者对可供选择的方案及其执行结果"无所不知"。②决策者具有无限的估算能力。③决策者的脑中对各种可能的结果有一个"完全而一致的优先顺序"。这事实上是不可能的。因此，人们在决策时，不能坚持要求最理想的解答，常常只能满足于"令人满意的"决策。因此，在确定方案时应采用"令人满意的准则"，来代替传统决策理论的"最大化原则"。"满意化原则"是比"最优化原则"更为现实合理的决策原则。

### 4. 程序化决策和非程序化决策

西蒙根据一个组织的决策活动是否重复出现，将决策分为程序化决策和非程序化决策。在西蒙的决策理论中，对非程序化决策的方法进行了细致的研究。他用心理学的观点和运筹学的观点，提出了一系列指导企业管理人员处理非程序化决策的方法，从而在西方企业界产生了重要影响。

### 七、系统理论学派

系统理论学派产生于 20 世纪 60 年代初，它是在一般系统理论的基础上发展起来的。一般系统理论为理解和综合各种专门领域的知识提供了基础。该学派的主要代表人物是卡斯特和罗森茨韦克，两人的代表作是合著的《组织与管理：系统与权变的方法》（1973 版）。

系统管理理论是用系统理论的范畴、原理，全面分析和研究企业和其他组织的管理活动和管理过程，重视对组织结构和模式的分析，并建立起系统模型以便于分析。其理论要点如下：

1）系统理论学派把组织看成是一个由许多子系统形成的系统，而这个系统又是环境大系统中的一个分系统。它与环境系统进行各种要素的交换。

系统理论学派认为企业是一个由人、物资、机器和其他资源在一定的目标下组成的、开放的社会技术系统，是社会这个大系统中的一个子系统，它受到周围环境（顾客、竞争者、供货者、政府等）的影响，同时也影响环境。它只有在与环境的相互影响中才能达到动态平衡。在企业内部又包含着若干子系统，主要有：①目标和准则子系统，包括遵照社会的要求和准则，确定战略目标。②技术子系统，包括为完成任务必需的机器、工具、程序、方法和专业知识。③社会心理子系统，包括个人行为和动机、地位和作用关系、组织成员的智力开发、领导方式以及正式与非正式组织系统等。④组织结构子系统，包括对组织及其任务进行合理划分和分配、协调他们的活动，并进行组织工作流程设计、职位和职责规定、章程与制度说明，还涉及权力类型和信息沟通方式等问题。⑤外界因素子系统，包括各种市场信息、人力与物力资源的获得，以及外界环境的反映与影响等。此外，还有经营子系统和生产子系统等，这些子系统还可以继续分为更小的子系统。

2）系统理论学派强调应用系统理论的范畴、原理，全面分析和研究企业和其他组织的管理活动和管理过程，强调组织整体效率的提高。

由于组织是由一个相互联系的若干个子系统组成、为环境所影响的并反过来影响环境的开放的社会技术系统，所以必须以整个组织系统为研究管理的出发点，应用系统理论的范畴、原理，全面分析和研究企业和其他组织的管理活动和管理过程，重视对组织结构和模式的分析，重视组织中各系统之间、系统与环境之间的关系，并建立起系统模型以便于分析。他们认为以往的各个学派都是孤立地对组织的各分系统进行研究，缺乏整体研究。例如，管理过程学派强调结构系统和管理系统，行为科学学派强调社会心理系统，管理科学学派强调技术系统等。系统管理学派突破了以往各个学派仅从局部出发研究管理的局限性，从组织的整体出发阐明管理的本质，对管理学的发展作出了贡献。

### 八、经理角色学派

代表人物是加拿大的管理学家亨利·明茨伯格（Henry Mintzberg），这个学派着重研究管理者在组织中扮演的角色和管理任务。在 20 世纪 60 年代末，明茨伯格通过对五位总经理的工作进行仔细研究后，发现管理者扮演着十种不同的但却是高度相关的角色。明茨伯格认为，这些角色对于所有经理的工作都具有普通性，因此，可以通过对经理人员在管理过程中所充当的角色的研究来形成管理的理论体系，这样才能使理论对实践有指导意义。明茨伯格把管理者所担任的十种角色进一步组合成三个方面：人际角色、信息角色和决策角色（详见第一章第一节）。对于经理角色学派的观点，孔茨是这样认为的：观察主管人员实际上在做什么是很有用处的。一位有效的主管人员在分析各种活动时，总希望确定一下这些活动和方法可以分属于主管人员基本职能中的哪几个方面。但是，明茨伯格所阐明的十项角色似乎是不完善的，如组织的筹建，主管人员的选择和评定，以及主要策略的决定等无疑是主管人员的重要活动，但这些活动应在哪项角色中去寻找。如果抹去这些活动，就不能不使人怀疑在明茨伯格样本中的经理是否是一位真正有效的主管人员。

### 九、权变理论学派

权变理论是继系统理论之后，于 20 世纪 70 年代在西方出现的另一个试图综合各个管理学派的理论。可划归权变学派的管理学家及其理论观点很多，其中影响比较大的有：莫尔斯和洛什的"超 Y 理论"，罗伯特·豪斯的"路径—目标理论"，菲德勒的"领导方式权变理论"以及卡曼的"领导生命周期理论"等。美国尼布拉加斯大学教授卢桑斯在 1976 年出版的《管理导论：一种权变学》一书中系统地概括了权变管理理论的主要观点：

1）权变理论把环境对管理的影响作用具体化，把管理理论与管理实践紧密地联系起来。过去的管理理论可分为四种，即过程学说、计量学说、行为学说和系统学说。这些学说由于没有把管理和环境妥善地联系起来，造成管理观念和技术在理论与实践上相脱节，所以都不能使管理有效地进行。而权变理论将环境对管理的作用具体化，并使管理理论与管理实践紧密地联系起来。

2）权变理论描述了环境变化与管理对策之间的关系。权变管理理论认为，环境（包括组织的内部因素和外部因素）变化是自变量，管理对策（包括管理模式、方案、原则、方法、措施等）是因变量。在一定的环境条件下，只要采用相应的管理对策即可实现管理目标。这就是说，如果某种环境条件出现，为了更快地达到组织目标，就要采用某种管理原理、方法和技术。比如，如果在经济衰退时期，企业在供过于求的市场中经营，采用集权的组织结构，就更易于达到组织目标；如果在经济繁荣时期，在供不应求的市场中经营，那么采用分权的组织结构可能会更好一些。权变管理理论就是要考虑到有关环境的变数同相应的管理对策之间的关系，使采用的管理对策能有效地达到目标。

3）权变理论认为环境变量与管理变量之间的关系是函数关系，即权变关系，这是权变管理理论的核心内容。环境可分为外部环境和内部环境。外部环境又可分为两种：一种是由社会、技术、经济、政治和法律等所组成，另一种是由供应者、顾客、竞争者、雇员、股东等组成。内部环境基本上是正式组织系统，它的各个变量与外部环境各变量之间是相互关联的。为说明环境变量与管理变量之间存在的函数关系，权变理论提出了"权变矩阵图"，如图 3.1 所示。图中的横坐标（$x$）表示环境自变量，纵坐标（$y$）表示管理因变量。环境自变量与管理因变量之间构成复杂的函数关系。权变理论的实质是从中选出一种最有效的管理方法。

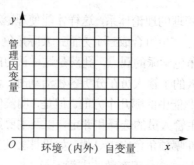

图 3.1 权变矩阵图

"权变矩阵图"虽然强调具体情况具体对待，但却忽略了人的主观能动性。近年来提出的新的权变理论弥补了这一不足，不仅考虑了环境自变量、管理因变量，而且还考虑了另一个自变量——人的因素，这三者的函数关系为

$$z（管理）=f \left[ x（环境），y（人）\right]$$

权变理论具有整体化优势，集中融合了各个不同学派的观点，强调应在不同的环境下提出不同的管理对策和措施，采用不同的管理模式和方法。这种强调随机应变，主张灵活运用各学派学说的观点，为管理学的发展做出了一定的贡献。

## 十、企业文化学派

企业文化学派又称公司文化学派、管理文化学派。企业文化理论是 20 世纪 70 年代以来管理理论丛林中分化出来的一个新理论。企业文化理论发源于美国，而企业文化的实践主要出自于日本。第二次世界大战后，作为战败国的日本满目疮痍、一片废墟，而且当时日本既没有自然条件方面的优势（国土狭小、自然资源贫乏），也没有政治、军事、经济、技术等方面的优势。但日本经过短短的 20 多年发展成为世界上的经济强国，甚至对先进管理理论的"输出国"——美国也产生了很大的冲击。于是西方的经济学家和管理学家开始研究日本的"经济奇迹"的奥秘，这些学者把目光集中在美日的文化差异上，并有了惊人的发现，相继出版了一系列的企业文化书籍，如 R. T. 帕斯卡尔（R. T. Pascale）和 A. G. 艾索斯（A. G. Athos）合著的《日本的管理艺术》、托马斯 J. 彼德斯（Thomas J. Peters）和罗伯特 H. 沃特曼（Robert H. waterman）合著的《追求卓越》、特伦斯 E. 迪尔（Terrence E. Deal）和艾伦 A. 肯尼迪（Allan A. Kennedy）合著的《公司文化》、威廉·大内（William Ouchi）的《Z 理论》等，从而形成了较系统的企业文化理论。企业文化学派的主要观点有以下几点：

1）企业文化的差异导致了经济效益的差异，日本企业文化比美国企业文化更能激励企业的活力和竞争力。

企业文化学派经过比较研究认为，美国公司强调个人主义、进度、数字、利润，显得急功近利而缺乏远见，而日本公司却有团队意识，尤其是在精密分工后，企业的效率往往有管理者的经营哲学思想在起作用。美国企业更多地注重管理的硬件方面，强调理性的科学管理，忽视了日本企业所重视的全体员工共有的价值观、行为准则等形成的精神力量，正是这种精神力量的激励与凝聚作用，构成了日本企业的优势。威廉·大内在《Z 理论》一书中明确指出：日本企业之所以取得成功，并非仅仅得益于现代化的技术，而在于日本企业特有的文化传统和文化素质，在于日本企业实行了一种与西方迥然不同的新的管理模式，他们把企业看作为一个"命运共同体"，强调"微妙性、亲密感、信任感"。为了进一步阐述他的观点，他对"A型"的美国式管理和"J型"的日本式管理进行了多视角、多方面比较，如表3.1所示。

表3.1　"A型"与"J型"两种管理模式的区别

| 内容<br>类型 | 雇佣制 | 工资制 | 决策方式 | 责任制 | 人员的晋升和评价 | 职业发展 | 对人员的监督控制 | 企业对员工的关心 |
|---|---|---|---|---|---|---|---|---|
| A型 | 短期雇佣 | 个人决定制 | 个人决策 | 个人负责制 | 迅速升迁 | 专业化道路 | 直接控制 | 工作时间内关心 |
| J型 | 长期雇佣 | 年功序列制 | 集体协商决策 | 集体负责制 | 缓慢升迁 | 全面发展 | 含蓄控制 | 全面关心 |

威廉·大内认为这些差异存在的原因是"文化背景不同"。大内因此提出，美国的企业应该结合本国的特点，向日本企业管理方式学习，形成自己的管理方式，即"Z理论型"的管理方式。

2）没有强大的企业文化，如企业的价值观和信仰等，再高明的经营战略，也无法获得成功。

形成日本企业巨大生产力、优异产品质量和强劲竞争力的，不仅是发达的科学技术、先进的机器设备等物质经济因素，而且还包括社会历史、文化传统、心理状态等文化背景的因素。正是这诸多因素的融合而成的日本企业独具的特色，造就了日本人与众不同的企业精神。

因此，企业文化是企业生存的基础、发展的动力、行为的准则、成功的核心，必须重视企业文化建设。所谓企业文化是指一定历史条件下，企业在生产经营和管理活动中逐步形成和发展起来的具有本企业特色的价值观，以及以此为核心而形成的精神文化和物质文化的总和。它由三个不同的部分组成：①观念文化。它是企业文化的核心层，是呈观念形态的价值观、信仰及理想等。它体现在企业经营哲学、宗旨、方针、目标等方面。②制度文化。它是企业文化的中间层，是呈行为形态的员工行为准则等，它体现在企业的规章制度、组织机构的设置、员工的工作方式、奖惩方式等方面。③物质文化。它是企业文化的外围层，是呈物质形态的产品设计、产品质量、厂容厂貌及员工服饰等。它是企业文化外在形象的具体体现。

实践证明，企业文化不仅对本企业员工的思想和行为具有强大的导向功能、约束功能、激励功能和凝聚功能等，而且对本企业所在社区、企业产品所覆盖的地区具有辐射功能。

尽管各国所处的环境和发展历史不同，使企业文化表现出很大差异性。但是，企业文化作为凝聚职工、协调关系、激励职工士气的现代管理理论，正在发挥着巨大作用。这表明现代企业管理已进入"情感经济"和"软性管理"的时代。

## 十一、企业战略管理学派

企业战略管理作为一个学派诞生于20世纪五六十年代。20世纪60年代企业战略管理研究的主要代表人物及理论：一是钱德勒的"结构跟随战略"假说；二是安东尼—安索夫—

安德鲁斯范式（Anthony-Ansoff-Andrews Paradigm）。钱德勒从案例研究入手，给出了企业战略的定义，分析了企业成长方式与结构变革的关系，得出了"结构跟随战略"假说，为以后的研究奠定了基础。安东尼（Anthony）在法约尔管理职能划分的基础上，将计划和控制进一步细化为战略规划、管理控制和操作控制，并分别对应于组织的高、中、低三个层次。安东尼认为，战略规划是组织高层管理的一项独特而重要的活动。这一重要认识在安索夫（Ansoff）和安德鲁斯（Andrews）的著作中得到进一步强化，并在有关的概念发展和过程细化方面得到深化，从而形成所谓的安东尼—安索夫—安德鲁斯范式。这一范式认为，战略管理就是高层管理者研究、制定、实施和控制组织的长期目标、成长方式与组织架构的过程。到 20 世纪 70 年代末，这一范式被广泛传播和接受，至今仍然是接受程度和实施最广泛的一种观点。

这一范式的重点是分析和推理，隐含的前提是通过分析、经验和洞察力的结合，高层管理者可对未来进行可靠的预测，制定合理的战略并加以贯彻执行。环境是可预测的或基本可预测的，战略的制定和执行可以分离，战略形成是内容导向的。这些特点与 20 世纪六七十年代的经营环境相对稳定的特点相适应。20 世纪七八十年代，企业战略管理得到进一步发展与丰富，出现了多种理论学派，但其主流如 20 世纪 70 年代的经营组合管理理论（Business Portfolio Management）、20 世纪 80 年代的竞争定位理论等仍基本属于该范式。

20 世纪 80 年代初，以哈佛大学商学院的迈克尔·波特为代表的以行业结构分析为基础的竞争战略理论，取得了战略管理理论的主流地位。波特的行业竞争结构分析理论的基本逻辑是：①产业结构是决定企业盈利能力的关键因素。②企业可以通过选择和执行一种基本战略影响产业中的五种作用力量（即进入威胁、替代威胁、现有竞争对手的竞争以及客户和供应商讨价还价的能力），以改善和加强企业的相对竞争地位，获取市场竞争优势（低成本或差异化）。③价值链活动是竞争优势的来源，企业可以通过价值链活动和价值链关系（包括一条价值链内的活动之间及两条或多条价值链之间的关系）的调整来实施其基本战略。

迈克尔·波特所提出的行业竞争结构分析理论，在过去 20 年里受到企业战略管理学界的普遍认同，并且成为进行外部环境分析和经营战略选择最为重要和广泛使用的模型。

到了 20 世纪 90 年代，信息技术迅猛发展，导致竞争环境日趋复杂，企业不得不把眼光从外部市场环境转向内部环境，注重对自身独特的资源和知识（技术）的积累，以形成企业独特的竞争力（核心竞争力）。1990 年，C. K. 普拉哈拉德（C. K. Prahalad）和加里·哈默尔（Gary Hamel）在《哈佛商业评论》中发表了《企业核心能力》一文。从此，关于核心能力的研究热潮开始兴起，并且形成了战略理论中的"核心能力学派"。该理论的理论假设是：假定企业具有不同的资源（包括知识、技术等），形成了独特的能力，资源不能在企业间自由流动，对于某企业独有的资源，其他企业无法得到或复制，企业利用这些资源的独特方式是企业形成竞争优势的基础。

核心能力理论强调的是企业内部条件，对于保持竞争优势以及获取超额利润的决定性作用。这表现在战略管理实践上，要求企业从自身资源和能力出发，在自己拥有一定优势的产业及其相关产业进行经营活动，从而避免受产业吸引力诱导而盲目进入不相关产业进行多元化经营。

　　但是，核心能力理论在弥补了注重企业外部分析的波特结构理论的缺陷的同时，本身也存在其固有的缺陷。由于过分关注企业的内部，致使企业内外部分析失衡。为了解决这一问题，1995 年，戴维 J. 科利斯（David J.Collins）和辛西娅 A. 蒙哥马利（Cynthia A.Motgomery）在《哈佛商业评论》上发表了《资源竞争：90 年代的战略》一文。该文对企业的资源和能力的认识更深了一层，提出了企业的资源观（Resourses-based view of the firm）。他们认为，价值的评估不能局限于企业内部，而要将企业置身于其所在的产业环境，通过与其竞争对手的资源比较，从而发现企业拥有的有价值的资源。所谓的企业资源是公司在向社会提供产品或服务的过程中能够实现公司战略目标的各种要素组合。公司可以看作是各种资源的不同组合，由于每个企业的资源组合不同，因此不存在完全一模一样的公司。只有公司拥有了与预期业务和战略最相配的资源，该资源才最具价值。公司的竞争优势取决于其拥有的有价值的资源。

　　进入 20 世纪 90 年代中期，随着产业环境的日益动态化，技术创新的加快，竞争的全球化和顾客需求的日益多样化，使企业逐渐认识到，如果想要发展，无论是增强自己的能力，还是拓展新的市场，都得与其他公司共同创造消费者感兴趣的新价值。企业必须培养以发展为导向的协作性经济群体。在此背景下，战略联盟理论开始成为企业战略管理研究的一个新焦点。

　　战略联盟理论的出现，使人们将关注的焦点转向了企业间各种形式的联合。这一理论强调竞争合作，认为竞争优势是构建在自身优势与他人竞争优势结合的基础上的。但是，联盟本身固有的缺陷，以及基于竞争基础上的合作，使得这种理论还存在许多有待完善之处，企业还在寻求一种更能体现众多优越之处的合理安排形式。

　　战略管理思想的演变始终是与市场竞争紧密相连的。不同的战略管理思想都是围绕着如何制订和实施竞争战略，获得竞争优势这一核心问题而展开的；战略管理的研究呈现出强调理论的动态化、强调从实践中学习、各学派进一步整合等特点。

# 第二节　现代管理的主要特点

　　与传统管理科学相比，现代管理已发生了很大变化，主要表现出以下几个特点：

　　（1）中心由物向人转变，管理方式由刚向柔发展

　　在传统管理中，大生产以机器为中心，工人只是机器系统的配件，因此人被异化为物，管理的中心是物。但是，随着社会的发展和生产力水平的提高，个人因素如创造性、个性、才能等，在生产活动中越来越显出重要作用。这就促使管理部门日益重视人的因素，管理工作的中心也从物转向人。在管理方式上，现代管理则更强调用柔的方法，注重强调职工参与管理、民主管理、人力资源开发和职工激励。例如，"实行民主化管理"、"扩大工作范围和内容"、"弹性工作时间"、"提案制度"、"目标管理"和"培育企业文化"，重视非正式组织，重视员工的培训和继续教育，用情感手段和办法去做"人"的工作，协调人际关系，想方设法激发职工的工作干劲。这种尊重个人的价值和能力，通过激励、关心人，以感情调动职工积极性、主动性和创造性的管理方法，充分体现了现代管理"以人为本"的管理新理念。

（2）十分强调系统、权变、创新等管理观点

现代管理理论认为，管理的对象是一个系统，因此必须运用系统思想和系统分析方法来指导管理实践活动，解决和处理管理的实际问题。而且管理所处的环境系统是十分复杂和多变的，因此已经没有一套固定的管理模式能适应各种组织的发展，每个组织必须根据自己的特点，根据现代管理的基本法则来创造性地形成自己的管理特色，这就要求管理者必须具有权变和创新的思想，不断丰富管理实践，不断推动管理理论、方法和手段的发展。

（3）组织形式呈现多样化、扁平化发展趋势

现代管理的组织形式多样化，并且随着社会经济的发展，正进行着不断的变革和完善。在组织形式上，一些新的组织形式不断推出，如事业部制、矩阵制、立体三维制、柔性化经营管理特征的"虚拟组织"以及与资产重组和一体化相适应的控股、参股等管理组织模式等；在组织的结构方面，借助于信息技术，组织的层次逐渐减少，从金字塔型组织结构逐步向扁平化柔性化的组织结构转变，柔性化的组织结构的有形界限逐渐模糊，有利于借用外力和整合外部资源；在组织成员的配备上，组织中各类人员的比例发生了明显的变化，管理者和业务专家的比例大大提高，他们对组织的影响力也起来越强。

（4）目标由传统的单纯追求利润转向追求企业、员工、顾客、社会各方利益的共同满足

被誉为"经营之神"的日本松下电器公司董事长松下幸之助曾说，如果要扩大自己的公司，仅想赚钱是不够的，着眼点要放在更高的地方，要与社会共同发展，或对社会有所裨益。只有如此，才会产生梦想与希望的力量。实践证明，企业发展与履行社会职责，从长远看是一致的。仅仅谋求最大利润管理目标已经显得过时，与社会共同发展，重视员工和顾客的利益，越来越成为企业经营的强有力信念。

（5）十分重视对组织环境的研究，以提高管理者的工作成效

组织不是一个封闭的系统，它必然要与周围各种环境发生相互作用。管理者的工作成效通常取决于他们对周围环境的了解、认识和掌握程度，取决于他们是否能够正确、及时地作出反应。现代管理理论，特别是权变管理理论，十分强调环境对管理决策和管理行为的影响，并对影响管理的环境因素进行了探讨。

（6）广泛运用现代自然科学新成果和现代化管理工具

现代管理广泛运用运筹学、数学、统计学以及电子计算机等现代科学技术和工具，来提高管理工作的效率和经济效益。例如，运用概率论、线性规划、排队论、对策论、网络技术、预测技术和价值工程等，将经营管理中的复杂问题编制成数学模型，通过计算求解、定量分析，作为制定各种可行的较为满意方案的依据。运用电子计算机进行工资管理、成本核算、存贮控制、订货管理和编制生产计划等。而且，信息技术的发展进一步促使管理方法和手段得到完善，并得到更加深入的应用。例如，20世纪70年代后出现的管理信息系统（MIS）、人工智能技术、分布式数据库技术、虚拟技术、办公自动化系统（OAS）、专家系统（ES）、决策支持系统（DSS）、经理信息系统（EIS）、计算机集成制造系统（CIMS）等管理手段得到不断的发展和完善，并在管理的各个领域中得到更加广泛和深入的应用。

# 第三节　现代管理理论的最新思潮

现代管理理论的基本目标是要在不断急剧变化的社会中，保持一个充满活力的组织，使之能够持续地低消耗、高产出，完成组织的使命，履行其社会责任，因而要求管理理论不断发展和完善。自20世纪90年代以来，经济全球化、信息化和知识化迅猛发展，使现代组织所面临的经营环境日益复杂多变，竞争愈来愈烈。众多管理者不断探索，提出了许多新的管理观念、原则和方法。

## 一、知识管理

自从20世纪90年代以来，美国经济的高速发展，引发了对知识推动经济增长作用的新认识。利用知识资本获得真正的竞争优势正在成为一种全新的管理理念。因此，对知识的管理变得日益重要。

知识管理是使信息转化为可被人们掌握的知识，并以此来提高特定组织的应变能力和创新能力的一种新型管理形式。知识管理重在培养集体的创造力，并推动组织的创新。而创新是知识经济的核心内容，是企业活力之源。技术创新、制度创新、管理创新、观念创新以及各种创新的相互结合、相互推动，将成为企业经济增长的引擎。

从国内外知识管理的实践来看，知识管理项目可分为四类：①内部知识的交流和共享，这是知识管理最普遍的应用。②企业的外部知识管理，这主要包括供应商、用户和竞争对手等利益相关者的动态报告，专家、顾客意见的采集，员工情报报告系统，行业领先者的最佳实践调查等。③个人与企业的知识生产。④管理企业的知识资产，这也是知识管理的重要方面，它主要包括市场资产（来自客户关系的知识资产）、知识产权资产（纳入法律保护的知识资产）、人力资产（知识资产的主要载体）和基础结构资产（组织的潜在价值）等几个方面。

## 二、学习型组织

彼得·圣吉（Peter Senge）于1990年出版了名为《第五项修炼——学习型组织的艺术与实务》的著作，这本著作一出版立即引起了轰动。彼得·圣吉用全新的视角来考察人类群体危机最根本的症结所在，认为人们片面和局部的思考方式及由此所产生的行动，造成了目前切割而破碎的世界，为此需要突破线性思考的方式，排除个人及群体的学习障碍，重新就管理的价值观念、管理的方式方法进行革新。

彼得·圣吉提出了学习型组织的五项修炼，认为这五项修炼是学习型组织的技能。

第一项修炼：自我超越。自我超越的修炼是指学习不断深入，并加深个人的真正愿望，集中精力，培养耐心，客观地观察现实。它是学习型组织的精神基础。自我超越需要不断认识自己，认识外界的变化，不断地赋予自己新的奋斗目标，并由此超越过去，超越自己，迎接未来。

第二项修炼：改善心智模式。心智模式是指根深蒂固于每个人或组织之中的思想方式和行为模式，它影响人或组织如何了解这个世界，以及如何采取行动的许多假设、成见，甚或是图像、印象。个人与组织往往不了解自己的心智模式，故而对自己的一些行为无法认识和把握。这项修炼就是要把镜子转向自己，先修炼自己的心智模式。

第三项修炼：建立共同愿景。如果有任何一项理念能够一直在组织中鼓舞人心，凝聚一群人，那么这个组织就有了一个共同的愿景，就能够长久不衰。如宝丽来公司的"立即摄影"、福特汽车公司的"提供大众公共运输"、苹果电脑公司的"提供大众强大的计算能力"等，都是为组织确立共同努力的愿景。

第四项修炼：团体学习。团体学习的有效性不仅在于团体整体会产生出色的成果，而且其个别成员学习的速度也比其他人的学习速度快。团体学习的修炼是"深度汇谈"。"深度汇谈"是一个团体的所有成员提出心中的假设，从而实现真正一起思考的能力。"深度汇谈"的修炼也包括学习找出有碍学习的互动模式。

第五项修炼：系统思考。组织与人类其他活动一样是一个系统，受到各种细微且息息相关的行动的牵连而彼此影响着，这种影响往往要经年累月才完全展现出来。我们作为群体的一部分，置身其中而想要看清整体的变化非常困难。因此第五项修炼，是要让人与组织形成系统观察、系统思考的能力，并以此来观察世界，从而决定我们正确的行动。

### 三、企业再造

20世纪八九十年代，西方发达国家（包括日本），一方面经济发展经过短暂复苏后又纷纷跌进衰退和滞胀的泥潭，国际竞争已达白热化程度；另一方面企业规模越来越大，组织结构臃肿，生产经营过程复杂，最终导致"大企业病"产生并日益严重。1993年美国的迈克尔·汉默（Michael Hammer）和詹姆斯·钱皮（James Champy）为了改变这种状况，提出了"企业再造"理论，并于1994年出版了《企业再造》一书，该书一出版立刻引起管理学界和企业界的高度重视，迅速流传开来。所谓企业再造指"根本重新思考，彻底翻新作业流程，以便在现今衡量表现的关键上，如成本、品质、服务和速度等，获得戏剧化的改善"。企业再造理论认为，由英国经济学家亚当·斯密（Adam Smith）在其著作《国富论》（The Wealth of Nations）中创立的劳动分工论是建立在大量生产基础上的，而现在是"后工商业"时代，市场需求多变，企业不能再以量求胜，而是以质、以品种求胜。按劳动分工论组建起来的公司无法发挥高度的弹性和灵活性以及市场应变能力，因为社会大生产的发展，使劳动分工越来越精细、协作越来越紧密，相应地，企业行政管理结构和生产经营组织结构也越来越复杂，这样管理及生产经营成本不断上升，管理效率不断下降，企业应付市场挑战的能力越来越呆滞。所以要求"彻底抛弃亚当·斯密的劳动分工论，而面对市场需要，在拥有科技力量的状况下，去重新组织工作流程和组织机构"。在重组中，强调将过去分割开的工作按工作流程的内在规律，并在良好的企业文化基础上重新整合和恢复起来，通过水平和垂直压缩，合并工作、扁平组织、简化流程、提高效率并节约开支，从而达到企业"减肥"和增强竞争能力的目的。

### 四、虚拟组织

所谓虚拟组织是指两个以上的独立的实体，为迅速向市场提供产品和服务，在一定时间内结成的动态联盟。它不具有法人资格，也没有固定的组织层次和内部命令系统，而是一种开放式的组织结构。因此可以在拥有充分信息的条件下，从众多的组织中通过竞争招标或自由选择等方式精选出合作伙伴，迅速形成各专业领域中的独特优势，实现对外部资源地整合利用，从而以强大的结构成本优势和机动性，完成单个企业难以承担的市场功能，如产品开发、生产和销售。

虚拟组织中的成员可以遍布在世界各地，彼此也许并不存在产权上的联系，不同于一般的跨国公司，相互之间的合作关系是动态的，完全突破了以内部组织制度为基础的传统的管理方法。虚拟企业的特征表现在以下几个方面：

1）虚拟组织具有较强适应性，在内部组织结构与规章制度方面具有灵活性和便捷性。

2）虚拟组织共享各成员的核心能力。

3）虚拟组织中的成员必须以相互信任的方式行动。

随着信息技术的发展、竞争的加剧和全球化市场的形成，没有一家企业可以单枪匹马地面对全球竞争，所以由常规组织向虚拟组织过渡是必然的，虚拟组织日益成为公司竞争战略"武器库"中的核心工具。这种组织形式有着强大的生命力和适应性，它可以使企业准确有效地把握住稍纵即逝的市场机会。对于小型企业来说尤为重要。例如，一家名字为 Tekpad 的小型公司，最初生产手写型电脑输入设备，后来扩展到多媒体输入系统。这家小公司使用著名设计公司的设计，让 IBM 公司生产，仅仅使用 28 个临时工、4 个长期雇员，在 12 个月内就成功地推出了四种新产品。当 Tekpad 说 IBM 公司加工他们的产品，并且他们与其他大公司有业务联系时，他们就在业务融资、展示实力及实现承诺的能力上获得了重要的信誉。

### 五、商业生态系统理论

长期以来，人们形成了一种商场如战场的观念。在这个没有硝烟的战场上，企业与企业之间、企业内部的部门之间，乃至顾客及销售商之间都存在着一系列的冲突。

美国学者詹姆士·F.穆尔（James F.Moore）1996 年出版的《竞争的衰亡》一书，标志着竞争战略理论的指导思想发生了重大突破。作者以生物学中的生态系统，这一独特的视角来描述当今市场中的企业活动，但又不同于将生物学的原理运用于商业研究的狭隘观念。后者认为，在市场经济中，达尔文的自然选择似乎仅仅表现为最合适的公司或产品才能生存，经济运行的过程就是驱逐弱者。而穆尔提出了"商业生态系统"这一全新的概念，打破了传统的以行业划分为前提的竞争战略理论的限制，力求"共同进化"。穆尔站在企业生态系统均衡演化的层面上，把商业活动分为开拓、扩展、领导和更新四个阶段。商业生态系统在作者理论中的组成部分是非常丰富的，他建议高层经理人员经常从顾客、市场、产品、过程、组织、风险承担者、政府与社会等七个方面来考虑商业生态系统和自身所处的位置。系统内的公司通过竞争可以将毫不相关的贡献者们联系起来，创造一种崭新的商业模式。在这种全新的模式下，作者认为制定战略应着眼于创造新的微观经济和财富，即以发展新的循环以代替狭隘的以行业为基础的战略设计。

商业生态系统能有效地利用生态观念制定企业的策略。这些策略是：

1）鼓励多样化。具有多种生命形态的生态系统是最坚强的生态系统。同样地，多样化的公司是最有创造力的公司。这种多样化不仅表现在公司业务内容与业务模式上，而且表现在用人政策上。

2）推出新产品。在生态系统中，生命靠复制来繁衍，每一代生产下一代，以确保物种生存。产品寿命有限，不论今天多么成功，终将被下一代产品取代，因此需要不断地推出新产品。

3）建立共生关系。共生是指两种或多种生物互相合作，以提高生存能力。传统企业视商业为零和竞争，从不考虑互利或共生关系，主张"绝对别把钱留在桌面上"。新型企业总是寻求双赢的共生关系，既在合作中竞争，又在竞争中合作。由此产生了一个新词汇——竞合。例如，"苹果"公司与"微软"公司的关系就是一种竞合关系。

## 六、企业整体策略理论

美国耶鲁大学企业管理学教授威维·科利斯与哈佛大学企业管理学教授辛西姬·蒙哥马利在《哈佛商业评论》双月刊上撰文指出，有些企业在多元化的发展上一帆风顺，而有些企业则惨遭失败，其成败关键就在于企业整体策略。他们在三年前提出的"资源竞争论"的基础上，进一步提出"以资源为核心的企业整体策略"，指导企业创造更大的整体竞争优势。卓越的企业整体策略能够通过协调多元事业来创造整体的价值，让 $1+1>2$，而不仅是零散的事业集合。企业要制定卓越的整体策略，首先要有整合观念。制定卓越的策略，是许多企业经理人努力的目标。有些人从核心能力着手，有些重整事业组合，有些则努力建立学习型组织。但是，这些做法都只是在单一要素上着力，而没有将资源、事业与组织三项因素合为一个整体。以策略创造企业整体优势的精髓，就是将资源、事业与组织这三项构成"策略金三角"的要素合为整体。

在卓越的整体策略中，资源是串联事业与组织结构的线，是决定其他要素的要素。企业的特殊资产、技术、能力都是企业的资源。不同的资源需要不同的分配方式（转移或是共享），也需要配合不同的控制系统（财务表现控制或是营运过程控制）。卓越的企业整体策略不是随意的组合，而是精心设计的整体系统，指挥企业要发展什么资源，要在什么事业上竞争，要以什么组织形态实行策略。

## 七、模糊经营理论

模糊与数学、控制等名词连为一体，产生出许多新鲜的概念。如今，随着网络技术和虚拟一体化的发展，模糊经营的新观念在电脑等行业中日趋流行。

美国《纽约时报》载文指出，电脑制造商、经销商和零售商之间的界线正在变得模糊：制造商仅仅承担设计产品和品牌宣传而委托别人装配；零售商面临种种新的竞争者，比如因特网销售商成为直接向客户出售产品的制造商；而原本已被认为将要随市场机制变化而淘汰的中间商，现正以崭新的姿态异常活跃起来，他们往往从制造商和零售商那里把储存和搬运商品的种种后勤工作包揽过来。

随着因特网的发展，制造商逐渐走到前台，直接面对用户。例如，美国戴尔计算机公司，它通过电话和因特网得到客户的直接订货并在七个工作日之内交付产品的做法，开创了电脑业一种新的经营模式。这种经营模式没有制造商、经销商与零售商的区别，然而，该公司却表现出比电脑业界平均水平高 3～4 倍的发展速度。

纵观经营方式的演变历程，可以发现，日本人 20 世纪 70 年代开创的"准时生产"方法，使人们感到无库存经营成为可能；今天，新的模糊方法则使人们的视线转向"利用别人时间"的方法。利用这种新方法，库存的负担就落在生产链条中的其他参与者身上。正如一些未来学家所设想的，21 世纪 70 年代产品开发商、制造商和经销商将通过数据网络紧密联系在一起，以致库存的必要性大大减少。

**案例**　　　　　　　　　　　　　　**LMT 公司**

弗兰克 W. 贝茨（Frank W.Bates）是 LMT 公司的总裁，这个公司是一家规模很大的公司，生产的产品有飞轮、制动器、弹簧、无线电和其他为汽车制造公司配套的零部件。这家公司还有一个分部，从事开发和制造宇航计划的零部件，LMT 宇航计划活动是由一位总经理朱莉娅·桑德斯（Julia Sanders）担任领导。她的人事经理刘易斯·莱姆基（Lewis Lemke）向她提出建议，为使这个分公司中的各级主管人员得到发展，应该让他们在心理学和人际关系方面进行学习并给以训练。他提出这点是因为，归根结底，管理工作是"人"的工作，而要人们成为一名有效的主管人员的唯一办法，就是要他们完全理解自己，并且理解同他们在一起工作的主管人员和职工。

桑德斯小姐为这种思想所感动，她告诉莱姆基先生，同意他的计划并要他立即执行。这位人事经理于是尽力而认真地执行贯彻。几年以后，这个分公司从最高层到基层的全部主管人员，经过一系列课程的学习和训练，使他们理解了自己和别人，也理解了人际关系的所有方面。

然而，桑德斯小姐发现，纵然清楚地表明人们之间有了更好的了解，而这个分公司的管理质量并没有因此有所改进。事实很明显，LMT 公司的其他部门的业绩比这宇航分部要好得多。贝茨总裁对此也很注意，并且要求桑德斯小姐解释，她的部门是怎样培训主管人员的。贝茨先生在听完该计划的内容后说："我怀疑，你们是否走在正确的轨道上。"

（案例来源：徐国良，王进. 2000. 企业管理案例精选精析. 北京：经济管理出版社）

# 习　题

1. 哈罗德·孔茨在《再论管理理论的丛林》一书中把现代管理理论归结为哪些学派？
2. 经理角色学派的代表人物明茨伯格认为管理者有哪十种角色？
3. 如何理解管理科学学派、决策理论学派的主要观点？
4. 现代管理的主要特点有哪些？
5. 现代管理理论的最新思潮有哪些？有什么实践意义？
6. 宇航分公司的训练方法是否抓住了管理学的实质？
7. 如果你是贝茨先生，你会向桑德斯小姐建议应该做什么？

# 第四章 管理环境

 教学目标

通过本章学习，认识环境对于组织生存和发展的重要性，理解组织作为微观个体所面临的环境变化，掌握当前环境的六大发展趋势和特征:经济过剩化、经济全球化、经济知识化、经济信息化、经济生态化、经济文化化，分析每一环境特征给组织生存发展及其管理创新所提出的要求。

任何有机体都无法在真空中生存，组织也是如此。组织作为一个微观的个体存在于由各种外部因素构成的环境中，在与环境中其他组织和人员之间的相互作用过程中，谋求组织自身目标的实现。为了向社会提供产品和服务，组织要从环境中获得包括原材料、劳动力、能源和信息等多方面的投入，同时把产品、服务、信息（有时也会有一些副产品如次品、污染等）等作为组织的产出回报给环境。环境是组织生存与发展的土壤，一个组织是否能够生存并获得成功，在很大程度上取决于是否能很好地处理组织与环境的关系。管理的内容之一就是要使组织关注、适应、改变外部环境的变化。

## 第一节 经济过剩化

### 一、含义

过剩经济是真正的竞争经济，随着经济的高速增长和市场机制的完善，竞争加剧，产品生命周期的缩短以及信息技术不断的发展，管理者面临的市场环境已经从供小于求、商品短缺的卖方市场变为供大于求、商品极大丰富的买方市场，整个经济呈现一种"过剩化"的状态。

在经济过剩化的环境下，企业的成功不再归功于短暂的或偶然的产品开发或灵机一动的市场战略，而是企业核心竞争力的外在表现。核心竞争力是能使公司为客户带来特殊利益的一种独有技能或技术。企业核心竞争力是建立在企业核心资源基础上的企业技术、产品、管理、文化等的综合优势在市场上的反映，是企业在经营过程中形成的不易被竞争对手仿效并能带来超额利润的独特能力。在激烈的竞争中，企业只有具有核心竞争力，才能获得持久的竞争优势，保持长盛不衰。

### 二、对管理的影响

经济过剩化使企业面临的环境迅速变化，竞争加剧，这使得企业不得不把眼光从关注其外部产品市场环境转向其内部环境，注重对自身独特的资源和知识的积累，以形成特有的竞争力——核心竞争力。

20 世纪 80 年代中期"资源观"和 20 世纪 90 年代初"知识观"的提出正是对这种转变的积极响应。因此，这一时期的企业战略管理理论被称为以资源、知识为基础的核心竞争力理论。该理论存在这样的理论假设：假定企业具有不同资源（这里资源包括知识、技术等），形成独特的能力，资源不能在企业间自由流动，对属于某些企业特有的资源，其他企业无法得到或复制，企业利用这些资源的独特方式是企业形成竞争优势、实现战略管理的基础。

该理论认为，企业经营战略的关键在于培养和发展企业的核心竞争力。所谓核心竞争力是组织中的积累性学识，特别是关于如何协调不同的生产技能和有机结合多种技术流的学识。因此，核心竞争力的形成要经历企业内部资源、知识、技术等的积累、整合过程，正是通过这一系列的有效积累与整合，形成持续的竞争优势后，才能为获取超额利润提供保证。很明显，该理论着重强调的是企业内部条件对于保持竞争优势以及获取超额利润的决定性作用。这表现在战略管理实践上，要求企业从自身资源和能力出发，在自己拥有一定优势的产业及其关联产业进行多元化经营，从而避免受到产业吸引力诱导而盲目地进入不相关产业进行经营。

该理论进一步认为，并不是企业所有的资源、知识和能力都能形成持续的竞争优势，而只有当资源、知识和能力同时符合珍贵（能增加企业外部环境中的机会或减少威胁的资源、知识和能力）、异质（企业独一无二的、没有被当前和潜在的竞争对手所拥有）、不可模仿（其他企业无法获得的）、难以替代（没有战略性等价物）的标准时，它们才成为核心竞争力，并形成企业持续的竞争优势。因而，要培养和发展核心竞争力，企业应首先分析自身的资源、知识和能力的状况，然后依据上述标准，选择其中某一方面或几个方面，充分发挥其优势，并成为最擅长者。显然，核心竞争力理论克服了波特的价值链分析模型涵盖企业内部所有方面的过度宽广性。此外，在选择那些可能成为核心竞争力的因素的同时，还应关注未来新核心竞争力的培养。而要培养新的核心竞争力，必须提高产业预见能力。为此，企业应根据对人的需求欲望、技术发展、社会大趋势等前瞻性的预测，从潜在的市场出发来构想未来的产业，培养新的核心竞争力，从而使企业永久地保持核心竞争能力的领导地位，成为未来产业的领先者。

## 第二节　经济全球化

### 一、含义

"经济全球化"这个词，最早是在 1985 年由 T. 莱维（T Levy）提出的，但至今没有一个公认的定义。从一般经济学意义上理解，经济全球化是指生产要素跨越国界，在全球范围内自由流动，各国、各地区相互融合成整体的历史过程。对经济全球化的含义，许多学者从不同角度进行了解释，比较有代表性的观点有三个：一是经济合体发展组织（OECD）首席经济学家奥斯特雷的观点。他认为，经济全球化主要是指生产要素在全球范围内广泛流动，实现资源最佳配置的过程。二是国际货币基金组织（IMF）对经济全球化的定义："跨国商品及服务贸易与国际资本流动规模和形式的增加，以及技术的广泛迅速传播使世界各国经济的相互依赖性增强。"三是法国学者雅克·阿达的观点。他认为经济全球化就是资本主义经

济体系对世界的支配和控制。这些观点对经济全球化含义的概括虽有一定的差异，但基本点是一致的，都强调了基于资本的流动，世界各国之间的经济联系越来越密切这样一个客观事实。对以上观点进行归纳，对经济全球化可以作这样的表述：经济全球化是以资本、技术、信息等各类生产要素在全球范围内进行流动和配置为条件，各国经济相互联系、相互依赖的一体化过程。

经济全球化是当代世界经济的重要特征之一，也是世界经济发展的重要趋势。经济全球化的特征为：金融市场的全球化，公司策略的跨国化，技术与知识在全球的普及，消费方式与文化产品的趋同，各国政府在制定全球经济规定中的作用日益减少。纵观当今世界，全球正在变成一个"地球村"，市场的竞争环境变得越来越残酷，在激烈的竞争和多变动荡的市场经济中，时间概念空前重要，速度竞争将成为市场竞争的主要手段，市场已由"大鱼吃小鱼"变为"快鱼吃慢鱼"；产品更新换代周期越来越短，交货期越来越精确；市场争夺顾客的竞争日趋激烈。随着经济全球化，相互依赖和相互竞争是当今世界经济的一个显著特点和资本趋势。

## 二、表现形式

经济全球化现象主要从以下几个方面表现出来。

### 1．生产国际化

这主要是指国际生产领域中分工合作及专业化生产的发展。现代生产分工已经不是在国家层次上的综合分工，而是深化到部门层次和企业层次的专业化分工。这种分工在国际间进行，形成了国际生产网络体系。其中最典型是企业生产零部件工艺流程和专业化分工，例如，波音747飞机有400万个零部件，由分布在65个国家的1500个大企业和15 000多家中、小企业参加协作生产。德国拜耳公司与35 000多家国内外企业建立了协作关系，拜耳向它们提供中间产品，由它们加工成各种最终产品。这种企业层次的国际化，使未来在一个企业内部进行的设计、研制零部件的加工或购入、组装和总装等一系列的活动环节分布到国外进行，即企业的不同部门、工厂、车间，甚至工段、工序等都在国际范围内进行组织，从而也形成了生产组织的国际化。

### 2．产品国际化

也就是生产总额中出口生产所占的比重大大提高，直接表现为现代国际贸易的迅速增加。世界上几乎所有的国家和地区以及众多的企业都以这种或那种方式卷入了国际商品交易。现在的国际贸易已占到世界总生产额的1/3以上，并且还在稳步增长。国际贸易的商品范围也在迅速扩大。从一般商品到高科技产品，从有形商品到无形服务等几乎无所不包。在我们的国家里，到处可以吃"麦当劳"快餐，喝"可口可乐"饮料，看"日立"电视机，坐"奔驰"汽车等。

### 3．投资金融国际化

生产和产品的国际化使得国际间资金流动频繁，大大促进了投资金融的国际化。为适应国际化的潮流,各国放宽了对投资金融的管制,甚至采取诸多措施鼓励本国对外投资的发展。与此同时,国际资本的输出输入更加自由,金融资本与商品资本相分离,脱离生产发展而迅速膨胀。目前,世界金融交易量已远远超过了世界贸易量。而世界大银行致力于在世界各国广设办事处、代表处和分行,建立海外附属银行以及附属金融机构,并与其他银行组成合资银行或国际银行集团。有资料表明至 2009 年 2 月底全球至少有 40 家银行的海外资产占总资产的比例保持在 25%以上。金融投资的国际化反过来又会促进生产和产品的国际化。

4. 技术开发与利用的国际化

首先从国际技术贸易的发展来看,由于技术对生产和经济的重要作用,生产国际化自然带动国际技术贸易的不断增长。资料表明:1965 年世界各国技术贸易总额为 30 亿美元,1970年达 110 亿美元,20 世纪 80 年代初为 160 亿美元,到 21 世纪初期猛增到 1400 亿~1800 亿美元。其次,从研究与开发的情况来看,一方面由于各国在科技发展水平上的不平衡,而企业又为了获得先进的科技成果,因而各国间设立研究与开发据点便成了一种趋势,以至于许多企业形成了全球范围内的研究与开发网络,从而促进了研究与开发组织体系的国际化;另一方面,由于现代科技发展以高科技开发为中心,而高科技开发投入高,风险大,使很多企业感到力不从心,所以形成了越来越多的国际联合开发,这是现代技术开发活动国际化的又一显著特征。

5. 世界经济区域集团化

生产、投资、贸易发展的国际化使各国间经济关系越来越密切,特别表现在区域间经济关系上,为了适应新形势的发展,以区域为基础,形成了国家间的经济联盟。如欧盟、北美自由贸易区等。欧盟自成立来,一直朝着经济一体化和政治一体化方向推进。1985 年 6 月,欧共体执委会在《关于完善内部市场的白皮书》中,提出了建立欧洲统一大市场的目标,确定使 12 个成员国分散的市场连成一个拥有 3.2 亿人口的统一市场,在统一市场内实现商品、劳务和资本的自由流动。这种区域集团化的趋势,不仅大大推动集团内的经济自由化程度提高,而且也会影响到经济全球化和国际化的进程。

## 三、载体

1. 贸易自由化

随着全球货物贸易、服务贸易、技术贸易的加速发展,经济全球化促进了世界多边贸易体制的形成,从而加快了国际贸易的增长速度,促进了全球贸易自由化的发展,也使得加入到 WTO 组织的成员以统一的国际准则来规范自己的行为。

2. 生产国际化

生产力作为人类社会发展的根本动力,极大地推动着世界市场的扩大。以互联网为标志的科技革命,从时间和空间上缩小了各国之间的距离,促使世界贸易结构发生巨大变化,促使生产要素跨国流动，它不仅对生产超越国界提出了内在要求，也为全球化生产准备了条件，是推动经济全球化的根本动力。

### 3. 金融全球化

世界性的金融机构网络，大量的金融业务跨国界进行，跨国贷款、跨国证券发行和跨国并购体系已经形成。世界各主要金融市场在时间上相互接续、价格上相互联动，几秒钟内就能实现上千万亿美元的交易，尤其是外汇市场已经成为世界上最具流动性和全天候的市场。

### 4. 科技全球化

它是指各国科技资源在全球范围内的优化配置，这是经济全球化最新拓展和进展迅速的领域，表现为：先进技术和研发能力的大规模跨国界转移，跨国界联合研发广泛存在。以信息技术产业为典型代表，各国的技术标准越来越趋向一致，跨国公司巨头通过垄断技术标准的使用，控制了行业的发展，获取了大量的超额利润。

## 四、对管理的影响

进入 20 世纪 90 年代，随着世界经济新格局的逐渐形成和科学技术的迅猛发展，各国的生产能力明显提高，国际贸易飞速发展，国际市场迅速扩大，企业经营日益卷入国际市场，世界经济进入一个新的发展时期，经济全球化成为这一时期的显著特征。全球化已成为一股挡不住的世界潮流。

经济全球化的四个主要载体都与跨国公司密切相关，或者说跨国公司就是经济全球化及其载体的推动者与担当者。彼得·德鲁克在《趋势管理》中提到："一个企业——不论大小，要想在任何一个发达国家中维持领导地位，就需要在全世界的发达国家市场中，取得并维系领导地位于不坠之地，它必须能在全球每个发达国家中研究、设计、开发及制造，并能向任何发达国家自由地出口商品，企业必须跨国化。"

在经济全球化的环境下，越来越多的组织在跨国化的过程中面临着跨文化管理（transcultural management）的问题。跨文化管理，是指涉及不同文化背景的人、物、事的管理。20 世纪 70 年代，美国到泰国去推销油炸鸡块和汉堡包，结果以失败告终。究其原因，是因为泰国人喜欢推车小贩叫卖的或在铺子里卖的具有辛辣香味的传统食物，而油炸鸡块和汉堡包不合他们的口胃，所以无人问津。由此可见，企业跨国经营必须了解当地文化，并实施针对性的跨文化管理。在国内各地企业间的合作也需要跨文化管理。如上海的企业到新疆去办厂，双方就有文化氛围、风俗习惯等不同所产生的矛盾和问题，这就需要跨文化管理。跨文化管理产生的根源在于：随着科学技术的进步，世界经济迅速发展，出现国际化趋势，生产的社会化已超越了国界，分工协作从企业内部，国内各地区之间发展到各国之间，企业要从事跨国经营，这正是跨文化管理产生的根源。正如彼得·德鲁克所说，跨国经营的企业是一种"多文化结构"，其经营管理根本上就是把一个政治上文化上的多样性结合起来而进行统一管理的问题。跨国经营企业面临的是一个在诸多差异之间进行生产经营活动的经营环境，企业经营环境的跨文化差异是企业跨文化管理的基本前提。一般来说，跨国经营企业所面临的经营环境包括经济环境、政治环境、法律环境和社会文化环境。其中文化环境对跨国经营活动有重大影响。在经济环境、政治环境、法律环境和社会环境大体相似的两个国家，跨国经营企业的活动往往存在较大的差异，其主要原因就在于文化环境的不同，充分了解文化因素有助于跨国经营企业生产经营活动的正常进行。

随着世界经济国际化的趋势，跨国经营活动在全球范围内飞速发展，中国也不例外。当前，跨文化管理已经成为中国企业管理的新趋向。中国企业管理的跨文化表现在如下三个方面。

1. 不断增加的外商投资企业需要"中国特色"的管理

由于建立在中国的三资企业的经营管理必定受中国大环境的制约，所以，这些企业不但要遵守中国的有关法规、制度，而且其管理体制必须与中国的文化相适应。上海大众汽车有限公司原德方副总经理马丁·波斯指出："为了实现长期目标，必须实现两个中国化，一个是技术的中国化，一个是管理的中国化。"三资企业管理的中国化并非按国有企业管理方式来进行管理，而是在符合国际惯例的前提下探索出达到跨文化和谐的、具有中国特色的、与中国文化相适应的经营管理模式。

2. 实行跨国经营，在海外投资建立的企业需要"国际化"的管理

当前，我国在境外120多个国家和地区投资建立了企业，海外投资有快速增长的趋势。在这种新形势下，企业跨国经营已成为中国经济发展的一种重要趋势，进行全球投资以实现资源的有效配置，可以充分利用国际市场，参与国际竞争，提高企业国际竞争力。我国海外企业与国外企业及其他机构在不同文化层面和不同程度进行沟通时，产生了跨文化的相互渗透和融汇，出现了跨文化的跨国管理。

3. 中国境内不同区域的跨文化管理

中国是一个幅员辽阔的多民族国家，不同地区和不同民族也存在各自独立的文化习惯。所以，即使是"完全内向"的企业，随着市场竞争的激烈化，生产经营也在向跨地区跨行业的横向联合发展。因文化氛围、风俗习惯等不相同，也存在跨文化管理问题。

# 第三节 经济知识化

## 一、概述

经济知识化将人类带入了知识经济时代，它已成为企业所面临的一大重要环境因素。管理学者彼得·德鲁克早在1965年预言："知识将取代土地、劳动、资本与机器设备，成为最重要的生产因素。"1990年，联合国研究机构首次提出了"知识经济"的概念。

1. 知识经济的内涵

知识经济是人类知识特别是科学技术方面的知识积累到一定程度，以及知识在经济发展

中的作用增加到一定阶段的历史产物。一般认为，知识经济是以知识为基础的经济，它是直接以生产、分配和利用知识与信息为基础的经济。

### 2. 知识经济的特点

1）资源利用智力化。从资源配置角度来划分，人类社会经济的发展可以分为劳力资源经济、自然资源经济、智力资源经济。知识经济是以人才和知识等智力资源为资源配置第一要素的经济，节约并更合理地利用已开发的现有自然资源，通过智力资源去开发富有的、尚待利用的自然资源是知识经济时代的特点之一。

2）资产投入无形化。知识经济是以知识、信息等智力成果为基础构成的无形资产为主的经济，无形资产成为发展经济的主要资本，企业资产中无形资产所占的比例超过50%。无形资产的核心是知识产权。大量知识产权的投入，使得知识经济时代呈现出资产投入无形化的特点。

3）知识利用产业化。知识形成产业化经济，即所谓技术创造了新经济。知识密集型的软产品，即利用知识、信息、智力开发的知识产品所载有的知识财富，将大大超过传统的技术创造的物质财富，成为创造社会物质财富的主要形式。

4）高科技产业支柱化。在知识经济时代，高科技产业成为经济增长的第一支柱产业。当代国际社会的竞争，是综合国力的竞争，更是科学技术的竞争，因而高科技产业已经成为当今国际竞争的焦点和大国竞相争夺的战略制高点。信息技术、生物技术、新材料技术、环保与节能技术、宇宙空间技术等高科技技术产业成为知识经济时代各国争相发展的支柱产业。

5）经济发展可持续化。农业经济和工业经济的发展模式是高消耗、高污染、低效益，忽视了资源、能源的稀缺性和对环境的污染。知识经济重视经济发展的环境效益和生态效益，以发展低消耗、低污染、高效益为特点的高科技产业，采取的是可持续发展战略。

6）世界经济全球化。高新技术的发展，缩小了空间、时间的距离，为世界经济全球化创造了物质条件。全球经济不仅指有形商品、资本的流通，更重要的是知识、信息的流通。在知识经济时代，以知识产权转让、许可为主要形式的无形商品贸易大大发展。

7）企业发展虚拟化。知识经济时代，"虚拟企业"将成为企业间流行的动态联盟。"虚拟企业"是将具有技术、资金、市场、管理等资源的企业联合起来，这种联合不是实体的真正结合，而是资源的结合，是针对现有资源的再一次配置，这种配置的范围是全球的，所有具有实力的企业都有可能成为某一联合体的成员。

## 二、对管理的影响

经济知识化对整个社会产生了深层次的影响。发展知识经济，不是轻视或削弱工业和农业经济。知识经济一方面是一个继工业、农业之后的新兴的主要产业，而另一方面又深刻地影响着传统的工业和农业，促进工业和农业现代化、知识化。从管理的角度来说，首先，经济知识化要求管理转向知识管理，使管理过程转变成一个知识传播、运用、积累和创新的过程；其次，经济知识化要求管理过程必须重视人力资本，开发人力资源；再次，经济知识化要求管理过程强调创新；最后，经济知识化要求企业成为学习型组织，增强企业的学习能力。

### 1. 要求企业进行知识管理

知识经济的出现使组织的生存环境发生了巨大的变化。在经济知识化背景下，知识管理作为企业竞争优势的重要来源，正在日益成为当代企业管理工作的重心。面对经济知识化的发展形势，通过知识管理提升核心能力，对企业发展和获取长期的竞争优势具有十分重要的意义。

1）知识管理是知识经济时代企业增强竞争力的需要。知识经济时代，企业的竞争环境有了根本性的变化。首先，竞争速度加快，表现为企业借助网络技术平台，对客户的需求变化和市场动态做出快速反应，根据市场需要不断调整设计、生产、销售和服务环节，生产新的产品和服务内容，在如今网络环境下的竞争过程中，竞争速度比以往任何时候都显得重要。其次，竞争能力发生变化，主要体现在企业综合利用各种新的技术，并将技术优势不断附加到产品和服务中去创造市场价值。具备了这种能力的企业，才能在激烈的竞争环境中长胜不败。第三，竞争资源发生改变，企业把竞争的重点从物资资本逐渐转向知识资本。企业拥有的核心技术和核心知识决定了企业的核心竞争优势和边界的扩张能力。第四，竞争平台发生变化，以信息技术做平台，企业可以利用内部知识资源和外部信息来源，低成本地生产新的知识。因此，过去的管理方式已不能适应知识经济时代的企业竞争需要，需要引进新的管理理念，这就是知识管理。

2）知识管理是知识经济时代的企业管理技术。因为知识管理系统的实现，需要依赖于知识管理技术，这些技术包括知识发现技术、知识地图技术、数据挖掘技术、情报分析技术、知识传递技术等。我们能够把握的知识管理，其实就是这些技术和技术的产物。正是这些技术，将知识管理从理论变为了实践。知识经济时代，每个企业都应该拥有知识管理技术，从而提高企业经营管理水平。

3）知识资本的增值成为新的经济增长点。知识社会的诸多生产要素中，知识、无形资产和知识生产者成为核心生产要素，知识和无形资产处于主导地位，生产技术趋向知识密集化，产品具有知识含量高、个性化、多样化、开发周期短等特征。总之，知识已渗透到产品和设备当中，与其说是产品生产，不如说是知识生产。知识社会的产业结构也发生了明显的变化。工业比重持续下降，服务业比重不断上升，高技术产业发展引人瞩目，知识产业占主导地位。从以上特征我们不难看出，知识已成为知识经济时代经济的关键增长点。因此，企业有必要对知识和知识资源进行管理，以知识经济为支撑点，重视并努力开发知识资源和生产知识产品，加快企业经济的增长。

### 2. 要求企业必须重视人力资本

人力资本理论是由美国经济学家舒尔茨提出的，这种理论认为推动经济增长的关键因素不是物力资本和劳动者数量的增长，而是对人的知识、能力、健康等方面投入而形成的人力资本。人力资源是第一资源，几乎所有行业和所有企业都需要专业的人力资源管理者来开发人力资源，以适应经济知识化的要求。

1）人力资本是提升企业竞争能力的关键因素。随着知识经济的到来，企业之间的竞争主要不是自然资源和其他有形资本的竞争，而是知识和技术的竞争，企业通过加强人力资本经营，可以集聚人才，提高人员素质，合理利用人力资源，进而有效增强对科学技术的开发应用能力和创新能力，以抢占市场竞争的制高点。

2）人力资本是企业发展的推动力。任何物化资本都要由人去开发、设计、创造和使用，离开了人力资本的支撑，再先进的物化资本也难以发挥作用。作为人力资本载体的人，不仅是技术进步的载体，还具有能动效应。人力资本的能动性还表现在对物化资本的吸收能力上。人力资本存量越大，对物化资本的吸收能力越强，越能促进企业发展。

3）人力资本是经济增长的源泉。物化资本在使用过程中的效率和收益是递减的，而以知识、技能、创造性等形式所表现出来的人力资本，其效率和收益是递增的。人力资本积累越多，员工的科学技术水平和生产技能就越高，其劳动效率也越高，对经济增长的促进作用也越强。人力资本具有主动性和能动性，是实现物化资本和发挥效益的根本，人力资本以其可再生性及潜力的无限性成为企业经济增长的动力和源泉。

### 3. 要求企业必须重视知识创新

企业只有通过不断的创新才能增强自己的竞争力和确保可持续发展。在知识经济时代，其创新成果主要来源于知识创新。组织的知识创新不仅仅是指单纯的知识创新，而是包括组织生产活动中所涉及到的管理上的创新、制度上的创新、组织文化上的创新、经营活动的创新、生产技术上的创新以及知识发现与创造等等。知识创新已成为经济知识化背景下组织发展的灵魂，是提高组织核心竞争力、在竞争中立于不败之地的重要手段。

1）知识创新是增加组织知识存量的重要来源。知识创新的重要功能是增加整个创新系统的基础知识存量，所谓基础知识存量确切地讲就是新知识的量。知识创新是新知识的来源，知识资源是企业最宝贵的资源之一。随着新问题的不断增加，伴随着的是新知识的持续增长。组织惟有依靠知识创新才能扩大知识量，盘活组织知识资产存量，并实现知识资产的保值增值。

2）知识创新是提高组织竞争力的基础。知识经济时代是以知识为中心的时代，知识成为一种重要而且是首要的生产要素。知识创新是通过科学研究获得新的基础科学和技术科学知识的过程，目的是追求新发展，探索新规律，创立新学说，积累新知识，并将新知识应用到产品和服务中去，保持企业的竞争优势。知识创新可以极大地提高未来的组织竞争力，促使组织进行有效的知识管理，推动组织的可持续发展。

3）知识创新是组织长期发展的动力来源。知识创新是组织长期持续发展的动力来源。不进行知识创新，组织的持续发展就会失去动力。20世纪末爆发的东南亚金融危机蔓延到整个亚洲，导致一些国家的经济增长放缓，甚至出现负增长。这正好说明仅仅依靠资金和劳动力的大量投入来推动经济增长是不可持续的，必须把重点放到知识创新上来。

4）知识创新是组织生存与发展的必由之路。组织必须进行知识创新，否则将被市场淘汰。在知识经济时代，组织比以往任何时候都需要创新精神，如果缺乏创新精神，因循守旧，在市场上就难有生存之力。英国劳斯莱斯汽车公司的例子就是一个深刻的教训，该公司的车型近 20 年不变，最终走上了被大众汽车公司整体收购的末路。

### 4. 要求企业成为学习型组织

学习是创造力和竞争力的源泉。未来最成功的组织将会属于那种不断进取的学习型组织，未来组织唯一持久的竞争优势，就是具备比竞争对手更快速学习的能力。

1）学习是组织的一项基本职能。在知识经济时代，企业实际上是一系列知识、资源的有机结合体，不断地获取知识、资源，不断地更新知识、使用知识、创造知识就成为组织的基本职能之一，也是企业生存、发展和保持竞争优势的必要前提。随着世界经济一体化进程的加快和科学技术的迅猛发展，企业面临的环境发生了翻天覆地的变化。为了保持组织的竞争优势和可持续发展，企业必须顺应形势变化，不断对自身进行调整。不仅要对产品、过程或结构等外在的要素进行调整，而且要对影响组织运行的各种内在因素，包括组织的价值观、思维模式、基本假设乃至长远发展目标进行改革。简言之，就是要求企业不断学习。在未来社会，如果没有持续学习，企业将不可能获取更多的利润。因此，必须保持不断地学习，企业才有生命力，才有发展前途。

2）组织学习是提升企业竞争力的前提。只有不断学习、积累知识，增强自身实力，才能在激烈的市场竞争中立于不败之地。因为组织学习本身就是一个系统，它几乎囊括了企业管理中所有重要的因素，如人、组织、决策、沟通、技术等。通过周密筹划的组织学习过程，企业不仅可以提高内部资源、知识的利用率，不断创造出新知识，而且可以从各方面学习，不断提高自身的能力，弥补缺陷与不足。因此，长期持久的竞争优势需要企业比竞争对手有更强的核心竞争能力，需要企业至少拥有一种核心能力，以适应迅速变化的市场和环境条件。所以，组织必须不断地强化核心能力。然而核心能力不能给予，只能从企业内部构建。有两种途径来开发核心能力：一是开发和学习新的能力，二是强化现存的能力。这两种途径都必须通过组织学习来完成。因此，企业的竞争优势归根结底来源于组织学习。

3）组织学习是组织生存与发展的坚强基础。从企业内部来看，充分发挥每一位员工的积极性、创造性和潜能将是企业获得生存与发展的基本前提。学习型组织的真谛在于使组织中的成员"逐渐在心灵上受到潜移默化的影响，活出生命的意义"。只有在学习型组织中，员工和组织才会真正共同发展，共同进步。从企业外部环境看，组织学习对企业的生存与发展也具有举足轻重的作用。首先，为了跟上市场和顾客需要的变化，保持竞争优势，公司必须具备越来越强的能力。这需要公司里各部门人员紧密协调，配合无间，为了一个共同的目的而努力，创造一个有利于组织学习和交流的环境。而这一切，正是学习型组织追求的目标。同时，学习型组织对环境的变化反应敏捷，能够及时预测和处置已经发生和即将发生的事件。这是因为人们掌握了最新的知识，知道如何预料即将来临的变化，也知道如何创造他们想要的变化。变化与学习并不严格地等同，但它们密不可分。当今时代，技术进步日新月异，只有学习型组织才能更好地生存，更好地适应时代变迁，而且，学习型组织将会创造新世界，并不是简单地对其做出反应。

在经济知识化的背景下，知识的更新速度越来越快，人们获取知识的能力和渠道更是前所未有，企业经营环境竞争更加激烈。如果不注重学习，不把企业建设成为学习型组织，那么，企业将面临比以往任何时候都更大的被对手淘汰的风险。

# 第四节　经济信息化

经济信息化背景下，计算机、互联网和现代通信业高度发达，使得信息不仅成为人类不可缺少的资源，而且是比物质、能源更为重要的资源。以信息技术为基础的信息产业已经成为世界经济的重要支柱产业，信息化发展水平正在成为衡量各国综合国力的重要标志。经济信息化，是企业所面临的又一重大环境因素。企业如何适应经济信息化环境成为摆在企业面前的又一重大挑战。

## 一、概述

### 1. 概念

经济信息化涉及国民经济发展的众多领域，其概念尚处于不断发展、深入之中。目前我国学者对信息化的含义有着不同认识与解释，其代表性观点有：

1）经济信息化是在国民经济和人民生活中最广泛应用先进的信息技术，以提高生产力，促进国民经济的发展。

2）经济信息化是指在经济和社会活动中，通过普遍地采用信息技术和电子信息装备，更有效地开发和利用信息资源，推动经济发展和社会进步，使由于利用了信息资源而创造的劳动价值（经济信息增加值）在国民生产总值中的比重逐步上升直至占主导地位。

3）经济信息化是指在工业化的进程中，要逐步提高信息经济在国民生产总值中的比重，同时通过信息高速公路的建设，把我国的信息产业发展起来，把信息技术的应用普及开来，把信息技术的自主开发能力提高上去。

4）经济信息化就是要加快国民经济各部门之间、部门内部以及企业间的信息沟通和交流，促进企业技术改造，使企业的发展更适应新技术的发展和不断变化的市场需求，从而加快经济的运行节奏，促进经济发展。

5）经济信息化是在国民经济发展中充分发展信息市场要素、网络要素、公用软件和硬件要素及数据库资源开发要素这四个基本要素，并通过四要素提高全社会的经济效率，全面刺激、促进和带动国民经济的持续、稳定增长。

6）经济信息化是指随着近代工业的产生与发展，国民经济结构日趋复杂，并处于不断变化中，用信息化创造智能型、强大型的社会生产力，改造更新和装备国民经济的各部门，通过快速、高效、低能耗的信息传递，把社会的生产、分配、交换、消费四个环节有机的联系起来，提高管理与决策中运用信息的层次，加快知识、技术、人才和资金流动，缩短时间和空间，建立国民经济的稳定有序状态。

由以上这些观点，我们不难看出经济信息化不仅局限于经济范畴，而且还涉及社会生活的各个方面。在经济信息化背景下，社会生产力将实现由农业、工业时代向信息时代转变，反映了经济发展形态由工业化到信息化的过渡，即由注重物质、劳动的密集投入的粗放型生产方式，向注重知识、信息的密集投入的集约生产方式的过渡。

2. 对经济的影响

1）信息化促使新的产业和产业部门的形成。信息技术及其产业化促进了新兴产业——信息产业及其相关部门的诞生，如计算机业、设备业、网络业、信息服务业等。现今发达国家的经济总量中已有50%以上的增加值是由信息产业创造的，新产品和新部门不断涌现，产品更新速度加快，使得产业结构处于不断改革和变动之中。

2）信息化促进原有产业和产业部门的改造，使产业结构发生巨大变化。信息技术对原有产业和产业部门的改造可提高其技术水平，改变其生产面貌，促进原有产业与产品的更新换代并提高其质量，甚至创造出新产品，从而对原有产业产生了结构提升的作用。

3）信息化促进劳动生产率的提高，增强国际竞争能力。20世纪初，劳动生产率的提高只有5%~20%是靠新技术成果的采用。而现在，发达国家劳动生产率提高的60%~80%是靠信息技术的发展与应用。1979~1989年信息技术使英国、德国、法国、日本的劳动生产率分别提高33%、88%、90%、130%。从1990年以后，美国由于信息技术及其产业化的迅猛发展，劳动生产率的提高速度超过了日本，使其国际竞争力于1994年在世界竞争力排行榜重新夺冠，此后便一直保持这一领先地位。

## 二、对管理的影响

经济信息化背景下，信息技术及信息产业的高度发展对企业的经营管理实践产生诸多影响。

1. 是企业实行零缺陷管理的重要基础

零缺陷管理是指基于企业的宗旨和目标，通过对经营各环节各层面的全过程全方位管理，保证各环节各层面各要素的缺陷趋向于"零"。经济信息化过程中，一个很重要的成果就是企业的信息化。企业信息化就是将企业的生产过程、物料移动、事务处理、现金流动、客户交互等业务过程数字化，通过各种信息系统网络加工生成新的信息资源，提供给各层次的人们洞悉、观察各类动态业务中的一切信息，以作出有利于生产要素组合优化的决策，使企业资源合理配置，以使企业适应瞬息万变的市场经济竞争环境，为企业的零缺陷管理提供了基础。信息技术的进步，为企业的营销管理、质量管理、产品开发、人力资源管理、企业决策等提供了先进的管理信息技术，使企业生产经营各个环节的信息传递更加顺畅、迅速和准确，为企业实行零缺陷管理提供了一种可能。因此，我们可以说，信息技术的发展为零缺陷管理提供了重要基础。

2. 要求组织外协化、柔性化和扁平化

信息技术对企业组织的影响是多角度、多层次的，主要表现在以下两个方面：

1）信息技术要求组织外协化。企业信息收集的形式取决于外部环境的刺激以及组织目标与现实差异的程度和方向。利用信息技术对企业环境信息进行收集、整理和加工，使企业组织与外部环境保持良好的沟通和协调，是企业组织保持动态平衡的保证。同时，组织目标的确定应以对环境信息的分析为基础，充分利用外部力量来形成，并在组织设计参数与权变因素之间保持一致，从而利用信息技术对组织进行再造。

2）信息技术要求组织趋向柔性化与扁平化。信息技术要求增强组织的有机性，同时它也是提高组织有机性的技术保证。企业信息能力的增强，可以使管理者在管理的每个层次进一步授权，进而加大管理的影响幅度，减少管理层次，增强组织内横向沟通以及与外部环境的沟通，以适应经济信息化的要求。

### 3. 使资源趋向无形化

一方面，从管理的领域来看，信息技术的应用从最开始的物料需求计划系统、制造资源计划系统、企业资源系统，一直到计算机集成制造系统，信息技术在企业管理领域的应用促进了企业内部资源与外部资源的有效整合，以提高企业的竞争能力。另一方面，信息技术的发展从根本上说是由于人力资本的发展，正是因为信息技术人才对信息技术的开发，从而造就了信息技术的不断进步。信息技术人才也就成为了企业竞争中最为重要的资源之一。可见，经济信息化使企业资产逐渐无形化。

### 4. 促使管控数字化、自动化

对企业来说，信息化所带来的是企业全方位、全过程的信息化、数字化，包括产品的智能化、数字化，设计研发过程的数字化、信息化，经营与管理过程的信息化、数字化，设备数字化，生产过程的数字化、自动化以及企业与客户及供应商之间交易的数字化。

### 5. 促使服务个性化

个性化定制是近年来诞生的一种利用信息技术和网络技术进行产品定制的生产销售模式，其核心思想是根据顾客的独特需求来为他们"量身定做"高度细化、个性化的产品，从而提高客户服务水平和客户满意度。随着信息技术的发展和互联网的广泛应用，个性化定制生产方式正在逐步成为主流生产模式，利用互联网优势提供个性化定制服务已经成为信息经济时代的一大潮流。

## 第五节　经济生态化

以往的经济发展模式（包括发达国家的历史发展和目前发展中国家的发展现状）为实现工业化和 GDP 增长，造成大量资源消耗、大量废物排放和低利用效率，以环境污染和生态退化为代价，形成人类活动与自然系统的对立与冲突。通过改变新的组织形式，调整政策来恢复和保持各种形式的社会、经济和生态的调节能力，将人类活动、土地利用、自然循环和功能协调整合为一体的生态系统，日益成为当今世界经济发展的潮流。中国刚刚步入经济生态化的起始阶段，党和政府明确提出建设环境友好型、资源节约型社会和社会主义和谐社会以及以科学发展观引导社会进步的发展理念和思路。这不仅说明中国已经形成引导经济生态化的指导思想和价值观，而且说明走经济生态化道路已经成为中国经济未来发展的方向。因此，企业今后的发展要顺应经济生态化的趋势，置入全新的管理理念，追求经济效益、社会效益和环境效益的统一。

## 一、含义

经济与生态两个系统既相互独立，又相互依存、相互融合。所谓经济生态化是指通过经济系统向自然生态系统有选择性的学习，转变经济系统的结构和要素利用方式，最大限度降低经济系统运行对资源和环境的影响，实现向稳态经济的最终目标迈进的过程。走经济生态化道路，与以资源高消耗、生活高消费和环境高污染为主要特征的传统工业经济模式不同，生态经济是一种环境友好型、资源节约型的新型工业经济模式，它追求经济效益、社会效益和环境效益的协调、平衡、并举，强调实现经济可持续发展对提高人类生活质量和确保人类在地球上长期生存和发展的根本意义和价值。

经济生态化包括三个转变：

转变一：重新定位经济系统。经济系统索取和资源环境供给之间协调；经济系统废弃物排放和环境承载力协调。

转变二：转变经济系统结构。改造已有产业和提高资源利用效率；通过新增产业和创新利用方式。

转变三：转变经济系统功能。从最大到最可持续；从物质生产到同时进行物质生产和环境建设；从提供产品到提供服务。

## 二、对管理的影响

走经济生态化道路，要求企业具有高度的生态经济理念、生态道德思想、生态法制观念和生态文明意识。经济生态化条件下的企业需要正确认识社会经济系统与自然生态系统之间的辩证关系，需要真正理解经济效益、社会效益和环境效益的内在统一性，需要认真思索经济、社会和环境全面可持续发展的实现对企业的生存和发展所具有的根本意义和价值。因此，企业发展越来越关注利益相关者，越来越重视企业社会责任。

### 1. 利益相关者理论

利益相关者管理理论是指企业的经营管理者为综合平衡各个利益相关者的利益要求而进行的管理活动。与传统的股东至上主义相比较，该理论认为任何一个公司的发展都离不开各利益相关者的投入或参与，企业追求的是利益相关者的整体利益，而不仅仅是某些主体的利益。这些利益相关者包括企业的股东、债权人、雇员、消费者、供应商、竞争者等交易伙伴，也包括政府部门、本地居民、本地社区、媒体、环保主义等的压力集团，甚至包括自然环境、人类后代等受到企业经营活动直接或间接影响的客体。这些利益相关者与企业的生存和发展密切相关，他们有的分担了企业的经营风险，有的为企业的经营活动付出了代价，有的对企业进行监督和制约，企业的经营决策必须要考虑他们的利益或接受他们的约束，如图 4.1 所示。

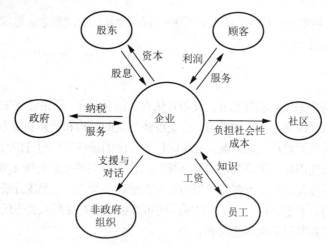

图 4.1　利益相关者模型

1）经营者与企业员工。经营者也就是高层管理人员，他们实际控制着企业的经营权，能够在董事会的授权下按自己的意志进行经营活动。同时，企业很重视招募与培养高素质的员工，从这一点可以反映出员工对企业经营与发展的重要性。管理者与员工在企业中工作，主要关心的是企业未来的前途、提供个人的发展机会及福利、待遇等，企业应尽可能满足他们在这些方面合理的要求，提高企业的凝聚力和向心力。

2）用户。在企业的生产经营活动中，用户扮演着极为重要的角色。企业所提供的产品或服务，必须满足用户的需求，离开了用户，企业就失去了存在的意义，更不用说企业的发展了。可以说用户是企业的"衣食父母"。从产品的研究开发至生产销售的整个过程，都要对用户的需求、偏好、购买动机等进行分析。

3）供应商。企业作为原材料、设备等的买主，需要与供应商讨价还价。购入的价格较高，会使企业的生产成本上升，影响产品的竞争能力与企业的获利能力。因此，加强同供应商的合作，与供应商建立长期互惠互利的关系不失为一个较好的方案。

4）债权人。负债是企业一项重要的资金来源，增强债权人对企业的信心，是获得借款的必要条件。如果企业不能获得债权人的信任或不能通过债权人的风险评估，就难以筹措到所需的资金，至少不能以合理的成本筹措到必要的资金，这会增加企业的筹资成本，不利于企业的发展。债权人将资金交给企业，其目的是到期收回本金，并获得约定的利润收入。然而，当企业无法按时归还利息与本金时，债权人有权向法院申请宣告企业破产。这对于希望长期经营的企业来说是一个致命的打击。

5）竞争者。竞争者也是企业不容忽视的利益关系者。因为企业在市场上的任何一个动作，都会对竞争对手产生影响，有时影响可能十分巨大。因此企业在经营过程中要考虑竞争对手的反应并做出相应的预测；同样，企业对竞争对手的行动也要有所估计有所反应。在竞争激烈的市场中，一个企业要消灭行业中所有的竞争对手几乎是不可能的，竞争的终极不在于获得一整块蛋糕，而应在于如何做出更大的蛋糕共同分享。这一方面的典型案例就是可口可乐与百事可乐公司在软饮料上的激烈竞争，公众在关注这一商业热点，希望"坐收渔翁之利"的同时，无意中也被卷了进来，其结果是使这一市场不断扩大，两家公司都获得了更大的一杯羹。

6）政府。政府的宏观调控政策对企业的发展也起着至关重要的作用。政府的货币政策、财政政策和税收政策是政府宏观调控的工具，但它却能直接作用于企业。例如提高利率，企业就会发现资本成本有所上升；提高所得税率，企业的税后利润会马上下降。另外，作为游戏规则的制定者，政府制定的各种立法，如经济法、环保法等，都对企业产生约束力，企业必须遵照执行。

7）其他利害关系者。除了以上列举的利害关系者之外，还有包括工会、营销中介、公众与社区、合作院校及科研机构、媒体等在内的其他利害关系者，企业在经营的过程中也不能忽视他们的存在。

## 2. 企业社会责任

企业社会责任是指企业在其商业运作中对其利害关系人应负的责任。企业社会责任的概念是基于商业运作必须符合可持续发展的想法，包括经济责任、法律责任、伦理责任和慈善责任。经济责任是指企业在经济活动中承担的相应的经济职责，如提供质量合格、价格公正的产品，满足股东、员工和企业生存所需要的物质需要，主动缴纳税款等；法律责任是指企业依法享有权利的同时必须承担法律规定的责任，如遵守国家法律法规、依法治企等；道德责任是企业基于一定的社会道德要求所应当承担的责任，如公平竞争、自觉约束自身行为等；慈善责任是企业根据一定的社会价值观和社会期望自愿承担的责任，如关心社会弱势群体、参与社会公益事业、捐助慈善机构等。

企业社会责任与利益相关者理论是紧密相连的，有学者基于利益相关者理论将企业社会责任的内容做了如下概括和归纳：

1）对股东：证券价格的上升；保证股息的分配（数量和时间）。

2）对职工或工会：相当的收入水平；工作的稳定性；良好的工作环境；提升的机会。

3）对政府：响应政府的号召，支持政府的政策；遵守法律法规和相关规定。

4）对供应者：保证付款的时间。

5）对债权人：遵守合同条款；保持值得信赖的程度。

6）对消费者/代理商：保证商品的价值（产品价格与质量、性能和服务的关系）；提高产品或服务的方便程度。

7）对所处的社区：对环境保护的贡献；对社会发展的贡献（税收、捐献、直接参加）；对解决社会问题的贡献。

8）对贸易和行业协会：参加活动的次数；对各种活动的支持（经济方面）。

9）对竞争者：公平竞争；保持增长速度；在产品、技术和服务上的创新。

10）对特殊利益集团：提供平等的就业机会；对城市建设的支持；对残疾人、儿童和妇女组织的贡献。

但是，在战略决策的过程中，各个与企业利益相关的团体的利益总是相互矛盾的，不可能有一个能使每一方都满意的战略。因此，一个管理者应该知道哪些团体的利益是要特别重视的，从而制定出相应的发展战略。

# 第六节  经济文化化

经济文化一体化是现代经济社会发展的重要趋势。在现代化进程中，经济发展为文化发展提供必要的物质基础，文化发展为经济发展提供强大的推动力量。现代经济发展中文化的、科学技术的、信息的乃至心理的要素越来越具有举足轻重的作用，美国、西欧国家、日本等国高科技大量进入文化，使当代产业结构发生根本性变化，经济中的知识、科技、文化因素已日益跃居重要地位，文化与经济相融合产生的竞争力成为一个国家最根本、最持久、最难替代的竞争优势。随着经济文化化的快速发展，企业管理者应当强化对经济文化化重要性的认识，并采取措施使企业在竞争中走向持续发展。

## 一、含义

经济文化化是指在经济活动中所形成的较稳定的信念、价值观和行为规范，它反映了经济中的文化含量，包括企业在经营活动中形成的管理文化、产品文化、服务文化、品牌文化、经营理念、价值观念、社会责任、经营形象等。经济文化化是经济运行过程中文化含量迅速提升、文化要素占有越来越重要地位的过程和趋势。在世界经济和文化发展中，经济文化化是一种不可阻挡的趋势。

从纵向来看，在经济发展的历程中，经济中的文化内涵有不断发展并迅速提升的趋势。农业经济阶段是自然力，工业经济阶段是资本和大机器，知识经济阶段则是人文精神和知识、技术的有机结合。因此，在知识经济阶段，文化因素在经济发展中的作用更加突出。从人们消费需求的历史变化来看，在历史发展的进程中，随着人们物质生活水平的提高和精神文化需求的增长，人们越来越重视产品的文化属性和文化个性，精神消费在消费结构中的比重也越来越大。

从横向来看，随着技术的普及和技术水平的提高，产品的同质化趋势越来越明显。文化因素成了企业竞争的关键。在买方市场中，由于产品处于供大于求的局面，消费者处于交易活动的主导地位，购买产品有了较大的选择权。在经济活动中，谁能赢得顾客，谁就赢得了市场。企业要取得竞争中的比较优势，就必须注重经济文化建设，经济文化化是当今时代不可避免的现象。

## 二、对管理的影响

经济文化化是经济发展的客观趋势，它对企业管理既是挑战，也是机遇，能对企业产生重要而积极的影响。企业管理只有顺应经济文化化潮流，置入先进管理理念，提升企业运作水平；强化特色文化，增强吸引力；弘扬先进文化，保持持久优势；建立学习型企业，形成学习文化；打造品牌文化，提高文化附加值，才能更加生机勃勃。

### 1. 促进了企业文化的发展

在经济文化化的背景下，企业取胜关键因素之一是发挥文化的独特优势。文化最大的功能在于对人的改造，提高劳动者的综合素质。现代经济实力的竞争，说到底就是人才素质的竞争，而人才素质的高低主要取决于人才的文化和智力因素。因此，经济文化化的快速发展推动了企业对文化因素的关注。作为企业文化核心的企业价值观和经营理念，就是将个体凝聚起来并推动他们素质提升的心理力量。通过企业文化建设，能以各种微妙的方式，沟通人们的思想感情，把企业员工的信念统一到企业价值观和企业目标上来，使企业产生强大的向心力和凝聚力，促进职工综合素质的提高。经济文化化推动了企业文化的发展，而企业文化的根本任务是尊重人、关心人、培养人，提高员工的思想道德素养和科学文化素质，激发全体员工的积极性和创造性。

### 2. 推动了现代企业管理理念的更新

任何企业从诞生的那一天起，就在生产、经营活动中开始孕育并形成自己的文化。当人们还没有意识到企业文化的存在或者没有重视企业文化时，它只是自发地成长，缓慢地发育，并自发地对企业运营发挥作用。当人们在实践中意识到企业文化的客观存在，并有意识地提倡和培植积极的企业文化，抛弃和抑制消极落后的企业文化，从而引导企业文化向健康的轨道发展，尤其是把优秀的企业文化渗透到管理当中，对传统的企业管理方式进行改造时，企业文化就转化为一种新的管理方式。经济文化化进程的加速将激励企业（尤其是中小企业）尽快改变传统的、家族式的、落后的管理理念，用适应现代社会需要的崭新理念指导实践，推动企业管理理念的更新和现代管理方法的运用，实现管理功能的整体优化。

### 3. 有利于增加商品文化附加值

在知识经济时代，经济文化化成为不可阻挡的趋势，这必将推进企业及其产品文化含量的提高，带来商品文化附加值的增加，进而使文化含量越来越成为决定商品附加值的关键性因素。商品是一个载体，文化附加在商品上，商品有了文化的附加，大大提高了价值。这是现代商品价值中最为突出的表现。在现代社会，企业间商品价格和质量的竞争将主要表现为商品文化含量的竞争。企业应顺应经济文化化潮流，结合自身特点，加强文化建设，在产品构思、设计、款式、消费环境以及服务人员素质等方面狠下功夫，商品包装的改变、色调的调整、服务质量的提高、文化氛围的形成都有可能使商品身价倍增，给企业带来更多的收益。

### 4. 有利于提升企业竞争力

经济文化化促使企业重视自身形象、强化品牌文化建设，这将极大地增强企业的竞争力。在知识经济时代，决定企业生存与发展的关键不再是企业的产品，而是企业所创造出的品牌文化形象。企业不仅利用科技的优势，而且利用文化的魅力才能占领更大的市场份额，使企业在残酷的市场竞争中立于不败之地。企业形象影响着企业的市场份额，是企业的重要市场竞争力。所以，现代企业为了在竞争中取得优势，必须重视企业形象的塑造。目前，我国不少企业积极实施战略，在社会公众中塑造了良好的企业形象，并在较短的时间内开拓了市场，为企业带来了丰厚的收益。在经济文化化的推动下，企业将积极寻求经济与文化交融的新路子，努力打造新的竞争力。

## 案例　　　　　　　　　　向科的困惑

　　苏北某市是江苏最贫困的市之一。该市只有极个别的具有高新技术含量的企业，科创公司就是其中之一，它原是一家国有企业，主要业务是生产变压器，但经营状况不佳，亏损严重。为了加快经济发展，市政府决定进行改制。政府以比较低的价格让民营企业家向科买断了产权，组建成股份有限责任公司。买断的条件，是在原有的四百多个工人中，必须保留一百多个。向科是一个十分精明能干而又具有比较优良素质的企业家，受过高等教育，在特区搞过经营。接手后，他进行了两项改革：一是提高科技开发的投入比重，二是提高销售成本的比例。前者由原来的1%提高到5%，后者由3%提高到12%。两项措施都比较有力地推动了企业的经营，不仅提高了产品的高科技含量，提高了产品自身的竞争力，而且由于销售成本的提高，开拓市场的能力也得到较大的增强。不过，这些高比例的销售业务费用中的相当一部分，被产品推销人员用来作为回扣或向有关人员送礼打开市场，高比例的回扣以及可观的"好处费"，是其打开市场的重要原因。向科认为，现在该企业的产品虽然在同行业中市场占有率不算最高，但如此发展下去，前景很乐观。另一方面，为了加大管理力度，在改制后的第二年，他就解除了原企业留下的部分工人，解雇的数量还在不断增加，估计不需要多长时间，保留的一百多人工人中的相当多的工人都要被解雇。

　　向科认为，他已陷入经济与道德、企业自身发展与履行社会责任的困境之中。首先，作为本地的窗口企业，该企业的发展必将推动地域的经济发展，然而为了打开市场，他明知提高销售成本会滋长企业经营中的一些乃至很严重的不道德现象，导致严重的社会后果，形成不正当竞争。可为了企业的生存，他必须这么做。其次，在低价买断产权时，向科签约接受了一百多个工人，后来的实践证明，这些人的相当一部分难以达到他的管理要求。于是，他就面临两种选择：要么进行培训，而培训需要大量的经费；要么逐步解雇，这就意味着不能忠实地履行改制时的承诺，同时，这也会加重当地政府的社会负担，导致新的社会问题，特别是在经济不发达的苏北。在目前下岗工人众多的情况下，这一举措无疑是雪上加霜。为了本企业的发展，向科同样选择了后者。

（案例来源：周三多. 1999. 管理学原理与方法. 上海：复旦大学出版社）

## 习　　题

1. 怎样认识管理环境的重要性？
2. 如何认识管理环境的深刻变化？这些变化对管理创新提出了什么要求？
3. 你认为在向科的这种困境中，经营者应当如何抉择？
4. 是否存在某种可能达到两全？如果不能，选择的侧重点应在哪里？

# 第五章 管理基础工作

 **教学目标**

通过本章学习，了解管理基础工作的重要性，掌握管理基础工作的主要内容和基本要求，分析管理基础工作的现状及其薄弱的原因。熟悉并了解管理各项基础工作：规章制度工作、信息工作、标准化工作、定额工作、计量工作、人员培训工作等。

现代管理的基础工作，是指组织为实现经营目标和管理职能所进行的采集资料依据、制定共同准则、确定实施方法、科学决策与管理和核算分析等。它是做好各项专业管理，实现管理职能的重要条件，是加强组织管理、提高经济效益的前提条件和基础保证。不做好管理的基础工作，一切其他管理都无法顺利进行。作为管理工作者，必须对这些工作有较深入的了解。管理基础工作主要包括：规章制度工作、信息工作、标准化工作、定额工作、计量工作、人员培训工作等。

## 第一节 概　　述

### 一、概念

管理基础工作是指企业生产经营活动过程中为实现组织的经营目标和管理职能，提供资料依据、共同准则、基本手段和前提条件必不可少的工作。企业基础管理工作与各项专业管理之间存在着相互依存、相互制约的关系，是各项专业管理的基础。

企业管理基础工作的作用主要有：

1）管理基础工作是实现各项管理职能的依据。企业管理基础工作为企业进行经营决策和编制各种计划提供可靠的资料依据；为企业合理组织和有效地指挥生产经营活动提供必要的手段；为企业实现有效地控制提供标准和尺度。

2）它是实现企业管理现代化的手段。企业管理现代化主要是依据现代化的管理思想，不断提高人的综合素质，运用系统工程，采用数学方法和电子计算机，实现企业生产经营管理的最优化。因此，这对企业管理的基础工作提出了更高的要求。为了应用现代管理方法和电子计算机，企业必须建立合理的管理机制、完善的规章制度、稳定的生产秩序、科学的管理方法和齐全准确的原始数据，并逐步实现管理工作程序化、管理业务标准化、报表文件统一化、数据资料齐全准确和代码化。所以，没有坚实的企业管理基础工作，实现企业管理现代化是不可能的。

3）它是完善经济责任制，提高企业经济效益的保证。搞经济责任制，要正确处理各方面的利益关系，贯彻责权利相结合原则。这就必须使"责"定量化，对拥有的"权"应有个规范，对各种消耗、占用应有个标准，对"利"能够引起人们的"欲望"。定额若高不可及，则说明定额出现毛病。

4）管理基础工作对理顺管理中的混乱可作第一推动作用。不少企业管理混乱，感觉无从着手，其实由管理的基础工作开始抓起最直接、最见效，然后逐渐理顺，可达事半功倍之效。

## 二、特点

1）先行性。管理基础工作必须走在各项管理之前，为专业管理提供资料、准则、手段和前提条件，如生产管理、劳动管理，应先有定额；质量管理、生产管理，应先有标准。

2）科学性。科学性是指管理的基础工作要运用科学的原理、方法和手段来建立和制定，做到准确、完善。

3）日常性。有些基础工作要天天甚至时时去做。如信息工作、统计工作等。所有的基础工作天天都在参与企业的生产经营活动，并起指导作用。同时，它们的实践情况信息随时都要通过各种渠道反馈到相关部门，为管理人员决策提供依据。

4）渐进性。管理基础工作建立后，不能朝令夕改，要保持相对稳定性。但它又不是一成不变的，要随着企业各项专业管理的变化而变化，随着企业生产技术组织条件的变化而进行修改。

5）全员性。管理基础工作是一项全员性的工作，要有广泛的群众基础。表现在各项标准、定额、规章制度的制定，要吸收全员参与讨论，广泛听取群众意见，总结群众的先进经验；信息工作中的原始记录要依靠群众填写、提供；建立的各种技术标准、管理标准、规章制度等要靠全员贯彻执行。

6）系统性。管理基础工作的系统性要求各项基础工作封闭、完整。一方面是指企业管理的基础工作具有整体性，凡是企业的经济活动都需要准则、规范，都存在不断改进的问题，那种零打碎敲的方式是做不好基础工作的；另一方面，企业管理各项基础工作之间有着密切的联系，只有认清、理顺这些关系，才能使企业管理的基础工作有序地开展；同时，企业管理的基础工作规定了对企业所有活动的数量和质量要求，它们必须能体现企业技术水平和管理水平，只要有一个环节失衡，就可能导致整个系统溃散。

## 三、加强企业管理基础工作的几点思考

1）从企业的实际出发，突出重点。管理基础工作在各企业里作用是相同的，但由于企业所属行业不同，生产规模不同，因而，对加强基础工作的要求应有所区别。各企业应根据自身情况，找出本企业的薄弱环节，本着缺什么、补什么的原则，有针对性地加强基础工作。

2）加强宣传、强化领导，抓好队伍建设。企业管理基础工作是长期的、全员性的细致工作，要用宣传教育、培养、灌输等多种手段，强化企业领导、职工的管理基础工作的意识。第一，要从领导做起，企业领导的重视是关键。第二，企业在年初制定方针目标时，要有加强管理基础工作的内容及对策，有检查、有考核。第三是反复宣传，提高职工的认识，使企业的每一位成员都知道什么是企业的管理基础工作，为什么要抓管理基础工作。第四是加强

班组建设。班组是企业最基层的组织，企业管理的各项基础工作最终都要落实到班组，并通过班组活动来实现。因此，加强班组建设是加强企业管理基础工作的重要保证。

3）提高管理基础工作自身的科学水平，使之同管理现代化相适应。要提高管理基础工作的科学水平，首要是必须提高管理基础工作的质量，包括原始记录和各种外部信息的准确与及时，规章制度的可行与规范化，各种定额的先进与合理，使管理基础工作充分发挥作为完善经营管理手段的作用，使之同管理现代化有效结合。

4）适应改革的要求，更新管理基础工作的内容、领域和手段。当前企业改革面临着改革经营方式，改革产权关系，实行企业内部劳动、人事、分配制度，以及管理体制改革等重大任务，从而要求管理基础工作必须进行调整、补充和完善。具体说应该做到如下三个方面：①更新管理基础工作内容。目前企业管理由生产型管理模式转向经营型管理模式，传统基础工作由于内容比较单薄，层次比较低浅，职能不够健全，已不能适应企业发展的需要，应修改与新的管理模式不相适应的旧定额、旧制度，调整原始记录，建立和完善管理信息系统，采用平均先进定额，推行管理标准，建立与经济核算制度相适应的核算方法和制度，修改规章制度，从而保证经营管理模式实现其应有的效率和效益。②拓宽管理基础工作领域。在继续加强生产管理基础工作同时，要适应企业转轨变型的要求，加强经营开拓职能，强化财务、销售、物资、设备、安全、质量和环境保护等方面的专业管理基础工作。③改进管理基础工作手段。提高管理基础工作的科学水平，是实现管理现代化的客观要求。首先，要提高管理基础工作的质量。其次，在完善各项基础工作的前提下，还要注意运用现代化的方法和手段，使管理基础工作得到进一步加强。

5）加强管理基础工作是一种系统行为。用系统方法对企业生产经营活动的各层次、各环节、各方面进行分析，从而准确回答企业经营活动的各项工作要"做什么"的问题。在此基础上，对企业生产经营活动的各项工作进行"定义"，以简洁的语言将各项工作的目的、性质、对象、内容等准确地描述出来，使要"做什么"这一问题的答案更加规范，易于被执行者理解而不致引起误解。

6）加强管理基础工作需要全员参与。专业技术人员、管理人员要与群众相结合，实行全员管理。

# 第二节　规章制度

## 一、含义

在管理学中，规章制度是维系组织活动正常开展的基础，正所谓"没有规矩，不成方圆"，它是组织内部人员必须共同遵守，具有一定强制性的规范和行为准则。规章制度，又称管理规范，是指组织根据国家法律法规并根据组织自身特点制定的，是管理中各种规则、程序、章程、条例、办法等的总称。规章制度具体包括工作时间及休息休假、工资与劳动报酬、劳动安全卫生、员工培训、社会保险和福利、劳动纪律、岗位规范、奖励与惩罚、员工招聘、劳动合同管理、劳动争议管理等内容。

规章制度是组织所有管理理念和管理思路的固化和载体，因此并不是所有在组织里存在的文件都是制度，作为规章制度应具有以下四个方面的特点：

1）规范性。规章制度往往会告诉人们该做什么、如何去做，因此其本身就应当准确、齐全、统一，不能模棱两可，更不能相互矛盾。

2）强制性。规章制度是刚性的，一旦颁布，适用范围内的员工均必须遵守和执行，没有讨价还价和打折扣的余地。但在实际执行过程中，往往有"例外"、"下不为例"的情况发生，这本身就破坏了制度，是必须杜绝的。

3）长期性。规章制度一旦形成，将保持较长时间的稳定性，不能朝令夕改，否则会使人无所适从。这一特点将规章制度与其他的相关公文区别开来，比如一事一议的通知、会议纪要等。

4）普适性。管理规范要简明扼要，通俗易懂，便于大家掌握和执行。同时，注意以事前防范代替事后责备，以积极奖赏代替消极处罚。

## 二、划分和具体形式

组织的规章制度涵盖的内容广泛，并且因组织的类型、规模而异，但总体而言，可归纳为基本制度、工作制度和责任制度三种类型。

### 1. 基本制度

组织基本制度是组织的"宪法"，它是制度中具有根本性质的，规定组织的形成和组织方式，决定组织性质的基本制度。它规定了组织所有者、经营管理人员、组织员工各自的权利、义务和相互关系，确定了财产的所有关系和分配方式，制约着企业组织活动的范围和性质，是涉及组织所有层次，决定组织根本的制度。以企业为例，企业基本制度主要包括企业的法律和财产所有形式、企业章程、董事会组织、高层管理组织规范等方面的制度和规范。

### 2. 工作制度

工作制度是在组织管理基本方面规定活动框架，调节集体协作行为的制度，对组织内各项专业管理工作内容、程序、方法和要求进行规定。工作制度主要针对集体而非个人，如各部门、各层次的职权、责任和相互间的配合、协调关系，各项专业（人事、财务、业务）管理规定，信息沟通，命令服从关系等方面的制度。在企业中，具体包括计划管理、生产管理、销售管理、劳动人事管理和行政管理等各项管理制度。

### 3. 责任制度

责任制度是对组织内部各层级、各类人员在其工作范围内权力和义务的规定。各项规章制度要靠责任制度加以落实，所以说，责任制度是规章制度的基础。企业内部责任制分为岗位责任制和技术责任制。其中，岗位责任制包括行政领导责任制和职能人员责任制、工人岗位责任制；技术责任制包括对产品技术标准和技术规程的实施责任，企业组织管理中经常碰到的主要有标准、操作规程、生产工艺流程、运输保管要求、使用保养维修规定等。规章制度的重点在于岗位责任制，将任务落实到组织中的每个人。

把规章制度落实到企业层面，其具体形式有：

1）责任制。主要为岗位责任制，以岗位定人员，责任落实到人，各尽其职，达到事事有人负责的目标，改变以往有人没事干，有事又没人干的局面，避免苦乐不均现象的发生。

2）专业管理制度。专业管理制度是按经济活动的纵向分工（专业、学科）对各管理工作的范围、内容、程序和方法所作的规定。企业内各管理层次、各部门要依据它们来开展工作，使组织结构顺利运转。专业管理制度具体包括企业经营活动的九个方面：①计划管理，如长远规划管理、年度经营计划管理、经济合同管理、订货管理制度等。②生产管理，如生产作业计划、计量管理、采购管理制度等。③技术方面，如工艺管理、设计审查制度等。④人事方面，如考勤、档案管理制度等。⑤销售管理方面，如合同管理，售后服务制度等。⑥财务管理方面，如财经纪律、现金管理制度等。⑦安全技术和劳动保护方面，如安全技术规程、事故报告制度等。⑧生活福利事业和其他方面，如医疗卫生、门卫制度等。⑨思想政治工作方面，如定期时事教育、宣传制度等。

## 三、功能

规章制度作为管理的基础工作，在保证企业的生产经营活动、提高管理水平方面起着重要的作用，有利于实现管理现代化、法制化和规范化，更是企业文化有效开展的载体。

### 1. 科学的规章制度是向现代化管理迈进的基本条件

规章制度是实现管理规范化、标准化、程序化的前提条件。一方面，要实现科学管理，首先要加强组织的基础工作，包括规章制度的科学制订。同时，它也是推行现代化管理、运用计算机辅助管理的基础条件，没有良好的规章制度，管理现代化只是一句空话。另一方面，构建和完善制度体系是实现现代化的组织结构设计的重要保证。管理的职能、组织机构和联系方式设计完成以后，每个岗位和每个部门如何科学合理地进行活动，还需要科学合理的管理规范来提供依据。贯彻执行规章制度，就为合理组织结构的正常运行创造了重要的保证条件。

### 2. 依法制定的规章制度保证组织有序运行

规章制度是基于现有法律而制定的，有利于加强组织的法制化，将与组织相关的各种纠纷降低到最低限度。同时，规章制度可以防止管理的任意性，保护员工的合法权益。

### 3. 规章制度是提高经营管理规范化的基本依据

规章制度是社会化大生产的客观要求。现代化大生产采用先进的技术装备，运用机器或机器体系从事生产活动，具有连续性、比例性、均衡性等特点，要求组织员工按照自身的客观规律组织生产。制度的构建只有从上述特点和规律出发，遵循反映大生产客观要求的管理规范，才能安全、顺利、高效地进行。并且一个大型的组织，由成千上万人通过一定的规则聚集而成，这就需要通过管理规范来确定每个层次、每个环节、每个部门乃至每个人的活动

内容、活动方式、活动方法，才能使每个人的活动有所遵循，目标和行动一致，形成一个完整的统一的系统。而优秀的规章制度通过合理地设置权利义务责任，使员工能预测到自己的行为和努力的后果，激励员工为组织的目标和使命努力奋斗。

### 4. 无形的企业文化通过组织的制度来表现

健全、规范的制度有助于将企业倡导的精神、价值观和行为模式体现出来，借助于制度来引导和约束员工的行为，使员工能够在制度的规范下，自觉地按照正确的价值观和行为准则来要求自己。

### 四、要求

在我国，规章制度的执行有待加强，要坚决克服制度形同虚设的现象，增加制度的权威性、严肃性和约束力，并注意下列问题：

1）必须严格按制度办事，有章必循，违章必究，令出必行。执法不严，管理规范失去权威性，实际上等于取消了管理规范。

2）必须重视教育培训。通过教育培训，提高员工执行规范的自觉性，掌握执行管理规范所必须的业务技术知识和技能。

3）大力培养严肃认真、一丝不苟的工作作风，反对马虎、凭经验干事的习惯。

4）领导带头，成为执行管理规范的模范。要坚持在制度面前人人平等的原则，企业的一切管理规范，各级领导干部必须带头遵守，认真贯彻。

5）坚持严格的检查和考核。企业要坚持定期和不定期的检查制度，通过检查发现问题，纠正不足。并且，对每个部门、每个岗位实行定性和定量的考核，把考核结果同提职、奖惩等结合起来。

6）加强企业文化教育。

## 第三节　计量管理工作

### 一、计量和计量管理概念

计量是实现单位统一、量值准确可靠的活动，即以公认的计量基准、标准为基础，依据计量法规和法定的计量检定系统进行量值传递来保证准确的测量。依据计量技术的领域和属性，分为长度计量、温度计量、力学计量、电磁计量、无线电计量、时间频率计量、放射性计量、声学计量、光学计量、化学计量等十大类。

计量管理是指计量部门对所有测量手段和方法，以及获得和表示测量结果的条件进行的管理，分解为计量确认、计量保证、计量控制、计量评审和计量监督。它使组织内部或组织之间保持口径一致，为组织提供了计量保证和检测手段，使组织内部的计量器具得到有效运用。

## 二、计量管理的种类

计量管理的划分与社会制度、经济体制紧密相关，与其他管理相比存在很大的区别，以科学技术的应用为支撑，应用的领域广泛，带有明显的公益性，并且某些领域必须加以强制，例如安全生产、环境保护等方面。本文就其管理的对象、性质而言，将计量管理分为以下三大类。

### 1. 科学计量管理

科学计量主要指基础性、探索性、先行性的计量科学研究工作，如计量单位与单位制、计量基准与标准等。科学计量管理是整个计量管理的基础。

### 2. 应用计量管理

它又称为工业计量管理，或企业计量管理，指应用在各种工程、企业中的计量。

### 3. 法制计量管理

法制计量管理是为了保证公众安全，国民经济和社会发展，根据法制、技术和行政管理的需要，由政府授权进行强制管理的计量管理。体现了计量社会化的准确、公正和诚信。

## 三、组织计量管理工作的重要作用

计量管理工作在企业中最迫切的任务是建立一个确保产品质量的计量确认体系，以实现对原材料、工艺和质量的监测。同时，组织还要对安全、环境保护、运营核算等方面的工作进行有效的计量，以便实现行之有效的管理。所以，计量管理工作是组织生产、科研和运营过程中都不可或缺的重要基础工作。具体地说，计量管理工作的作用体现在以下三方面。

### 1. 是确保质量的重要因素

企业的首要任务是生产出社会需要、合格优质的产品，必须要有先进的计量测试技术手段，没有准确的计量，就没有可靠的数据，就无法正常控制工艺过程，也就不可能生产出高质量产品。以鞍钢为例，投产初期时技术匮乏，没有基本的计量仪器，凭操作者的经验来轧制钢板，加上设备失修，生产出来的板材尺寸误差大，经挑选后不合格率还高达10%；随着设备的引进，鞍钢在轧钢机上安装了测厚、测宽的动态测量仪器，并配备了电脑控制系统，加强了计量基础工作，不合格率降为0.3%。所以说，计量管理工作的加强，大大提升了产品的质量，是产品质量实现必不可少的手段。

### 2. 是组织运营过程中的关键工序

精确的计量管理，实现了企业的标准化生产，提升了企业的竞争力，成为企业经营管理过程中一个重要的工序。以洋快餐巨头肯德基为例，其管理体系划分严格，通过计量工作来检测，实现食品品质、服务质量、就餐环境和暗访制度的管控。如吮指原味鸡在炸制前的裹粉动作要按照"七、十、七"操作法严格执行，汉堡包的保质期为 15 分钟，炸薯条的保质期只有 8 分钟等，保证了食品口味的稳定。

### 3. 是经济核算的重要工具

组织的会计核算等都以科学的计量检测数据为依据和前提，企业现在面临日趋激烈的市场竞争，必须要在降低成本损耗上下功夫，所以加强计量工作是实现经济核算、降低成本的基本保证。

## 四、做好计量管理的基本要求

面对风云变幻的环境，组织应当加强计量基础性管理的投入，充分发挥计量管理工作的效益，加强以下三方面的工作。

### 1. 做好计量工作规划，拟定计量管理目标

计量规划是对一个计量系统在一定时期内的总目标以及为实现这个目标所需要的人、财、物信息的决策和组织实施的总体设计。通过学习计量工作的政策法规，研究计量工作现状及发展趋势，选定参照物，来对比分析本组织的具体情况，总结经验，找出差距，进而确定计量工作的目标、要求。

### 2. 建立计量器具数据库，保证量值的准确

组织通过建立计量器具数据库，全面了解组织的现实情况，建立完善的计量检查制度，时时监控，动态管理。定期检查每台计量器具，对使用情况作详细纪录，对闲置不用的器具作好维护与保养。

### 3. 提高人员素质

计量器具的准确度、使用寿命及效益发挥，与使用人员的正确操作及维护人员维护方法有很大关系。只有加强对计量器具使用人员与维护人员的培训，提高人员本身素质，提高其使用和维护技巧，才能让其使用的计量器具发挥最大效益，减少资源浪费。

## 五、计量管理和标准化工作的关系

从上文肯德基生产案例可知，计量管理和标准化生产两者之间存在既相互支撑又互为因果的关系。当计量工作的标准化做好了，就可以使计量在社会广泛的层面上得到有效地应用和认知，使计量获得更广泛的发展空间。同样，计量更深入广泛地参与标准化的实践活动，可以进一步提升标准的制定和应用水平，可以保障标准化工作落实到社会经济活动的各个领域。计量管理和标准化工作的具体关系有以下几个方面：

1）标准化处处需要计量。在标准的制定和实施过程中，为了对某些活动进行评价、分类和集中，需要进行量化、比较和验证等许多计量实践活动。通过这些量化的实践活动才能制定出共同的可重复使用的规则和特性文件，也才能具体地实施这些文件。

2）计量是最标准化的实践领域。可以说计量是标准化工作最早、最特殊、最自觉实践的行业。计量的标准化也是最基础性的标准化工作，它同时也是其他行业标准的应用基础。

# 第四节　标准化工作

## 一、标准化及其作用

### 1. 标准和标准化

标准是科学、技术和实践经验的总结。为在一定的范围内获得最佳秩序，对实际的或潜在的问题制定共同的可重复使用的规则的活动，称为标准化。从上述标准的定义中可以了解标准化主要强调的是：①标准是对重复性事物和概念所做的统一规定。②制定标准的目的是谋求"最佳秩序"。③标准针对的问题是现实问题或潜在问题。

标准化工作是指对技术标准、管理标准和工作标准等各类标准的制定、执行和日常管理工作。它包括制定、发布及实施标准的过程。标准的确立是有效管理的前提，是管理学产生的起点与基础。管理可以说是从标准的制定和标准的执行开始的。每一种产品、每一项服务、每一个工作岗位、每一个管理职位都必须有标准，而且标准应该是先进的、可行的、量化的、稳定的。

### 2. 标准化的作用

标准化工作有以下四大作用：技术储备、提高效率、防止再发和教育训练。

标准化的作用主要是把企业内的成员所积累的技术、经验，通过文件的方式来加以保存，而不会因为人员的流动，使得技术、经验跟着流失。达到个人知道多少，组织就知道多少，也就是将个人的经验（财富）转化为企业的财富。更因为有了标准化，每一项工作即使换了不同的人来操作，也不会在效率与品质上出现太大的差异。如果没有标准化，老员工离职时，他将所有曾经发生过问题的对应方法、作业技巧等宝贵经验装在脑子里带走后，新员工可能重复发生以前的问题，即便在交接时有了传授，单凭记忆也很难完全记住。没有标准化，不同的师傅将带出不同的徒弟，其工作结果的一致性可想而知。

## 二、标准制定的要求

一个好的标准的制定是有要求的，要满足先进性、可行性或合理性、可量化和稳定性等要求。具体的要满足以下六点：

1）目标指向：标准必须是面对目标的，即遵循标准总是能保持生产出相同品质的产品。因此，与目标无关的词语、内容不适宜出现。

2）显示因果：如"安全地上紧螺钉"，这是一个结果，应该描述如何上紧螺丝。又如"焊接厚度应是 3.0 微米"，这是一个结果，应该描述为："焊接工施 3.0 安电流 20 分钟以获得 3.0 微米的厚度"。

3）清晰明确：要避免抽象，如"上紧螺钉时要小心"中，"要小心"这样模糊的词语是不宜出现的。

4）可量化：每个读标准的人必须能以相同的方式解释标准。为了达到这一点，标准中应该多使用图表和数字。

5）合理性：标准必须是现实的，即可操作的。

6）适时修订：标准在一定时期内必须是固定的，但在需要时须根据现实情况进行修订。在优秀的企业，工作是按标准进行的，因此标准必须是最新的，是当时正确的操作情况的反映。标准不应是一成不变的，在以下的情况下可修订标准：①内容难，或难以执行定义的任务。②当产品的质量水平已经改变时。③当发现问题及改变步骤时。④ 当工作程序已经改变时。⑤当方法、工具或机器已经改变时。⑥当要适应外部因素（如法律的问题）改变时。

**三、开展标准化工作的措施**

**1. 明确标准意识，做好企业标准化思想准备**

很多人都越来越意识到开展标准化工作的紧迫性、必要性和重要性，同时在导入标准化理念的初期都会有顾虑：导入"标准化"工作是不是加大了工作量？在原有的制度上再加上一个制度，是不是使工作程序更加繁琐？从接触标准化的第一天起，就在考虑一个问题：企业对标准的引进是不是又增加了某些部门的工作量，或者是像做某些商业化的认证一样，认证通过就好？答案是否定的。虽然在导入初期，也许要经历阵痛的过程，也要经历时间和事件的考验，还要耐得住专业知识枯燥乏味的寂寞，甚至要经历无数次的实践与理论的融合磨炼等。然而按照《企业标准体系》系列中国家标准的要求，运用标准化原理或方法，建立健全以技术标准为主体，包括管理标准、工作标准在内的企业标准体系，并有效运行，将对企业在生产、经营等各个环节实行标准化管理具有长远的意义：①对技术标准的执行，是企业的产品质量是否达到要求的参照之一。②对企业管理标准的执行，是企业管理规范化的前提。③对工作标准的执行，是评价员工是否适合该岗位的标准之一。

**2. 重视企业文化，构建企业标准化工作核心**

企业文化使企业从上到下，从领导到一般员工，都有了统一的思想、统一的价值观念。全体人员都知道同一件事应该怎么做，不应该怎么做，怎样做是对的，怎样做是不对的，它建立了标准化管理的基础。优秀的企业都具有多年来自己创造和积累的企业文化。日本的索尼、松下等公司，其创始人盛田昭夫、松下幸之助等在吸收了我国古代文化——《论语》、《菜根谭》等的基础上，结合自己的实际，形成了各自的具有个性的企业文化。丰田公司的"把绞干了的毛巾再绞一把"的节约观念，松下的"一切为了用户"的服务观念等等，成为各企业职工的共同的价值观。所以说企业标准化是企业文化的核心组成部分。

3. 强化监督管理，提升企业标准化经营管理

好的标准化的管理制度，是一套完整的体系，是一个封闭的管理系统，由"制定—实施—监督—整改"四大必不可少的环节构成，缺一不可。有了好的管理制度，就要有人去实施，如果实施不力，措施不到，制度就会流于形式。有的企业把制度说在嘴上，写在纸上，挂在墙上，就是没有落实在行动上，原因就是没有人监督。在海尔，生产的每一个环节都有人监督检查，一旦出了问题，首先追究检查人的责任，然后再追究职工的责任。在肯德基，有一个人所共知的监督制度，就是总部随时会雇用、培训一批人，让他们佯装顾客潜入各分店内进行检查评分，这些"特殊顾客"来无影去无踪，使分店经理及雇员每天战战兢兢，如履薄冰，丝毫不敢疏忽，不折不扣地按总部的标准去做，使肯德基在全球已有 9000 多家。强化监督也是一个必不可少的环节。

4. 健全反馈机制，保障企业标准化持续运行

反馈就是把收集的资料与标准进行对比，好在什么地方，不好在哪里，然后反馈给评价对象。企业的反馈包括日评价（海尔的"6S"管理）、周评价（沃尔玛的每周例会）、月末评价、季度评价、年末评价等。可根据管理层次不同，建立不同的反馈重点。通过反馈，可以发现好的经验，总结上升到理论高度，形成好的管理制度，加以推广；也可以发现工作中的不足，找出原因，及时纠正，不能总等到情况恶化再去解决，那就很被动了。反馈机制也可以是企业员工薪金调整、提升、激励、培训的重要依据之一。

5. 明确运行要点，构筑企业标准化工作重点

要想标准运行良好，要想标准能真正地促成企业的管理规范化、制度化，即标准化，不能不提到"执行力"问题。正如杰克·韦尔奇在《赢》一书中所说："如果经理人不持之以恒地贯彻执行，再好的政策也会过时，甚至消亡。"企业标准化工作的重点有：①企业的标准化工作（技术标准、管理标准和工作标准）离不开企业领导者的支持与执行。②企业的标准化工作在领导者的主抓下，形成了正规化的制度和执行标准，需要每天与制度亲密接触的各部门负责人严格地贯彻执行。③企业的标准化工作需要全员普及，全员宣贯。④标准化工作人员需要定期学习，提高其专业技术能力与业务能力。

企业标准化工作是一项系统工程，涉及多个部门和环节，需要不断改进和完善，呈螺旋式上升的工作，是夯实基础、加强内部管理的基本方法。标准化工作远不是仅靠认证、手拿一纸证书就可唱响的，要想将标准的工作落到实处，真正帮助企业实现标准化管理，后续的工作任重道远，无论是对企业的最高管理者，还是企业的中层管理者，甚至是普通员工都提出了更高、更严格的要求，在强化自己专业性的同时，把握全局，眼界与思路应该更宽，不应被眼前的事务性工作局限。

# 第五节 定 额 工 作

## 一、定额及其分类

### 1. 定额的含义

定额工作是指对各类技术经济定额的制订、贯彻执行和管理工作。定额是对各类资源的消耗和占用标准所作的规定，是标准的具体化。定额有多种多样，有劳动定额（工时、产量）、物资定额（采购、消耗、占用、库存等）、设备定额（设备利用率、产量）、流动资金（占用的数量定额、时间定额）、成本定额、管理费用定额等。

### 2. 定额的分类

（1）按生产要素分类

1）劳动定额。或称人工定额，它是在正常的生产技术和生产组织条件下，完成单位合格产品所规定的劳动消耗量标准。包括时间定额和产量定额，时间定额是指在技术条件正常，生产工具使用合理和劳动组织正确的条件下，工人为生产合格产品所消耗的劳动时间；而产量定额是指在技术条件正常、生产工具使用合理和劳动组织正确的条件下，工人在单位时间内完成的合格产品的数量。

2）材料定额。它是指在节约和合理使用材料的条件下，生产单位合格产品所必须消耗的一定品种、规格的材料，半产品，配件，水、电、燃料等的数量标准。单位为实物单位。

3）设备利用定额。它规定了在正常使用条件下，合理地组织生产与合理地利用某种设备完成单位合格产品所必须的单位设备消耗标准，或在单位时间内设备完成的产品数量。

4）资金费用定额。如生产资金、储备资金、流动资金定额或者各类可变费用与不可变费用等。

（2）按使用时间和用途分类

1）现行定额。它是指在生产经营过程中正在实行的定额。

2）预期定额。它则是指在将来某个时间点预期开始实行的某种定额。

（3）按编制单位和执行定额的范围分类

1）全国统一定额。

2）地方主管部门定额。

3）企业定额。

## 二、定额的作用

### 1. 定额是提高经济效益的有效手段

定额所确定的标准，衡量每一生产环节和个人劳动效率的高低。定额可促使管理或生产人员合理地组织工作，采取科学生产与管理方法，依据制定的定额，力争高效、低耗地完成任务，进而提高经济效益。

2. 定额是科学指导经营管理事务的必要手段

例如，计划人员根据组织任务需要，按定额制定任务实施计划，按定额调配人力、物力和财力。相关监督人员按定额实时检查统计工作量，掌握任务完成进度和质量。总之，各部门只有都按统一的定额计划组织各自的活动，并密切配合，整个组织的任务才得以保质保量按期完成。

3. 定额是确保组织计划实施合理性的依据

合理的定额是计划管理、经济核算、控制生产进度、控制成本等的基础和准则。有了合理的定额作为指示标准，以上的一系列组织活动才得以有序开展。

## 三、定额制定的要求

做好定额制定工作需要做到先进、合理和稳定，具体有以下几点：
1）采用科学的方法制定出科学、可量化的定额。
2）定额的水平必须是先进合理的。
3）适时搞好定额的修订工作。定额在一段时间内要保持稳定，可以适时进行修订，但也不能频繁修改，否则会使定额失去"标准"的作用，挫伤组织员工的积极性。

## 四、定额落实的措施

### 1. 健全定额体系

在激烈的市场竞争中，企业定额的执行力将决定企业定额体系制定发挥作用与否的关键。科学完善的定额执行制度和定额体系是企业高效运行的基础，加强监督管理是保证企业执行力有效推行的重要手段。一个组织的所有定额应形成系统的定额体系，达到符合组织整体目标的要求。定额既要有相对的稳定性，以便于贯彻执行，又要根据新情况、新问题以及平均水平作适时的修正，以保证定额的先进性，使之起到应有的作用。因此，企业要健全定额体系，提升企业定额执行能力。

### 2. 完善监督反馈

1）建立执行督查制度。督查制度的建设是对定额完成情况的跟踪监督，明确各部门工作职责与工作进度。一个企业可以根据其组织结构的复杂性和人员多少，考虑设置一级或两级定额完成督查机构，该机构可以是虚拟的，譬如：设置一个名称为"定额督查委员会"的最高机构，对其职责权限要明确定义。一般而言，一个企业的一般性或者员工级别的监督、考核和信息反馈工作，可由行政部负责；对于政务方面、安全方面、经营管理方面、生产方面和重大质量管理方面等定额体系的执行、监督、考核和信息反馈工作可由公司督查委员会负责。

2）实行工作复命制度。对于属于定额体系里的所有工作，不管完成与否，被安排人都要在规定时间内向安排人复命，保证事事有落实、件件有回音。当执行人在执行开始后发现

有困难或阻力，无法按时完成定额，必须在规定的时间内通过公开、正当的程序向主管领导反映，否则就没有任何理由不完成工作和任务。同时，完成任务，也应即时复命。这是保障执行指令和提高工作效率的重要手段。

## 第六节　信 息 工 作

### 一、定义

"信息"一词有着很悠久的历史，早在两千多年前的西汉，就有"信"字的出现。"信"常可作消息来理解。作为日常用语，"信息"经常是指"音讯、消息"的意思，但至今信息还没有一个公认的定义。关于信息的定义比较经典的有以下几种：

1）信息是被反映的物质属性。该定义认为信息是以物质介质为载体，传递和反映世界各种事物存在方式和运动状态的表征。

2）信息是确定性的增加。该定义认为信息是能够用来消除不确定性的东西。

3）信息就是信息，是物质、能量、信息及其属性的标示。该定义认为信息就是信息，它既不是物质也不是能量，它是物质、能量、信息及其属性的标示。

关于信息的定义，不同学者在不同程度上都提出了自己的看法。尽管语言表述不尽相同，但都以信息的本质特征为基础。信息有以下特征：

1）可识别性：信息是可以识别的，识别又可分为直接识别和间接识别。直接识别是指通过感官的识别，间接识别是指通过各种测试手段的识别。不同的信息源有不同的识别方法。

2）可存储性：信息是可以通过各种方法存储的。

3）可扩充性：信息随着时间的变化，将不断扩充。

4）可压缩性：人们对信息进行加工、整理、概括、归纳就可使之精练，从而浓缩。

5）可传递性：信息的可传递性是信息的本质特征。

6）可转换性：信息可以由一种形态转换成另一种形态。

7）特定范围有效性：信息在特定的范围内是有效的，否则是无效的。

8）可利用性：信息具有一定的实效性和可利用性。

9）可共享性：信息具有扩散性，因此可共享。

信息无处不在，一般以数据、文本、声音、图像这四种形态存在。但只有具备了信息源、内容、载体、传输、接受者这五项内容时才能构成信息。信息对企业正常的生产经营活动有着重要的影响。企业要根据外部的各种信息挖掘机遇，并根据企业内部的各种信息（如财务数据、员工人数）衡量自己的经营能力和实力，达到良好控制的目的。由于信息具有存储性、扩充性、转换性、共享性等特征，因此，企业可以将各种信息进行收集、整理、传递、存储等处理，随时为企业提供决策依据。

### 二、企业信息工作的含义

在企业管理基础工作中，信息工作指的就是企业生产经营活动中所需资料的收集、处理、传递、贮存等的管理工作。企业信息工作主要包括以下几项工作：

1）原始记录工作。对组织的每一个要素的使用、占有、获得、耗费，每一项活动的进行都有一个及时、真实的原始记录。它表现为台账、记账单、领料单、入库单、考勤表、报表、合同书、总结报告等。

2）统计分析工作。它是对原始记录提供的原始数据，用特定的方法进行收集、整理和分析的工作。

3）技术经济情报工作。对组织目标的实现有关的各种经济情报和科技情报的收集、分析和研究工作。

4）科技档案工作。将组织活动中有保存价值的图纸、文字材料、照片、录音、录像等作为历史记录保存起来以查考。

### 三、企业信息工作的种类

企业的信息工作可以划分为内部和外部两大类。内部信息工作主要是指企业生产经营过程的信息产生和信息处理，包括各项专业管理的原始记录、台账、统计报表和统计分析等。企业的外部信息工作主要是指各种经济、科学、技术情报的收集，可以分为综合经济情报和行业经济情报。综合经济情报包括经济形势和重大经济政策，国家重大建设项目，财政金融状况与政策，国家对企业实施的政策、制度与法规，企业管理科学的进步等方面的情报；行业经济情报包括同行业企业的发展动向，同行业企业的概况与主要经济技术指标，市场竞争的现状与趋势，用户的意见与要求等方面的情报。科学技术情报则还包括有关的工艺技术革新和新产品的发展，原材料和能源技术的发展，企业技术改造的前景等方面的情报。

### 四、信息工作的必要性

在现代化企业管理中，信息是一种重要的资源。准确而及时的信息，是企业进行决策的依据，是对企业生产经营活动进行有效控制的工具，是沟通组织有效活动的重要手段。企业信息工作是企业经营决策的重要基础，必须做到及时、真实、全面、经济。信息技术不仅可以提高信息收集、存储、传递、压缩等工作的效率，而且可以对收集的信息进行自动生成分析结果，使企业能够快速应对瞬息万变的市场环境。因此，企业必须利用先进的信息技术进行企业的信息化建设。

### 五、信息化建设

企业信息化实质上是指将企业的生产过程、物料移动、事务处理、现金流动、客户交互等业务过程数字化，通过各种信息系统网络加工生成新的信息资源，提供给各层次的人们洞悉、观察各类动态业务中的一切信息，以作出有利于生产要素组合优化的决策，使企业资源合理配置，以使企业能适应瞬息万变的市场经济竞争环境，获得最大的经济效益。企业信息化的基础是企业的管理和运行模式，而不是计算机网络技术本身，其中的计算机网络技术仅仅是企业信息化的实现手段。

企业信息化建设是具体的企业行为，是企业自身发展的一个阶段，与企业管理相辅相成并伴随在企业管理的进步之中，其最明显的特征是具有实践性和可操作性。企业管理的信息化是企业信息化建设中比重最大、难度最大、应用最为广泛的一个领域，涉及到企业管理的各项业务及各个层面。因此，企业在进行企业化建设过程中必须做好以下几个方面的工作。

**1. 建设信息网络**

企业信息网络是企业的信息基础设施，在原有企业局域网的基础上，用 Internet 技术改造成内联网（Intranet）和外联网（Extranet），这是企业进行信息化工作的基础。通过网络，企业可以快速得到各种所需的信息，提高了信息收集的工作效率。

**2. 发展与利用信息资源，实现各种资源优化组合**

采用各种手段，收集、整理、加工以市场信息为重点的各种信息，建立企业生产、经营、管理决策所需要的各种数据库，进行数据分析与挖掘，结合深化改革进行企业业务流程重组（BPR），理顺信息流程、资金流程与物料流程，进行体制、机制与管理模式创新，推动企业各种资源的优化组合，这是企业信息工作成败的关键。

**3. 广泛采用电子信息技术，提高经济效益和服务质量**

1）推广计算机辅助设计（CAD）技术，实现产品设计自动化，不断开发出适销对路的新产品。

2）推广计算机控制技术，包括数控（CNC）、程控（PLC）、分布式控制（DCS）等技术，实现生产过程自动化和优质、高产、低耗。

3）推广企业业务流程重组（BPR）、企业资源规划管理（ERP）、商业智能（BI）、管理信息系统（MIS）、办公自动化（OA）技术，实现管理自动化，提高管理科学化水平。

4）积极开展电子商务（包括网上广告、网上营销、网上支付和网上售后服务），降低经营成本，提高市场竞争力。

**4. 开展信息技术普及教育，提高职业信息文化素质**

通过各种形式和途径强化在职培训，开展信息技术、信息化知识普及教育，提高各级领导和广大职工的信息意识与文化素质，培养既懂信息技术又懂业务的复合型人才，这是企业信息化顺利开展的保证。

# 第七节 人员培训

总体而言，引发飞机失事的原因并非来自于飞机而是人。数据显示，各种撞机、坠机以及其他不幸的事件中，由于飞行员或导航员犯下致命错误，或是因为没有全面细致地对飞机进行保养维护而出事的大约占事故发生的四分之三，另外四分之一才是由气候变化和飞机结构性缺陷等因素所导致的。上述统计结果足以说明培训在航空产业领域中的重要性。通过更好的人员培训，那些由于保养维护不当或人为因素所导致的错误是完全可以减少或避免的。

在现代科技日新月异的条件下，对任何一个组织来说，无论是主管人员、技术人员还是一般员工，都只有通过不断的学习、进步、充实和提高，才能适应组织内外环境的不断发展和变化，才能胜任要求不断提高的各项工作。近几十年来，世界各国都把组织的人员培训提到越来越重要的地位，认为这方面的投资是最重要的人力资本投资。

## 一、含义及重要性

### 1. 什么是人员培训

人员培训是指组织通过对员工有计划、有针对性的教育培训，使其能够增长知识、提高能力的一项连续而有效的工作。因而，培训的内容包括改变员工的技能、知识、态度或行为方式等。这也意味着培训将改变员工的知识、工作方式或者他们对待工作、同事、领导以及组织的态度等。培训旨在提高员工队伍的素质，促进组织的发展。

人员培训既是全员的培训，又是全面的培训。就其内容来说，既包括思想教育，也包括科学文化、业务技术和管理知识方面的学习。人员培训最重要的是理论联系实际，提高他们应用知识、解决实际问题的能力。

### 2. 人员培训的重要性

人才是企业最基本也是最重要的资源，对于一个企业来说如何把"人"变成"人才"可以说是重中之重，关系到企业发展的长远问题。日本松下电器创始人松下幸之助曾说："一个天才的企业家总是不失时机地把对职员的培养和训练摆上重要的议事日程。教育是现代经济社会大背景下的'杀手锏'，谁拥有它谁就预示着成功，只有傻瓜或自愿把自己的企业推向悬崖峭壁的人，才会对教育置若罔闻。"

企业人员培训是现代企业人力资源管理的重要内容，也是企业组织效益提高的重要途径。一个企业是否具有竞争力，关键就是看在这个企业里的人是否具有竞争力和较强的工作能力。企业要保持自己在人力资源上的某种优势，使员工适应外部环境的变化要求，在竞争中立于不败之地，就必须重视对各层次人员进行培训、教育，提高其素质，挖掘其潜力，以最终达到提高企业核心竞争力的目标。

1）人员培训是培育和形成共同的价值观、增强凝聚力的关键性工作。一个企业人才队伍建设一般有两种：一种是靠引进，另一种就是靠自己培养。所以企业应不断地进行职工培训，向职工灌输企业的价值观，培训良好的行为规范，使职工能够自觉地按惯例工作，从而形成良好、融洽的工作氛围。通过培训，可以增强员工对组织的认同感，增强员工与员工、员工与管理人员之间的凝聚力及团队精神。

2）人员培训是提升员工技术、能力水准，达到人与"事"相匹配的有效途径。人员培训的一个主要方面就是岗位培训，其中岗位规范、专业知识和专业能力的要求被视为岗位培训的重要目标。岗位人员上岗后也需要不断地进步、提高，参加更高层次的技术升级和职务晋升等方面的培训，使各自的专业知识、技术能力达到岗位规范的高一层标准，以适应未来岗位的需要。

3）人员培训是激励员工工作积极性的重要措施。员工培训是一项重要的人力资源投资，同时也是一种有效的激励方式，例如，组织业绩突出的职工去外地参观先进企业，鼓励职工利用业余时间进修并予以报销费用等。据有关调查，进修培训是许多职工看重的一个条件，因为金钱对于技术型、知识型员工的激励是暂时的，他们更看重的是通过工作得到更好的发展和提高。

4）人员培训是建立学习型组织的最佳手段。学习型组织是现代企业管理理论与实践的创新，是企业员工培训开发理论与实践的创新。企业要想尽快建立学习型组织，除了有效开展各类培训外，更主要的是贯穿"以人为本"提高员工素质的培训思路，建立一个能够充分激发员工活力的人才培训机制。成功的企业将员工培训作为企业不断获得效益的源泉。学习型企业与一般的企业最大的区别就是，永不满足地提高产品和服务的质量，通过不断学习和创新来提高效率。

## 二、企业开展人员培训应遵循的原则

实践经验表明要使人员培训工作的开展行之有效，必须注意贯彻以下原则。

### 1. 按需施教，学以致用的原则

人员培训特别注重目的性和实用性，不能纸上谈兵。因此，培训首先应该制定培训计划，弄清楚这一员工或工作需要培训什么，明确培训目标，选择适宜的培训技术，然后实施培训，这样才能达到预期的培训效果。人员培训中切忌培训对象的随意性、培训内容缺乏针对性、科目选择的盲目性、培训方式的单调性。

### 2. 全员培训与重点提高相结合的原则

全员培训是有计划、有步骤地对在职的各级人员所进行的培训，它是提高组织全员素质的必由之路，并且对每个成员的培训还应该是不间断的。但是，在实行全员培训的同时，组织也应重点地培训一批技术、管理骨干，特别是中、高层管理人员。对他们除了更新、补充业务知识外，组织还应该为其提供专门提高经营管理决策、协调、指挥能力等方面的培训。

### 3. 知识技能培训与企业文化培训兼顾的原则

既要给员工传授其完成本职工作所必需的基本技能，又要有企业目标、企业精神、企业制度等企业文化方面的培训。

### 4. 因材施教的原则

由于组织的岗位繁多，差异很大，而且人员的水平不同，因此，不能采取普通教育"齐步走"的模式，只能遵循因材施教的原则。也就是说，要针对每个人员的实际水平和所处岗位的要求开展人员培训。

### 5. 激励原则

只有在得到某些程度的鼓励时，受训者才会愿意接受培训，才会积极进取而不是被动消极地参与培训。因此，组织必须把人员培训与人员任职、晋升、奖惩、工资福利衔接起来。当员工受训完毕后，组织应以相应的报酬来增强其士气，当员工有好的表现时，组织应为其提供晋升或加薪的机会。这样使员工明白培训的目的，并且意识到接受培训对自己会有很大的益处。这样做既达到了培训的效果，也进一步调动了员工的积极性、主动性和创造性。

### 6. 投资效益原则

人员培训是企业的一种投资行为，员工培训投资属于智力投资。和其他投资一样，也要从投入产出的角度考虑效益大小及远期效益、近期效益问题。

## 三、培训的内容和方式

### 1. 培训的内容

人员培训的内容与形式必须与企业的战略目标、员工的职位特点相适应，同时考虑适应内外部经营环境变化。但一般地，任何培训都存在一些共性的培训内容。

1）文化科技知识方面的内容。包括学历教育培训和非学历教育培训，主要提高员工的文化水平和学历层次。

2）管理知识和劳动技能方面的内容。包括现代管理知识的学习培训和劳动技术的学习培训，主要提高每个员工的上岗技能，以便更好地胜任工作。

3）企业文化、企业精神方面的内容。包括企业的概况，企业的价值观念、行为准则，组织的宗旨等，主要帮助员工树立爱岗敬业、艰苦创业的精神，增强组织的凝聚力。

### 2. 培训的组织形式

从培训职能部门的组建看，培训有学院模式、客户模式、矩阵模式、企业办学模式和虚拟培训组织模式等五种模式：

1）学院模式。即企业组建培训部门，看起来非常像一所大学结构。培训部门由主管人会同一组对特定课题或特定的技术领域具有专业知识的专家共同领导。专家负责开发、管理和修改培训项目。

2）客户模式。即企业组建培训部门负责满足公司内某个职能部门的培训需求，使培训项目与经营部门的特定需要而不是与培训者的专业技能相一致。但培训者必须了解经营需要并不断更新培训课程和内容以适应这种需求。

3）矩阵模型。即企业组建培训部门能适应培训者既向部门经理又要向特定职能部门经理汇报工作的模式。培训者具有培训专家和职能专家两个方面的职责。它有助于将培训与经营需求联系起来，培训者可以通过某一特定的经营职能而获得专门的知识。

4）企业办学模式。利用企业办学组建职能部门趋向于提供范围更广的培训项目与课程。该模式的客户群不仅包括员工和经理，还包括公司外部的相关利益者。企业一些重要的文化和价值观将在企业大学的培训课程中得到重视，它保证企业某部门内部开展的有价值的培训活动能在整个企业进行传播。

5）虚拟培训组织模式（virtual training organization，VTO）。它与传统培训部门的最大区别体现在结构上，传统的培训组织趋向于由固定的从事某一特定职能如指导设计的培训者和管理者来运营。而 VTO 中的培训者的数量则根据对产品和服务的需求不同而变化。培训者不仅要具有专业能力而且能作为内部咨询专家并能提供更完善的服务。VTO 的运作遵循三个原则：员工对学习负主要责任；在工作中进行最有效的学习，而不是在课堂上；经理与员工的关系对将培训成果转换成工作绩效的提高起着重要的作用。

总之，不论公司规模大小，按虚拟培训组织、企业办学模式来组建培训职能部门呈现出上升趋势。

从培训对象看，一个组织中的培训对象主要有：新来员工、基层员工、一般技术或管理人员、高级技术或管理人员。依据所在职位的不同，可以分为对新职工的培训、岗位职务培训和管理层人员培训三种形式：

1）新进员工培训。 对刚进入企业的新员工，主要是对他们作介绍性的培训，有利于他们尽快了解企业的情况，尽快适应工作的环境，进入角色。企业着重从两方面进行培训：其一是灌输企业精神，传授基本劳动技能；其二是劳动组织管理知识教育。培训方法有职前教育与行为示范法。

2）岗位职务培训。这是在企业人力资源规划的基础上，以岗位职务要求为依据，有针对性地对在岗在职的员工进行岗位专业知识和实际技能的培训，帮助员工及时获得适应企业发展所必需的知识和技能，具备上岗任职资格。

在职培训的内容包括岗前培训，就是"先培训、后上岗"，如对新引进生产设备的操作培训等；提高培训，按新的要求和新的规范，对在岗在职人员进行新知识、新技能的继续教育，以提高其适应能力；转换岗位培训，对部分转换岗位的员工及时进行新的岗位培训，以适应新的需要；达标规范培训，对任职人员进行岗位职务规范教育，通过考核后使其取得岗位职务合格证书或资格证书。对这类培训的要求是：范围具有全员性，但具体培训工作却要注意培训对象的差异性；培训要有规范性；培训内容具有全面性和实用性；培训方式具有多样性和灵活性；培训进程具有阶段性和延续性。通常采用的培训方法有讲授法、讨论法和案例分析法。

3）管理层人员培训。这可谓是一项关系企业命运和前途的战略性培训工作。管理层人员培训的重点在于其管理能力开发，即将管理层人员培训成怎样的人。一般来说其培训的主要内容是：知识、技能、态度。知识学习是人员培训的主要方面，对管理人员要培训计划、组织、领导和控制等管理知识，还要他们掌握心理学、激励理论等有关知识，以及经营环境如社会、政治、文化、伦理等方面的知识；技能的提高对管理者而言，更应注重判断与决策能力、改革创新能力、灵活应变能力、人际交往能力等的培训；态度是影响能力与工作绩效的重要因素，管理者重视员工态度的转变会使培训成功的可能性增加，管理者要在员工中树立并保持积极的态度，同时善于利用员工态度好的时间来达到所要求的工作标准。管理者根据不同的特点找到适合每个人的最有效的影响与控制方式，规范员工的行为，促进员工态度的转变。

培训方法：在职开发，即在实干中考查提拔任用、职务轮换、替补训练、理论培训、角色扮演、决策训练、决策竞赛、敏感性训练、跨文化管理训练、形象训练和脱产学习。脱产学习是相对于在职培训而言，主要是指参加培训学习的员工离开工作岗位，少则几个月多则几年，集中精力进行学习和培训，这是一种培训高层次管理人员和工程技术人员的有效方式。

**四、培训的方法**

培训的方法多种多样，大致可以把它们分为在职培训和脱产培训，下面具体介绍几种常见的培训方法。

1. 在职培训方法

1）工作轮换。工作轮换是指通过横向转换，允许员工调换不同的工作岗位，它使受训者在不同部门的不同工作岗位轮流工作，使其了解整个组织的不同的工作内容，得到各种不同的经验，为今后在较高层次上任职打好基础。

2）实习分派。通过任职组织分派的不同岗位，跟熟练工人、教练或上级主管一起工作，从有经验的人员那里得到支持和鼓励。这里主要介绍三种方法：①提升。提升分为有计划的提升和临时提升。有计划的提升有助于培养那些有发展前途的、将来拟提拔到更高一级职位上的主管人员，它是按照计划好的途径，使主管人员经过层层锻炼，从低层逐步被提拔到高层；临时提升是指当某个主管人员因某些原因，如度假、生病或长期出差而出现职务空缺时，组织便指定某个有培养前途的下级主管人员代理其职务，代理者在代理期间做出决策和承担全部职责时所取得的经验是很宝贵的。②设立副职。副职的设立是要让受训者同有经验的主管人员一道密切工作，这种副职常常以助理等头衔出现。这种方法可以使配有副职的主管人员很好地起到教员的作用，通过委派受训者一些任务，并给予具体的帮助和指导，由此培养他们的工作能力。受训者可以观摩和学习现职主管人员分析问题、解决问题的方法和技巧。③辅导。辅导对于负责培训的上级主管人员来说，是一种常规的培训方法。这也就是我们通常说的"传、帮、教"。辅导要着重注意培养受训者的自信心和独立工作的能力，培养他们在处理人、财、物、时间、信息等方面的管理技巧。

2. 脱产培训方法

1）课堂演讲。通过课堂演讲，传授相关的技能知识。演讲法历来是一种使用很广的培训方法，这种培训方法成本较低、有较强的针对性，同时时间安排紧凑，能集中较新的研究成果，使培训对象能在较短的时间内接受大量的有用信息。

2）电视录像。利用多媒体来清晰地演示其他培训方法不容易传授的特殊技能，如录像、幻灯片等的应用使培训方法更完善。

3）模拟练习。通过完成实际（或模拟）工作进行学习。主要方法有：①案例研究法。案例研究法指为参加培训的学员提供员工或组织如何处理棘手问题的书面描述，让学员分析和评价案例，提出解决问题的建议和方案的一种培训方法。案例研究法为美国哈佛法学院所推出，目前广泛应用于管理人员的培训。②行为示范法。它是指让培训对象观摩行为标准案例或录像等，并进行实际操练的一种培训方法。比如可以将面试、绩效考评面谈、企业例会、客户服务现场的情景录制成录像，而后提供给培训对象观摩并讨论，从中学习有关好的做法和经验或者发现一些应改善的方面或问题，也可以通过一些实地参观，直接接触和学习一些真实的事物等。③管理游戏法。亦称商业游戏法，仿照商业竞争的规则，采用游戏方式开发学员管理技能的一种培训方法。商业游戏有市场竞争模拟、经营决策模拟及对抗赛等。代表性的游戏是经营决策模拟，它通常使用计算机软件模拟企业真实经营状况，将受训人员分成若干小组，每一个小组代表一个组织的决策团体（如董事会、经理会议等），针对计算机软件模拟的特定情况中的一些企业环境因素，由各小组人员站在相互竞争与各自制定决策的立场上来研讨问题并订立施行办法。应用这种方法，培训对象可以增进对制定决策的认识，开发领导能力、决策能力，培养合作及团队精神。④角色扮演法。角色扮演法指在一个模拟的工作环境中，让受训人员扮演其中人物，承担其中的工作职责的一种培训方法。通过这种方法，受训者能较快熟悉新的工作环境，了解新的工作业务，掌握必需的工作技能，尽快适应实际工作的要求。⑤公文处理法。公文处理法指让培训对象在规定的时间内，对给定的各类公文材料进行处理，形成处理报告的一种培训方法。通常为培训对象设计一个情景和角色，让培训对象坐在堆满各种文件（如备忘录、报告和电话记录等）的办公桌前，快速处理这些日常文件和事务。公文处理培训主要侧重于培训学员的计划、组织、分析、判断、决策、书面沟通等能力，因此一般用于中高层管理人员的培训，并与其他培训方法结合应用。⑥研讨会。研讨会是指各有关人员在一起对某些问题进行讨论或决策。通过举行研讨会，组织中的一些上层主管人员与受训者一道讨论各种重大问题，可以为他们提供一个机会，观察学习上级主管人员在处理各类事务时所遵循的原则和具体如何解决各类问题，取得领导工作的经验。同时，也可以通过参加讨论，如参与组织一些大政方针的讨论，了解和学习利用集体智慧来解决各种问题的方法。⑦敏感性训练。敏感性训练主要用来培养管理人员的自我认识和与人相处的能力，又被称为 T 小组讨论。这种培训的过程是把一批管理人员集合起来，在培训者指导下，经常让他们进行一种既无议事日程也无中心内容的自由讨论，讨论自己感兴趣的问题，自由发表意见，分析自己的行为和感情，并接受他人对自己的意见，以期改进管理人员有关"我怎样认识自己"、"别人怎样看待我"和"我怎样认识别人"的敏感性。敏感性训练的优点在于能够使学员重新认识自己、重新建构自己，是帮助学员了解他人和群体的过程。

4）入门培训。通过在一个模拟的工作环境下使用与实际工作相同的设备来进行工作学习培训。

## 五、基本要求

### 1. 培训工作必须与组织目标相结合

每一个组织都应清楚地认识到，培训人员的目的是为了提高员工的素质和能力，以更好地适应现职务或新职务的要求，保证组织目标的实现。因此，组织目标是组织一切活动紧紧围绕的中心，培训工作也不例外。如果培训工作与组织目标之间没有多大关系，或根本脱节，那么，这样的培训工作不仅与培训本身的目的相悖，而且还有碍于组织目标的实现。

**2. 上级主管人员必须高度重视和积极参与培训**

组织的各级主管人员都应充分认识到培训的重要性，身体力行，积极支持和参与主管人员的培训工作，尤其是上层主管人员，在这方面更要起表率的作用。作为上层主管人员，应当为下级主管人员制定详细的培训计划，并保证这一计划在组织各层次、各部门中的贯彻执行；应当为下级主管人员的培训创造各种有利条件，为他们参加培训提供物质上、经济上和时间上的保证；应当积极鼓励下级主管人员参加培训，并为他们设置有利的环境，使受训者在培训中能运用新学到的知识，增长才干，获得经验。现在国内外许多组织都认为，领导者有培养下级的责任，如果培养不出好的下级，就不能认为是好的领导，并且将这点作为考核领导的一项重要内容。同时，无论是从组织还是从个人出发，上层主管人员都应对培训工作给予足够的重视。

**3. 培训的内容必须与受训者的需求相吻合**

培训的具体内容除了要考虑受训者所在的不同层次的要求外，更重要的是要考虑受训者个人的不同情况，根据他们的不同需求来决定具体的培训内容。对较低层次的受训者来说，虽然应该培养他们处理业务活动的能力，但由于他们长期工作在组织业务活动的第一线，因而所欠缺的可能是管理的基本知识和综合管理能力。即使是在同一层次的主管人员，由于他们各自的背景、经历和专业的不同，各自的性格、爱好和能力不同，他们对培训的需求也不会相同。例如从科技人员提拔为主管人员的人，需要学习的是管理的基本理论和方法；原来性格内向、不大喜好交往的人，那么就需要很好地补上人际交往这门课。总之，培训工作要从受训者的需求出发，根据组织特点，缺什么补什么，因人制宜。

**4. 培训必须注重理论与实践相结合**

一个人如果只知道主管人员应该做些什么工作，而不知道如何去做，那么就永远成不了一名主管人员。这好比一个学医的人，医学理论头头是道，但就是不知道如何运用这些知识为病人治病，当然他也成不了一名医生。同样，一个主管人员如果只是知道每天忙于应付各种日常事务，而不注重从理论上加以总结，那他也绝不会成为优秀的主管人员，充其量是一个平庸的主管人员，而且还会因跟不上形势而最终被淘汰。因此，管理学理论与实践相结合是十分重要的。在培训时，必须注重学以致用，必须把理论上的培训与实践中的锻炼有机地结合起来，只有这样，才能有效地达到培训目的，培养出既有一定的理论水平，又有一定的实践经验，其素质和能力都比较高的合格的人员。

## 六、如何提升培训效果

人员培训要走出俗套，取得明显的理想效果，就必须在培训的观念、方式等方面不断进行创新。

### 1. 观念要创新

我们必须转变人员培训是浪费人力、物力、财力的观念，树立起员工培训是企业的一种投资行为，是可以使企业获得长期综合收益的行为的理念，其重要性比企业看得见的厂房投资、设备投资更为重要。

### 2. 方式要创新

必须改变你说我听、课后考试的传统培训模式。这种老化的方式导致参加培训的员工对培训缺乏兴趣，也很难取得很好效果。因此，在员工培训方式上，要体现出层次性、多样性，要拉开梯度，采用不同性质、不同水平的培训。要灵活、生动、活泼，易于被员工接受，要紧密联系实际，形成双方良性互动。

### 3. 计划要有创新

在注重针对性的前提下，必须体现出系统性和前瞻性。员工培训不仅仅是为了目前的需要，更要考虑将来的长远发展。要根据企业现状及目标，系统制定各部门、岗位的培训发展计划。要根据不同部门、不同层次、不同岗位制定具体多样的培训主题，在培训的内容上体现不同的深度。制定涵盖企业所有员工的、持续的、经常性的培训机制。

### 4. 培训师的选择要创新

专门的培训师的选择固然非常重要，但企业内部领导以及内部职工成为培训师在相互的认同上更为亲近。企业内的领导成为培训师有以下几个方面的优势：他们既具有专业知识又具有宝贵的工作经验；他们是在培训自己的员工，肯定能保证培训内容与工作有关。企业内部员工成为培训师应当具备以下几个条件：足够的工作能力，受到同事的尊敬，善于与人沟通，愿与别人分享自己的经验与能力，关心企业的发展。员工培训员工时，由于频繁接触，一种团队精神便在组织中自然形成，而且，这样也锻炼了员工本人的领导才能。

### 5. 考核方式要创新

员工往往认为培训的意义在于获得证书，而忽略了培训的实质，一旦获得所需要的证书，员工进一步提高自我甚至应用从培训中获得技能的积极性就消失了。证书不一定要权威机构的，也可以是企业内部的，但每个企业要尽量使这个证书变得权威些、有吸引力些，因为改善员工的硬技能固然重要，同时改善他们的软技能，如纪律观念、职业道德和工作态度等也尤为重要。

总之，员工培训是管理学学科研究的重要内容之一，其实质是企业对人力资本的投资，企业真正重视人员培训，对企业、对员工将会是一个双赢的选择。

**案例 ──**

### 量 身 定 做

1994 年 11 月，李维斯公司（www.levi.com）开始采用一种可能改变服饰零售业面貌的系统。很久以前李维斯就意识到，妇女们经常抱怨在成衣架上很难找到合身的牛仔裤。现在，信息系统的进步使李维斯能够着手解决这个问题。运用现代技术，李维斯专卖店的服装设计师可以把顾客的关键数据输入电脑，并以此来生成数字化的牛仔裤设计图样。触摸屏软件系统能引导设计师非常方便地进行现场设计，并不需要设计师掌握特别的电脑技巧。这套软件提供了四个基本数据（臀围、腰围、裤缝和裤长）的 2 万种可能的组合。设计师用卷尺来获得测量数据，把它们和其他所需的信息（例如颜色和式样）一起输入个人电脑。

一旦完成数据输入，顾客的订单就通过电子传送到公司位于田纳西州芒廷城的工厂。在那儿，计算机驱动的裁剪机把牛仔裤的坯布裁剪成各种规格的布片。然后，这些布片被贴上条码，送入洗涤和缝制程序。在缝制过程中，扫描设备把牛仔裤进行分拣，然后牛仔裤被送到定制它们的商店里去。如果顾客愿意，还可以通过联邦快递送到顾客的家里。

对顾客收取的附加费用总共是 10 美元，一位满意的顾客认为这很便宜，她花了 65 美元从辛辛那提的商店里购买了数字化裁剪的李维斯牛仔裤。她说："我很高兴。在过去，选购裤子时总是得折中——它们不是这里大大就是那里太小。"现在她的数字化牛仔裤"像手套那样合身"。

李维斯不愿透露通过这种方式卖出了多少牛仔裤，但公司声称在辛辛那提店里正在进行系统测试，女式牛仔裤的销售额比上一年度上升了 300%。到 1999 年，公司已在一百多家李维斯专卖店里提供这种服务。

（案例来源：顾锋. 2004. 管理学. 上海：上海人民出版社）

## 习　　题

1. 如何认识管理基础工作的重要性？
2. 管理基础工作有哪些特点？
3. 管理基础工作主要包括哪些内容？
4. 如何加强管理基础工作？
5. 李维斯公司的信息化管理对品牌产生了什么作用？
6. 李维斯公司如果想增加使用该系统专卖店的数量，可能遇到的困难有哪些？

# 第六章  计划与决策

 **教学目标**

通过本章学习，对管理的首要职能的计划职能有一个全面的了解。掌握计划的概念、性质、作用及类型；了解计划的工作原理，计划的工作程序；掌握滚动计划法、网络计划技术等计划编制的主要方法。明确决策与计划的关系，熟悉决策的概念、类型、程序、原则及定性与定量的主要决策方法。

凡事预则立，不预则废，讲的就是计划的重要性。管理，作为一项有意识的活动，必须经过周密的规划与运筹。任何管理者，要实施有效管理，都必须执行计划职能。计划是管理的首要职能，它统驭并渗透于其他后续的管理职能。计划既包括选定和分解组织目标，又包括确定实现这些目标的方案与途径。管理者必须围绕计划规定的目标，去从事组织、领导、协调、控制等管理活动。

## 第一节  计 划 概 述

### 一、概念

在管理学中，计划具有两重含义，其一是计划工作，是指根据对组织外部环境与内部条件的分析，提出在未来一定时期内要达到的组织目标以及实现目标的方案途径。其二是计划形式，是指用文字和指标等形式所表述的组织以及组织内不同部门和不同成员，在未来一定时期内关于行动方向、内容和方式安排的管理事件。无论是计划工作还是计划形式，计划都是根据社会的需要以及组织的自身能力，通过计划的编制、执行和检查，确定组织在一定时期内的奋斗目标，有效地利用组织的人力、物力、财力等资源，协调安排好组织的各项活动，取得最佳的经济效益和社会效益。

可以把计划的内容简要地概括为六个方面，即做什么（What to do），为什么做（Why to do），何时做（When to do），何地做（Where to do），谁去做（Who to do），怎么做（How to do），简称为"5W1H"。

### 二、性质

计划的根本目的，在于保证管理目标的实现。从事计划工作并使之有效地发挥作用，就必须把握计划的性质。它主要表现在以下四个方面。

1. 计划的普遍性

与计划的概念相对应，计划的普遍性也有两层含义：①社会各部门、各环节、各单位以及各岗位，为有效实现管理目标，都必须具有相应的计划。上至国家，下至一个班组，甚至个人，无不如此。②所有管理者，从最高管理人员到第一线的基层管理人员都必须从事计划工作。计划是所有管理人员的一个基本职能，也许他们各自计划工作的范围不同、特点不同。但凡是管理者都要做计划工作，都必须在上级规定的政策许可的范围内做好自己的计划工作。在管理科学研究中，人们发现管理者责任感的最重要因素，就是他们从事计划工作的能力。

2. 计划的首位性

把计划放在管理职能的首位，不仅因为从管理过程的角度看，计划先行于其他管理职能，而且因为在某些场合，计划是付诸实施的唯一管理职能。计划的结果可得出一个决策，即是否进行随后的组织、领导、协调及控制工作等。例如，对于一个是否建立新工厂的计划研究工作来说，如果得出的结论是建立新工厂在经济上是不合算的，那也就没有筹建、组织、领导和控制一个新工厂的问题了。计划具有首位性的原因，还在于计划影响和贯穿于组织、领导、协调和控制等各项管理职能当中。

3. 计划的科学性

无论做什么计划都必须遵循客观要求，符合事物本身发展的规律，不能脱离了现实条件任意杜撰，随意想象。从事计划工作，就是通过管理者的精心规划和主观能动作用的发挥，使那些本来不可能发生的事成为可能，使那些可能发生的事成为现实。因此，从事计划工作须做到以下几点：①必须要有求实的科学态度，一切从实际出发，量力而行。②必须要有可靠的科学依据，包括准确的信息、完整的数据资料等。③必须要有正确的科学方法，如科学预测、系统分析、综合平衡、方案优化等。这样才能使整体计划建立在科学的基础上，既富有创造性，又具有可行性。

4. 计划的有效性

计划不仅要确保组织目标的实现，而且要从众多的方案中选择最优的方案，以求得合理利用资源和提高效率。因此，计划要追求效率。计划的效率，可以用计划对组织的目标的贡献来衡量。贡献是指实现的组织目标及所得到的利益，扣除制定和实施这个计划所需要的费用和其他因素后能得到的剩余。在计划所要完成的目标确定的情况下，同样可以用制定和实施计划的成本及其他连带成本（如计划实施带来的损失、计划执行的风险等）来衡量效率。如果计划能得到最大的剩余，或者如果计划按合理的代价实现目标，这样的计划是有效率的。特别要注意的是，在衡量代价时，不仅要用时间、金钱或者生产来衡量，而且还要衡量个人和集体的满意程度。

## 三、作用

在管理实践中，计划是其他管理职能的前提和基础，并且还渗透到其他管理职能之中，列宁指出过："任何计划都是尺度、准则、灯塔、路标。"它是管理过程的中心环节。因此，计划在管理活动中具有特别重要的地位和作用。

### 1. 计划是组织生存与发展的纲领

我们正处在一个经济、政治、技术、社会变革与发展的时代。在这个时代里，变革与发展既给人们带来了机遇，也给人们带来了风险，特别是在争夺市场、资源、势力范围的竞争中。如果管理者在看准机遇和利用机遇的同时，又能最大限度地减少风险，即在朝着目标前进的道路上架设一座便捷而稳固的桥梁，那么，组织就能立于不败之地，在机遇与风险的纵横选择中，得到生存与发展。如果计划不周，或根本没计划，那就会遭遇灾难性的后果。

### 2. 计划是组织协调的前提

现代社会的各行各业的组织以及它们内部的各个组成部分之间，分工越来越精细，过程越来越复杂，协调关系更趋严密。要把这些繁杂的有机体科学地组织起来，让各个环节和部门的活动都能在时间、空间和数量上相互衔接，既围绕整体目标，又各行其是，互相协调，就必须要有一个严密的计划。管理中的组织、协调和控制等如果没有计划，那就好比汽车总装厂事先没有流程设计一样不可想象。

### 3. 计划是指挥实施的准则

计划的实质是确定目标以及规定达到目标的途径和方法。因此，如何朝着既定的目标步步逼进，最终实现组织目标，计划无疑是管理活动中人们一切行为的准则。它指导不同空间、不同时间、不同岗位上的人们，围绕一个总目标，秩序井然地去实现各自的分目标。如果没有计划指导，被管理者必然表现为无目的的盲动，管理者则表现为决策朝令夕改，随心所欲，自相矛盾。结果必然是组织秩序的混乱，事倍功半，劳民伤财。可以这样说，在现代社会里，几乎每项事业，每个组织，乃至每个人的活动都不能没有计划蓝图。

### 4. 计划是控制活动的依据

计划不仅是组织、领导和协调的前提和准则，而且与管理控制活动紧密相连。计划为各种复杂的管理活动确定了数据、尺度和标准，它不仅为控制指明了方向，而且还为控制活动提供了依据。经验告诉我们，未经计划的活动是无法控制的，也无所谓控制。因为控制本身是通过纠正偏离计划的偏差，使管理活动保持与目标的要求一致。如果没有计划作为参数，管理者就没有"罗盘"，没有"尺度"，也就无所谓管理活动的偏差，那又何来控制活动呢？

从上可见，我们说计划是管理职能中的首要职能，不仅仅是一个次序问题，更是管理职能在实际管理活动的相互关系问题、位置问题，这是不能含糊的。

# 第二节 计划的类型

计划的种类很多,可以按不同的标准进行分类。主要分类标准有:计划的重要性、时间界限、明确性和抽象性等。但是依据这些分类标准进行划分,所得到的计划类型并不是相互独立的,而是密切联系的。比如,短期计划和长期计划,战略计划和作业计划等。按不同分类标准划分的计划类型如表 6.1 所示。

表6.1 计划的类型

| 分类标准 | 类型 |
|---|---|
| 重要性 | 战略性计划、作业性计划 |
| 时间界限 | 短期计划、中期计划、长期计划 |
| 明确性 | 具体计划、指导性计划 |
| 抽象性 | 目的、目标、战略、政策、程序、规则、方案、预算 |

## 一、按计划的重要性划分

从计划的重要性程度上来看,可以将计划分为战略计划和作业计划。应用于整体组织的,为组织设立总体目标和寻求组织在环境中的地位的计划,称为战略计划。规定总体目标如何实现的细节的计划称为作业计划。战略计划与作业计划在时间框架上,在范围上和在是否包含已知的一套组织目标方面是不同的。战略计划趋向于包含持久的时间间隔,通常为五年甚至更长,它们覆盖较宽的领域和不规定具体的细节。此外,战略计划的一个重要的任务是设立目标,而作业计划假定目标已经存在,只是提供实现目标的方法。

## 二、按计划的时期界限划分

财务人员习惯于将投资回收期分为长期、中期和短期。长期通常指五年以上,短期一般指 1 年以下,中期则介于两者之间。管理人员也采用长期、中期和短期来描述计划。长期计划描述了组织在较长时期(通常五年以上)的发展方向和方针,规定了组织的各个部门在较长时期内从事某种活动应达到的目标和要求,绘制了组织长期发展的蓝图。短期计划具体地规定了组织的各个部门在目前到未来的各个较短的时期阶段,特别是在最近的时段中,应该从事何种活动,从事该种活动应达到何种要求,因而为各组织成员在近期内的行动提供了依据。

## 三、按计划内容的明确性划分

根据计划内容的明确性指标,可以将计划分为具体性计划和指导性计划。具体性计划具有明确规定的目标,不可以模棱两可。比如,企业销售部经理打算使企业销售额在未来六个月中增长 15%,他会制定明确的程序、预算方案以及日程进度表,这便是具体性计划。指导性计划只规定某些一般的方针和行动原则,给予行动者较大自由处置权,它指出重点但不把行动者限定在具体的目标上或特定的行动方案上。比如,一个增加销售额的具体计划可能规定未来六个月内销售额要增加 15%,而指导性计划则可能只规定未来六个月内销售额要增加

12%～16%。相对于指导性计划，具体性计划虽然更易于执行、考核及控制，但缺少灵活性，它要求的明确性和可预见性条件往往很难满足。

### 四、按计划由抽象到具体的层次划分

哈罗德·孔茨和海因·韦里克从抽象到具体，把计划划分为：目的或使命、目标、战略、政策、程序、规则、方案和预算。

#### 1. 目的或使命

它指明一定的组织机构在社会上应起的作用及所处的地位。它决定组织的性质，决定此组织区别于彼组织的标志。各种有组织的活动，如果要使它有意义的话，至少应该有自己的目的或使命。比如，大学的使命是教书育人和科学研究，研究院所的使命是科学研究，医院的使命是治病救人，法院的使命是解释和执行法律，企业的使命是生产和分配商品和服务。

#### 2. 目标

组织的目的或使命往往太抽象、太原则化，它需要进一步具体落实为组织一定时期的目标和各部门的目标。组织的使命支配着组织各个时期的目标和各个部门的目标。而且组织各时期的目标和各部门的目标是围绕组织存在的使命所制定的，并为完成组织使命而努力的。虽然教书育人和科学研究是一所大学的使命，但一所大学在完成自己使命时会进一步具体化不同时期的目标和各院系的目标。比如，最近三年培养多少人才，发表多少论文等。

#### 3. 战略

战略是为了达到组织总目标而采取的行动和利用资源的总计划，其目的是通过一系列的主要目标和政策去决定和传达一个组织期望自己成为什么样的组织。战略并不打算确切地概述组织怎样去完成它的目标，而是无数主要的和次要的支持性计划的任务。

#### 4. 政策

政策是指导或沟通决策思想的全面的陈述书或理解书。但不是所有政策都是陈述书，政策也常常会从主管人员的行动中含蓄地反映出来。比如，主管人员处理某问题的习惯方式往往会被下属作为处理该类问题的模式，这也是一种含蓄的、潜在的政策。政策能帮助事先决定问题的处理方法，这一方面减少了对某些例行问题时间上处理的成本，另一方面把其他计划统一起来了。政策支持了分权，同时也支持了上级主管对该项分权的控制。政策允许对某些事情处理的自由，一方面我们切不可把政策当作规则，另一方面我们又必须把这种自由限制在一定的范围内。自由处理的权限大小一方面取决于政策本身，另一方面取决于主管人员的管理艺术。

#### 5. 程序

程序是制定处理未来活动的一种必需方法的计划。它详细列出必须完成某类活动的切实方式，并按时间顺序对必要的活动进行排列。它与战略不同，它是行动的指南，而非思想指

南。它与政策不同，它没有给行动者自由处理的权利。出于理论研究的考虑，我们可以把政策与程序区分开来，但在实践工作中，程序往往表现为组织的政策。比如，一家制造企业的处理定单程序、财务部门批准给客户信用的程序、会计部门记载往来业务的程序等，都表现为企业的政策。组织中每个部门都有程序，并且在基层，程序更加具体化、数量更多。

6. 规则

规则没有酌情处理的余地。它详细、明确地阐明必须行动或无须行动，其本质是一种管理决策。规则通常是最简单形式的计划。

规则不同于程序。其一，规则指导行动但不说明时间顺序；其二，可以把程序看作是一系列的规则，但是一条规则可能是也可能不是程序的组成部分。比如，"禁止吸烟"是一条规则，但和程序没有任何联系；而一个规定为顾客服务的程序可能表现为一些规则，如在接到顾客需要服务的信息后 30 分钟内必须给予答复。

规则也不等于政策。政策的目的是指导行动，并给执行人员留有酌情处理的余地；而规则虽然也起指导作用，但是在运用规则时，执行人员没有自行处理之权。

必须注意的是，就其性质而言，规则和程序均旨在约束思想，因此只有在不需要组织成员使用自行处理权时，才使用规则和程序。

7. 方案（或规划）

方案是一个综合的计划，它包括目标、政策、程序、规则、任务分配、要采取的步骤、要使用的资源以及为完成既定行动方针所需要的其他因素。一项方案可能很大，也可能很小。通常情况下，一个主要方案（规划）可能需要很多支持计划。在主要计划进行之前，必须要把这些支持计划制定出来，并付诸实施。所有这些计划都必须加以协调和安排时间。

8. 预算

预算是一份用数字表示预期结果的报表。预算通常是为规划服务的，其本身可能也是一项规划。

上述计划层次关系如图 6.1 所示。

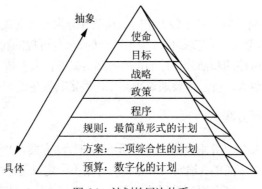

图 6.1　计划的层次体系

# 第三节　计划的程序

任何计划工作都要遵循一定的程序或步骤。虽然小型计划比较简单，大型计划比较复杂，但是，管理人员在编制计划时，其工作步骤都是相似的，依次包括认识机会、确定目标等内容。

## 一、认识机会

认识机会先于实际的计划工作开始以前，严格来讲，它不是计划的一个组成部分，但却是计划工作的一个真正起点。因为它预测到了未来可能出现的变化，清晰而完整地认识到组织发展的机会，搞清了组织的优势、弱点及所处的地位，认识到组织利用机会的能力，意识到不确定因素对组织可能发生的影响程度等。

认识机会，对做好计划工作十分关键。一位经营专家说过："认识机会是战胜风险求得生存与发展的诀窍。"诸葛亮"草船借箭"的故事流传百世，其高明之处就在于他看到了三天后江上会起雾，利用曹军有不习水性不敢迎战的机会，神奇般地实现了自己的战略目标。企业经营中也不乏这样的例子。

## 二、确定目标

制定计划的第二个步骤是在认识机会的基础上，为整个组织及其所属的下级单位确定目标。目标是指期望达到的结果，它为组织整体、各部门和各成员指明了方向，描绘了组织未来的状况，并且作为标准可用来衡量实际的绩效。计划的主要任务，就是将组织目标进行层层分解，以便落实到各个部门、各个活动环节，形成组织的目标结构，包括目标的时间结构和空间结构。

## 三、确定前提条件

所谓计划工作的前提条件就是计划工作的假设条件，简言之，即计划实施时的预期环境。负责计划工作的人员对计划前提了解得愈细愈透彻，并能始终如一地运用它，则计划工作也将做得越协调。

按照组织的内外环境，可以将计划工作的前提条件分为外部前提条件和内部前提条件；还可以按可控程度，将计划工作前提条件分为不可控的、部分可控的和可控的三种前提条件。外部前提条件大多为不可控的和部分可控的，而内部前提条件大多数是可控的。不可控的前提条件越多，不肯定性越大，就越需要通过预测工作确定其发生的概率和影响程度的大小。

## 四、拟定可供选择的可行方案

编制计划的第四个步骤是寻求、拟定并选择可行的行动方案。"条条大路通罗马"描述了实现某一目标的途径是多条的。通常，最显眼的方案不一定就是最好的方案，对过去方案稍加修改和略加推演也不一定会得到最好的方案，一个不引人注目的方案或通常人提不出的方案，效果却往往是最佳的，这里体现了方案创新性的重要性。此外，方案也不是越多越好。编制计划时没有可供选择的合理方案的情况是不多见的，更加常见的不是寻找更多的可供选择的方案，而是减少可供选择方案的数量，以便可以分析最有希望的方案。即使用数学方法和计算机，我们还是要对可供选择方案的数量加以限制，以便把主要精力集中在对少数最有希望的方案的分析上面。

## 五、评估可供选择的方案

在找出了各种可供选择的方案和检查了它们的优缺点后，下一步就是根据前提条件和目标，权衡它们的轻重优劣，对可供选择的方案进行评估。评估实质上是一种价值判断，它一方面取决于评价者所采用的评价标准，另一方面取决于评价者对各个标准所赋予的权重。一个方案看起来可能是最有利可图的，但是需要投入大量现金，而回收资金很慢；另一方案看起来可能获利较少，但是风险较小；还有一个方案从眼前看没有多大的利益，但可能更适合公司的长远目标。应该用运筹学中较为成熟的矩阵评价法、层次分析法及多目标评价法进行评价和比较。

如果唯一的目标是要在某项业务里取得最大限度的当前利润，如果将来是确定的，无须为资本可用性焦虑，大多数因素可以分解成确定数据，这样条件下的评估将是相对容易的。但是，由于计划工作者通常都面对很多不确定因素，如资本短缺问题以及各种各样无形因素，评估工作通常很困难，甚至比较简单的问题也是这样。一家公司主要为了声誉，想生产一种新产品，而预测结果表明，这样做可能造成财务损失，但声誉的收获是否能抵消这种损失，仍然是一个不确定的问题。因为在多数情况下，存在很多可供选择的方案，而且有很多应考虑的可变因素和限制条件，评估会极其困难。

评估可供选择的方案，要注意考虑以下几点：

1）认真考察每一个计划的制约因素和隐患。

2）要用总体的效益观点来衡量计划。

3）既要考虑到每一个计划的有形的、可以用数量表示出来的因素，又要考虑到无形的、不能用数量表示出来的因素。

4）要动态地考察计划的效果，不仅要考虑计划执行所带来的利益，还要考虑计划执行所带来的损失，特别注意那些潜在的、间接的损失。

## 六、选择方案

计划工作的第六步是选定方案。这是在前五步工作的基础上，作出的关键一步，也是决策的实质性阶段——抉择阶段。可能遇到的情况是，有时会发现同时有两个以上可取方案。在这种情况下，必须确定出首先采取哪个方案，而后将其他方案也进行细化和完善，以作后备方案。

## 七、制订派生计划

基本计划还需要派生计划的支持。比如，一家公司年初制订了"当年销售额比上年增长

15%"的销售计划，与这一计划相连的有许多计划，如生产计划和促销计划等。再如当一家公司决定开拓一项新的业务时，这个决策需要制定很多派生计划作为支撑，如雇佣和培训各种人员的计划、筹集资金计划、广告计划等。

### 八、编制预算

在作出决策和确定计划后，计划工作的最后一步就是把计划转变成预算，使计划数字化。编制预算，一方面是为了使计划的指标体系更加明确，另一方面是使企业更易于对计划执行进行控制。定性的计划往往在可比性、可控性和进行奖惩方面比较困难，而定量的计划具有较硬的约束。计划工作的程序如图6.2所示。

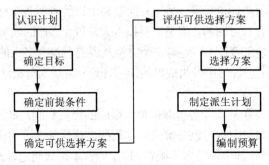

图6.2　计划工作的程序

## 第四节　计划的编制方法

实践中计划编制行之有效的方法主要有目标管理、滚动计划和网络计划技术等方法。

目标管理（Management by objectives，MBO）是20世纪50年代中期出现于美国，是以泰罗的科学管理和行为科学管理理论为基础形成的一套管理制度，详见第十四章的相关内容。这里主要介绍滚动计划法和网络计划技术两种方法。

### 一、滚动计划法

滚动计划法是一种定期修订未来计划的方法。

1. 基本思想

这种方法根据计划的执行情况和环境变化定期修订未来的计划，并逐期向前推移，使短期计划、中期计划有机地结合起来。由于在计划工作中很难准确地预测将来影响组织生存与发展的经济、政治、文化、技术、产业、顾客等各种变化因素，而且随着计划期的延长，这种不确定性就越来越大。因此，如机械地按几年以前编制的计划实施，或机械地、静态地执行战略性计划，则可能导致巨大的错误和损失。滚动计划法可以避免这种不确定性带来的不良后果。具体做法是用近细远粗的办法制定计划。五年期的滚动计划方法如图6.3所示。

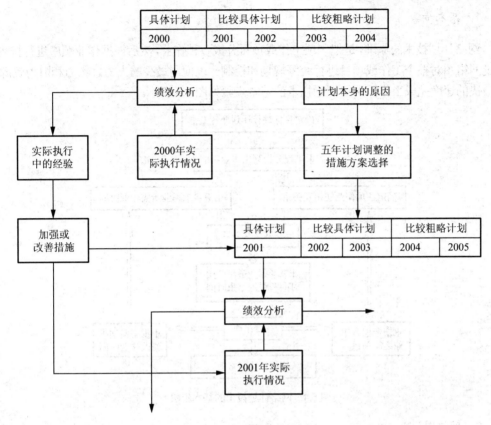

图 6.3　五年期的滚动计划法

## 2. 评价

滚动计划方法虽然使得计划编制和实施工作的任务量加大，但在计算机普遍应用的今天，其优点十分明显。首先其最突出的优点是计划更加切合实际，并且使战略性计划的实施更加切合实际。战略性计划是指应用于整体组织的、为组织未来较长时期（通常为 5 年以上）设立总体目标和寻求组织在环境中的地位的计划。由于人们无法对未来的环境变化作出准确的估计和判断，所以计划针对的时期越长，其实施难度也越大。滚动计划相对缩短了计划时期，加大了计划的准确性和可操作性，从而是战略性计划实施的有效办法。其次，滚动计划方法使长期计划、中期计划与短期计划相互衔接，短期计划内部各阶段相互衔接。这就保证了由于环境变化出现某些不平衡时，也能及时地进行调解，使各期计划基本保持一致。再次，滚动计划方法大大加强了计划的弹性，这在环境剧烈变化的时代尤为重要，它可以提高组织的应变能力。

## 二、网络计划技术

网络计划技术是 20 世纪 50 年代后期在美国产生和发展起来的。这种方法包括各种以网络为基础判定的方法，如关键路径法、计划评审技术和组合网络法等。

## 1. 基本步骤

网络计划技术的原理，是把一项工作或项目分成各种作业，然后根据作业顺序进行排列，通过网络图对整个工作或项目进行统筹规划和控制。以便用最少的人力、物力和财力资源，用最快的速度完成工作。网络计划技术的基本步骤如图 6.4 所示。

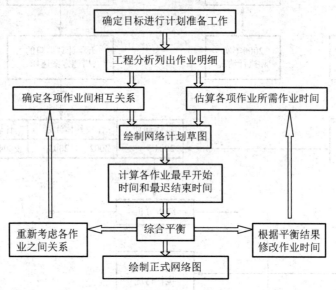

图 6.4　网络计划技术的基本步骤

## 2. 网络图

网络图是网络计划技术的基础。任何一项任务都可分解成许多步骤的工作，根据这些工作在时间上的衔接关系，用箭线表示它们的先后顺序，画出一个由各项工作相互联系、并注明所需时间的箭线图，这个箭线图就称作网络图。一个简单的网络图形如图 6.5 所示。

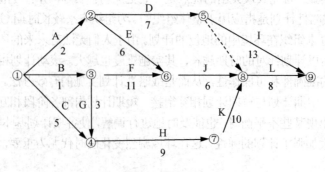

图 6.5　网络图

1）"——▶"，工序。它是一项工作的过程，由人力、物力参加，经过一段时间才能完成。图中箭线下的数字便是完成该项工作所需的时间。此外，还有一些工序既不占用时间，也不消耗资源，是虚设的，叫虚工序，可用"------▶"表示。网络图中应用虚工序的目的是为了避免工序之间关系的含混不清，以正确表明工序之间先后衔接的逻辑关系。

2）"〇"，事项。它是两个工序间的连接点。事项既不消耗资源，也不占用时间，只表示前道工序结束、后道工序开始的瞬间。一个网络图中只有一个始点事项，一个终点事项。

3）路线。路线是网络图中由始点事项出发，沿箭线方向前进，连续不断地到达终点事项为止的一条通道。例如，图 6.5 中从始点①连续不断地走到终点⑨的路线有六条，即

第一条：①→②→⑤→⑨。

第二条：①→②→⑤→⑧→⑨。

第三条：①→②→⑥→⑧→⑨。

第四条：①→③→⑥→⑧→⑨。

第五条：①→③→④→⑦→⑧→⑨。

第六条：①→④→⑦→⑧→⑨。

比较各路线的路长，可以找出一条或几条最长的路线。这种路线被称为关键路线。关键路线上的工序被称为关键工序。关键路线的路长决定了整个计划任务所需的时间。关键路线上各工序完工时间提前或推迟都直接影响着整个活动能否按时完工。确定关键路线，据此合理地安排各种资源，对工序活动进行进度控制，是利用网络计划技术的主要目的。

3. 评价

网络计划技术虽然需要大量而繁琐的计算，但在计算机广泛运用的现代社会，这些计算大都已程序化了。这种技术之所以被广泛的运用是因为它有一系列的优点：

1）该技术能清晰地表明整个工程的各项目的的时间顺序和相互关系，并指出了完成任务的关键环节和路线。因此，管理者在制定计划时可以统筹安排，全面考虑，又不失重点。在实施过程中，管理者可以进行重点管理。

2）可对工程的时间进度和资源利用实施优化。在计划实施过程中，管理者调动非关键路线上的人力、物力和财力从事关键作业，进行综合平衡。这既可节省资源，又能加快工程进度。

3）可提高达到目标的可能性。该技术指出了计划实施过程中可能发生的困难点，以及这些困难点对整个任务产生的影响，准备好应急措施，从而减少完不成任务的风险。

4）便于组织与控制。管理者可以将工程特别是复杂项目，分成许多支持系统分别组织实施与控制，这种既化整为零，又聚零为整的管理方法，可以达到局部和整体的协调一致。

5）易于操作，并具有广泛的应用范围，适用于各行各业以及各种任务。

# 第五节　决　策

决策是计划的核心或灵魂，它对管理具有决定意义。现代管理者，只有善于在预测的基础上进行科学的决策，才能达到各自的管理目标。

## 一、概念

至于决策的概念，不同的学者有不同的看法，但其基本内涵大致相同，主要区别在于对决策概念下狭义的还是广义的定义。狭义地说，决策是在几种行动方案中进行选择的一个过程；广义地说，决策就是人们在掌握充分的信息和对有关情况进行深刻分析的基础上，确定目标，并用科学的方法拟定、评估各种可行方案，从中优选出合理方案并予以实施的过程。

决策是一个过程。也就是说，决策是在对组织的内外部环境进行综合分析的基础上，确定组织目标，并围绕这一目标，从两个或多个可行方案中选择一个合理方案的分析、判断和抉择的过程。一般认为，决策过程可以划分为四个主要阶段：①找出制定决策的理由。②找到可能的行动方案。③对诸行动方案进行评估和抉择。④对于付诸实施的抉择进行评价。这也就是决策理论学派的代表人物西蒙给决策所下的定义。

## 二、程序

### 1. 提出问题，分析问题，确定决策层次

决策，不是思维游戏，是为了解决一定问题所进行的管理活动。所以，决策必须围绕一定的问题来展开。当然一个组织中总是有许许多多的问题。在一个具有两个或两个以上层次的组织中，仅仅将问题提出来是不够的，还必须在提出问题的基础上，对众多的问题进行分析，以明确各种问题的性质，弄清楚哪些是涉及组织全局的战略性问题，哪些只是涉及局部问题；哪些是非程序性的问题，哪些是程序性问题。由此确定解决问题的决策层次，避免高层次决策者被众多的一般性问题所缠绕而影响对重大问题的决策。

提出问题，并不是说决策者就只能坐等问题发生或等下级将发生的问题呈报在自己的面前。对决策者特别是高层决策者来说，清楚地认识到潜在的问题，对事物的发展作出超前的、正确的预计尤为重要。这就要求决策者必须主动地深入实际进行调查研究，及时发现新问题，提出新问题进而解决问题，以保证组织的健康发展。

### 2. 明确目标

发现问题，提出了问题，对问题进行了定性，这只不过是弄清了组织中有哪些问题有待解决以及应当在什么层次或部门解决的问题，而对问题应解决到什么程度还不清楚。这就是明确决策目标的工作内容了。

决策目标既是制定决策方案的依据，又是执行决策、评价决策执行效果的标准。决策目标也就是决策必须达到的水平。因而，决策目标必须定得合理。一项决策目标定得合理的标准应该是使该目标既能达到，但又必须是经过努力才能够达到。目标定得太高，根本不切合实际，会使人望而却步，失去为之奋斗的信心与勇气，决策就会随之化为泡影；目标定得太低，不经过任何努力即可实现，人们就可能认为唾手可得而感到无所作为，随之丧失应有的压力和积极性。管理的实践经验已经证明，保持一定的工作压力是必要的，而形成工作压力的主要途径就是决策的目标和考核指标了。

决策目标首先必须正确，这是决策正确的航标，其次就是必须合理、可行。

### 3. 制定备选方案

实现同一个决策目标的途径或方式可能是多种多样的，不同的途径和方式实现目标的效率也就不一样。决策要求以费用最低、效率最高、收益最大的方式实现目标。这就要求对多种途径和方式进行比较和选择，所以决策的第三个程序就是在可以允许的程度内，将所有可能的备选方案都制定出来。

制定备选方案既是组织的一项管理活动，同时又是一项技术性很强的管理活动。无论哪一种备选方案，都必须建立在科学的基础上。方案中能够进行数量化和定量分析的，一定要将指标数量化，并运用科学、合理的方法进行定量分析，使各个方案尽可能建立在客观科学的基础上，减少主观性。

### 4. 评选、确定满意方案

对决策的备选方案进行比较评价，确定满意方案是抉择的关键环节。为保证这一关键环节的正确性，首先需要组织一个得力的评选方案的班子，这个班子应包括各方面的专家。就企业决策来说，应包括有技术、财务、市场、公关、人力资源等各方面的专家，以便对方案在各个方面的合理性与科学性作出正确评价；其次要确定方案选择标准。经济组织决策中评选方案的标准一般是以经济效益为最基本的指标。如企业评价方案多以利润、成本、投资回收期等指标作为最基本的指标。要注意的是，经济活动不仅仅是纯经济性的，它会涉及到许多方面。评价方案不是简单地根据评价指标从中选择最高的，还必须详细审查方案的可行性。如果没有可行的方案，决不能迁就、草率抉择，而应该选择一些方案进行修改或增加备选方案，然后再进行评价选择。

### 5. 组织决策实施

用现代决策理论观点来看，决策不只是一个简单方案的选择问题，它还包括决策的执行。因为决策正确与否、质量如何，如果不经过实践的检验，就得不到真正的证明，实践才是检验真理的唯一标准。而且，决策的目的也就是为了实施决策，以解决最初提出的问题。如果说选择出一个满意的方案是解决所提出的问题成功的一半，那么，另一关就是组织决策的实施了。不能付诸实施的决策只能是水中之月、镜中之花。因此，决策必须将组织决策实施的工作当作一个重要的环节来抓。

决策的实施首先要有广大组织成员的积极参与。为了有效地组织决策实施，决策者应通过各种渠道将决策方案向组织成员通报，争取成员的认同，当然最可取的方法是设计出一种决策模式争取所有成员参与决策、了解决策，以便更好地实施决策。

### 6. 反馈和决策的修订、补充

实施是检验决策正确与否的唯一方法。在决策时，无论考虑得怎样周密，也只是一种事前的设想，难免存在失误或不当之处。况且，随着形势的发展，实施决策的条件不可能与设想的条件完全吻合，在一些不可控因素的作用下，实施条件和环境与决策方案所依据的条件之间可能会有较大的出入，这时，需要改变的不是现实，而是决策方案了。所以，在决策实施过程中，决策者应及时了解、掌握决策实施的各种信息，及时发现各种新问题，并对原来的决策进行必要的修订、补充或完善，使之不断适应变化了的新形势、新环境和新条件。

### 7. 总结经验，吸取教训，改进决策

一项决策实施之后，对其实施的过程和情况进行总结、回顾，既可以明确功过，确定奖惩，还可使自身的决策水平得到进一步的提高。

通过总结决策经验，往往可以发现一些最初看起来是正确的，但在实施之后却并不令人满意的决策，如某些决策短期效益可能十分显著，而长期效益却很差，这些都是通过对决策实施的结果进行总结所得到的经验。

总结决策的经验教训不是几个决策者的事情，有必要发动决策的执行者、决策方案的审评者和决策方案的制订者参加，并使他们从各自的观点、立场出发改进决策，以提高决策水平。

## 三、标准

什么是有效的决策？什么是正确的抉择？其判断标准是什么？除了根据决策实施的效果来判断以外，在方案抉择阶段还有没有更直接的判断标准？对于这个问题，有三种代表性的观点：

1）由科学管理的创始人泰罗首先提出的，并为运筹学家和管理学家们一贯坚持的"最优"标准。在泰罗看来，任何一项管理工作，都存在一种最佳的工作方式。他认为："管理这门学问注定会具有更富于技术的性质。那些现在还被认为是在精密知识领域以外的基本因素，很快都会像其他工程的基本因素那样标准化，制成表格，被接受和利用。"泰罗对管理技术所下的定义是："确切知道要别人干什么，并指导他们用最好最经济的方法去干。"应该肯定的是，追求最佳是决策者的一种优良的心理品质。但必须指出的是，并非所有的管理问题和管理工作都能够数字化、标准化和模型化，从而求出其最优解来。管理既是科学，又是艺术。对决策来说，也是如此。所谓"最优"，只能是有条件的，并且是在有限的、极为严格的范围内达到的。

2）西蒙提出的"满意"标准。他对运筹学家们的"最优"决策标准提出了尖锐的批评。他指出："所谓'最优'是对数学模型范围内的最优决策而言。……热衷于'运筹学'的人很容易低估这种方法的适用条件的严格性。这可导致一种名为'数学家失语症'的病。病人将原始问题加以抽象直到数学难点或计算难点被抽象掉为止（并失去了全部真实的外观），并且将这一简化了的新问题加以求解，然后假装认为这就是他一直想要解决的问题。"西蒙因此提出了他的"满意"标准，他认为："对于使用'运筹学'方法来说，不需要什么精确性——只要能足够给出一个近似的比不用数学而单靠常识得出的那种结果要更好的结果来。而这样的标准是不难达到的。"然而，西蒙在提出他的"满意"决策标准之后，也注意到了这个概念的模糊性，它容易使人们对决策产生某种误解。于是他补充说："如果认为某事物

在本质上就是定性的，在应用数学家作出尝试之前不能简化为数学形式，这将是危险的。"

3）美国管理学家哈罗德·孔茨提出的"合理性"决策标准。他对合理性决策标准的解释是："首先，他们必须力图达到如无积极的行动就不可能达到的某些目标；其次，他们必须对现有环境和限定条件下依循什么方针去达到目标有清楚的了解；再次，他们必须有情报资料的依据，并有能力根据所要达到的目标去分析和评价抉择方案；最后，他们必须有以最好的办法解决问题的强烈愿望，并选出能最满意地达到目标的方案。"由于决策的外来环境包括的不肯定因素，做到完全合理是很难的。孔茨认为，主管人员必须确定的是有一定限度的理性，是"有限合理性"。尽管如此，主管人员还是应该在合理性的限度内，根据各种变化的性质和风险而尽其所能地作出最好的决策。

孔茨的合理性决策标准的实质，是强调决策过程各个阶段的工作质量最终决定了决策的正确性和有效性，而不仅仅在于进行方案抉择时采用"最优"还是"满意"的标准。这个观点是很有指导意义的。

## 四、类型

### 1. 按决策影响的时间分

从决策影响的时间看，可把决策分为长期决策和短期决策。长期决策是指有关组织今后发展方向的长远性、全局性的重大决策，又称长期战略决策，如投资方向的选择、人力资源的开发和组织规模的确定等。

短期决策是为实现长期战略目标而采用的短期策略手段，又称短期战术决策，如企业日常营销、物资储备以及生产中资源配置等。

### 2. 按决策的重要性分

从决策的重要性看，可把决策分为战略决策、战术决策与业务决策。

战略决策对组织最重要，通常包括组织目标、方针的确定，组织机构的调整，企业产品的更新换代和技术改造等，这些决策牵涉组织的方方面面，具有长期性和方向性。

战术决策又称管理决策，是在组织内贯彻的决策，属于战略决策执行过程中的具体决策。战术决策旨在实现组织中各环节的高度协调和资源的合理使用，如企业生产计划和销售计划的制定、设备的更新、新产品的定价以及资金的筹措等。

业务决策又称执行决策，是日常工作中为提高生产效率、工作效率而作出的决策，牵涉范围较窄，只对组织产生局部影响。属于业务决策范畴的主要有：工作任务的日常分配和检查、工作日程（生产进度）的安排和监督、岗位责任制的制定和执行、库存的控制以及材料的采购等。

### 3. 按决策的主体分

从决策的主体看，可把决策分为集体决策与个人决策。

集体决策是指多个人一起做出的决策，个人决策则是指单个人做出的决策。相对于个人决策，集体决策有如下优点：①更大范围地汇总信息。②拟定更多的备选方案。③得到更多的认同。④更好地沟通。⑤做出更好的决策等。但集体决策也有一些缺点，如花费较多的时间、产生"从众现象"（groupthink）以及责任不明等。

### 4. 按决策的起点分

从决策的起点看，可把决策分为初始决策与追踪决策。初始决策是零起点决策，它是在有关活动尚未进行从而环境未受到影响的情况下进行的。随着初始决策的实施，组织环境发生变化，这种情况下所进行的决策就是追踪决策。因此，追踪决策是非零起点决策。

### 5. 按决策问题的性质分

西蒙根据问题的性质把决策分为程序化决策和非程序化决策。程序化决策涉及的是例行问题，而非程序化决策涉及的是例外问题。例行问题是指那些重复出现的、日常的管理问题，如同管理者日常遇到的产品质量、设备故障、现金短缺、供货单位未按时履行合同等问题；例外问题则是指那些偶然发生的、新颖的、形式和结构不明的、具有重大影响的问题，如组织结构变化、重大投资、开发新产品或开拓新市场、长期存在的产品质量隐患、重要的人事任免以及重大决策的制定等问题。

### 6. 按环境因素的可控度分

从环境因素的可控度看，可把决策分为确定型决策、风险型决策与不确定型决策。确定型决策是指在稳定（可控）条件下进行的决策。在确定型决策中，决策者确切知道自然状态的发生，每个方案只有一个确定的结果，最终选择哪个方案取决于对各个方案结果的直接比较。风险型决策也称随机决策，在这类决策中，自然状态不止一种，决策者不能知道哪种自然状态会发生，但能知道有多少种自然状态以及每种自然状态发生的概率。不确定型决策是指在不稳定条件下进行的决策。在不确定型决策中，决策者可能不知道有多少种自然状态，即便知道，也不能知道每种自然状态发生的概率。

## 五、方法

科学的决策，必须运用科学的方法。决策的方法很多，涉及的技术领域也很广，怎样对组织未来行动方案作出判断，怎样从若干个方案中比较出最优方案是科学决策的关键。

### 1. 定性方法

决策的定性方法又被称为决策的软技术，是建立在心理学、社会学、创造学等社会科学基础上的一种凭借个人经验，充分发挥人的创造性对问题进行分析、作出决策的方法。常见的定性方法有：

1）德尔菲法。德尔菲法又称专家意见法或函询调查法。它由赫尔默和戈登首创。1946年，美国兰德公司为避免集体讨论存在的屈从于权威或盲目服从多数的缺陷，首次使用这种方法进行定性预测。其具体做法是通过通讯方式分别向有关专家征求意见，意见经过分析和归纳后，返回给专家们，请专家们发表第二轮意见，如此反复多次，直到得出满意的结果为止。这一方法可以广泛地应用于各个领域的决策活动，如社会方面、经济方面和技术方面的决策。

德尔菲法的应用必须坚持以匿名信函的形式进行，以免个人意见受到他人左右。此外，在应用这种方法时，要经过反复多次的意见征询，才能保证意见趋于一致。正因为如此，德尔菲法手续繁琐，耗时较长，费用较大，而且对专家人员的要求也较高。

2）头脑风暴法。头脑风暴法是比较常用的集体决策方法，便于发表创造性意见。因此，主要用于收集新设想。通常是对解决某一问题有兴趣的人集合在一起，在完全不受约束的条件下，敞开思路，畅所欲言。头脑风暴法的创始人美国创造学家 A. F. 奥斯本（A.F.Osborn）为该决策方法的实施提出了四项原则：①对别人的建议不做任何评价，将相互讨论限制在最低限度内。②建议越多越好，在这个阶段，参与者不要考虑自己的建议的质量，想到什么就应该说出来。③鼓励每个人独立思考，广开思路，想法越新颖奇异越好。④可以补充和完善已有的建议以使它更具说服力。头脑风暴法的目的在于创造一种畅所欲言、自由思考的氛围，诱发创造性思维的共振和连锁反应，产生更多的创造性思维。这种方法的时间安排应在1～2小时内，参加者以5～6人为宜。

除此之外，常用的定性决策方法还包括：会义集体法、电子会议等。定性方法之所以广泛应用是因为这些方法应用简单，能充分调动决策者的积极性，对参与决策者的数学知识要求不高，所以特别适用于非规范化的决策。但是，定性方法主要是建立在决策者的主观基础上，容易产生失误。

2. 定量方法

决策的定量方法又被称为决策的硬技术，这是一种建立在数学模型和电子计算机手段应用基础上的决策方法。常见的定量方法有三种。

（1）确定型决策的定量决策方法

由于确定型决策存在着两种或两种以上的可供选择的方案，而且每种方案的最终结果是确定的，因此决策者可以凭个人的判断作出精确的决策。

盈亏平衡分析（又称为量本利分析）是确定型决策中最常用的方法。这一方法主要是通过对企业产销量、成本以及利润水平进行分析来对企业的销售价格、成本控制以及是否进行生产等问题进行决策。

在量本利分析中，为了分析的方便，我们将成本分为两类：固定成本和可变成本。其中固定成本是指在一定业务量范围内，不随着产销量的变化而变化的成本，如设备的折旧费、厂房的租赁费用等；而可变成本是在业务范围内，随着产销量的变化而呈现正比例变化的成本，如直接材料、直接人工成本等。

量本利三者之间的基本关系可以用下式表示为

$$利润＝销售量×单价-（固定成本＋可变成本×销售量）$$

根据这一基本关系，企业可以决定其是否需要进行生产、盈亏平衡时的销售量、在一定销售量下为了盈利应该确定多高的价格等。但是，量本利分析最常用于计算企业的盈亏平衡点，即产品销售收入等于产品销售总成本时的销售量和销售额。具体的分析方法有两种：①图解法。利用坐标图可以形象而直观地描述量本利之间的关系，并用于求盈亏平衡点，如图 6.6 所示。②方程式法。根据量本利三者之间的基本关系式，也可以求出盈亏平衡点的销售量及销售额。

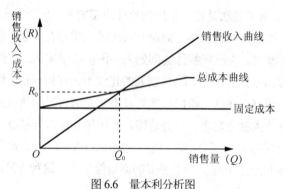

图 6.6　量本利分析图

现设总成本为 $C$，其中固定成本以 $F$ 表示，单位变动成本用 $V$ 表示，销售收入以 $R$ 表示，产品单价为 $P$，销售量为 $Q$，那么具体有下面等式

$$R＝PQ$$
$$C＝F＋VQ$$

盈亏平衡时，有 $R＝C$，可以求盈亏平衡时的销售量 $Q_0$

$$Q_0＝\frac{F}{P-V}$$

若在上式两边同时乘以销售单价 $P$，则可以求盈亏平衡时的销售额 $R_0$

$$R_0＝\frac{F}{1-V/P}$$

上式中，$(1-V/P)$ 在会计学中称为边际贡献，并用 $M$ 表示。所谓边际贡献（$M$）是产品的销售收入与全部变动成本之间的差额，而边际贡献率就是边际贡献与销售收入的比值。所以，盈亏平衡点时的销售额 $R_0$ 也可以表示为

$$R_0＝F/M$$

现以一实例来说明如何利用量本利分析来计算盈亏平衡点。

**例：**某企业只生产单一产品，该产品的单价为 200 元，单位变动成本为 100 元，生产产品的固定成本为 5000 元，请求出盈亏平衡时的销售量和销售额。

**解：**下面用两种不同方法来解例题。

1）图解法。图解法的关键是绘制分析图。根据题意，销售收入方程为 $R＝200×Q$，总成本方程为 $C＝500＋100×Q$。以横坐标表示销售量，以纵坐标表示销售收入，根据方程式，绘出销售曲线和成本曲线，如图 6.7 所示。经观察可以知道，盈亏平衡时的销售量 $Q_0$ 为 50。

2）方程式法。根据基本关系式"$R=C$"可知

$$200 \times Q = 5000 + 100 \times Q$$

解此方程式，可以求出 $Q_0 = 50$。

$$平衡时的销售额 R_0 = 50 \times 200 = 10\,000$$

或者，先求出边际贡献率 $M = 1 - V/P$；$1 - 100/200 = 0.5$。

那么，平衡时的销售额 $R_0 = 5000/0.5 = 10\,000$。

（2）风险型决策的定量决策方法

风险型决策方法主要用于人们对未来有一定程度认识、但又不能肯定的情况。这时，实施方案在未来可能会遇到好几种不同的情况（自然状态）。每种自然状态均有出现的可能，人们目前无法确知，但是可以根据以前的资料来推断各种自然状态出现的概率。在这种条件下，人们计算的各方案在未来的经济效果只能是考虑到各自然状态出现的概率的期望收益，与未来的实际收益不会完全相等。因此，据此制定的决策具有一定风险。

风险型决策的评价方法也很多，我们下面主要介绍决策树法。决策树法是一种用树型图来描述各方案在未来收益的计算、比较以及选择的方法。决策树的基本图形如图6.8所示。

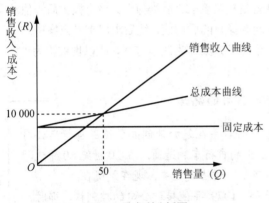

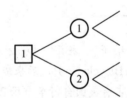

图 6.7　量本利分析图　　　　　图 6.8　决策树基本图形

图中，□表示决策点，由此引出的两条直线叫方案分枝，表示决策时可采取的不同方案；①和②表示自然状态点，由此引出的直线叫概率分枝或状态分枝，表示方案在未来执行时可能遇到的几种不同自然状态。用决策树的方法评价不同方案的经济效果，需要进行以下几个步骤的工作：

1）根据可替换方案的数目和对未来市场状况的了解，绘出决策树形图。

2）计算各概率分枝的期望值：用方案在各自然状态下的收益值法去分别乘以各自然状态出现的概率；将各概率分枝的期望收益值相加，并将数字记在相应的自然状态点上。

3）考虑到各方案所需的投资，比较不同方案的期望收益值。

4）剪去期望收益值较小的方案分枝，将保留下来的方案作为被选实施的方案。

如果是多阶段或多级决策，则需重复2）、3）、4）各项工作。

（3）不确定型决策的定量决策方法

当决策者无法确定各种方案成功的可能性时，进行的就是不确定型的决策。由于不确定

型决策需要决策的问题存在较大的风险，故决策方法在很大程度上取决于决策者对待风险的态度。根据决策者对风险的不同态度，即对外界环境及其他情况的判断是乐观还是悲观，我们可以把决策方法分为"极大极小损益值法"、"极大极大损益值法"、"极小极大后悔值法"三种。

1）极大极小损益值法。这种方法表现了决策者的一种悲观态度，其基本思想是：首先选择出每个方案在不同自然状态下的最小可能收益值，再从这些最小收益值中选择一个最大值，找出其对应方案作为决策方案，所以也称为"小中取大法"，即最大化其最小的可能收入。

2）极大极大损益值法。这种方法体现了决策者的一种乐观态度，其基本思想是：首先选择出每个方案在不同自然状态下的最大可能收益值，再从这些最大收益值中选择一个最大值，找出其对应的方案作为决策方案，所以也称为"大中取大法"，即最大化其最大的可能收入。

3）极小极大后悔值法。采用极小极大后悔值法的基本思想是：希望能最小化其最可能的"后悔值"。其原因在于作出决策后，并不意味着一定有利可图，还存在着因放弃其他方案而失去赢得更多利润的可能性，这个可能性就是决策者的"后悔值"。极小极大后悔值法的具体做法是：首先找出每种自然状态下作不同选择时的后悔值，然后求出不同方案中的最大后悔值，并选择所有最大后悔值中最小的一个对应方案作为决策方案，所以也被称为"大中取小法"。

---

**案例** —————— **施温自行车公司的沉浮**

伊格纳茨·施温（Ignaz Schwinn）于 1895 年在芝加哥创办了施温自行车公司（Schwinn Bicycle Co），后来成长为世界上最大的自行车制造商。在 20 世纪 60 年代，施温公司占有美国自行车市场 25%的份额，不过，过去是过去，现在是现在。

爱德华·小施温是创始人伊格纳茨的长孙，1979 年他接过公司的控制权，那时，问题已经出现，而糟糕的计划和决策又使已有的问题雪上加霜。

在 70 年代，施温公司不断投资于它的强大的零售分销网络和品牌，以便主宰 10 档变速车市场。但进入 80 年代，市场转移了，山地车取代 10 档变速车成为销售量最大的车型，并且轻型的、高技术的、外国生产的自行车在成年的自行车爱好者中日益普及。施温公司错过了这两次市场转型的机会，它对市场的变化反应太慢，管理当局专注于削减成本而不是创新。结果，施温公司的市场份额开始迅速地被富于远见的制造商夺走，这些制造商销售的品牌有特莱克（Trek）、坎农戴尔（Cannondale）、巨人（Giant）和钻石（Diamond back）。

或许，施温公司最大的错误是没有意识到自行车是一种全球产品，公司迟迟没有开发海外市场和利用国外的生产条件。一直拖到 70 年代末，施温公司才开始加入国外竞争，把大量的自行车转移到日本进行生产，但到那时，不断扩张的台湾地区的自行车工业已经在价格上击败了日本生产厂家。作为对付这种竞争的一种策略，施温公司开始少量进口中国台湾制造的巨人牌（Giant）自行车，然后贴上施温商标在美国市场上出售。

1981 年，当施温公司设在芝加哥的主要工厂的工人举行罢工时，公司采取了也许是最愚蠢的行动。管理当局不是与工人谈判解决问题，而是关闭了工厂，将工程师和设备迁往中国台湾的巨人公司自行车工厂。作为与巨人公司合伙关系的一部分，施温公司将所有的一切，包括技术、工程等都交给了巨人公司，这正是巨人公司要成为占统治地位的自行车制造商所求之不得的。作为交换条件，施温公司进口和在美国市场上以施温商标经销巨人公司制造的自行车。正如一家美国竞争者所言："施温将特许权盛在银盘上奉送给了巨人公司。"

到 1984 年，巨人公司每年交付给施温公司 70 万辆自行车，以施温商标销售，占施温公司年销售量的 70%。几年后，巨人公司利用从施温公司那里获得的知识，在美国市场上建立了他们自己的商标。

到 1992 年，巨人公司和中国大陆的自行车公司，已经在世界市场上占据了统治地位。巨人公司销售的每 10 辆自行车中，有 7 辆是以自己的商标出售的，而施温公司怎么样了？当它的市场份额在 1992 年 10 月跌落到 5% 时，公司开始申请破产。

（案例来源：张岩松，陈百君. 2009. 现代管理学案例教程. 北京：清华大学出版社）

## 习　　题

1. 一个完整的计划一般应包括哪些内容？
2. 计划分类的主要标志有哪些？
3. 怎样理解计划是管理的首要职能？
4. 计划编制的一般程序是怎样的？
5. 什么是滚动计划法？它有哪些特点？
6. 网络计划技术的基本原理是什么？
7. 怎样理解"管理就是决策"？
8. 计划与决策的关系如何？
9. 不同类型决策中常用的定量决策方法有哪些？
10. 施温公司对市场变化反应慢，错过了转型机会，这说明它的计划具有什么缺陷？你认为应制定怎样的长期计划以挽救施温公司？

# 第七章 组　　织

 **教学目标**

通过本章学习，对组织职能有一个基本认识和了解。掌握组织的含义与功能，了解影响组织结构设计的因素、组织结构设计的内容、组织结构设计的原则、组织结构的基本形式，弄清人员配备应遵循的原则，人员配备中的选拔、培训、绩效考评等内容。

计划确定了组织的具体目标，并对实现目标的方案途径作了安排。在此基础上，必须设计、构建和维持一种合理的组织结构，包括建立组织机构、明确岗位职责和完成人员配备等，从而保证组织的各项要素和各项活动在时间上、空间上和职能结构上既有明确的分工，又能紧密的配合与协作，形成有机的整体，保证组织的共同目标能协调有序地实现。

## 第一节　概念与功能

### 一、含义

组织这个词虽然我们经常使用，管理学家也提出过众多关于组织的理论。但由于各种理论的角度不同，如从组织结构、组织形态、组织行为、组织控制等方面去理解组织，因而对组织概念的解释相差较大。巴纳德认为，正式组织是有意识地协调两个以上的人的活动与力量的体系。卡斯特对组织的定义是：一个属于更广泛环境的分系统，并包括怀有目的并为目标奋斗的人们；一个技术分系统——人们使用的知识、技术、装备和设施；一个结构分系统——人们在一起进行整体活动；一个社会心理分系统——处于社会关系中的人们；一个管理分系统——负责协调各分系统，并计划与控制全面的活动。组织的定义还有很多，随着人类实践的向前发展和组织类型、组织规模、组织结构的不断变化，人们对组织的认识还将进一步演变和深化，但这并不妨碍人们对组织的理解。

组织，可分为静态意义上的组织与动态意义上的组织。静态意义上的组织，包括一般意义上的组织和管理学意义上的组织。一般意义上的组织，指按照一定的宗旨和目标建立起来的集体，即各种各样的社会单位如企业、机关、学校、医院、工会等等。管理学意义上的组织，指按照一定目标和程序而组成的一种权责角色结构（the structure of roles），包括如下四个重要因素：

1）职权（authority），指经由一定的正式程序所赋予某项职位的一种权力。

2）职责（responsibility），指某项职位应该完成某项任务的责任。

3）负责（accountability），指反映上下级之间的一种关系。下级有向上级报告自己工作绩效的义务或责任；上级有对下级的工作进行必要指导的责任。

4）组织系统图（Organizational Chart），指反映组织内各机构、岗位上下左右关系的一种图表。

动态意义的组织，则是管理的一项职能。是指在组织目标已经确定的情况下，将实现组织目标所必须进行的各项业务活动加以分类组合，并根据管理宽度原理，划分不同的管理层次和部门，将监督各类活动所必需的职权授予各层次、各部门的管理人员，以及规定这些层次和部门间的相互配合关系。它的目标就是要通过建立一个适于组织成员相互合作、发挥各自才能的良好环境，从而消除由于工作或职责方面所引起的各种冲突，使组织成员都能在各自的岗位上为组织目标的实现作出应有的贡献。

## 二、类型

面对现实生活中复杂多样的社会组织，本文从三个角度对它进行分类：

1）从组织的规模去分，可分为小型组织、中型组织和大型组织。比如，同是企业组织，就有小型企业、中型企业和大型企业；同是医院组织，就有个人诊所、小型医院和大型医院；同是行政组织，就有小单位、中等单位和大单位。按这个标准进行分类是具有普遍性的，不论何类组织都可以作这种划分。以组织规模划分组织类型，是对组织现象的表面的认识。

2）按组织的社会职能分，可分为文化性组织、经济性组织和政治性组织。文化性组织是一种人们之间相互沟通思想、联络感情，传递知识和文化的社会组织，各类学校、研究机关、艺术团体、图书馆、艺术馆、博物馆、展览馆、纪念馆、报刊出版单位、影视电台机关等都属于文化性组织。文化性组织一般不追求经济效益，属于非盈利组织。而经济性组织是一种专门追求社会物质财富的社会组织，它存在于生产、交换、分配、消费等不同领域，工厂、工商企业、银行、财团、保险公司等社会组织部属于经济性组织。政治性组织是一种为了某个阶级的政治利益而服务的社会组织，国家的立法机关、司法机关、行政机关、政党、监狱、军队等都属于政治性组织。

3）按组织内部是否有正式分工关系分，可分为正式组织和非正式组织。如果一个社会组织内部存在着正式的组织任务分工、组织人员分工和正式的组织制度，那么它就属于正式组织。政府机关、军队、学校、工商企业等都属于正式组织。正式组织是社会中主要的组织形式，是人们研究和关注的重点；而如果一个社会组织的内部既没有确定的机构分工和任务分工，没有固定的成员，也没有正式的组织制度等，这种组织就属于非正式组织。非正式组织可以是一个独立的团体，比如学术沙龙、文化沙龙、业余俱乐部等，也可以是一种存在于正式组织之中的无名而有实的团体。这是一种事实上存在的社会组织，这种组织现在正日益受到重视。在一个正式组织的管理活动中，应特别注意非正式组织的影响作用。对这种组织现象的处理，将会影响到组织任务的完成和组织运行的效率。

## 三、功能

作为管理的一种职能，组织的功能主要有以下四种。

### 1. 定位功能

在人、财、物等基本要素具备以后，组织的运行首先必须解决两个问题：第一，任务定位，将任务的整体分解成若干相互联系的部分，哪部分在前，哪部分在后，哪部分居中，应当使其各在其位；第二，人员定位，把全部员工配置到各个工作岗位，人人有岗，各司其职。组织职能，正好解决上述两个问题。"部门结构设计"完成了"任务定位"，"人员结构设计"完成了"人员定位"。

### 2. 目标功能

组织职能操作过程中的"职位结构设计"，实质上是对组织员工行为目标的指示。在此位，不在彼位，干这事，不干那事，这种目标是具体的，明确的。有了这种目标导向，员工就不会无所适从，就不会互相碰撞。

### 3. 制约功能

只有对组织整体中的部门、个人有适当的制约，组织才能井然有序。制约的基本手段有两个：一是严格限制权力范围，不许超越权限用权。二是明确规定职责分量，防止职责不明。管理活动中这种"制约"手段，在组织职能的运用中得到了恰当的体现："职权结构设计"形成了"权力制约"，"职责结构设计"形成了"职责制约"。

### 4. 协调功能

组织是一个复杂的整体，其中存在着部门之间、个人之间左右交错的各种关系，只有进行有效的协调，组织才能成为一个完整的、和谐的、有机的统一体。作为组织职能实施内容之一的"信息结构设计"正是对组织内部协调要求的有效满足，它通过组织内部信息沟通渠道的建立，为组织内部各方面的协调一致提供了切实的保障。

# 第二节　结　构　设　计

## 一、内容

从操作角度看，组织职能的实施就是进行组织结构的设计。

所谓组织结构是指组织的基本框架，是组织中各部门、各层次之间的一种相对稳定关系形态，是对完成组织目标的人员、工作、技术和信息所做的制度性安排。组织结构可以用复杂性、规范性和集权性三种特性来描述。复杂性，是指每一个组织内部的专业化分工程度、组织层级、管理幅度以及人员之间、部门之间关系所存在的巨大差别性；规范性，是指组织需要靠制定规章制度以及程序化、标准化的工作，规范性地引导员工的行为；集权性，是指组织在决策时正式权力在管理层级中分布与集中的程度。

组织结构设计的内容，一般应包括：

1) 部门结构设计 —— 管理部门的设置以及确定各部门之间的隶属和协作关系。

2）职责结构设计——按照部门业务要求来规定职责，确定部门间的职责关系。

3）职位结构设计——确定组织中各种职位，明确各层次领导的职位和相互关系。

4）职权结构设计——按照职责、职位授予相应职权，规定权力范围。

5）人员结构设计——按照部门、职责、职位、职权的要求，根据人员素质状况，配备各部门人员。

6）信息结构设计——明确各部门、职位、人员应该拥有的和应该提供信息，确定相互沟通的渠道。

组织结构有各种各样的类型。组织结构的类型虽多，但任何一个组织结构都存在着三个相互联系的问题：①管理层次的划分。②部门的划分。③职权的划分。由于组织内外环境的变化影响着这三个相互联系的问题，使得组织结构的形式呈现出多样性。因此，合理的组织设计就是要正确处理这三个问题，就是要把为实现组织目标而需要完成的工作，不断划分为若干性质不同的业务工作，然后再把这些工作组分成若干个部门，并确定各部门的职责和职权。

## 二、原则

管理学对组织结构设计理论的研究成果，大体可分为两类观点：第一类，传统的观点。这类观点强调，组织主要是进行不同层次的分工协作并赋予相应权力和责任，组织的功能在于协调人们为达到共同目标而进行努力。这类观点，仅仅从组织内部来考虑组织职能，实质上是把组织看成与外界隔离的封闭系统。第二类，现代的观点。这类观点将组织视为一个与其环境相互作用的开放的动态系统，而且强调组织是工作关系的技术系统和人的关系的社会系统的统一体。综合上述两类观点，组织设计应遵循的一般原则有六个。

### 1. 部门化原则

把组织内各项活动加以分类并组成专业化的亚单位称之为部门化。部门化的主要目的有两个：其一，使各种活动专业化，提高员工的劳动生产率；其二，使管理人员的工作简洁化，降低管理工作的难度。部门是指组织中主管人员为完成规定的任务有权管辖的一个特定的领域。组织划分部门的依据通常有如下五种：

1）职能部门化。职能部门是一种传统而基本的组织形式。职能部门化就是按照生产、财务、营销、人事、研发等基本活动相似或技能相似的要求，分类设立专门的管理部门。

职能部门化的优点主要是：能够突出业务活动的重点，确保高层主管的权威性并使之能有效地管理组织的基本活动；符合活动专业化的分工要求，能够充分有效地发挥员工的才能，调动员工学习的积极性，并且简化了培训，强化了控制，避免了重叠，最终有利于管理目标的实现。

职能部门化的缺点主要是：由于人、财、物等资源的过分集中，不利于开拓远区市场或按照目标顾客的需求组织分工。同时，这种分法也可能会助长部门主义风气，使得部门之间难以协调配合。部门利益高于组织整体利益的后果可能会影响到组织总目标的实现。另外，由于职权的过分集中，部门主管虽容易得到锻炼，却不利于高级管理人员的全面培养和提高，也不利于"多面手"式的人才成长。一个典型的按职能划分的部门化组织如图7.1所示。

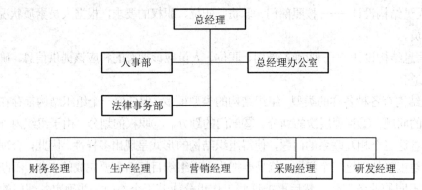

图 7.1　按职能划分的部门化的组织图

2）产品或服务部门化。在品种单一、规模较小的组织，按职能进行组织分工是理想的部门化划分形式。然而，随着组织的进一步成长与发展，组织面临着增加产品线和生产规模以获取规模经济和范围经济的压力，管理组织的工作也将变得日益复杂。这时，就有必要按业务活动的结果为标准来重新划分组织的活动。按照产品或服务的要求对组织活动进行分类，即产品或服务部门化，就是一种典型的结果划分法。

产品或服务部门化的主要优点是：各部门会专注于产品的经营，并且充分合理地利用专有资产，提高专业化经营效率水平，这不仅有助于促进不同产品和服务项目间的合理竞争，而且有助于比较不同部门对企业的贡献，有助于决策部门加强对组织产品与服务的指导和调整。另外，这种分工方式也为"多面手"式的管理人才提供了较好的成长条件。

产品或服务部门化的主要缺点是：组织需要更多的"多面手"式的人才去管理各个产品部门，各个部门同样有可能存在本位主义倾向，这势必会影响到组织总目标的实现。另外，部门中某些职能管理机构的重叠会导致管理费用的增加，同时也增加了总部对"多面手"式人才的监督成本。一个典型的按产品或服务划分的部门化组织如图7.2所示。

3）地域部门化。地域部门化就是按照地域的分散化程度划分组织的业务活动，继而设置管理部门管理其业务活动。随着经济活动范围的日趋广阔，组织特别是大型企业愈来愈需要跨越地域的限制去开拓外部的市场。而不同的文化环境，造就出不同的价值观，企业根据地域的不同划分管理部门，为的是更好的针对各地的特殊环境条件组织业务活动的开展。

地域部门化的主要优点：可以把责权下放到地方，鼓励地方参与决策和经营；地区管理者还可以直接面对本地市场的需求，灵活及时决策；通过在当地招募职能部门人员，既可以缓解当地的就业压力，营造宽松的经营环境，又可以充分利用当地有效的资源进行市场开拓，同时减少了许多外派成本，减少了许多不确定性风险。

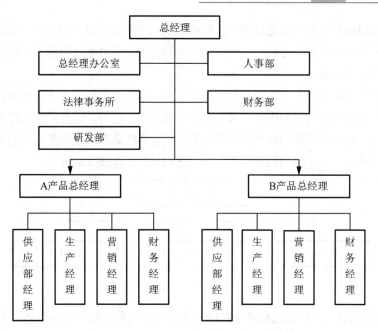

图 7.2　按产品或服务划分的部门化组织图

地域部门化的主要缺点是：企业所需的能够派赴各个地域的地区主管比较稀缺，且比较难控制。另外，各地区可能会因存在职能机构设置重叠而导致管理成本过高的问题。一个典型的按地域划分的部门化组织如图 7.3 所示。

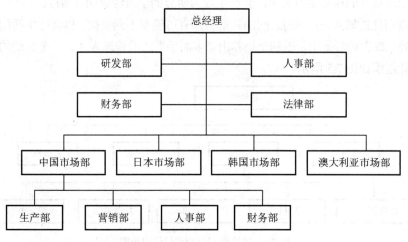

图 7.3　按地域划分的部门化组织图

4）顾客部门化。顾客部门化就是根据目标顾客的不同利益需求来划分组织的业务活动。在激烈的市场竞争中，顾客的需求导向越来越明显，组织应当在满足市场顾客需求的同时，努力创造顾客的未来需求，顾客部门化顺应需求发展的这种趋势。

顾客部门化的优点是：可以通过设立不同的部门满足目标顾客各种特殊而广泛的需求，

同时能有效获得用户真诚的意见反馈，这有利于组织不断改进自己的工作。另外，组织能够持续有效的发挥自己的核心专长，不断满足顾客的需求，并引导新的需求，从而在这一领域内保持长久性竞争优势。

顾客部门化的缺点是：可能会增加与顾客需求不匹配而引发的矛盾和冲突；需要更多能妥善协调和处理与顾客关系问题的管理人员和一般人员。另外，顾客需求偏好的转移，可能使组织无法时时刻刻都能明确顾客的需求分类，结果会造成产品或服务结构的不合理，影响对顾客需求的满足。一个典型的按顾客划分的部门化组织如图 7.4 所示。

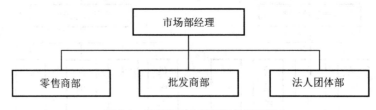

图 7.4　按顾客划分的部门化组织图

5）流程部门化。流程部门化就是按照工作或业务流程来组织业务活动。人员、材料、设备比较集中或业务流程比较连续紧密是流程部门化的实现基础。例如，一家发电机厂的生产流程会经过燃煤传送、锅炉燃烧、汽轮机冲动、电力输出、电力配送等几个主要过程。

流程部门化的优点是：能够充分发挥人员集中的技术优势，易于协调管理，对市场需求的变动也能够快速敏捷地反应，容易取得较明显的集合优势。另外，也简化了培训，容易在组织内部形成良好的相互学习氛围，会产生较为明显的学习经验曲线效应。

流程部门化的缺点是：部门之间的紧密协作有可能得不到贯彻，也会产生部门间的利益冲突。另外，权责相对集中，不利于培养出"多面手"式的管理人才。一个典型的按流程划分的部门化组织如图 7.5 所示。

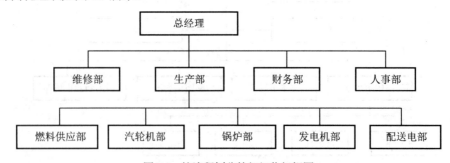

图 7.5　按流程划分的部门化组织图

2. 等级化原则

为了信息的传递和权力的运用，组织设计必须采用等级化原则，即依照从最高权力层到最低权力层的排列，建立一个明确而连续的"指挥链"，形成组织的纵向结构。组织等级化的核心是确定完成任务需要设定的层级数目，而决定层级数目最基本的因素则是管理幅度。

1）管理层级与管理幅度的互动性。管理层级，是指组织中所形成的不中断的等级系列的环节数。一般分为三个层次：高层管理者，他们是组织的高层领导，主要职能是确定组织的发展目标和发展战略，决定组织的发展计划、发展方向、组织结构，建立重要的规章制度，协调组织与其他组织的关系等；中层管理者，他们将高层管理者的决策转变为指导基层管理者以至员工的计划和步骤，担负着"承上启下"的职责；基层管理者，他们是处于第一线的监督人员，直接负责生产经营计划的实现，具体指挥着每一个员工。

管理幅度，又称管理跨度或管理宽度，是指组织中上级主管直接有效地指挥和领导下属人员的数量。管理幅度是由许多因素共同决定的：①管理者素质。管理者的各种素质最集中地表现为能力，管理者能力较强，则管理幅度可较大，管理者能力较低，则应适当缩小其管理幅度。②下属素质。下属经验较多，能力较强，训练良好，管理幅度可大些；反之，会导致管理幅度缩小。③工作性质。内容单纯重复作业多的工作，管理幅度应大些；反之，管理幅度应减小。④职能机构的效率。职能机构健全、效率高，管理幅度可较大；反之，会导致管理幅度减小。⑤信息沟通的难易程度。信息沟通比较容易，内部交流比较方便快捷，管理幅度可大些；反之，应减小管理幅度。⑥组织规模。组织规模较大的情况下，管理幅度应大一些，否则会导致管理层级过多。⑦管理层次。美国管理学家戴维斯把管理幅度分为行政管理幅度和业务管理幅度两类，认为行政管理主要是组织的中、上层管理，其幅度以 3～8 人为宜；业务管理主要是组织的基层管理，其幅度可多达 30 人。

管理层级与管理幅度密切相关。管理层级受到组织规模和管理幅度的直接影响，它与组织规模成正比。组织规模越大，包括的人员越多，组织工作也越复杂，则管理层级也就越多。在组织规模已确定的条件下，管理层级与管理幅度具有互动性，它与管理幅度成反比，即管理幅度加大，则管理层级就相应减少；管理幅度缩小，则管理层级就相应增多。

管理层级和管理幅度的互动关系决定了两种基本的组织结构形态：一种是扁平式的组织结构形态，另一种是锥形式的组织结构形态。

扁平式组织结构形态的优点是：由于管理的层级比较少，信息的沟通和传递速度比较快，因而信息的失真度也比较低，同时，上级主管对下属的控制也不会太呆板，这有利于发挥下属人员的积极性和创造性。其缺点是：过大的管理幅度增加了主管对下属的监督和协调控制难度，同时，下属也缺少了更多的提升机会。

锥型式组织结构形态的优点是：管理的层级比较多，管理幅度比较小，每一管理层级上的主管都能对下属进行及时的指导和控制。另外，层级之间的关系也比较紧密，这有利于工作任务的衔接，同时也为下属提供了更多的提升机会。其缺点是：过多的管理层级往往会影响信息的传递速度，因而信息的失真度可能会比较大，这又会增加高层主管与基层之间的沟通和协调成本，增加管理工作的复杂性。这两种管理层次与管理幅度的差别性如图 7.6 所示。

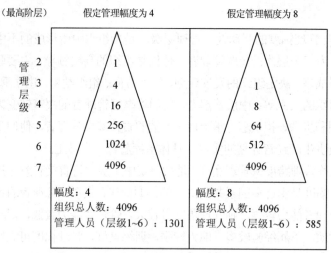

图 7.6　管理幅度与管理层级比较图

2）管理层级与管理幅度的选择。锥型结构和扁平结构是相对而言的，它们只是反映一种组织结构的趋势。在实际管理活动中，设几个管理层级，关键是由管理幅度决定的，同样数量的员工，管理幅度大，则管理层级就少，管理幅度小，则管理层级就多。管理幅度多大为好，这要根据实际情况来定。一般要看这样几个因素：①组织的目标和任务。目标精确度较高、变化因素较多的任务，管理的组织结构应趋向锥型，加强管理监督的严密性。反之，变化因素较少，创造性、随机性较强的目标和任务，可扩大管理幅度，趋向扁平结构。②管理者能力的强弱。在同样的任务和条件下，上级管理人员和下属人员能力较强，经验较丰富，处理上下级关系的时间和次数较少，管理幅度则可扩大。反之要缩小管理幅度。③信息传递的难易。上下级信息能准确传递，左右之间的信息能即时交换，这就有利于扩大管理面。④工作协调的难度。如果管理系统各部门之间矛盾交错，协调难度大，就要采取缩小管理幅度的办法，构成锥型结构。反之就要扩大管理幅度，构成扁平结构。⑤管理层次的高低。即使在锥型或扁平组织结构中，上层的管理幅度应该小一点，基层的管理幅度相对要大一点。根据一些管理者的经验，如果说上层每个管理者领导 3～5 人，那么，中层管理者可指挥 6～9 人，基层管理者可指挥 10～15 人。

### 3. 统一指挥原则

对一个组织来说，部门化是横向的分化，等级化则是纵向的分化，这两种分化都是设计、建立组织结构的必要手段。但是，仅仅有两种分化的综合作用，组织内部的交往和协调会出现各种困难。为了保证组织的整体性，还必须在"分"的基础上有"合"，统一指挥就是解决"合"的问题。它要求每位下属应该有一个而且仅有一个上级，要求在上下级之间形成一条清晰的指挥链。如果下属有多个上级，就会因为上级可能存在彼此不同甚至相互矛盾冲突的命令而使下属无所适从。虽然有时的例外原则要求打破统一指挥原则，但是为了避免多头领导和多头指挥，组织的各项活动应该有明确的区分，并且应该明确上下级的职权、职责以及沟通联系的具体方式。

### 4. 集权与分权相结合原则

集权,是指决策权集中在组织上层少数个人或少数职位;分权,是指把决策权推向各个下级管理层次。组织结构设计时,绝对的集权和绝对的分权都是不可能的。如果决策权全部集中于组织高层领导之手,则下级机构和下属人员的存在不仅没有必要,而且也失去其存在的前提,因此,分权是建立组织机构的必然要求。但是,如果领导者将其权力全部分散下去,则领导自身的职位及存在的必要性也就消失了,组织也将不成其为组织。由此可见,组织结构设计时必须在集权与分权之间保持一种平衡。

### 5. 权责对等原则

组织中的每一个部门和部门中的每一个成员,都有责任按照工作目标的要求保质保量地完成工作任务。同时,组织也必须委之以自主完成任务所必需的权力。职权与职责要对等,如果有责无权,或者权力范围过于狭小,责任方就有可能会因缺乏主动性、积极性而导致无法履行责任,甚至无法完成任务;如果有权无责,或者权力不明确,权力人就有可能不负责任地滥用权力,甚至助长官僚主义的习气,这势必会影响到组织系统的健康运行与组织目标的实现。

### 6. 权变原则

组织是在各种内外因素的综合作用下运行的,而这些内外因素总是处在不断的变化之中。因此,组织结构的设计必须考虑这些变化着的内外因素、权变因素,然后作出适应某种特定情境的组织结构设计。这实际上也就是要求组织的结构应保持一定的柔性以减少组织变革所造成的冲击和震荡。

所谓权变的组织设计是指以系统、动态的观点来思考和设计组织,它要求把组织看成是一个与外部环境有着密切联系的开放式组织系统。一般来说,权变的组织设计必须考虑战略、环境、规模、技术、生命周期等五个主要因素的变化。

(1)环境与组织结构

组织的环境就是社会。可依据不同的标准,对组织面临的环境进行分类。

从环境对组织目标的影响分,可把环境分为一般环境和特殊环境。一般环境是指对组织管理目标产生间接影响的诸如经济、政治、社会、文化以及技术等环境条件;特定环境是指对组织管理目标产生直接影响的诸如政府、顾客、竞争对手、供应商等具体环境条件,这些条件对每个组织而言是不同的。

从环境的复杂性和变动的不确定性,可以把环境分为高度确定环境、比较确定环境、很不确定环境三种类型。

组织设计者应根据不同的环境特点,设法提高组织对环境的适应性与应变性。

1)对传统的职位和职能部门进行相应的调整。增设必要的职位和缓冲部门,还可跨越组织边界聘用一些外部专家。

2)根据外部环境变化的不确定性程度设计不同类型的组织结构。哈佛大学管理学学者劳伦斯（Paul Lawrence）和洛克（Jay Lorch）通过实际考察发现，在高度确定的环境下，机械式结构是成功的，管理人员完全可以凭借官僚式规程来维持组织的一体化；在比较确定的环境里，机械式结构是不合适的。为了适应环境，组织必须适当调整，增设新的部门，要有得力的综合者，并依靠他们去协调各相关部门的工作，而官僚式的等级结构不可能满足组织自身的这种要求；在很不确定的环境中，为了使组织能够对环境的变化迅速作出反应，组织必须强调分权和参与，即采用灵活的、易变的有机式结构。

3）加强计划和对环境的预测，减少不确定性。在一个相对动态的、不确定的环境下，加强计划和对环境变化的预测，可以增强适应环境变化的能力，大大减轻外部环境对组织造成的负面影响。

4）通过组织间的合作，尽量减少组织自身要素资源对环境的过度依赖。组织可以通过与其他组织建立广泛的合作关系，来确保资源的及时供给，合作的方式可以多种多样，有些资源或活动甚至可以采取外包的方式。

（2）战略与组织结构

战略（strategy），是指为了实现组织的长远目标所要选择的发展方向、所确定的行动方针，以及资源分配方针和资源分配方案的一个总纲。一般来说，组织的战略发展要经历四个阶段，每个阶段应该有与之相适应的组织结构。

1）数量扩大阶段。许多组织刚刚建立时，往往只有一个作业单位或一个办公室，只执行一个单独的职能，或制造、或销售、或储存。这个阶段的组织结构很简单，组织面临的重要战略是如何扩大规模。

2）地区开拓阶段。这时有许多个作业单位或办公室，在不同地方进行相同的工作。为了把分配在不同地方的作业单位组合起来，产生了工作的标准化、专业化和协调控制的问题。这就要求建立一种新的组织结构，职能部门也就应运而生。

3）纵向深入阶段。在前一阶段的基础上扩大行业功能，并在同一行业发展的基础上进一步向其他领域延伸扩展。这就要求建立新的职能结构。

4）产品多样化阶段。在原产品的主要市场开始衰落的时候，更好地利用和组织现有的资源、设备、技术，转向新行业内新产品的生产和新服务的提供。这种发展战略，要求建立与此相适应的横向发展的分权式组织结构，如产品型组织结构。

（3）技术与组织结构

技术，是指组织把原材料转化为最终产品或服务的机械力和智力的转换过程。任何组织都需要通过一定的技术将投入转化为产出，组织的设计也需要随技术的变化而变化，尤其是技术范式的重大转变，往往要求组织结构做出相应的改变和调整。

从完成工作任务方式的不同出发，技术可分为三类，而且不同技术条件下的组织结构也会有不同的特点：①中介型技术。它是把彼此独立的、有标准的操作程序的各作业单位联结起来的技术。与此相应的组织结构表现为各职能的相互依存性低，主要通过规章、程序和控制机制进行工作。这种组织结构对外界环境变化具有中等程度的灵活性和适应性。②长链型技术。它是按照完成一次任务的先后程序，把相互依存的职能单位连结起来的技术，如自动生产线。与此相适应的组织结构的特点是，不同职能部门间的依存性处于中等水平，主要靠计划和监督维持工作，对外界变化的适应性低。③集束型技术。它是围绕一项任务，同时调动和集合若干职能部门的技术。与此相适应的组织结构的特点是，各单位之间的依存性很强，信息沟通的需要很高。

（4）规模与组织结构

布劳（Peter Blau）等人曾对组织规模与组织结构之间的关系作了大量的研究，认为组织规模是影响组织结构设计的最重要的因素，即大规模会提高组织的复杂性程度，并连带提高专业化和规范化的程度。因为当组织的规模扩大时，组织员工增加、管理层次增多、组织专业化程度不断提高、组织的复杂化程度也会不断提高，这必然给组织的协调管理带来更大的困难，而随着内外环境不确定性因素的增加，管理层也愈来愈难把握实际变化的情况并迅速做出正确决策，组织进行分权式的变革成为必要。

大型组织与小型组织在组织结构上的区别主要体现在规范化程度、集权化程度、复杂化程度、人员结构比例等方面。

（5）生命周期与组织结构

组织的演化成长呈现出明显的生命周期特征，与此相适应，组织结构也表现出不同的特点：

1）创业阶段。组织是小规模的、非官僚制的和非规范化的。

2）成长期。随着组织的成长，组织需要及时调整产品的结构，这就必然会产生调整组织结构和调换更具能力的管理者。

3）成熟期。组织进入成熟期后，组织可能会大量增加人员，并通过构建清晰的层级制和专业化，来进行规范化、程序化、标准化工作，组织出现官僚制特征。

4）衰退期。成熟的组织往往显得规模巨大和官僚化，继续演化可能会使组织步入僵化的衰退期。这时，组织管理者可能会尝试跨越部门界限组建团队来提高组织的效率，阻止进一步官僚化。如果成效不明显，甚至更换高层管理者并进行组织重构以重塑组织形象。

# 第三节　组织结构的基本形式

组织结构是指组织的各部门机构之间，根据权责关系而确定的从属和并列关系的一种模式。常见的组织结构的类型有：直线制、职能制、直线职能制、事业部制、矩阵制和委员会结构等。如果要问哪种组织结构最好？这的确是个很难回答的问题。因为每一种合理的组织结构，相对于一定的条件来说，都有其优越性，而当条件发生变化时，它就会逐渐丧失其合理性。组织结构是随着生产力和社会的发展而不断发展的，每一种类型的组织结构都有其优点和缺点，都有一定的适用范围，世界上没有也不可能存在适用于一切情况的十全十美的组织结构。因此，笼统地问哪种组织结构最好，离开具体条件，是无法做出明确的判断的。但是，相对于某一组织特定的条件来说，必定有一种更有利于提高管理效率的，因而也是最佳的组织结构。否则，就没有研究组织结构的必要，也没有改革组织结构的必要了。最佳的组织结构，是最适合组织存在的特定条件的结构。

## 一、直线制

直线制，又称单线制，是最简单最基本的企业组织管理结构形式。其特点是企业的各级管理者都按垂直系统对下级进行管理，不设专门的职能管理部门。一个下属只对一位直接对他发布命令的顶头上司负责，是高度一元化领导的组织结构，完全符合命令统一的原则。但它缺少较细的专业分工，领导者负担较重，容易陷入繁杂的事务工作之中。因此，它适用于产品单一、工艺技术比较简单、业务规模较小的企业，如图 7.7 所示。

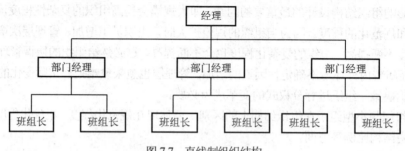

图 7.7　直线制组织结构

## 二、职能制

职能制，又称多线制，是指在最高主管下面设置职能部门，各职能部门在其专项业务分工范围内都有权向下级下达命令和指示，直接指挥下属单位。下属单位既服从直线主管的命令指挥，又服从上级各职能部门的命令指挥。如部门经理（车间主任）既接受经理（厂长）的指挥，又接受职能部门（科室）的领导，班组长又同时要接受部门经理（车间部门）和职能组的领导。

职能制由于设置了职能部门，吸取了专家参与管理，这不仅有利于直线主管有更多的精力考虑行政业务的重大问题，而且大大提高企业管理的专业化程度和专业水平。其缺点是：多头领导，政出多门，容易使下属无所适从。职能部门和职能人员多，不仅增加了统一管理工作的难度，而且协调起来困难。因此，这种组织结构形式适合于产品少、规模小、实行专业化管理的企业采用，如图 7.8 所示。

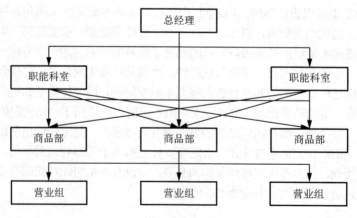

图 7.8　职能制组织结构

### 三、直线职能制

这种组织结构形式取以上两种形式之长，舍两者之短。直线职能制以直线为基础，既设置了直线行政领导，又在各级领导之下设置了相应的职能部订，分别从事职责范围内的专业管理。其特点是职能科室作为总经理的助手，仅起参谋作用不能对直线部门下达指令，但可以给予业务指导，提出建议及提供服务。

直线职能制既保证整体组织的命令统一，又发挥了职能专家的作用，因而在我国企业中被广泛采用。但在采用这种组织结构形式时应注意加强各职能部门之间的协调，避免本位主义的倾向，同时下级业务单位要尊重各职能部门的意见和建议。为了克服这些缺点，在平时要注意树立专家的权威，逐步形成听取专家意见的风气，如遇专家意见不一致时就进一步磋商，寻求新的方法，尽量使意见趋于一致，如图 7.9 所示。

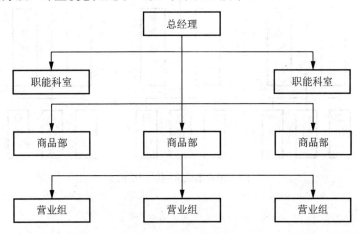

图 7.9 直线职能制组织结构

### 四、事业部制

事业部制，又称分权制，是指在集权的直线职能制中通过分权管理而形成的大型现代企业组织结构形式。即在总公司统一领导下，按产品、地区或市场划分成几个经营单位即事业部，各事业部实行相对独立经营，独立核算，具有从生产到销售的全部职能。这是在总公司控制下的各个利润分中心，以各事业部为单位分别制定利润计划。其主要特点是集中政策、分散管理、集中决策、分散经营。

事业部制是现代企业组织规模不断扩大的产物，是发达国家大型企业和跨国公司普遍采取的一种企业组织结构形式。不言而喻，事业部具有较大的独立性，这种独立性主要是因为经营的产品和开拓的目标市场有相当大的规模，符合独立核算的要求。

事业部结构形式关键在于处理好最高层和下级各事业部之间的集权和分权的关系。实行事业部组织结构的企业，最高管理层要学握战略管理权、人事权和财务权，制定企业的发展目标、方针和总体发展规划，同时还要注意各事业部的协调，做到管而不死，放而不乱。

实行事业组织结构应注意克服各事业部的本位主义，避免内部机构的臃肿、人浮于事。在选择各事业部负责人的时候要注意德才兼备，具有较高的管理水平和业务能力。事业部组织结构形式，一般按地区式产品来划分，如图7.10所示。

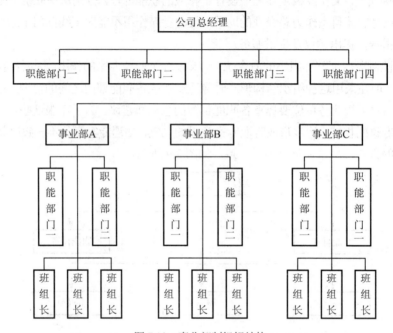

图7.10　事业部制组织结构

### 五、矩阵制

矩阵组织，也称为规划目标结构组织，是以成果及专业职能两个因素作为部门和人员结合基础的一种组织结构形式。即矩阵制组织有两个条线所组成：一是相对固定的机构应包括组织日常性的业务经营机构，例如人事部、财务部、市场开发部、工程部等；二是设立项目或任务小组的临时机构，这类机构的目的是解决组织一定时期所面临的重要问题。如新产品开发、技术攻关、专项任务突击等。

矩阵制组织结构既保持了组织的相对固定性，又增强了组织的灵活应变能力，因而它不仅适合于常规性业务较高的企业，又适合于常规性业务较高、临时性重大问题发生率较高的企业。

应该指出，短阵组织结构易形成多头指挥，出现责任不明、相互推诿的不良倾向，这是在实际工作中要特别加以注意的，如图7.11所示。

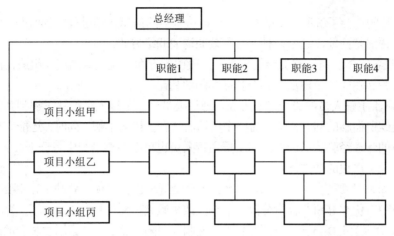

图 7.11　矩阵制组织结构

## 六、委员会管理

委员会可以为从事某些方面管理职能的一组人。委员会管理是组织运行中的一种特殊管理方式，在现代社会的各种组织中，有越来越被广泛采用的趋势，扮演着越来越重要的角色。

委员会的形式和类型可以多种多样的。它可以是直线式的，也可以是参谋式的；可以是组织结构的正式组成部分，也可以是非正式的；可以是永久性的，也可以是临时性的。在组织的各个管理层次都可以成立委员会。在公司的最高层，一般叫做董事会。他们负责行使判定重大决策的职权。在中、下层，也有各种类型不同的委员会，负责贯彻落实上级决策，切实保证任务的完成。

委员会管理是民主管理的体现，具有鲜明的优越性。

1）集思广益。利用委员会的最重要的理由，是为了取得集思广益的好处。委员会由一组人组成，其知识、经验与判断力均比其中任何一个个人高。因此，通过集体讨论、集体判断可以避免仅凭主管人员个人的知识和经验所造成的重大错误。

2）协调作用。部门的划分，可能会产生"职权分裂"，即对某一问题，一个部门没有完全的决策权，解决此类问题当然可以通过提交给上级主管人员解决，但也可以通过委员会把具有决策权的一些部门召集来解决。这样既可减轻上层主管人员的负担，又有利于促进部门间的合作。此外，委员会可以协调各部门间的活动；各部门的主管人员可通过委员会来了解其他部门的情况，使之自觉地把本部门的活动与其他部门的活动结合起来。

3）避免权力过于集中。委员会作出的决策一般都是对组织前提有举足轻重影响的重大决策。通过委员会作出决策，一方面可得到集体判断的好处；另一方面也可避免个人的独断专行、以权谋私等弊端，委员之间起了权力互相制约的作用。

4）激发主管人员的积极性。委员会可使下级主管人员和组织成员有可能参与决策与计划的制定过程。这样做可以激发和调动下级人员的积极性，以更大的热情去接受和执行这些决策或计划。

5）加强沟通联络。委员会对传递信息有好处。受共同问题影响的各方都能同时获得信息，都有同等的机会了解所接受的决策，这样可以节约信息传递过程中的时间。面对面的交谈，有机会说清楚问题，这是一种非常有效的沟通联络方式。

6）代表各方面利益。委员会的成员，一般由各方面利益集团的代表组成，因此，委员会作出的决策必然能广泛地反映各个利益集团的利益。

7）有利于主管人员的成长。一方面，通过委员会，下级人员能够了解到其他主管人员及其整个组织所面临的问题，从而对整个组织活动有大概的了解。同时，还能有机会学习上层主管人员的管理经验。另一方面，上层主管人员也可以在委员会中考评下级人员的能力，以作为将来向上选拔的依据。

当然，如果对委员会运用不当，那么，委员会管理也会出现一些缺陷，主要有：成本较高、妥协折中、优柔寡断、权责分离、一个人或少数人占支配地位等。

要想成功地运用委员会，发挥其长处，遏制其缺陷，那么，在运用委员会的过程中，必须注意下列问题：

1）权限和范围要明确。委员会的权限究竟是决策，还是提供建议供直线主管参考，应该明确加以规定。对于委员会会议上要讨论的议题，也必须使与会者明确地了解，以免讨论时超出这一范围，造成各种浪费。

2）规模要适当。一般说来，委员会要有足够的规模，容纳为完成其任务所需要的各种专家，以便集思广益，但是又不能过大，以免开会时浪费时间和助长优柔寡断。有人认为，委员会的成员一般是5~6人，最多不超过16人。

3）选择委员会成员。委员会的成员应包括哪些人，这一问题与委员会目的的性质有密切的关系。要尽可能地选择具有与目的相等的专业人员作为委员会成员。同时，还要求其成员具有一定的集思广益的才能，成员的组织级别一般要相近，这样在委员会中才能真正广开言路，作出正确的结论。

4）选择议题。提交委员会的议题，其内容必须适于讨论，否则，虽有良好的议程也无济于事。

5）主席的重要性。担任委员会主席的人必须慎重选择，因为他肩负着委员会能否有效地发挥作用的任务。委员会的成就取决于会议主席的领导才能。一个好的会议主席，可以使委员会避免很多的浪费。这就要求委员会主席至少要做到：先计划好会议的内容；安排会议的议事日程；检查并提前向委员提供研究材料；有效地主持会议，使委员会的讨论合成一体，从而做出正确的决议等。

6）决议案的审校。开会完毕后，会议主席应将作出的决议向大家宣布，这一步骤可得到全体与会人员对决议同意或不同意的明白表示，并且还可以对决议进行修正和补充。

上面介绍了各种组织结构形式。应该说，单纯从各种形式的本身来看，并无先天的优劣之分。关键问题是管理者要根据自身的情况和组织环境选择适用的组织形式。在选择组织形式时应考虑以下因素：

1）要注意充分发挥各职能部门的积极性和主动性，使他们具有强烈的参与意识，有利于创新性意见层出不穷。

2）选择何种组织结构要视企业的实际条件而定，防止"以人定岗"、"以人定编"等人浮于事的不良现象。

3）可以结合各种形式的优点加以综合运用，也就是说组织内部不同部门可采用适合本部门的不同结构形式，如采用事业部制时，可以针对亟待解决的具体问题成立项目小组，采用矩阵制等。

# 第四节 人 员 配 备

组织职能不仅要设计、构建组织结构体系，而且还必须为组织结构中的每一职位配备合适的人员。组织中任何一项管理职能的实施，任何一项任务或工作目标的完成都是经过人来实现的，可以说，人是组织目标实现的直接推动力。因此，组织结构中每个职位的人员配备是每一组织都十分关心的问题。它直接关系到组织的活动是否有效、组织目标能否实现。

## 一、含义及重要性

### 1. 含义

所谓人员配备（staffing），是指根据组织结构中所规定的职务的数量和要求，对所需人员进行恰当而有效的选择、考评和培训，其目的是为了配备合适的人员去充实组织中的各项职务，以保证组织活动的正常进行，进而实现组织的既定目标。人员配备一般包括选拔、聘任、考评、培训、吸引等内容，也可简单地归结为：选人、用人、评人、育人和留人五个方面。

### 2. 重要性

人是组织中最重要的资源，是唯一具有主观能动性的资源，是唯一具有双重身份的要素（既是管理主体，又是管理客体），是构成组织五要素中最重要的要素。组织活动的进行，组织目标的实现，无一不是由人所决定的。因此，人员配备在组织职能中具有十分重要的地位。一些管理学家，甚至把人员配备从组织职能中独立出来，看作是管理的另一独立职能。

1）人员配备是组织有效活动的保证。对于一个组织来说，组织目标的确定为组织活动明确了方向，组织结构的建立，又为组织活动提供了实现目标的条件。但是，再好的组织结构，如果人员的安排不合理，那么这个组织结构也是无法发挥其正常功能的。由于人员配备不当导致组织结构不仅不能成为实现组织目标的保证，而且还会干扰组织的有效活动，阻碍和破坏组织目标的实现。因此，人员配备工作的好坏，直接影响到组织活动的成效。

2）人员配备是做好领导与控制工作的关键。人员配备不是孤立的，从管理系统看，它是以计划工作为前提，以组织结构设计为基础，是计划工作与组织工作的人员落实，又为领导与控制工作奠定了基础。一个组织，如果人员配备不当，或人员配备工作不完善，例如配备的主管人员的德才与职务要求不相符，那么，这样配备出来的主管人员就无法发挥其领导才能，不可能创造出一种良好的组织环境，其成员的积极性、主动性、创造性也就得不到发挥。同样道理，下属工作人员配备得不合理，势必会给控制工作带来更大的困难，使控制的范围加大，控制的难度增加，从而加重主管人员的控制工作。

3）人员配备是组织发展的源泉。组织发展是相应于组织内外环境的变化而作出的反应。一个组织只有不断地发展，不断地获得新的生命力，才能适应内外环境的变化而立于不败之地。组织发展的能动因素是人，组织发展的动力源泉也是人。因此，人员的配备作为专门从事充实组织结构中的各种职位，同组织发展的关系极为密切。人员配备也是一个动态的过程，它不仅要进行目前所需的各种人员的配备，而且还要着眼于组织发展的未来所需，为组织未来发展准备好所需的各级各类人才。人们常说，组织之间的竞争，归根结底是人才的竞争，这事实上也说明了组织职能中人员配备的极端重要性。

## 二、原则

要根据组织结构所规定的职务的数量和要求，对所需人员进行恰当而有效配备，必须坚持以下几个重要的人员配备原则。

### 1. 因事择人原则

所谓因事择人，是指应以所设职位和工作的实际要求为标准，来选拔符合标准的各类人员。选取人的目的在于使其担当一定的职务，并能按照要求从事与该职务相对应的工作。要使工作圆满完成而卓有成效，首先要求在保证工作效率的前提条件下安排和设置职位；其次要求占据该职位的人员，应具备相应的知识和工作能力。因此，因事择人是实现人事匹配的基本要求，也是组织中人员配备的首要原则。

### 2. 因材起用原则

所谓因材起用，是指根据人的能力和素质的不同，去安排不同要求的工作。从组织中人的角度来考虑，只有根据人的特点来安排工作，才能使人的潜能得到最充分的发挥，使人的工作热情得到最大限度的激发。如果学非所用、大材小用或小材大用，不仅会严重影响组织效率，也会造成人力资源计划的失效。

### 3. 用人所长原则

所谓用人所长，是指在用人时不能够求全责备，管理者应注重发挥人的长处。在现实中，由于人的知识、能力、个性发展是不平衡的，组织中的工作任务要求又具有多样性，因此，完全意义上的"通才"、"全才"是不存在的，即使存在，组织也不一定非要选择用这种"通才"，而应该选择最适合空缺职位要求的候选人。有效的管理就是要能够发挥人的长处，并使其弱点降低到最小。

### 4. 动态平衡原则

处在动态环境中的组织，是不断变革和发展的。组织对其成员的要求也是在不断变动的，当然，工作中人的能力和知识也是在不断的提高和丰富的。因此，人与事的配合需要进行不断的协调平衡。所谓动态平衡，就是要使那些能力发展充分的人，去从事组织中更为重要的工作，同时也要使能力平平、不符合职位需要的人得到识别及合理的调整、培训，最终实现人与职位、工作的动态平衡。

## 三、人员招聘

人员招聘,是指组织及时寻找、吸引并鼓励符合要求的人,到本组织中任职和工作的过程。组织需要招聘员工可能基于以下几中情况:组织的新设立、组织扩张、不合理的人员结构调整、员工因故离职而出现的职位空缺等。

人员的招聘,是售货员配备中最关键的一个步骤,因为这一工作的好坏,不仅直接影响到人员配备的其他方面,而且对整个管理过程的进行,乃至整个组织的活动,也都有着极其重要和深远的影响。"得人者昌,失人者亡"这是古今中外都公认的一条组织成功的要诀。

1. 依据

(1)职位的要求

通常组织结构设计中的职位说明书,对各职位已有了明确的规定。在人员招聘时,可以通过职务分析来确定某一职务的具体要求。职务分析的主要内容有:这个职务是做什么的?应该怎样做?需要一些什么知识和技能才能胜任?有没有别的方法实现目标?如果有的话,那么新的要求又是什么?

(2)人员的素质和能力

个人的素质与能力,是人员选聘时,要重点考虑的另一重要标准。应根据不同职位对人员素质的不同要求,来评价和选聘员工。如法约尔就提出作为主管人员,其个人素质应包括以下几个方面:

1)身体。健康、精力旺盛、行动敏捷。

2)智力。理解和学习的能力、判断力、记忆力、头脑灵活、思维敏捷。

3)道德。勇于负责任、忠诚、有自知之明、自尊。

4)一般文化。具有不限于所从事职能范围的各方面知识,能写会算。

5)专业知识。具有技术或商务、财务、管理等专业的职能知识。

6)经验。从业务实践中获得的知识,这是人们自己从行动中吸取的教训的记忆。

除以上六个方面之外,还有一个重要的方面,就是从事管理工作的欲望,或称管理愿望,是指人们希望从事管理的主观要求。

2. 途径

一般来讲,人员招聘的途径无非两条:外部招聘和内部提升。

(1)外部招聘

外部招聘就是组织根据制定的标准和程序,从组织外部选拔符合空缺职位要求的员工。外部招聘具有以下优势:

1)具备难得的"外部竞争优势"。

2)有利于平息并缓和内部竞争者之间的紧张关系。

3)能够为组织输送新鲜血液。

外部招聘也会有很多的局限性，主要表现在：外聘者对组织缺乏深入了解；组织对外聘者缺乏了解；对内部员工积极性造成打击等。

（2）内部提升

内部提升是指组织内部成员的能力和素质得到充分确认之后，被委以比原来责任更大、职位更高的职务，以填补组织中由于发展或其他原因而空缺了的管理职务。

内部提升制度具有以下优点：

1）有利于调动员工的工作积极性。

2）有利于吸引外部人才。

3）有利于保证选聘工作的正确性。

4）有利于被聘者迅速开展工作。

当然，内部提升制度也可能会带来如下一些弊端：导致组织内部"近亲繁殖"现象的发生，引起同事之间的矛盾等。

### 3. 程序和方法

1）制定并落实招聘计划。当组织中出现需要填补的工作职位时，有必要根据职位的类型、数量、时间等要求确定招聘计划，同时成立相应的选聘工作委员会或小组。选聘工作机构可以是组织中现有的人事部门，也可以是代表所有者利益的董事会，或由各方利益代表组成的临时性机构。选聘工作机构要以相应的方式，通过适当的媒介，公布待聘职务的数量、类型以及对候选人的具体要求等信息，向组织内外公开招聘，鼓励那些符合条件的候选人积极应聘。

2）对应聘者进行初选。当应聘者数量很多时，选聘小组需要对每一位应聘者进行初步筛选。内部候选人的初选可以根据以往的人事考评记录来进行；对外部应聘者则需要通过简短的初步面谈，尽可能多地了解每个申请人的工作及其他情况，观察他们的兴趣、观点、见解、独创性等，及时排除那些明显不符合基本要求的人。

3）对初选合格者进行知识与能力的考核。在初选的基础上，需要对余下的应聘者进行材料审查和背景调查，并在确认之后进行细致地测试与评估，其内容是：①智力与知识测试。该测试是通过考试的方法测评候选人的基本素质，它包括智力测试和知识测试两种基本形式。智力测试的目的是通过候选人对某些问题的回答，测试他的思维能力、记忆能力、应变能力和观察分析复杂事物的能力等。知识测试是要了解候选人是否具备待聘职务所要求的基本技术知识和管理知识，缺乏这些基本知识，候选人将无法进行正常工作。②竞聘演讲与答辩。这是对知识与智力测试的一种补充。测试可能不足以完全反映一个人的素质全貌，不能完全表明一个人运用知识和智力的综合能力。发表竞聘演讲，介绍自己任职后的计划和远景，并就选聘工作人员或与会人员的提问进行答辩，可以为候选人提供充分展示才华、自我表现的机会。③案例分析与候选人实际能力考核。在竞聘演说与答辩以后，还需要对每个候选人的实际操作能力进行分析。测试和评估候选人分析问题和解决问题的能力，可借助"情景模拟"或称"案例分析"的方法。这种方法是将候选人置于一个模拟的工作情景中，运用各种评价技术来观测考察他的工作能力和应变能力，以此判断他是否符合某项工作的要求。

4）选定录用员工。在上述各项工作完成的基础上，需要利用加权的方法，算出每个候选人知识、智力和能力的综合得分，并根据待聘职务的类型和具体要求决定取舍。对于决定录用的人员，应考虑由主管再一次进行亲自面试，并根据工作的实际与聘用者再作一次双向选择，最后决定选用与否。

5）评价和反馈招聘效果。最后要对整个选聘工作的程序进行全面的检查和评价，并且对录用的员工进行追踪分析，通过对他们的评价检查原有招聘工作的成效，总结招聘过程中的成果，及时反馈到招聘部门，以便改进和修正。

## 四、人员培训

在现代科技日新月异的条件下，对任何一个组织来说，无论是主管人员、技术人员、一般员工，都只有通过不断的学习、进步、充实和提高，才能适应组织内外环境的不断发展和变化，才能胜任要求不断提高的各项工作。近几十年来，世界各国都把组织的人员培训提到越来越重要的地位，认为这方面的投资是最重要的人力资本投资。

人员培训是指组织通过对员工有计划、有针对性的教育培训，使其能够改进目前知识和能力的一项连续而有效的工作。培训旨在提高员工队伍的素质，促进组织的发展。

一个组织中的培训对象主要有：新来员工、基层员工、一般技术或基层管理人员、高级技术或中高层管理人员。员工培训的类型有很多种，依据所在职位的不同，可以分为对新职工的培训、在职培训和离职培训三种形式。依据培训的目标和内容不同，培训又可分为专业知识与技能培训、职务转换培训、提升培训、设置助理职务培训、设置临时职务培训等形式。

人员培训的方法，主要有理论培训、职务轮换、提升、设立副职、研讨会、辅导、参观考察、案例研究等。

人员培训的基本要求是：①培训必须与组织目标相结合。②上级主管人员必须高度重视和积极参与培训。③培训的内容必须与受训者的需求相吻合。④培训必须注重理论与实践相结合。

## 五、人员考评

人员考评，即对组织成员的考核与评价，是人员配备工作的一项重要内容，也是整个组织管理体系中的一个重要组成部分。任何组织要想有效地实现其目标，就必须十分重视并切实做好人员的考评工作。

### 1. 必要性

1）考评可以了解人员的工作质量。只有通过考评所反映出来的各级各类人员的工作质量的信息，组织才能及时采取相应措施，帮助和指导各级各类人员，使他们的活动始终沿着组织的方向和目标进行。

2）考评是选拔和培训人员的需要。在人员的选拔时，为了避免误用庸才、小材大用，浪费人才、大材小用，做到人尽其才、人适其事、用人所长，就必须依靠正确的考评，对组织中的每位成员进行客观、公正、科学、有效的考评。同时，考评又是对人员进行有针对性的培训的需要。根据人员考评所提供的信息，可以明确哪些人员在哪些方面存在哪些有缺点和不足，需要就哪些对象、哪些内容、采取哪些方式进行培训等，人员考评是人员培训的基础。此外，考评也是检查培训效果的唯一工具。通过考评可以知道，被培训者在哪些方面已有提高，哪些方面尚有不足，什么培训方式更有效等。

3）考评是完善组织工作的需要。通过考评可以看出一个组织的组织工作做得如何。人员工作效率不高，既可能是人员自身的原因，也可能是组织工作方面的问题。例如组织内部的相互关系不明确，或信息渠道比较混乱等。通过考评，可以发现组织工作中存在的问题，从而采取措施完善组织工作，保证组织工作的有效性。此外，通过考评，可以及时调整组织中的人员结构，能者上，庸者下，使组织内部人员结构不断得到优化。

4）考评是人员奖励的合理依据。对人员的奖罚，是调动人员积极性的重要手段。而各种奖罚的依据就是考评。只有通过对人员工作的准确考核与评价，才有可能真正起到鼓励先进，鞭策落后的作用。对人员的考评也只有和奖惩制度紧密结合起来，才能使考评工作切实有效。

2. 要求

人员考评的主要要求是：①考评指标必须客观。考评，是以考评的指标为基础的。这就需要根据考评的内容，设计一系列考评指标，通过指标对人员的工作绩效进行考评。指标的客观性要求：指标的含义要明确具体，指标尽可能量化。②考评方法要可行。即考评的方法要为人们所接受并能长期使用。这就要求考评项目要适中，考评结果要客观可靠。可采用考试法、成绩记录法、两两对比法、自我考评法、模糊数学考评法等，把定性考评与定量考评相结合，各种考评方法相结合。③考评次数与时间要适当。④考评结果要反馈。⑤考评层次多样化。包括自我考评、上级考评、下级考评、同事考评等。

---

**案例**　　　　　　　　　**CMP 出版公司组织结构的演变**

Gerry 和 Lilo Leeds 夫妇，经营 CMP 出版公司。他们于 1971 年建立了该公司，所设立的组织结构将所有重大决策都集中在他们手中，公司运作得非常好。

到 1987 年，公司出版的 10 种商业报纸和杂志都在各自的市场上占据了领先地位。他们所服务的计算机、通讯技术、商务旅行和医疗保健市场也为公司成长提供了充分的机会。

1987 年情况发生了变化：想约见 Gerry 的人早上 8:00 就要在办公室外等候。员工越来越难以得到对日常问题的答复。要求快速反应的决策常常被耽误。

当初设计的组织结构，对这个成长中的公司已经不适应了。认识到这一问题后，他们立即对公司组织进行了重组：

1. 将公司分解为可管理的单位——分部。每个分部配备一名经理，授予足够的权利。

2. 设立出版委员会负责监管这些分部。他们夫妇和各分部经理都是该委员会的成员。分部经理向委员会汇报工作，委员会负责确保各分部按公司的总战略运作。

组织结构变革的效果：共出版了 14 种刊物，年销售额达到近 2 亿美元，公司收益按公司设定的 30%的年增长率目标不断增加。

（案例来源：宋晶，郭凤侠. 2007. 管理学原理. 大连：东北财经大学出版社）

## 习　题

1. 组织结构设计应遵循哪些原则？
2. 部门化有哪几种？其各自的优缺点是什么？
3. 管理幅度与管理层级有什么关系？其决定因素有哪些？
4. 有哪些常见的组织结构形式？它们各自的适应性怎样？
5. 怎样理解人员配备的重要性？为什么人员配备归属于组织工作？
6. 人员配备应遵循哪些原则？
7. 人员配备的主要内容有哪些？怎样做好这些工作？
8. 你对 CMP 出版公司组织结构调整有何评价？

# 第八章 领 导

 **教学目标**

通过本章学习，掌握领导理论与激励理论的基本内容。了解领导的概念，明确领导者的基本类型，掌握领导影响力的来源，熟悉领导、激励的主要理论和方法技巧，以便将来在管理实践中能更好地发挥领导职能的作用。

整个管理过程中，领导职能是联结计划、组织、协调以及控制等各个职能的纽带，是实现组织目标的关键。领导实质上是主管人员根据组织的目标和要求，在管理过程中学习和运用有关理论和方法，通过沟通联络、激励等手段，对被领导者施加影响，使之适应环境的变化，以统一意志、统一行动，保证组织目标的实现。

## 第一节 概 述

领导是一个组织的主管人员在管理过程中的行为活动。目前已有许多学者把它从管理过程中独立出来，专门予以探讨和研究，并逐渐形成了管理科学的一个新的分支——领导科学（science of leadership）。这里，我们只从管理过程的角度出发，阐述领导职能的概念、实质及作用。

### 一、领导及领导者的含义

什么是领导？人们对领导的定义各不相同，如 R. 格里芬认为，领导是"使组织内的成员团结合作，以实现组织的目标和计划"。阿瑟•比德因和威廉斯•格兰克认为，"领导是影响个人或团体行为，以便努力完成企业目标的艺术。" S. 色脱则说："领导是指导他人完成某些目标的过程。"而孔茨则提出，领导的实质就是追随关系。换言之，就是人们愿意追随某人，从而使他成为领导者。所以，领导可以定义为影响力。

从以上不同的观点，可以看出对领导的理解事实上应该分为领导和领导者两个方面。所谓领导指的是拥有组织赋予职位和权力的领导者影响下级完成组织目标的一种管理过程，而领导者是指进行领导活动的主体。

在理解领导的概念时，有必要区别领导者和管理者的不同之处。一个人可能既是管理者，也是领导者，而领导者和管理者相分离的情况也会存在。但管理者的本质是被任命的，他们拥有合法的权力进行奖励和处罚，其影响力来源于他们所在的职位所赋予的正式权力。相反，领导者可以是任命的，也可以是从一个群体中产生出来的，领导者可以不运用正式权力来影响他人的活动。可以这么说，在理想情况下，所有的管理者都应是领导者。但是，并不是所有的领导者必然具备完成其他管理职能的潜能,因此不应该让所有的领导者都处于管理岗位上。一个人能够影响别人这一事实,并不表明他同样也能够从事计划、组织和控制。管理学意义上的领导者,是指能够影响他人并拥有管理的制度权力的人。

## 二、领导者的类型

组织中的领导者是复数而非单数,是一群人而非一个人。领导者的类型按不同的角度可划分为多种类型,如从制度权力的集中度,可分为集权式领导者和民主式领导者;从创新角度,可分为维持型领导者和创新型领导者。

### 1. 集权式领导者

所谓集权,是指领导者把管理的制度权力进行收揽的行为和过程。因此,所谓集权式领导者,就是把管理的制度权力相对牢固地进行控制的领导者。由于管理的制度权力是由多种权力的细则构成的,如奖励权、强制权、收益的再分配权等,这就意味着对被领导者或下属而言,受控制的力度较大。在整个组织内部,资源的流动及其效率主要取决于集权领导者对管理制度的理解和运用,同时,个人专长权和影响权是他行使上述制度权力成功与否的重要基础。这种领导者把权力的获取和利用看成是自我人生价值的实现。

显然这种领导者的优势在于,通过完全的行政命令,管理的组织成本在其他条件不变的情况下,要低于在组织边界以外的交易成本。这对于组织在发展初期和组织面临复杂突变的变量时,是有益处的。但是,长期将下属视为可控制的工具,则不利于他们职业生涯的良性发展。

### 2. 民主式领导者

和集权式领导者形成鲜明对比的是民主式领导者。这种领导者的特征是向被领导者授权,鼓励下属的参与,并且主要依赖于其个人专长权和影响权影响下属。从管理学角度看,意味着这样的领导者通过对管理制度权力的分解,进一步通过激励下属的需要,去实现组织的目标。不过,由于这种权力的分散性,使得组织内部资源的流动速度减缓,因为权力的分散性一般导致决策速度降低,进而增大了组织内部的资源配置成本。但是这种领导者对组织带来的好处也十分明显。通过激励下属的需要,组织发展所需的知识,尤其是意会性或隐性知识,能够充分地积累和进化,员工的能力也会得到迅速提高。因此,相对于集权式领导者,这种领导者更能为组织培育未来发展所需的智力资本。

### 3. 维持型领导者

维持型领导者一般也称为事务型领导者(transactional leader)。这种领导者通过明确角色和任务要求,激励下属向着既定的目标活动,并且尽量考虑和满足下属的社会需要,通过协作活动提高下属的生产率水平。他们对组织的管理职能推崇备至,勤奋、谦和而且公正,将把事情理顺、工作有条不紊地进行引以为豪。这种领导者重视非人格的绩效内容,如计划、日程和预算,对组织有使命感,并且严格遵守组织的规范和价值观。

#### 4. 创新型领导者

1）魅力型领导者。这种领导者有着鼓励下属超越他们的预期绩效水平的能力。他们的影响力来自以下几个方面：有能力陈述一种下属可以识别的、富有想象力的未来远景；有能力提炼出一种每个人都坚定不移赞同的组织价值观系统；信任下属并获取他们充分的信任回报；提升下属对新结果的意识，激励他们为了部门或组织而超越自身的利益。这种领导者不像事务型领导者那样不擅长预测，而是善于创造一种变革的氛围，热衷于提出新奇的、富有洞察力的想法，并且还能用这样的想法去刺激、激励和推动其他人勤奋工作。此外，这种领导者对下属有某种情感号召力，可以鲜明地拥护某种达成共识的观念，有未来眼光，而且能就此和下属沟通，明确职业方向，激励他们的工作。

2）变革型领导者。这种领导者鼓励下属为了组织的利益而超越自身利益，并能对下属产生深远而且不同寻常的影响，如美国微软公司的比尔·盖茨。这种领导者关心每一个下属的日常生活和发展需要，帮助下属用新观念分析老问题，进而改变他们对问题的看法，能够激励和鼓舞下属为达到组织或群体的目标而付出加倍的努力。

3）战略领导者。战略领导者的特征是用战略思维进行决策。战略，本质上是一种动态的决策和计划过程，追求的是长期目标，行动过程是以战略意图为指南，以战略使命为目标基础。因此，战略的基本特性，是行动的长期性、整体性和前瞻性。对战略领导者而言，是将领导的权力与全面调动组织的内外资源相结合，实现组织长远目标，把组织的价值活动进行动态调整，在市场竞争中站稳脚跟的同时，积极竞争未来，抢占未来商机领域的制高点。战略领导者认为组织的资源由有形资源、无形资源和有目的地整合资源的能力构成。他们的焦点经常超越传统的组织边界范围中的活动，进入组织之间的相互关系地带，并将这种区域视为组织潜在的利润基地。

战略领导行为是指有预见、洞察能力，能够保持灵活性，并向他人授权，以创造所必需的战略变革。战略领导是多功能的，涉及通过他人进行管理，包含整个企业的管理，并帮助组织处理随着竞争环境的巨变带来的变化。管理人力资本的能力是战略领导者最重要的技能。能干的战略领导者有能力创造产生知识资本的社会结构，能提出组织创新的思想。现代社会的竞争，不只是产品之间或组织之间的竞争，更是组织管理人员的思维方式之间和管理框架之间的竞争。战略领导者行为的有效性，取决于他们能否作出坦荡、鼓舞人心但却是务实的决策。他们强调同行、上级和员工对于决策价值的反馈信息，讲究面对面的沟通方式。

战略领导者一般是指组织的高层管理人员，尤其是首席行政长官（CEO）。其他战略领导者还包括企业的董事会成员、高层管理团队和各事业部的总经理。不管头衔和组织的功能怎样，战略领导者一般具有不可授权的决策责任。没有战略领导者，也就无所谓战略的提出与实施。

### 三、领导的功能

领导的功能指领导者在领导过程中必须发挥的作用，即领导者在带领、引导和鼓舞下属为实现组织目标而努力的过程中，要发挥组织、激励和控制作用。

### 1. 组织功能

组织功能指领导者为实现组织目标，合理地配置组织中的人、财、物，把组织的三要素构成一个有机整体的功能。组织功能是领导的首要功能，没有领导者的组织过程，一个组织中的人、财、物只可能是独立的、分散的要素，难以形成有效的生产力。通过领导者的组织活动，人、财、物之间才能合理配置，构成一个有机整体，这样才能实现组织的目标。

### 2. 激励功能

激励功能指领导者在领导过程中，通过激励方法调动下级和职工的积极性，使之能积极努力地实现组织目标的功能。实现组织的目标是领导者的根本任务，但完成这个任务不能仅靠领导者一个人去动手干。他应在组织的基础上，通过激励功能的作用，将全体职工的积极性调动起来，共同努力，"众人拾柴火焰高"，领导的激励功能，形象地说，就是要使众人都积极主动地去"拾柴"。

### 3. 控制功能

控制功能指在领导过程中，领导者对下级和职工，以及整个组织活动的驾驭和支配的功能。在实现组织的目标过程中，"偏差"是不可避免的。这种"偏差"的发生可能源自于不可预见的外部因素的影响，也可能源自于内部不合理的组织结构、规章制度、不合格管理人员的影响，纠正"偏差"，消除导致"偏差"的各种因素是领导的基本功能。

## 四、领导体制

领导体制是指领导权力的划分和实施领导职能的组织形式和组织制度，是决定组织效率的重要因素。合理的领导体制不仅会提高领导效率，创造性地实现领导功能，而且还会使整个组织显得生机勃勃、欣欣向荣。领导体制不合理，领导层内部权责不明，甚至争权夺利，必然会降低领导效率，最终使组织失去效率，严重的甚至会使组织走向衰亡。

建立和完善领导体制，应正确处理好以下几个方面的关系。

### 1. 集体领导与个人负责的关系

我国长期以来片面突出个人的领导作用，强调"能人领导"，把组织的兴衰成败寄托在一个人身上。这是一种不正常的现象。一方面，它会影响组织发展的稳定性；另一方面，也容易滋长个人专制主义。因此，我们必须把集体领导与个人负责很好地结合起来，建立集体协议下的主要首长负责制，既发挥集体的智慧，又能实现统一决策、统一领导与统一指挥。

### 2. 党政关系

我国的政治制度强调党的领导。但是，党组织是一种政治组织，它应当主要发挥其政治核心作用，保证党的路线、方针、政策在组织中的落实，做好党的建设和职工思想教育工作。党组织不能代替和包办行政领导权，直接指挥组织的日常生产经营活动。否则，就会出现党政不分、以党代政的不正常现象，导致组织指挥系统的混乱，严重影响组织的领导效能。因此，组织内党、政应分工明确，并形成相互支持、互相制约的关系。

### 3. 重视职工参与管理

强调职工参与管理，这是现代管理的一个趋势。对职工而言，它可以提高职工对组织和工作的责任感，激发职工的工作热情，有效地调动职工的工作主动性和积极性；对领导者来讲，也可以收到集思广益的效果。因此，领导者应该重视职工参与管理，并使之经常化、制度化。

# 第二节　领　导　理　论

20 世纪 30 年代以来，人们对于领导及其效能问题，有各种各样的解释或理论，内容十分丰富，但总的说来，还有待整理和提高。在西方国家有很多学者从不同角度研究了关于领导的理论。有研究领导者个性特征的，有研究领导行为的，也有研究领导环境对领导方式的作用的。大体上说来，按提出理论的时间先后顺序，现有的有关领导的理论可以分为三大类：①特质理论（trait theories）。②方式理论（behavioral theories）。③权变理论（contingency situational theories）。

## 一、领导特质理论

每个组织都有领导者，那么领导者与一般人之间到底存在哪些区别呢？曾经有不少管理学家对此进行过研究，有人分析领导者的笔迹（笔迹学），有人研究领导者的骨相（骨相学），还有人将星相和其他天体情况附会在领导者的身上（星相学）等。但其中对后人有影响的要数领导特质理论研究。

领导特质理论是从领导者所表现出来的品质特征来研究领导的有效性。这一研究的基本方法就是比较领导者与非领导者、好的领导者与差的领导者在个人特质方面的差别，寻找出领导者应该具备的特点。研究者认为领导者有六项特质不同于非领导者，即进取心、领导愿望、正直与诚实、自信、智慧和工作相关知识，如表 8.1 所示。

表 8.1　区分领导者与非领导者的六项特质

| 进取心 | 领导表现出高努力水平，拥有较高的成就愿望。他们进取心强，精力充沛，对自己所从事的活动坚持不懈，并有高度的主动精神 |
|---|---|
| 领导愿望 | 领导者有强烈的愿望去影响和领导别人，他们表现为乐于承担责任 |
| 诚实与正直 | 领导者通过真诚无欺，言行高度一致，在他们与下属之间建立起密切的关系 |
| 自信 | 领导者为了使下属相信他的目标和决策的正确性，必须表现出高度的自信 |
| 智慧 | 领导者需要具备足够的智慧来收集、整理和反馈大量的信息；并能够确立目标、解决问题和作出正确的决策 |
| 工作相关知识 | 有效的领导者对于公司、行业和技术事项拥有较高的知识水平，广博的知识能够使他们作出富有远见的决策，并能理解这种决策的意义 |

## 二、领导方式理论

由于在特质理论的矿山中未能挖掘到金子，越来越多的研究者期望能够从领导者的行为和领导方式着手，寻找领导有效性的理论。比较有代表性的领导方式理论有：

### 1. 四分图理论

1945 年美国俄亥俄州立大学的研究人员霍尔平（Halpin）和维纳（Winer）通过调查研究得出结论：领导方式存在着以工作为中心（工作结构化）和以人为中心（体谅人情）这两种倾向，但这两种倾向并不是领导方式的连续统一体的两端。实际上这两种倾向在同一个领导者的领导方式中可以同时存在，也就是说可以把这两个倾向看成两个独立的维度。

他们把领导者关心人和关心工作结构这两个因素结合起来，提出了四种不同的领导方式，如图 8.1 所示，这就是所谓领导方式的四分图。

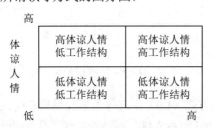

图 8.1　领导方式四分图

工作结构化是指领导者建立员工心理架构的程度，即分派任务、安排工作程序、明确表达管理人员的要求和计划未来工作等，使员工很清楚地知道该做什么，如何做。若员工对组织的工作、制度、程序等都有了结构化的了解，知道得越清楚，就认为领导者工作结构化程度越高。而体谅人情是指领导者建立温暖环境的程度，即与员工之间建立友谊，关心员工福利，代表员工向上级反映员工意见等，使员工心理上感到有人支持，有人帮助。

### 2. 管理方格理论

美国德克萨斯大学的管理学者罗伯特 R. 布莱克（R. R. Blake）和简 S. 穆顿（J. S. Mouton）把领导者对人的关心和对工作的关心结合起来，首先把管理人员按他们的绩效导向行为（称为对生产的关心）和维护导向行为（称为对人员的关心）进行评估，给出等级分值。然后以此为基础，把分值标注在两个维度坐标界面上，并在这两个维度坐标轴上分别划出九个等级，从而形成 81 种不同的领导方式类型，如图 8.2 所示。

在图 8.2 的 81 种不同的领导方式中，有五种典型的领导方式，分别是：

1）虚弱型的领导方式（1.1）：这种方式的领导者在领导过程中既不关心人也不关心工作，管理效果最差。

2）任务型的领导方式（9.1）：这种类型的领导者集中精力注意完成组织的任务，却很少关心和注意下级人员的需求和士气。为了完成任务的目标，领导者更多地是靠职权的形式来使下属服从。

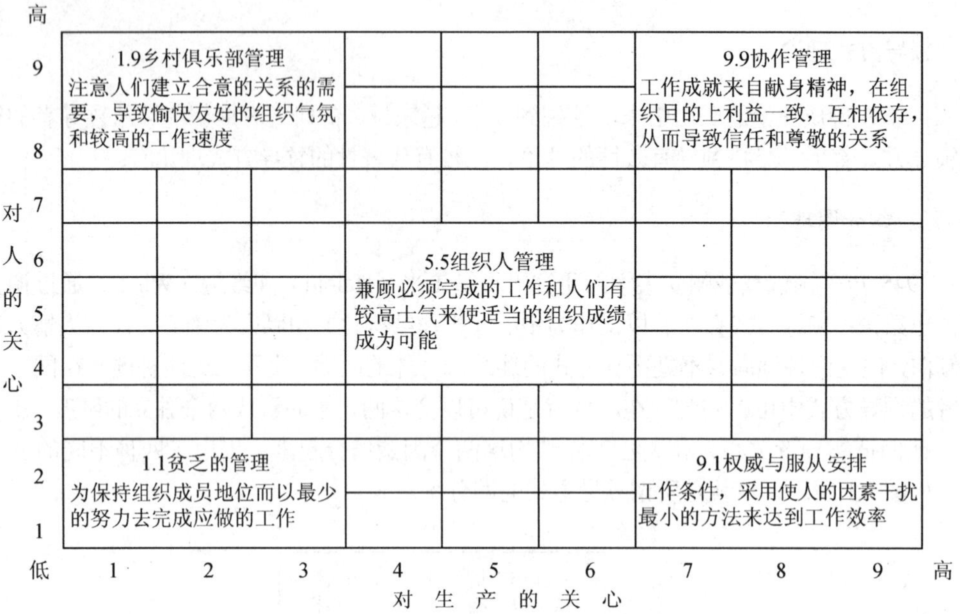

高

9　1.9乡村俱乐部管理　　　　　　　　　　　　　　9.9协作管理
　　注意人们建立合意的关系的需　　　　　　　　　工作成就来自献身精神，在组
　　要，导致愉快友好的组织气氛　　　　　　　　　织目的上利益一致，互相依存，
8　和较高的工作速度　　　　　　　　　　　　　　　从而导致信任和尊敬的关系

对7

人6　　　　　　　　　　5.5组织人管理
　　　　　　　　　　　兼顾必须完成的工作和人们有
的5　　　　　　　　　　较高士气来使适当的组织成绩
　　　　　　　　　　　成为可能
关4

心3

2　1.1贫乏的管理　　　　　　　　　　　　　　　　9.1权威与服从安排
　　为保持组织成员地位而以最少　　　　　　　　　工作条件，采用使人的因素干扰
1　的努力去完成应做的工作　　　　　　　　　　　　最小的方法来达到工作效率

低　1　　2　　3　　4　　5　　6　　7　　8　　9　高
　　　　　　　　　对　生　产　的　关　心

图8.2　管理方格图

3）乡村俱乐部的领导方式（1.9）：这种类型的领导者在领导过程中高度注意下级人员的需求，但却缺乏对工作的计划与安排，不注意完成工作的效率，是一种轻松的领导方式。

4）协作型的领导方式（9.9）：这种类型的领导者既重视组织的工作效率又重视组织成员的需求的满足，领导者通过协调和综合与工作有关的活动来促进生产的发展和士气的提高，是一种协作式的领导方式。

5）中间线路的领导方式（5.5）：这种类型的领导者追求的是正常的工作效率和维持人们一定满足程度的士气。

按照布莱克和穆顿的观点，每个领导者的领导方式都是由对生产和对人的关心两个方面不同程度结合而成的。而这些有代表性的领导方式中，虚弱型的领导方式（1.1）的默认退避、任务型的领导方式（9.1）的依从性、乡村俱乐部的领导方式（1.9）的安全舒适性、中间线路的领导方式（5.5）的妥协性等，都表现出它们只能是次优的领导方式。从长期来看，只有协作型的领导方式（9.9）才是一种正确的、成熟的、有效率的领导方式，是各种组织发展的方向。

### 三、权变领导理论

随着研究的深入，人们开始把注意力转移到对领导所处情境的研究上，并且认为领导的有效性受环境因素的影响很大，这种理论就是权变领导理论。从其内容来看，权变领导理论关注的是领导者与被领导者及环境之间的相互影响。权变领导理论中比较有影响的有以下几种。

### 1. 菲德勒模型

美国管理学家弗雷德·菲德勒（Fred E. Fiedler）提出的权变理论意味着领导工作是一个过程。在这一过程中，领导者施加影响的能力取决于群体的工作环境，领导者的风格和个性，以及领导方法对群体的适合程度。换句话说，按照菲德勒的理论，人们之所以成为领导者，不仅仅是由于他们的个性，而且还由于各种环境因素以及领导和环境之间的相互作用。菲德勒认为，各种领导方式都可能在一定的环境内有效，这种环境是各种外部与内部因素的综合作用体。菲德勒指出，对一个领导者的领导方式最起影响作用的有三个基本因素，它们分别是职位权力、任务结构和上下级关系。

1）职位权力。它是指领导者所处的职位具有的权威和权力的大小，或者说领导的法定权、强制权、奖励权的大小。权力越大，群体成员遵从指导的程度越高，领导的环境也就越好；反之，则越差。

2）任务结构。它是指任务的明确程度和人们对这些任务的负责程度（分为高与低两种程度）。当下属人员对所担任的任务的性质认识越清晰、明确而且例行行化，责任心越强，则领导者对工作质量越易控制，领导环境越好。反之，当群体成员对自己所担任的任务的性质模糊不清或其任务多有变化时，领导环境则越差。

3）上下级关系。它是指下属乐于追随的程度，菲德勒认为，从领导者的角度看这是最重要的。如果下属对上级越尊重，并且乐于追随，则上下级关系越好，领导环境就越好；反之，则越差。

菲德勒认为，根据这三个基本因素的情况，领导者所处的环境从最有利到最不利，可分为8种类型，如表8.2所示。其中，三个条件齐备的是最有利的领导环境，三者都缺乏的是最不利的领导环境。领导者所采取的领导方式，应该与环境类型相适应，才能获得有效的领导。菲德勒用了很长时间对1200个团体进行了调查分析，证明在最不利和最有利的两种情况下，采取以"任务为中心"的指令型领导方式，效果较好；而对处于中间状态的环境，则采用"以人为中心"的宽容型领导方式，效果较好。例如，当工作任务有严格明确的规定，但领导者又不为人们所欢迎，必须采用机敏手段时，"以人为中心"的领导方式可获得好的成效。在领导者为下属所欢迎，而任务却没有明确规范的情况下，这种领导方式也能具有实效。

**表8.2　菲德勒对领导方式与绩效的调查总结表**

| 对领导的有利性 | 有利 | | | 中间状态 | | | | 不利 |
|---|---|---|---|---|---|---|---|---|
| 环境类型因素 | 1 | 2 | 3 | 4 | 5 | 6 | 7 | 8 |
| 上下级关系 | 好 | 好 | 好 | 好 | 差 | 差 | 差 | 差 |
| 任务结构 | 明确 | 明确 | 不明确 | 不明确 | 明确 | 明确 | 不明确 | 不明确 |
| 职位权力 | 强 | 弱 | 强 | 弱 | 强 | 弱 | 强 | 弱 |
| 领导方式 | 指令型 | | | 宽容型 | | 无资料 | 未发现什么关系 | 指令型 |

### 2. 情境领导理论

这种应该引起重视的领导权变理论是由美国管理学者保罗·郝塞（Paul Hersey）和肯尼

斯·布兰查德（Kenneth Blanchard）共同提出的。该理论的研究重点放在下属人员的成熟度上，他们认为领导者的领导方式必须随着下属的成熟度而加以改变。虽然这一理论还有待作更深一步的研究，但它认为领导方式的有效性取决于下属的行为，对其他领导方式也是一个很好的补充。

郝塞和布兰查德在研究中把下属的成熟度定义为：个体对自己的直接行为负责任的能力和意愿，它包括两个方面：心理成熟度和任务成熟度。所谓心理成熟度是指下属工作的动机和意愿，心理成熟度高的下属一般不需要过多的外在激励，愿意自觉地工作。工作成熟度是指下属完成工作的能力和技能，工作成熟度高的下属不需要上级的指导，可以独立完成工作。而下属会逐渐由不成熟走向成熟。两位研究者把下属的成熟度由低到高分为四个阶段：

M1 代表不成熟，即下属对执行的工作既无能力又不愿意完成，也就是说他们既不能胜任又不能得到信任。

M2 代表比较成熟，即下属缺乏能力但愿意从事必要的工作任务，也就是说他们有工作积极性但是缺乏足够的经验和能力。

M3 代表下属有能力但是不愿意干领导希望他做的工作。

M4 代表下属既有能力又有意愿从事领导分派他做的工作。

当下属的成熟度水平逐渐提高的时候，领导者应该改变其领导行为中的任务行为和关系行为。任务行为是指领导者和下属为完成任务而形成的有效形式，关系行为是指领导者给下属以帮助和支持的程度，高的任务行为能弥补下属能力的不足，而高的关系行为能使下属理解领导的意图并按领导的意志去做。所以，两位研究者提出了四种不同的领导方式，如图 8.3 所示。

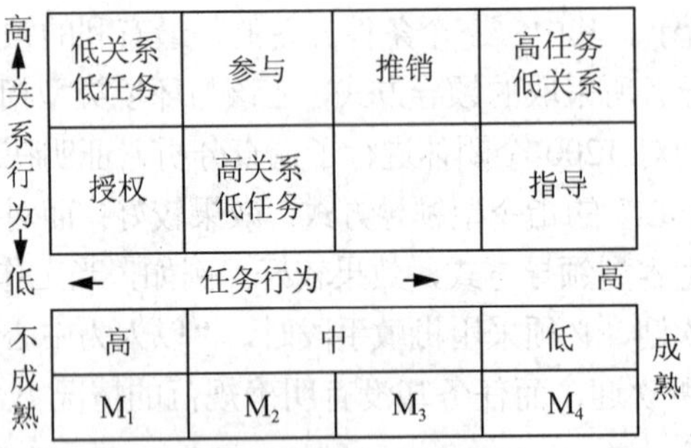

图 8.3　领导者的类型

图中的四种领导模式分别表示四种不同的情形：

1）命令式（高任务—低关系）：领导对下属的工作作了明确的规定，甚至规定了什么时候做和怎么做，但是不注意下属的接受问题，即强调领导者对下属明确而具体的指导。

2）推销式（高任务—高关系）：领导既给下属一定的指导，又给他一定的支持行为，以保护下属的工作积极性。

3）参与式（低任务—高关系）：领导和下属共同参与决策，领导者主要给下属提供一定的便利条件，以激励下属积极地工作。

4）授权式（低任务—低关系）：领导者不需要做太多的工作，因为下属既有能力又有责任心完成工作。

### 3. 路径—目标理论

路径—目标理论是由加拿大多伦多大学教授伊凡斯在 1968 年首先提出，并由其同事罗伯特·豪斯（Robert House）等加以扩充并逐渐完善的。这是目前最受人们关注的一种权变领导理论，原因是该模式并没有指出所谓的最佳领导方法，只是建议领导者选择最适合具体情况的领导风格。

该理论认为，领导者的工作是帮助下属达到他们的目标，并提供必要的指导和支持，以确保各自的目标与群体或组织的总体目标一致。该理论认为有效领导者能够明确指明实现工作目标的方式来帮助下属，并为他们清除各种障碍和危险，从而使下属的相关工作容易进行。该理论还认为，领导者的行为被下属接受的程度，取决于下属是将这种行为视为获得当前满足的源泉，还是作为未来满足的手段。

该理论提出了四种领导行为：指导型领导，领导者让下属知道他对他们的期望是什么，以及他们完成工作的时间安排，并对如何完成任务给予具体指导；支持型领导，领导者对下属需要表现出关怀；参与型领导。领导者与下属共同磋商，并在决策之前充分考虑他们的建议；成就导向型领导，领导者设定富有挑战性的目标，并期望下属发挥出最佳水平。

路径—目标理论，提出两类变量作为领导行为—结果关系的中间变量，即环境因素（任务结构、正式权力系统和工作群体）和下属的个人特点（控制点、经验、知觉能力）。控制点是指个体对环境变化影响自身行为的认识程度。根据这种认识程度的大小，控制点分为内向控制点和外向控制点两种。内向控制点是说明个体充分相信自我行为主导未来而不是环境控制未来的观念；外向控制点则是说明个体把自我行为的结果归于环境影响的观念。依此标准，也可把下属分为内向控制点和外向控制点两种类型。环境因素和下属个人特点决定着领导行为类型的选择。图 8.4 即为路径—目标理论模型。

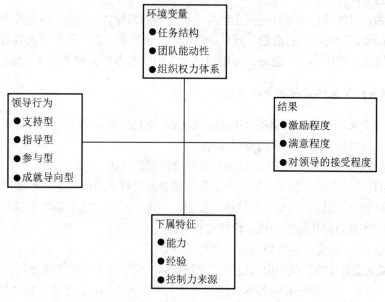

图 8.4　路径 — 目标理论模型

路径—目标要求最有效的领导者应能帮助其下属实现组织目标和个人目标,特别是一些成就与报酬目标。领导者要做到这一点,就要明确规定职位与工作职责,消除工作中的障碍,在制定目标时谋求全体成员的帮助,促进群体内部的团结和协作,增进个人在工作中得到满足的机会,减少不必要的紧张与外部控制,使酬劳的期望得以实现,以及做其他一些能满足人们期望的事情。如上述模型所示,该理论认为存在四种不同的领导行为、三类员工特征和三种环境条件,这三者的综合就导致员工在满意度、受激励程度和对领导的接受程度方面出现不同的结果。

研究结果表明,路径—目标法对于上层职位和专业性工作特别有用,因为在这些岗位上的领导者的行为,能对工作环境的设计工作施加相当大的影响。但它用于日常生产工作则不明显,这也许是因为领导者无法为使这些日常工作更令人满意而做更多的事情。

## 四、领导新理论

20 世纪 80 年代以来,越来越多的管理学者和实际工作者开始从另外一个角度研究领导问题,于是提出了"超凡魅力的"(charismatic)或"改革精神的"(transformational)领导者的概念,即能够对本组织发挥非凡影响力的人,就是有超凡魅力的或有改革精神的领导者。

### 1. 美国管理学家巴斯关于改革精神的领导理论

伯纳尔德 M. 巴斯 (Bernard M.Bass) 把领导者分为两类:执行型和改革型。前者为下属提出需要做什么,有哪些要求,并且帮助下属树立信心,只要付出必要的努力,定能达到组织与个人的目标;后者则通过提高对完成任务的价值与重要意义的认识,通过强调集体和组织的利益高于个人的利益,以及通过强调追求更高层次的需求等,来激励下属完成比原来预期的更多的工作。

巴斯认为,前述三种领导理论完全适合于执行型的领导者。当然,这些理论在过去、现在甚至将来都还是可用的、有益的。但是,作为一个领导者,为了取得更大成效,以及对自己的组织发挥重大的影响力,就必须运用自己个人的想象力和精神去鼓舞下属。

### 2. 美国管理学家博伊德领导技能理论

美国管理学家理查德·博伊德 (Richard Boyd) 在巴斯理论的基础上,提出了"改革精神"的领导者必须具备的五种新的领导技能:

1) 预见技能。对经常不断变化的内外部环境能深谋远虑。

2) 想象技能。运用说服和榜样诱导下属按领导者或整个组织的意图行事。

3) 价值观综合技能。把员工在经济、安全、心理、精神、美学和物质等方面的需求综合起来,以便使他们有共同的动机、价值观和目标。

4) 授权技能。乐意并且有效地与下属分享权力。

5) 自知或反省技能。既明白自己的需求与目标,也了解下属的需求和目标。

博伊德认为,上述这些新的领导技能并不是生来就具备的,而是在实践中锻炼、培养、学习和提高的结果。

3. 豪斯的超凡魅力领导理论

罗伯特 J. 豪斯（Robert J. House）认为，超凡魅力的领导者拥有非常大的权力，其中部分来自于他对影响其他人的一种需求，因此他应该具备强烈的自信心，强大的支配力，以及对于信念和道德的坚定性，以便使下属确认跟随他是正确的。豪斯还指出，超凡魅力的领导者能提出一个有想象力的、更远大的目标，从而赢得追随者的支持。这样的领导者还应该细心地创造一个成功而又能胜任的形象，并以自己的榜样来表达他所坚持的价值观，以便使追随者确信能实现领导者的期望。

# 第三节 激 励

领导与激励工作密切相关。领导者要取得被领导者的追随与服从，首先必须能够了解被领导者的愿望并帮助他们实现各自的愿望。可以说，管理者越是懂得什么东西在激励员工，以及激励如何发挥作用，并把他们在各项管理工作中反映出来，那么，他们就越有可能成为有效的领导者。

## 一、概念

从管理学的角度看，激励就是通过管理者的行为或组织制度的规定，给被管理者的行为以某种刺激，使其产生努力实现管理目标，完成组织任务的管理过程。通俗地讲，管理中的激励就是要解决如何调动职工积极性的问题。

## 二、作用

激励的主要作用在于激发、调动人的积极性，从而使人们能够更富有成效地努力工作，以取得最大的成效。管理学研究证明，个人的工作成效取决于个人的能力和工作积极性，若用公式来描述即为

$$M=F（A×E）$$

式中：$M$ 表示工作成效；$A$ 表示工作能力；$E$ 表示工作积极性。在决定工作成效的因素中，能力 $A$ 自然是最基本的。如果通过有效的人事管理，使个人能够胜任工作，那么决定工作效率的关键因素就是工作积极性了。并且，个人的能力变化是比较缓慢的，而工作态度，积极性的高低常常可能在短期内发生较大的变化，从而对工作成效产生很大影响。激励恰恰就是要使人保持旺盛的工作热情和积极性。具体说，激励的作用在于以下三个方面。

1. 通过激励来挖掘人的潜力

人的潜在能力与平时所表现出的能力有时存在很大差别，前者会大大超出后者。人的工作积极性越高，潜在能力就越容易发挥出来。所以，挖掘人的潜在能力，关键就在于有效的激励制度和激励方法。

2. 通过激励可以为组织吸引优秀人才

有效的激励制度不仅可以充分调动组织内现有的人才资源，而且还有助于吸引组织外的

人才流向组织内部。因为人人都愿意自己的才能得到充分的发挥，并得到公正的对待。有效激励的实质就是能够合理地满足人们的需要，这样的激励制度自然会吸引那些难以得到的人才加盟。

**3. 通过激励可以激发员工的创造性**

有效的激励不仅可以调动职工的劳动积极性，而且还会促进职工在工作中发挥自己的创造能力，去克服工作中的困难，完成任务。这种创造性的工作态度和热情，对组织任务的完成和组织的发展具有重大意义。

## 三、基本理论

**1. 内容型激励理论**

所谓内容型激励理论就是研究激起人们行为的动因，即研究是什么因素引起、维持并且指引某种行为去实现目标的问题。其中，最著名的是马斯洛的需求层次理论，此外，赫茨伯格等人也在这方面进行了大量的研究。

（1）需求层次理论

需求层次理论是由美国著名的社会心理学家亚伯拉罕 H. 马斯洛（AbrahamH. Maslow）提出来的。这个理论有两个基本论点，一个是：人是有需要的动物，其需要取决于他已经得到了什么，还缺什么，只有尚未满足的需要能够影响行为。换言之，已经得到满足的需要不能再起激励作用。另一个是：人的需要都有轻重层次，某层次需要得到满足后，另一层次需要才出现。

马斯洛把人类的各种各样的需求分成五种，并按其优先次序，排成阶梯式的需求层次，故这一理论通常被称为"需求层次理论"。马斯洛的需求层次理论可以用图8.5来表示。

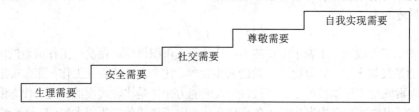

图 8.5　需求层次理论

1）生理需要。即人类对食物、水、服装、空气和住房等的需要。按照马斯洛的观点，生理需要是一切需要之中最占优势的需要，因为这是人类最基本和最原始的需要。具体说来，这意味着对一个生活中一无所有的人来说，他最主要的动机是满足生理需要而不是其他需要。可以说，人类的生理需要的满足，是人类的其他需要产生的基础，当人类的生理需要得到满足之后，人类才能出现其他（更高级）的需要。但是，我们应该认识到，人们长期处于生理需要得不到满足的时候很少。

2）安全需要。当生理需要得到基本满足以后，就会出现一系列新的需要，可以概括地称之为安全需要，即人类对生命安全、财产安全、劳动安全和就业安全（工作稳定）等方面的需求。人们在生理需要得到满足之后，就会产生安全方面的需求，即希望生命不会遭受疾病的威胁；财产不会遭受各种人为的和非人为的因素的损害；能有稳定的工作，不会有失业的危险；在工作中能有安全的劳动环境，不会因意外的事故而使身体受到伤害；希望生病时能有医疗保险；到了退休年龄时能享受退休福利待遇等等。

3）社交需要。这是一种对友谊、爱情以及归属感等方面的需要。马斯洛认为，在生理需要和安全需要得到满足之后，社交需要就会突出出来，成为激励人们从事某种行为的主要激励因素。人类对社交方面的需求是与前两个层次的需求不同性质的需求层次。生理需要和安全需要主要地还是表现为人类对物质方面和经济方面的需求，而社交方面的需求则表现为人类对心理和精神方面的需求。

4）尊敬需要。这是一种对成就、地位和声望的追求以及希望自己受到他人的赏识、尊敬和重视等方面的需要。马斯洛认为，在生理需要、安全需要和社交需要得到满足以后，尊敬方面的需要就会成为人们行为的主要激励因素。尊敬方面的需要与社交方面的需要一样同属于人类对社会方面和心理方面的需求的追求。但不同的是，这种需要主要与人们所从事的工作本身有关。针对这种需要，组织中的管理者应向职工着重强调工作的艰巨性和重要性，使人们对自己所从事的工作感到自豪和骄傲，并通过各种表扬、鼓励、授予各种荣誉称号、发给与人们的身份地位有关的各种奖励和给予独立自主地从事工作的机会等来满足人们对尊敬的需要，从而调动人们工作的积极性。

5）自我实现的需要。这是更高层次的需要。这种需要就是希望在工作上有所成就，在事业上有所建树，实现自己的理想或抱负。有人认为，这种需要只存在于那些事业心极强的科学家身上。其实这种看法是有片面性的。同自尊的需要一样，自我实现的需要几乎在任何人身上都有不同程度的表现。

（2）成就激励理论

马斯洛的需求层次理论提出以后，受到了人们的普遍重视。但是，麦克利兰（David C.McClelland）于1955年对需求层次理论的普遍性提出了挑战，并对该理论的核心概念"自我实现"的根据表示怀疑。他认为人类的许多需求是社会性的，而不是生理性的，而且这些社会需求在生命的早期通过后天的环境、经历和社会准则等得到培育，并且通过自己的人生经验而得到最终的强化。

麦克利兰把人类的社会需要分为三大类：①成就需要：达到某一标准，或超越竞争对手取得成功的需要。②权力需要：控制他人，或对他人施加影响的需要。③归属需要：建立友好亲密的人际关系的需要。

在以上三大类需要中，麦克利兰最重视的是成就需要，而具有成就需要的人所表现出的比其他人强烈得多的动机就称为"A型动机"。富有A型动机的人有三种性格特点：①自己设定挑战性的目标。②喜欢通过自己的努力解决问题，不依赖偶然的机遇坐享成功。③要求立即得到反馈，弄清工作的结果。

通过研究，麦克利兰还得出结论：某一社会的成就需要与那一社会的经济发展之间存在一定的关系，具有成就需要（A型动机）的人越多，国家经济增长就愈快。同样地，对一家企业而言，如果员工中这种人很多，往往就经营得好，发展得快。但是，根据麦克利兰对一些经营者与专业职员所作的对比调查表明，具有高成就需要（A 型动机）的人不到 10%。日本进行的某项研究也有类似的结论，认为只有不足 10% 的人，表现出高的成就需要。

（3）双因素理论

赫茨伯格（Frederick Herzberg）是美国研究激励问题的知名学者，他提出了著名的"激励—保健因素理论"，即"双因素理论"。赫茨伯格的研究是在 20 世纪 50 年代进行的，其对象是匹茨堡地区各行各业的 200 名工程师和会计师，研究过程中主要是调查他们对待工作的态度，以了解对工作满意和不满意的各种因素，对工作人员劳动积极性的影响。调查结果发现，导致职工满意和不满意的因素是独立地发挥作用的，而且彼此之间有着明显的差别。一般说来，"满意因素"即导致满意的因素多来自于工作任务本身，而"不满因素"即导致不满意的因素则多来自于周围环境。具体内容如表 8.3 所示。

表 8.3　满意因素与不满意因素的比较

| 满意因素 | 不满意因素 |
| --- | --- |
| 工作任务本身 | 环境因素 |
| 成就 | 公司政策与管理方式 |
| 赞赏 | 上级监督 |
| 工作本身 | 工资 |
| 工作责任 | 人际关系 |
| 进步 | 工作条件 |

按照赫茨伯格的观点，"满意因素"与"不满因素"都反映了人们在工作中的需求，都是质量愈高（或数量愈多）愈好。但"不满因素"与环境条件相关，作用是预防出现不满，所以被称为"保健因素"，而"满意因素"可以激发起人们在工作中努力进取、做出成绩的干劲，所以被称为"激励因素"。故这一理论就称为"双因素理论"。

基于调查结果，赫茨伯格还作了进一步的分析，认为导致工作满意和不满意的两类因素是彼此独立，各不相同的。但这两种感受，不是相互对立的：工作满意感的对立面不是工作不满意感，而是没有工作满意感；同样，工作不满意感的对立面不是工作满意感，而是没有工作不满意感。可见，在满意与不满意之间存在着双重的连续体。

所以，赫茨伯格提出，保健因素只能消除工作中的不满意因素，只能安抚员工，而不能激励员工。要真正激励员工努力工作，必须注重激励员工，只有这些因素才能增加员工的工作满意感。

2．过程型激励理论

1）公平理论。公平理论是以心理学者称作"认知不协调"的概念为基础，由美国心理学家 J. S. 亚当斯（J. S. Adams）于 20 世纪 60 年代首先提出来的。这一理论的基本认识是：所有人都期望自己在工作中的投入（如努力、技能等）和产出（如工资或其他满足）之间保持一定的关系，所有不协调（不公平）的存在都激励着人们去达到协调（公平）和减少不协调（不公平）。

公平理论中的公平，不单是指员工所获得的绝对报酬，更多的时候是指某个人的投入对产出的比率，而且也是一种与同样条件下有可比性的对象的投入产出比进行比较的结果，如表8.4所示。

表8.4 公平理论

| 比较的结果 | | | 员工的评价（感觉） |
|---|---|---|---|
| $\dfrac{A\text{的产出}}{A\text{的投入}}$ | < | $\dfrac{B\text{的产出}}{B\text{的投入}}$ | 不公平（报酬过低） |
| $\dfrac{A\text{的产出}}{A\text{的投入}}$ | = | $\dfrac{B\text{的产出}}{B\text{的投入}}$ | 公平 |
| $\dfrac{A\text{的产出}}{A\text{的投入}}$ | > | $\dfrac{B\text{的产出}}{B\text{的投入}}$ | 不公平（报酬过高） |

个人选择用来比较的对象通常有三大类："他人"、"制度"、"自我"。选择来作为比较对象的"他人"，往往是与本人从事相同或相似工作，或者与本人有着相似背景的人，否则就缺乏可比性；而"制度"是指组织中对报酬、奖金等的程序、规定及具体的运作过程，包括一些明文规定的或不明文规定的、隐含的惯例等；"自我"是指员工将自己的投入产出比与过去所作的纵向比较，以及与自己现在所处的境况所作的比较。

根据公平理论，经过比较，如果感觉不公平，员工会竭力地采取措施来消除不公平感。通常采用的方法有：①曲解自己或比较对象的投入或产出。②采取某种行为来改变自己的投入或产出。③采取行为使比较对象的投入或产出发生改变。④选择另一对象加以比较。⑤辞去自己的工作。

2）期望理论。维克托·弗鲁姆（Victor Vroom）的期望理论认为：只有当人们预期到某一行为能给个人带来有吸引力的结果时，个人才会采取这一特定行为。根据这一理论的研究，人们对待工作的态度取决于对下述三种联系的判断：①努力—绩效的联系。需要付出多大努力才能达到某一绩效水平？我是否真能达到这一绩效水平？概率有多大？②绩效—奖赏的联系。当我达到这一绩效水平后，会得到什么奖赏？③奖赏—个人目标的联系。这一奖赏能否满足个人目标？吸引力有多大？

期望理论的基础是自我利益，它认为每一员工都在寻求获得最大的自我满足。期望理论的核心是双向期望：管理者期望员工的行为，员工期望管理者的奖赏。期望理论的假设是管理者知道什么对员工最有吸引力。期望理论的依据是员工个人的知觉与判断，而与实际情况不相关。不管实际情况如何，只要员工以自己的知觉确认自己经过努力工作，就能达到所要求的绩效，达到绩效后又能得到具有吸引力的奖赏，他就会努力工作。

3. 强化型激励理论

强化理论是由美国心理学家B. F. 斯金纳（B. F. Skinner）首先提出的。该理论认为人的行为是对其所受刺激的函数。如果这种刺激对他有利，则这种行为就会重复出现；若对他不利，则这种行为就会减弱直至消失。因此管理者要采取各种强化方式，以使人们的行为符合组织的目标。根据强化的性质和目的，强化可以分为正强化和负强化两大类型。

1）正强化。所谓正强化，就是奖励那些符合组织目标的行为，以便使这些行为得到延续和加强，从而有利于组织目标的实现。正强化的刺激物不仅包含奖金等物质奖励，还包含表扬、提升、改善工作关系等精神奖励。为了使强化能达到预期的效果，还必须注意实施不同的强化方式。有的正强化是连续的、固定的正强化，譬如对每一次符合组织目标的行为都给予强化，或每隔固定的时间都给予一定数量的强化。尽管这种强化有及时刺激、立竿见影的效果，但久而久之，人们就会对这种正强化有越来越高的期望，或者认为这种正强化是理所应当的。管理者要不断加强这种正强化，否则其作用会减弱甚至不再起到刺激行为的作用。另一种正强化的方式是间断的，时间和数量都不固定的正强化，亦即管理者根据组织的需要和个人行为在工作中的反映，不定期、不定量实施强化，使每一次强化都能起到较大的作用。实践证明，后一种正强化更有利于组织目标的实现。

2）负强化。所谓负强化，就是惩罚那些不符合组织目标的行为，以使这些行为削弱直至消失，从而保证组织目标的实现不受干扰。实际上，不进行正强化也是一种负强化，譬如，过去对某种行为进行正强化，现在组织不再需要这种行为，但基于这种行为并不妨碍组织目标的实现，这时就可以取消正强化，使行为较少或不再重复出现。同样，负强化也包含着减少奖酬或罚款、批评、降级等。实施负强化的方式与正强化有所差异，应以连续负强化为主，即对每一次不符合组织的行为都应及时予以负强化，消除人们的侥幸心理，减少直至消除这种行为重复出现的可能性。

### 4. 激励理论的综合

上述激励理论，并不是非此即彼的对立关系。孤立地认识和运用单一激励理论的做法是错误的。事实上，许多理论观点都是相互补充的，只有将各种激励理论融会贯通，才会加深对如何激励个体的理解。如图 8.6 所示的这一模型，总结了关于激励问题的大部分内容。

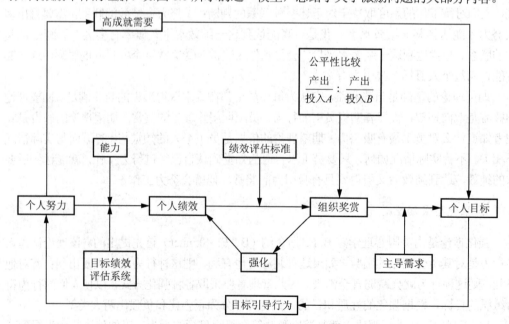

图 8.6　激励理论的综合

在图 8.6 中，"个人努力"处于一个"从个人目标"中引伸出来的箭头，这与目标激励理论一致，目标——努力这一环路意味着我们应注意目标指导行为。

仔细分析图 8.6，不难发现，这个模型包含了成就需要理论、强化理论和公平理论。高成就需要者不会因为组织对他的绩效评估以及组织奖赏而受到激励，对他们来说，努力与个体目标之间是一种直接关系。对于高成就需要者而言，只要他们所从事的工作能使他们产生个体责任感、有信息反馈并提供了中等程度的风险，他们就会产生内在的驱动力。这些人并不关心努力—绩效、绩效—奖赏以及奖赏—目标之间的关系。

在模型中，还包括强化理论，它通过组织的奖励强化了个人的工作投入并通过工作绩效体现出来。如果管理层设计的奖励系统在员工看来是用于奖励卓越的工作绩效的，那么奖励将进一步强化和激励这种良好的工作绩效。

最后，报酬也体现了公平理论的作用。个人经常会将自己的付出与所得比率同相关他人的比率进行对比，若感到二者之间不公平，将会影响到个人的努力程度。

在实际的管理工作中，要综合各种激励理论，融会贯通，创造性地加以运用。特别是公共管理部门的领导，在满足需要、激发人们行为积极性时，一定要注意以下几点：

1）多做实事，少说空话。"为政不在多言"，要切切实实为部属群众解决问题，多办实事。有的领导者知道工作要靠群众，也想把大家的积极性调动起来，但做法不对头，他们喊的声音很大，却只要群众努力，不给群众办实事；只怨群众落后，不找自己的毛病，这是不行的。为群众解决问题要扎扎实实，最忌凭空许诺，提些不切实际的目标，到头来劳民伤财，图虚名，得实祸，失信于民。这会严重挫伤部属的积极性，给今后的工作带来难度。

2）统筹兼顾，全面考虑。一碗水要端平，满足需要必须公平合理并有区别，使大多数人在心理上都能够接受，这才能产生激励作用。组织群体中群众的心理接受度越大（包括广度和深度），调动积极性就越广泛持久。如果有局部或部分人心理上产生排斥感，就会对全局产生影响，所以，领导者在这个问题上要慎重，要经过组织程序，防止偏听偏信，免得调动了这部分人的积极性，又挫伤了那部分人的积极性。在实际生活中，有的领导者往往是出于好心，轻率地批条子，给个别人解决不该解决的问题，结果引起的反应和后遗症长时间难以平复。

3）教育下属在不同的需求中进行最佳抉择，把低层次需要积极地引导到高层次需求上来。人的需要是多方面的，而人的精力和社会的客观条件都注定了绝不可能一下子同时满足人们的许多需求，这就要教育引导部属在多种需要中抓住主要矛盾，作出正确的抉择，获得相应的满足。孟子说："鱼，我所欲也；熊掌，亦我所欲也，二者不可兼得，舍鱼而取熊掌者也。"这是同一需要层次中，两种不同的物质需要的抉择。孟子还说："生亦我所欲也，义亦我所欲也，二者不可得兼，舍生而取义者也。"这是不同需要层次中的抉择，也是最困难的抉择。领导者要教育、引导部属树立正确的价值观，使其需要抉择、行为取向和组织目标及社会标准趋于一致，并对此给予最高的褒奖。

## 四、方法

激励的方法指在关怀、尊重、体贴、理解的基础上，以诚挚的感情，入情入理的分析，实事求是的科学态度，恰如其分的手段，对受激励的对象以启发和开导，调动其内在积极因素，促使其振奋精神，积极向上，努力进取。

激励的方法分为精神激励法和物质激励法两大类，下面分别加以阐述。

### 1. 精神激励法

常见的精神激励法有：

1）目标激励。目标激励就是通过树立起工作目标来调动人们的积极性。在大多数情况下，人们都希望工作具有挑战性，能在工作中充分发挥自己的能力，从而体会自我价值的实现感和成就感。在管理过程中，如果能给每一个人确立一个通过努力可以实现的、明确的工作目标，就可以起到调动积极性的作用。

2）情感激励。古人云："感人心者莫先于情。"情感是人们对于客观事物是否符合人的需要而产生的态度和体验，它是人类所特有的心理机能。当客观事物符合人的需要，就会产生满意、愉快、欢乐等情感；反之，就会产生忧郁、沮丧等消极情感。管理者对下属的激励必须注重"情感投资"，晓之以理，动之以情，鼓励人情、人爱、人性，要讲人情味，给人以亲切感、温暖感，用真挚的感情去感染人，满足人的感情需要。

3）榜样激励。所谓榜样激励，也就是典型激励。典型是公开树立起来的旗帜，典型的力量是无穷的，运用先进典型教育群众和带动群众，是组织经常用的一种行之有效的激励方法。在实际工作中，应注意发现和及时正确地宣传好的典型，发挥典型的导向作用，使好人好事得到社会和众人的承认和尊重，使人们向先进看齐，以先进为榜样，培养健康向上的情操。

4）行为激励。从管理心理的角度来看，每个人都对他周围的人产生行为影响力。但由于权力、地位、资历、品德、才能和心理素质等情况的不同，每个人对他周围的人产生的行为影响力的大小是不同的。一般的情况是，职位越高的领导者，影响力就越大。正因为如此，领导只有加强自身修养，通过自己的言传身教，树立权威和表率，充分发挥自然性影响力，才能更好地影响、激励广大干部和职工群众。

5）考核激励。就是从干部职工的思想、业务水平、工作表现和完成任务方面进行考核，对政绩突出、表现优秀者给予奖励、晋升，对不胜任者要换职换岗，必要时还应降职处理。这种做法的目的是给干部、职工造成一种压力，克服干好干坏一个样的状态，从而促使其振奋精神、积极进取。

6）尊重激励。自尊心是一种高尚纯洁的心理品质。自尊心是人们潜在的精神能源，前进的内在动力。人们有自我尊重、自我成就的需要，总是要竭力维护和努力争取自己的面子、威信和尊严。一个人的自我尊重需要得到满足，就会对自己充满信心，对他人满腔热情，感到生活充实，人生有价值；反之，一个人的自尊心受挫，就会消极颓废，自暴自弃，畏缩不前。

要注意的是，不同文化环境中成长起来的人，对尊重的理解是不一样的。东方文化认为尊重人主要是给面子，不能伤面子；而西方文化认为给面子不是真正的尊重，尊重是要实事求是的承认个人的价值。类似这种差别在管理中是应当注意的。

7）关怀激励。就是把他人的政治利益、物质利益和精神生活的需要，时刻放在心里。对于他人的工作、学习、生活、成长和进步给予关心和支持。通过关心他人的冷暖和切身利益，帮助他们排忧解难，使其认识到自我存在的价值，从内心深处受其感动，打动心灵，从而产生精神力，积极工作，多做贡献。

8）危机激励。危机就是潜在的危险。危机激励就是从反面激励，就是从关心人的立场出发，帮助分析问题和找出存在的问题的原因。给人指明坚持某种观点、主张、做法可能会产生不良后果以及危害，使人产生危机感，从而转变自己的态度、观点和行为，焕发精神，树立信心，鼓动勇气，积极进取。

9）表扬激励。表扬激励就是对好人好事给予公开赞扬，对人们身上存在的积极因素和积极表现及时予以肯定、鼓励和支持。从心理学特点来讲，人们都喜欢接受表扬，不愿接受批评。从每个人的身上看，积极因素总的来说始终是占主要方面的，把消极因素转化为积极因素，把大多数人的积极性调动起来，促进工作的顺利进行。

10）荣誉激励。受荣辱观决定，正常人都有荣誉感。荣誉激励包括发给奖状、奖旗、奖牌，给予记功，授予称号等，以此来激发广大干部、职工群众的热情，调动人们的积极性。

## 2. 物质激励法

物质激励法指的是通过满足人们对物质利益的需求，来激励人们的行为，调动人们的工作积极性的方法。物质利益是人们生存和发展的基础，是基本的利益。当然，不同的人对物质利益的要求是不同的，有的强烈，有的淡薄。但总的来说，它仍是现阶段最重要的个人利益之一。所以说，物质激励方法也是管理中最重要的常见的激励方法。

物质激励方法主要有：

1）晋升工资。工资是人们工作报酬的主要形式，它与奖金的主要区别在于工资具有一定的稳定性和长期性。工作有成效的职工如果获得晋升工资的奖励，毫无疑问是重大的物质利益。因此，晋升工资的激励方法一般用于一贯表现好，长期以来工作突出的职工。

2）颁发奖金。奖金是针对某一件值得奖励的事情给予的奖赏。奖金与工资不同，它的灵活性大，不具有长期性、稳定性。一件事情该奖，目标达到了，奖金发放了，也就结束了。所以说，奖金也是一种重要的物质激励手段，一般适用于特殊事情的激励。

3）其他物质奖赏。除了货币性的工资与奖金之外，常用的还有住房、轿车、带薪休假等可为人们提供其他物质利益的激励手段。特别是有些激励方法是带有物质型激励与精神型激励相结合的特征，如高尔夫球俱乐部会员证，对个人来说，参加高尔夫球运动不仅是一种享受，而且在一定社会圈子中它还代表着一种地位和身份，给人以自尊需求的满足感。另外，当代企业实行职工持股制度，给予股份奖励等也都是一种物质奖励手段。

**案例** ———— **媒介大亨——泰德·特纳**

泰德·特纳（Ted Turner），美国的媒介大亨，他的座右铭是："要么领导，要么服从，别无它图。"

特纳，1963 年，24 岁，中止大学学业，开始经营濒临倒闭的广告公司。发生转机

后，购买了亚特兰大一家独立的小型电视台，取名"超级电视台"。

一年后又买下了亚特兰大屡战屡败的勇敢者棒球队，获得成功。

1981 年，特纳认定 24 小时新闻直播必有市场，尽管当时没有一个人赞成他的想法，他还是倾全部财力创立了有线电视新闻网（Cable News Network，CNN），获得了令人难以置信的经济效益，并且，由于对 1991 年海湾战争的报道而赢得了无数赞誉。

1986 年他又一次赌注，买下了联合艺术家电影图书馆。特纳的 CNN，因为上演经典影片而获得了巨大成功。

启示：发现别人看不到的机遇和大胆追求成功的能力，使特纳明显区别于一般的企业经理。

（案例来源：朱秀文. 2004. 管理学教程. 天津：天津大学出版社）

# 习　题

1. 领导者和管理者有什么不同？

2. 领导有哪些主要功能？

3. 有哪些主要的领导理论？它们之间有什么区别？

4. 四分图理论与管理方格理论有什么区别和联系？

5. 权变领导理论的基本观点是什么？

6. 怎样提高领导的有效性？

7. 需求理论的主要观点是什么？它有何启发意义？

8. 内容型激励理论与过程型激励理论有何不同？

9. 期望理论与公平理论有什么实践指导意义？

10. 常用的激励手段有哪些？它们各有什么特点？

11. 从媒介大亨泰德·特纳看领导者的特质。

# 第九章 控 制

 **教学目标**

通过本章学习，理解控制的概念和作用，了解控制与其他管理职能之间的关系；掌握控制的类型与控制的基本原则；熟悉确立标准、衡量绩效、纠正偏差控制过程各阶段的主要内容和基本要求；了解预算控制与非预算控制等基本控制方法，明确构建控制系统与实施有效控制的途径。

控制是管理的重要职能之一。它是保证组织计划与实际作业动态相适应的管理职能。控制工作的主要内容包括确立标准、衡量绩效和纠正偏差。一个有效的控制系统，可以保证组织的各项活动朝着达到组织目标的方向不断逼进，而且控制系统越是完善，组织目标就越有实现的保证。

## 第一节 概 述

管理的控制职能，是对组织内部的管理活动及其效果进行衡量和校正，以确保组织的目标以及为此而拟定的计划得以实现的过程。控制职能是每一位负责执行计划的主管人员的主要职责，尤其是直接主管人员的主要职责。与管理的其他主要职能一样，控制职能也有其原理和方法，正确地和因地制宜地运用这些原理和方法，是使控制工作更加有效的重要保证。

### 一、含义

从一般意义上说，控制是指控制主体按照给定的条件和目标，对控制客体施加影响的过程和行为。控制一词，最初运用于技术工程系统。自从维纳的控制论问世以来，控制的概念更加广泛，它已用于生命机体、人类社会和管理系统之中。从一定意义上说，管理的过程就是控制的过程。因此，控制既是管理的一项重要职能，又贯穿于管理的全过程。一般说来，管理中的控制职能，是指管理主体为了达到一定的组织目标，运用一定的控制机制和控制手段，对管理客体施加影响的过程。在管理中构成控制活动必须有三个条件：第一，要有明确的目的或目标，没有目的或目标就无所谓控制；第二，受控客体必须具有多种发展可能性，如果事物发展的未来方向和结果是唯一的、确定的，就谈不上控制；第三，控制主体可以在被控客体的多种发展可能性中通过一定的手段进行选择，如果这种选择不成立，控制也就无法实现。

### 二、类型及特点

在实际管理过程中，按照不同的标志，可把控制分成多种类型。例如，按照业务范围可

把控制分为生产控制、质量控制、成本控制和资金控制等；按照控制对象的全面性，又可分为局部控制和全面控制；按照控制作用环节的不同，将控制分为现场控制、反馈控制和前馈控制等。各种不同类型的控制都有其不同的特点、功能与适应性。下面介绍几种主要的控制类型。

### 1. 开环控制

所谓开环控制，是指受控客体不对控制主体产生反作用的控制过程，也即不存在反馈回路的控制。在这种控制中，控制系统的输出仅由输入来确定。在实际中则表现为控制主体在发出控制指令后，不再参照受控客体的实际情况重新调整自己的指令。其控制原理是：在对系统情况和外界干扰有了大致分析研究的基础上，通过控制初始条件，使系统能不受外界干扰的影响准确无误地转移到目标状态。这种控制可用图 9.1 表示。

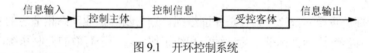

图 9.1　开环控制系统

在管理中采用开环控制具有作用时间短、控制成本低等优点，在外界干扰较小且变化不大的情况下，有一定的控制作用。但这种控制由于没有反馈机制，无法发现和纠正计划和决策实施中与预定目标之间的偏差，缺乏抗干扰能力，因此仅适用于那些干扰不大且能规则变化的组织活动，而在复杂多变的情况下，则不能起到有效控制作用，因此有很大的局限性。

### 2. 闭环控制

闭环控制是指存在反馈闭合回路的控制。在闭环控制中，受控客体能作用于控制主体，并使其再输出增强或者减弱，以保证预定目标的实现。其控制原理是：当受控客体受干扰的影响，其实现状态与期望状态出现偏差时，控制主体将根据这种偏差发出新的指令，以纠正偏差，抵消干扰的作用。这种控制如图 9.2 所示。在闭环控制中，由于控制主体能根据反馈信息发现和纠正受控客体运行的偏差，所以有较强的抗干扰能力，能进行有效的控制，从而保证预定目标的实现。管理中所实行的控制大多是闭环控制，所用的控制原理主要是反馈原理。

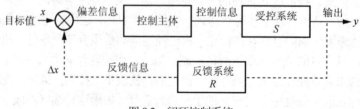

图 9.2　闭环控制系统

在图 9.2 中，如果我们把输入值用 $x$ 表示，输出值用 $y$ 表示，客体的功能用 $S$ 表示，控制系统也即反馈系统的作用用 $R$ 表示，偏差信息用 $\Delta x$ 表示，则有：

$$y = S(x + \Delta x) = S(x + Ry) = Sx + SRy$$

$$y = \frac{S}{1-SR}x$$

式中：$\frac{S}{1-SR}$ 称反馈因子或控制参数，它反映闭环控制系统的反馈功能或控制功能。管理中所运用的反馈原理主要是负反馈原理，其反馈回路的流程如图 9.3 所示。

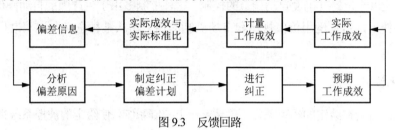

图9.3 反馈回路

### 3. 定值控制

这是一种使预期量不随时间而变化的常量反馈控制。在定值控制中，由于预期量是个常量，因此其控制系统的主要任务是抗拒外来的干扰。当外部干扰影响系统运行时，输出量将偏离预期值，控制系统的作用是使被控变量恢复到预期的常量。在实际中，国家对于物价水平和经济增长速度的控制，一般都是定值控制。

### 4. 程序控制

这是一种预期量是一个预先知道的时间控制程序的反馈控制。在这类控制中，预期量是一个由决策者预先规定的随时间而变化的控制程序。这种控制虽然不可避免地受到干扰的作用，但作为一种控制方式来说，只考虑被控变量按预定规律变化的问题。如果预期量变化了一个值，因被控变量而变化，反馈后有偏差输出，从而使控制系统驱使被控对象作相应变化，如此直至两者按一定程度都作相应变化为止。在实际中，某些长期计划的完成多属程序控制，例如投资对 GDP 增长的控制。

### 5. 前馈控制

前馈控制也称超前控制、预先控制。是指观察作用于系统的可以测量的输入量和主要扰动量，分析它们对系统输出的影响关系，在这些可测量的输入量和扰动量产生不利影响之前，通过及时采取纠正措施，来消除它们的不利影响，"防患于未然"。前馈控制，可以克服事后控制的时滞，具有事先预防的作用，因此在管理中有广泛的用途。

### 6. 反馈控制

反馈的机理，是控制论的基本原理，同时也是管理控制职能最基本的原理。所谓反馈，是指系统的输出信息返送到输入端，与输入信息进行比较，并利用二者的偏差进行控制的过程。如果输出信息的作用是抵消输入信息，称为负反馈；若作用是增强输入信息，则称为正反馈。反馈控制具有使系统稳定、跟踪目标、抗干扰三个方面的性质。反馈控制，不仅是管理系统，也是自然界和人类社会中普遍存在的一种现象。

### 7. 过程控制

过程控制也称自动控制，是指在无人直接参与的情况下，采用自动化装置使各生产或其他活动环节能以一定的准确度自动调节的控制。这种控制多用于生产中的自动操作系统，在市场经济条件下，自觉运用价值规律和市场机制的调节，从某种意义上说，也是一种自动控制。

### 8. 优化控制

优化控制是指在给定的约束条件下，寻求一个控制系统，使给定的被控系统性能指标取得最大或最小值的控制。一般地说，进行优化控制必须要具备三个条件：一是要给出系统的性能指标；二是要给出约束条件；三是要寻找优化控制的机制和方法。由于在实际中情况是复杂多变的，进行优化控制不可能达到十全十美，因此优化控制只能是相对的或满意的控制，而难以做到最优控制。

随着科学技术的发展，目前智能控制已开始广泛应用。这种控制将人类的智能，例如把适应、学习、探索等能力引入控制系统，使其具有识别、决策等功能，从而使自动控制和优化控制达到了更高级的阶段。

### 9. 自组织控制

自组织控制是指工作条件和外部环境发生不确定性变化时，组织能及时调整自身的组织结构，以达到预期的理想目的的一种控制。自组织控制是适应性控制的进一步发展，它不但能适应外部环境和条件的变化，改变原定策略及某些参数，而且还能改变管理系统的组织结构。实行自组织控制要不断测量系统的输入和输出，积累经验，深入研究，以求在低成本的情况下，使组织结构与环境变化相适应，取得较好的控制效果。

## 三、与其他管理职能的关系

### 1. 与计划的关系

控制工作意指按计划、标准来衡量所取得的成果并纠正所发生的偏差，以保证计划目标的实现。如果说管理的计划工作是谋求一致、完整而又彼此衔接的计划方案，那么，管理的控制工作则使一切管理活动都能按计划进行。

计划和控制是一个问题的两个方面。计划是基础，它是用来评定行动及其效果是否符合需要的标准。计划越明确、全面和完整，控制的效果也就越好。控制职能使管理工作成为一个闭路系统，如图9.4所示。在多数情况下，控制工作既是一个管理过程的终结，又是一个新的管理过程的开始，它使计划的执行结果与预定的计划相符合，并为计划提供信息。

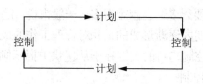

图 9.4 计划与控制的循环图

### 2. 与组织的关系

组织职能是通过建立一种组织结构框架，为组织成员提供一种适合默契配合的工作环境。因此，组织职能的发挥不但为组织计划的贯彻执行提供了合适的组织结构框架，为控制职能的发挥提供了人员配备和组织机构，而且组织结构的确定实际上也就规定了组织中信息联系的渠道，为组织的控制提供了信息系统。如果目标的偏差产生于组织上的问题，则控制的措施就要涉及组织结构的调整、组织中的权责关系和工作关系等方面的重新确定。

### 3. 与领导的关系

领导职能是通过领导者的影响力来引导组织成员为实现组织的目标而作出积极的努力，这意味着领导职能的发挥影响组织控制系统的建立和控制工作的质量。反过来，控制职能的发挥又有利于改进领导者的领导工作，提高领导者的工作效率。

总而言之，控制工作中的纠偏措施可能涉及管理的各个方面，要把那些不符合要求的管理活动引回到正常的轨道上来。

## 四、原则

### 1. 反映计划要求原则

控制是实现计划的保证，控制的目的是为了实现计划，计划越是明确、全面、完整，所设计的控制系统越是能反映这样的计划，则控制工作也就越有效。确定什么标准，控制哪些关键点和重要参数，收集什么信息，采用何种方法评定成效以及由谁来控制和采取纠正措施等，都必须按不同计划的特殊要求和具体情况来设计。

### 2. 控制关键点原则

为了进行有效的控制，需要特别注意在根据各种计划来衡量工作成效时具有关键意义的那些因素。对一个管理人员来说，随时注意计划执行情况的每一个细节，通常是浪费时间、精力和资源，是没有必要的，也是不可能的。他们应当也只能够将注意力集中于计划执行中的一些主要影响因素上。事实上，控制住了关键点，也就控制住了全局。有效的控制方法是指那些能够以最低的费用或其他代价来探查和阐明实际偏离或可能偏离计划的偏差及其原因的措施。

### 3. 控制趋势原则

对控制全局的管理者来说，重要的是现状所预示的趋势，而不是现状本身。控制变化的趋势比仅仅是改变现状要重要得多，也困难得多。一般来说，趋势是多种复杂因素综合作用的结果，是在一段较长的时期内逐渐形成的，并对管理工作的成效起着长期的制约作用。趋势往往容易被现象所掩盖，控制趋势的关键在于从现状中揭示倾向，特别是在趋势刚显露苗头时就觉察，并给予有效的控制。

### 4. 例外性原则

在控制过程中，管理者应该只注意一些重要的例外偏差，也就是说把主要注意力集中在那些超出一般情况的特别好或特别坏的情况，这样控制工作就会更有效。事实上，例外原则必须与控制关键点原则相结合，即要多注意关键点的例外情况。

## 第二节　过　程

不论在什么地方，也不论所控制的对象是新技术的研究与开发，还是产品的加工制造、市场营销宣传、企业的人力资源、物质要素资源、财务资源，控制的过程都包括三个基本步骤：确立标准、衡量绩效、纠正偏差。

## 一、确立标准

标准是人们衡量实际业绩和预期业绩的尺度。制定标准是进行控制的前提与基础，没有一套完整的标准，衡量绩效或纠正偏差就失去了客观依据。

### 1. 确定控制对象

标准的具体内容设计需要确定控制的对象。那么，组织运营与管理中哪些要素（事或物）与活动需要加以控制呢？这是在建立标准之前首先要加以分析的。

无疑，组织目标的实现是需要控制的重点对象。控制工作的最初始动机就是要促进和保证组织目标的如期实现。因此，要分析组织需要什么样的目标与结果。从企业来看，这种目标与结果可以从盈利性、市场占有率等多个角度来进行。确定了组织目标后，要对它们加以明确的、尽可能定量的描述，也就是说，要规定在正常情况下组织目标希望达到的状况和水平。

要保证组织取得预期的结果，必须在成果最终形成以前进行控制，纠正与预期成果的要求不相符的活动。因此，需要分析影响组织目标实现的各种因素，并把它们列为需要控制的对象。以企业为例，影响企业在一定时期经营目标实现的主要因素有：

1）关于环境特点及其发展趋势的假设。企业在特定时期的经营活动，是根据决策者对经营环境的认识和预测来计划和安排的。如果预期的市场环境没有出现，或者企业外部环境发生了某种无法预料和抗拒的变化，那么原来计划的活动就可能无法进行，从而难以为企业带来预期的结果。因此，制定计划时所依据的对经营环境的认识应作为控制对象，列出"正常环境"的具体标志或标准。

2）资源投入。企业经营成果是通过对一定资源的加工转换得到的，没有或缺乏这些资源，企业经营就会成为无源之水、无本之木。投入的资源，不仅会在数量和质量上影响经营活动按期、按量、按要求进行，从而影响最终的物质产品，而且取得资源的费用直接影响企业的生产成本，从而影响企业经营的盈利程度。因此，必须对资源投入进行控制，使之在数量、质量、结构以及价格等方面符合预期经营成果的要求。

3）组织的活动。输入到生产经营中的各种资源不可能自然形成产品，企业经营成果是通过全体员工在不同时间和空间上利用一定技术和设备对不同资源进行不同内容的加工劳动才最终得到的。企业员工的工作质量和数量、员工之间的分工协作关系等，都是决定经营成果的重要因素。因此，必须使企业员工的活动符合计划和预期结果的要求。为此，必须建立员工的工作规范，建立各个部门、各个员工、各项活动在各个时期的阶段成果的标准，以便对他们的活动进行有效控制。

2. 选择关键控制点

选择关键控制点是指，组织无力、也无必要对所有成员的所有活动进行控制，只能在影响组织目标的众多因素中选择若干关键因素与环节作为重点控制对象。所选择的控制点应当是关键性的，这有两种含义，它们或是组织经营活动中的限制性因素，或是明显有利的因素（不论计划是否已制定）。有了控制这些因素与环节的标准，管理人员便能掌管一大批下属，从而扩大管理跨度，并因此节约成本，改善信息沟通。

选择关键性控制点的能力是一项管理艺术，因为健全的控制往往取决于关键点控制。计划的每项目的、每个目标、每个方案、每项活动、每项政策、每项规程以及每种预算，都可成为衡量实际业绩或预期业绩的标准。但在实际上，标准大致有以下几种：

1）实物标准。实物标准都是非货币衡量标准，如耗用原材料、雇佣劳动力、提供服务及生产产品的操作层次中通常都用实物标准。这些标准反映了诸如每单位产出的工时数、生产每马力所耗燃料的磅数、货运的吨英里数、单位机器台时的产量、每吨铜的电线英尺数等等数量标志。实物标准也可反映品质，诸如轴承的硬度、公差的精确度、飞机的爬升高度、纤维的强度或颜色的牢固度（即不褪色）等。

2）成本标准。成本标准都是货币衡量标准，像实物标准一样，通用于操作层次。这类标准是把货币值加到经营活动的成本中去。广泛使用的成本标准有：单位产品的直接成本和间接成本、单位产品或每小时的人工成本、单位产品的原材料成本、工时成本、单位销售额的销售费用等。

3）资本标准。资本标准有多种，全是以货币衡量标准应用于实物而形成的。这些标准同投入于企业的资本有关，而同营运资本无关，所以它们主要是同资产负债表有关，而同损益计算表无关。对于新投资和综合控制而言，使用得最广泛的标准也许是投资报酬率，典型的资产负债表会揭示其他资本标准，诸如流动资产与流动负债比率、债务与资本净值比率、固定投资与总投资比率、现金及应收账款与应付账款比率、票据或债券与股票比率以及库存量与库存周转量比率等等。

4）收益标准。把货币值用于销售量即为收益标准。它包括每辆公共汽车每英里的收入、每名顾客的平均销售额、在既定市场范围内的人均销售额等。

5）计划标准。主管可能奉命编制一个可变预算方案，一个正式实施的新产品开发的计划或一个改进销售人员素质的计划。在评估计划的执行业绩时，虽然难免运用一些主观判断，但也还是可以运用时间安排和其他因素作为客观判断标准。

6）无形标准。更加难以确定的是既不能以实物又不能以货币来衡量的标准。管理人员能用什么标准来测定公司分部门采购代理人或人事部主任的才干？主管能用什么标准来确定广告计划是否符合短期目标和长期目标？怎样确定公共关系计划是否取得成功？监督管理人员是否忠诚于公司的目标？办公室人员是否精明机灵？由上述问题可见，要既明确定量又明确定性的目标或标准，是很困难的。

7）指标标准。一些管理较出色的企业目前的倾向是，要在每一层次的管理部门建立可考核的定性指标或定量指标，无形标准的用处日益减少（虽说仍然重要）。在复杂的计划工作和管理人员本身的业绩方面，定量指标固然有可能采取上文概述过的各类标准，而定性指标的规定意味着标准领域内的一个大发展。例如，假使地区销售计划包括了诸如按照一份专业性计划来培训售货员的内容，则这份计划及其本身特点也就提供了若干倾向于客观的也就是"有形"的标准。

8）作为策略控制点的测量计划。关于策略计划已经有了大量论著，但相对而言，策略控制却鲜为人知。一本有关这个论题的新著把策略控制视为策略：控制点上的系统监控，也是以这种监控估计为依据来修改组织策略。本书认为，计划与控制两者密切相关，因此，策略计划需要策略控制。况且，由于控制有利于对预定业绩同实际业绩作比较，所以也就提供了学习的机会，进而又提供了组织变革的基础。最后一点，通过策略控制的运用，人们不仅洞悉组织的业绩，而且通过监控环境也洞悉不断变化的环境。

### 3. 拟定标准

控制过程的第一步就是拟定一些具体标准。标准（norm）是评定成效的尺度，是从整个计划方案中选出的对工作成效进行评价的关键指标。标准的设立应当具有权威性。标准的类型有多种。最理想的标准是以考核的目标直接作为标准。但更多的情况则是需要将某个计划目标分解为一系列的标准，如利润率目标分解为产量、销售额、制造成本、销售费用等。此外，工作程序以及各种定额也是一种标准。

常用的拟定标准的方法有三种：①统计方法。它是根据组织的历史数据记录或是对比同类组织的水平，运用统计学方法确定的。最常见的有统计平均值、极大（或极小）值和指数等，用此方法制定的标准，称为统计标准。②经验估计法。它是由有经验的管理人员凭经验确定的，一般是作为统计方法和工程方法的补充。③工程方法。它是以准确的技术参数和实测的数据为基础，用这种方法拟定的标准称为工程标准。

## 二、衡量绩效

衡量绩效就是要对系统运转的结果进行衡量，找出实际运转结果与预定目标之间的差异。事实上，如何评定管理活动的成效，在拟定标准时就已经部分地得到了解决。也就是说，通过制定可考核的标准，同时也就将计量的单位、计算的方法、统计的口径等确定下来了。

因此，对于衡量成效而言，主要的问题实际上就是信息的收集、处理与传递的过程。为了取得真实的管理效果的信息，组织信息的及时性、可靠性和适用性就显得非常重要。

1）信息的及时性。及时性有两个方面的含义：①对那些时过境迁不能追忆和不能再现的重要信息要及时记录。②信息的加工、检索和传递要快。组织应及时地了解有关组织运转的实际情况及其与计划、标准的差异的信息，并把这些信息及时地传递给有关的人员和部门，这就要求在组织中建立一个迅速有效的信息系统。比如，现代电子计算技术的发展和应用使得组织有可能建立实时信息系统。如民航的订票系统通过电脑就可以使得每一个订票点及时地了解各个航空公司各个航班的座位剩余情况，从而最大限度地满足顾客对购票的要求，使航空公司的载客能力得到最充分的利用。这就要求组织完善信息的收集、加工、检索和传递的手段和工具，使得系统的运作获得及时的控制，避免由于时间的耽搁所带来的不便。

2）信息的可靠性。也就是说，所收集和传递的信息必须是反映实际情况的真实信息。如果信息不准确，组织调整偏差的控制装置所采取的控制行为也就达不到控制的效果。当然，在信息的可靠性与及时性之间有时可能会存在矛盾，因为信息的可靠性往往体现出信息的完整性和精确性，但可靠的信息则可能花费大量的时间、精力和资金，处理不当反而会贻误时机，在这种情况下，再可靠的信息也都会由于失去时效而无济于事。因此，在进行控制时，管理者要把握好信息的可靠性与及时性的尺度。

3）信息的适用性。也就是说，组织所获得的信息必须对控制工作有用。一方面，组织的不同管理部门对信息的种类、范围、内容、详尽程度、精确性和使用的频率等方面的要求是大不一样的，比如，详细的产品销售数量的信息可能对质量管理部门并没有实质性的用处，而对销售部门来说，却是至关重要的；另一方面，信息必须经过有效的加工方可使用，例如，为了反映利润的情况，可以把利润表示为销售收入的百分比、投资回报率以及与上年同期的比较，这样就便于反映实现利润和企业经营的全面情况，发现经营中的问题，从而及时纠正措施，而单个的利润指标并不能真正说明问题。

因此，在衡量绩效偏差时，必须根据实际的管理运行方式，获取真实可靠的信息，使控制本身不离开正常的轨道，才能保证控制的有效性。

### 三、纠正偏差

利用科学的方法，依据客观的标准，通过对工作绩效的衡量，可以发现计划执行中出现的偏差。纠正偏差就是在此基础上，分析偏差产生的原因，制定并实施必要的纠正措施。这项工作使得控制过程得以完整，并将控制与管理的其他职能相互联结；通过纠偏，使组织计划得以实施，使组织机构和人事安排得到调整，使领导活动更加完善。

为了保证纠偏措施的针对性和有效性，必须在制定和实施纠偏措施的过程中注意下列问题。

#### 1. 找出偏差产生的主要原因

并非所有的偏差都可能影响企业的最终成果。有些偏差可能反映了计划制定和执行工作中的严重问题，而另一些偏差则可能是一些偶然的、暂时的、局部性因素引起的，不一定会

对组织活动的最终结果产生重要影响。因此，在采取纠正措施以前，必须首先对反映偏差的信息进行评估和分析。首先，要判断偏差的严重程度，是否足以构成对组织活动效率的威胁，从而判断是否值得去分析原因，采取纠正措施；其次，要探寻导致偏差的主要原因。

纠正措施的制定是以对偏差原因的分析为依据的。而同一偏差则可能由不同的原因造成：销售利润的下降既可能是因为销售量的降低，也可能是因为生产成本的提高。前者既可能是因为市场上出现了技术更加先进的新产品，也可能是由于竞争对手采取了某种竞争策略，或是企业产品质量的下降；后者既可能是原材料、劳动力消耗和占用数量的增加，也可能是由于生产要素购买价格的提高。不同的原因要求采取不同的纠正措施。要通过评估反映偏差的信息，分析影响因素，透过表面现象找出造成偏差的深层原因，在众多的深层原因中找出最主要者，为纠偏措施的制定指导方向。

2. 确定纠偏措施的实施对象

如果偏差是由于绩效的不足而产生的，管理人员就应该采取纠偏行动。他们可以调整组织的管理战略，也可以改变组织结构，或通过更完善的选拔和培训计划，或更改领导方式。但是，在有些情况下，需要纠正的可能不是组织的实际活动，而是组织这些活动的计划或衡量这些活动的标准本身。大部分员工没有完成劳动定额，可能不是由于全体员工的抵制，而是定额水平太高；承包后企业经理的兑现收入可高达数万甚至数十万，可能不是由于经营者的努力数倍或数十倍于工人，而是由于承包基数不恰当或确定经营收入的挂钩方法不合理；企业产品销售量下降，可能并不是由于质量劣化或价格不合理，而是由于市场需求的饱和或周期性的经济萧条。在这些情况下，首先要改变的不是或不仅是实际工作，而是衡量这些工作的标准或指导工作的计划。

预定计划或标准的调整是由两种原因决定的：一是原先的计划或标准制定得不科学，在执行中发现了问题；二是原来正确的标准和计划，由于客观环境发生了预料不到的变化，不再适应新形势的需要。负有控制责任的管理者应该认识到，外界环境发生变化以后，如果不对预先制定的计划和行动准则进行及时的调整，那么，即使内部活动组织得非常完善，企业也不可能实现预定目标；消费者的需求偏好转移时，企业的产品质量再高，功能再完善，生产成本、销售价格再低，依然不可能找到销路，也不会给企业带来期望利润。

3. 选择恰当的纠偏措施

针对产生偏差的主要原因，就可能制定改进工作或调整计划与标准的纠正方案。纠偏措施的选择和实施过程中要注意：

1）使纠偏方案双重优化。纠正偏差，不仅在实施对象上可以进行选择，而且对同一对象的纠偏也可采取多种不同的措施。是否采取措施，要视采取措施纠偏带来的效果是否大于不纠偏的损失而定。有时最好的方案也许是不采取任何行动，如行动的费用超过偏差带来的损失时，便是如此。这是纠偏方案选择过程中的第一重优化。第二重优化则是在此基础上，通过对各种经济可行的纠偏方案进行比较与评估，找出其中追加投入最少、解决偏差效果最好的方案来组织实施。

2）充分考虑原先计划实施的影响。由于对客观环境的认识能力提高，或者由于客观环境本身发生了重大变化而引起的纠偏需要，可能会导致对原先计划与决策的局部甚至全局的否定，从而要求组织活动的方向和内容进行重大的调整。这种调整有时被称为"追踪决策"，即"当原有决策的实施表明将危及决策目标的实现时，对目标或决策方案所进行的一种根本性修正"。

追踪决策是相对于初始决策而言的。初始决策是所选定方案尚未付诸实施，没有投入任何资源，客观对象与环境尚未受到人的决策的影响和干扰，因此是以零为起点的决策。进行重大战略调整的追踪决策则不然，企业外部的经营环境或内部的经营条件已经由于初始决策的执行而有所改变，是"非零起点"。因此，在制定和选择追踪决策的方案时，要充分考虑到伴随着初始决策的实施已经消耗的资源，以及这些消耗对客观环境造成的种种影响。

3）注意消除人们对纠偏措施的疑虑。任何纠偏措施都会在不同程度上引起组织的结构、关系、活动的调整，从而会涉及某些组织成员的利益，不同组织成员会因此而对纠偏措施持不同态度，特别是纠偏措施属于对原先决策活动进行重大调整的追踪决策时。虽然一些原先反对初始决策的人会幸灾乐祸，甚至夸大原先决策的失误，反对保留其中任何合理的成分，但更多的人对纠偏措施持怀疑和反对的态度。原先决策的制定者和支持者，因害怕改变决策标志着自己的失败，从而会公开或暗地里反对纠偏措施的实施；执行原决策、从事具体活动的基层工作人员则会对自己参与的已经形成的或开始形成的活动结果怀有感情，或者担心调整会使自己失去某种工作机会，影响自己的既得利益，而极力抵制任何重要的纠偏措施的制定和执行。因此，控制人员要充分考虑到组织成员对纠偏措施的不同态度，特别是要注意消除执行者的疑虑，争取更多人理解、赞同和支持纠偏措施，以避免在纠偏方案的实施过程中可能出现的人为障碍。

# 第三节　方　　法

管理实践中运用着多种控制方法，管理人员除了利用现场巡视、监督或分析下属依循组织路线传送的工作报告等手段进行控制外，还经常借助预算控制、比率分析、审计控制、盈亏控制以及网络控制等方法进行控制。

## 一、预算控制

在管理控制中使用最广泛的一种控制方法就是预算控制。预算控制最清楚地表明了计划与控制的紧密关系。预算是计划的数量表现。预算的编制既是计划过程的开始，而预算本身又是计划过程的终点，是一种转化为控制标准的计划。

所谓预算，就是用数字特别是用财务数字的形式来描述企业未来的活动计划，它预估了企业在未来时期的经营收入和现金流量，同时也为各部门或各项活动规定了在资金、劳动、材料、能源等方面的支出的额度。预算控制就是根据预算规定的收入与支出标准，来检查和监督各个部门的生产经营活动，以保证各种活动或各个部门在完成既定目标、实现利润的过程中对经营资源的利用，并使费用支出受到严格有效的约束。

## 1. 预算编制的概念

预算编制，就是以数字编制未来某个时期的计划。据此，预算就是以财务术语（如"在收支预算和资本预算中"），或者以非财务术语（如"在直接工时、物资、实际销售量或生产量的预算中"）来表述预期结果。例如，有人常把财务预算称作"美元化的"计划。

## 2. 预算的种类

预算在形式上是一整套预计的财务报表和其他附表。按照不同的内容，可以将预算分为经营预算、投资预算和财务预算三大类。

1）经营预算（operational budget）。是指企业日常发生的各项基本活动的预算。它主要包括销售预算、生产预算、直接材料采购预算、直接人工预算、制造费用预算、单位生产成本预算、推销及管理费用预算等。其中最基本和最关键的是销售预算，它是销售预测正式的、详细的说明。由于销售预测是计划的基础，加之企业主要是靠销售产品和劳务所提供的收入来维持经营费用的支出和获利的，因而销售预算也就成为预算控制的基础。生产预算是根据销售预算中的预计销售量，按产品品种、数量分别编制的。在生产预算编制好后，还应根据分季度的预计销售量，经过对生产能力的平衡，排出分季度的生产进度日程表，或称为生产计划大纲，在生产预算和生产进度日程表的基础上，可以编制直接材料采购预算、直接人工预算和制造费用预算。这三项预算构成对企业生产成本的统计。而推销及管理费用预算，包括制造业务范围以外预计发生的各种费用明细项目，例如销售费用、广告费、运输费等。对于实行标准成本控制的企业，还需要编制单位生产成本预算。

2）投资预算（investments budget）。是对企业固定资产的购置、扩建、改造、更新等，在可行性研究的基础上编制的预算。它具体反映在何时进行投资、投资多少、资金从何处取得、何时可获得收益、每年的现金净流量为多少，需要多少时间回收全部投资等。由于投资的资金来源往往是任何企业的限定因素之一，面对厂房和设备等固定资产的投资又往往需要很长时间才能回收，因此，投资预算应当力求和企业的战略以及长期计划紧密联系在一起。

3）财务预算（financial budget）。是指企业在计划期内反映有关预计现金收支、经营成果和财务状况的预算。它主要包括"现金预算"、"预计收益表"和"预计资产负债表"。必须指出的是，前述的各种经营预算和投资预算中的资料，都可以折算成金额反映在财务预算内。这样，财务预算就成为各项经营业务和投资的整体计划，故亦称"总预算"。①现金预算，主要反映计划期间预计的现金收支的详细情况。在完成了初步的现金预算后，就可以知道企业在计划期间需要多少资金，财务主管人员就可以预先安排和筹措，以满足资金的需求。为了有计划地安排和筹措资金，现金预算的编制期应越短越好。西方国家有不少企业以周为单位，逐周编制预算，甚至还有按天编制的。我国最常见的是按季和按月进行编制。②预计收益表（或称为预计利润表），是用来综合反映企业在计划期间生产经营的财务情况，并作为预计企业经营活动最终成果的重要依据，是企业财务预算中最主要的预算表之一。③预计资产负债表，主要用来反映企业在计划期末预计的财务状况。它的编制需以计划期间开始日的资产负债表为基础，然后根据计划期间各项预算的有关资料进行必要的调整。

综上所述，企业的预算实际上是包括经营预算、投资预算和财务预算三大类，由各种不同的个别预算所组成的预算体系。各种预算之间的主要关系如图9.5所示。

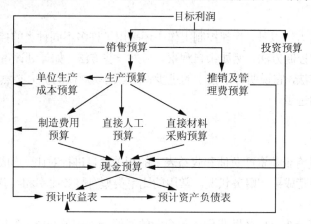

图9.5　企业预算的主要相互关系

3. 预算编制的潜在不足

预算是用来编制计划和进行控制的一种手段，但有些预算控制计划面面俱全，以致显得笨重拖沓、毫无意义、劳民伤财。

1）编制预算过于繁琐，以致剥夺了管理人员管理本部门时所必须的自由。例如，在一家预算编制得很琐碎的公司里，一个部门负责人因办公用品的支出超过了预算额而在一项重要的促销工作上受阻，即使该部门的总支出没有超出预算，而且还有资金支付那些写促销信函人员的薪水，但是新的支出还是不能增加。在另外一个部门，费用预算的编制也是如此详尽而无效，以至众多类目的预算编制的成本竟超出了控制范围。

2）把预算目标置于企业目标之上，从而取代企业目标。有些管理人员热衷于使自己部门的费用不超过预算，但他们可能忘记了自己首要的职责是实现企业目标。在一家实行预算控制程序的公司里，公司销售部门无法从工程部门获取必要的信息，原因是现有的预算中没有这笔费用。这种局部与全面控制目标之间存在矛盾，并由此产生的部门过分的独立性以及协作精神的缺乏，都是管理不善的症状。因为计划应当构成一个互相支持和互相连结的网络，而每项计划都应当以有助于实现企业目标的方式体现在预算之中。

3）预算编制中另一个常见的不足是潜在的效能低下。预算具有按先例递增的习惯，过去使用的某些费用可以成为今天预算这笔费用的依据。如果某部门曾为供应品开支了一笔费用，那么，它就成为今后预算这笔费用的基数。还有，管理人员有时也知道，在预算得到最后批准的过程中，预算申请数多半是要被削减的，因而他们的预算申请数要多于其实际需要数。除非在编制预算的同时，不断地复查计划措施转化为数字所依据的标准和换算系数，否则预算就有可能成为懒散又无效的管理部门的保护伞。

4）无灵活性也许是预算中的最大危险。即使预算编制未被用来取代管理工作，但是把计划缩略成数字后，也会造成数字是确切无疑的错觉。事情的发展完全有可能证明，这种人工费用或那种原材料费用应该多花费些，而另外的则应该少花费些；或者证明，实际销售额将低于预测的销售额。

## 二、非预算控制

除了预算控制方法以外，管理控制工作中还采用了许多不同种类的控制手段和方法。有些方法属于传统的控制方法，例如亲自观察。另外一些方法，如计划评审法，则代表了新一代的计划和控制方法，它说明科学技术的进步、社会活动规模的扩大必然伴随着管理理论的发展和管理技术的进步。

### 1. 比率分析

比率分析就是将企业资产负债和收益表上的相关项目进行对比，形成一个比率，从中分析和评价企业的经营成果和财务状况。常用的比率类型有财务比率和经营比率。

（1）财务比率

财务比率及其分析可以帮助我们了解企业的偿债能力和盈利能力等财务状况。

1）流动比率是企业的流动资产与流动负债之比。它反映了企业偿还需要付现的流动债务的能力。一般来说，企业资产的流动性越大，偿债能力就越强；反之，偿债能力则越弱，这样会影响企业的信誉和短期偿债能力。因此，企业资产应具有足够的流动性。

2）速动比率是流动资产和存货之差与流动负债之比。该比率和流动比率一样是衡量企业资产流动性的一个指标。当企业有大量存货但这些存货周转率低时，速动比率比流动比率更能精确地反映客观情况。

3）负债比率是企业总负债与总资产之比。它反映了企业所有者提供的资金与外部债权人提供的资金的比例关系。只要企业全部资金的利润率高于借入资金的利息，且外部资金不在根本上威胁企业所有权的行使，企业就可以充分地向债权人借入资金以获取额外利润。

4）盈利比率是企业利润与销售额或全部资金等相关因素的比例关系。它们反映了企业在一定时期从事某种经营活动的盈利程度及其变化情况。

（2）经营比率

经营比率也称活力比率，是与资源利用有关的几种比例关系。它们反映了企业经营效率的高低和各种资源是否得到了充分利用。常用的经营比率有三种。

1）库存周转率是销售额与库存平均价值的比例关系，它反映了与销售收入相比库存数量是否合理，表明了投入库存的流动资金的使用情况。

2）固定资产周转率是销售总额与固定资产之比，它反映了单位固定资产能够提供的销售收入，表明了企业资产的利用程度。

3）销售收入与销售费用的比率，这个比率表明单位销售费用能够实现的销售收入，在一定程度上反映了企业营销活动的效率。由于销售费用包括了人员推销、广告宣传、销售管理费用等组成部分，因此还可进行更加具体的分析。比如，测度单位广告费用能够实现的销售收入，或单位推销费用能增加的销售收入等。

4）反映经营状况的这些比率通常也需要进行横向的（不同企业之间）或纵向的（不同时期之间）比较，才更有意义。

2. 盈亏分析

所谓盈亏分析，就是根据销售量、成本和利润三者之间的相互依赖关系，对企业的盈亏平衡点和盈利情况的变化进行分析的一种方法，又称"量、本、利"分析。它是一种很有用的控制方法和计划方法。在盈亏分析中，将企业的总成本按照性质分为固定成本和变动成本（或可变成本）。所谓固定成本是指不随销售量变化而变化的那部分成本，例如折旧费、设备大修理费、办公费、新产品研制费等。变动成本则是指随销售量变化而变化的那部分成本，例如原材料、工时费、燃料和动力费等。固定成本、变动成本、销售量和利润之间的关系可用一种称之为"盈亏平衡图"的坐标图来描述如图9.6所示。

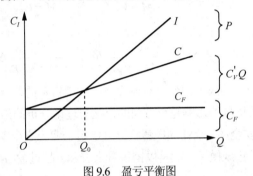

图9.6 盈亏平衡图

设总成本为 $C$，固定成本为 $C_F$，单位变动成本为 $C_V'$，产品单价为 $M$，利润为 $P$，销售量为 $Q$，销售总收入为 $I$，则：

$$C = C_F + C_V' Q$$
$$I = MQ$$

或

$$I = C + P$$

盈亏平衡点是销售总收入恰好等于总成本的那一点（总收入线与总成本相交点）所对应的销量，在这一点上，利润恰好为零。当销量小于盈亏平衡点时，企业就会产生亏损；当销量大于盈亏平衡点时，企业就有利润。

设盈亏平衡点所对应的销量为 $Q_0$。我们可以建立盈亏分析的两个基本公式，即

$$Q = \frac{C_F + P}{M - C_V'} \qquad \text{①}$$

$$Q_0 = \frac{C_F}{M - C_V'} \qquad \text{②}$$

盈亏分析在控制工作中的应用主要有以下几方面：

1）预测实现目标利润的销售量。这只要将计划达到的目标利润（记作 **P\***）代入公式①，就可得出实现目标利润的销售量。

2）分析各种因素变动对利润的影响。通过公式①的全微分，然后经过整理后，得到如下的增量分析式

$$dP = (M - C_V') dQ + Q dM - Q dC_V' - dC_F$$

写成增量的形式为

$$\Delta P = (M - C_V') \Delta Q + Q \Delta M - Q \Delta C_V' - \Delta C_F$$

上式说明了销售量、单位售价、单位变动成本以及固定成本的变动对利润的影响，既可用来作综合分析，又可进行单独分析。

3）进行成本控制。在盈亏分析中，盈亏平衡点是一个最主要的分析指标和控制指标。分析构成固定成本和变动成本的具体成本因素的变动对盈亏平衡点的影响，可以用来进行成本控制。通过求公式②的全微分，可以建立用于成本控制的增量公式，其形式为

$$dQ_0 = \frac{1}{M - C_V'} dC_F + \frac{C_F}{(M - C_V')^2} dC_V' - \frac{C_F}{(M - C_V')^2} dM$$

写成增量的形式为

$$\Delta Q_0 = \frac{1}{M - C_V'} \Delta C_F + \frac{C_F}{(M - C_V')^2} \Delta C_V' - \frac{C_F}{(M - C_V')^2} \Delta M$$

上式表明固定成本和变动成本的变化对盈亏平衡点销售量的影响是同方向的，而销售价格的变化对盈亏平衡点销售量的影响是反方向的，这与理论分析的结论是一致的。

4）判断企业经营的安全率。企业的经营状况可以用企业的安全率指标进行粗略的判断。经营安全率是指企业的经营规模（一般是以销售量来表示）超过盈亏平衡点的程度。经营安全率的计算公式为

$$经营安全率 = \frac{Q - Q_0}{Q}$$

一般认为，经营安全率大于30%表示安全；10%以下表示危险，应发出警告。

# 第四节　建立有效的控制系统

## 一、控制系统的概念与特征

实施计划的组织从控制的角度来看就是一个控制系统。整个系统由施控者、受控者和施控作用过程、反馈作用过程构成。最常见的控制系统如图9.7所示。

图 9.7　控制系统

由图9.7可知，在一个控制系统中，不仅施控者对受控者具有控制作用，受控者对施控者也有反馈作用。当然，只有施控作用而无反馈作用的控制系统也存在，但这种控制系统常常因缺乏反馈机制而难以提高控制效率，难以增强组织功能，推动组织发展。换言之，在管理活动中，作为施控者的管理者必须重视反馈机制。听不进下属的意见，堵塞言路，发展下去必然导致失控和失误。

有效控制系统都倾向于具有一些系统的特性。尽管这些特性在不同的情况下其重要性是不同的，但是我们可以总结出使一个控制系统变得更有效的一些特征：

1）准确性。一个提供不准确信息的控制系统将会导致管理层在应该采取行动的时候而没有行动，或根本没有出现问题而采取行动。因此，一个准确的控制系统是可靠的，并且能提供正确的数据。

2）适时性。控制系统应该能及时地改变管理层的注意力，使之防止某一部门出现对组织造成严重伤害的行为。最好的信息如果过时了，也将是毫无意义的。因此，一个有效控制系统必须能够提供及时的信息。

3）经济性。一个控制系统在运用过程中，从经济角度上看必须是合理的。任何控制系统产生的效益都必须与其成本进行比较。为了使成本最少，管理层应该尝试使用能产生期望结果的最少成本来控制。

4）灵活性。控制应该具有足够的灵活性以适应各种不利的变化，或利用各种新的机会。几乎没有处于极稳定的环境而不需要适应性的组织，即使是高度机械式的结构，也需要随时间和条件的变化改变其控制方式。

5）通俗性。一个不容易理解的控制是没有价值的。因此，有时需要用简单的控制手段来代替复杂的控制手段。一个难于理解的控制系统会导致不必要的错误，会挫伤员工的积极性，以至最终会被遗忘。

6）标准合理性。控制的标准必须是合理的且能达到的。如果标准太高或不合理，它将不会起到激励作用。雇员通常不愿意指责上级要求得太高而显得无能。因此，控制标准应该是一套富有挑战性的、能激励员工表现得更好的标准，而不是让人感到泄气或鼓励欺诈的标准。

7）战略高度。管理层不可能控制一个组织中的每一件事。即使能够这样做，也将是得不偿失。由此看来，管理层应该控制那些对组织行为有战略性影响的因素。控制应该包括组织中关键性的活动、作业和事件。也就是说，控制的重点应放在容易出现偏差的地方，或放在偏差造成的危害很大的地方。

8）强调例外。由于管理层不可能控制所有的活动，因此他的控制手段应该顾及到例外情况的发生。一种例外系统，可以保证当出现偏差时管理层不至于不知所措。比如，公司管理政策赋予管理者的权力是：每月不超过 200 美元的年工资增长额批准权、每笔支出不超过 500 美元的审批权，并且年度总支出不超过 5000 美元，如果超出上述标准则需经上级管理部门的批准。这些检验点是一种对权力进行约束的控制手段，同时它还可以免除上级对日常开支的大量检查工作。

9）多重标准。管理者与普通员工一样希望寻找一种"好看"的标准。如果管理者采用一个单一的衡量标准，如单件利润，那么员工就会在这方面下功夫并使之看起来很好。而多重标准则会减少这种狭隘的工作方式。

10）纠正行为。一个有效的控制系统不仅可以指出一个显著偏差的发生，而且还可以建议如何纠正这种偏差。也就是说，它应该在指出问题的同时，给出解决问题的方法。其实方法常常依赖于建立一种"如果……那么……"的原则。比如"如果单位收入下降 5%，那么单位成本也必须降低相同的量。"

## 二、有效控制的要求

控制作为一项重要的管理职能，必须是有效的。那么，怎么来评价控制系统的效率呢？一般来说，应着重考虑如下几个标准。

### 1. 计划的保障程度

控制的主要任务就是要保证计划完成。在正常情况下，如果一个组织未能如期完成计划，就表明这个组织的控制无效率或效率很低了，无论是建立控制系统还是实施控制过程，都应以保障计划完成作为基本准则。

### 2. 促进创新的概率

控制应努力促进人们创新，建立控制系统不能将下属变成棋盘上的棋子，应给予他们发挥创造性的空间和权力，促使人们创新。

### 3. 解决问题的速度

控制的一个基本环节就是纠正偏差，俗称解决问题。控制越有效，解决问题的速度也越快，如果一个组织中问题成堆，管理者却仍然熟视无睹的话，就表明组织已经失控了。问题久拖不决，则表明组织控制效率十分低下。

## 三、有效控制的基础与前提

### 1. 控制要有计划

控制本身需要有计划。对于施控者来说，不仅要建立控制标准、控制程序，而且还必须明确控制工作的重点、方法和目标。这就说明控制本身需要有计划。不然的话，眉毛胡子一把抓，哪里出问题就急急忙忙地奔向那里，这样的话，控制是很难取得成就的。

### 2. 控制要依据有效的信息

信息是组织活动的要素，也是控制的基础和前提，控制必须依据有效的信息。控制过程，实质上就是一个施控者向受控者传递指挥和决策信息、受控者向施控者反馈执行信息的过程，没有信息的传递，控制就不能进行；没有正确、全面、及时的信息，就难以达到控制的目的。有效的信息必须符合以下几点要求：

1）有效的信息必须是正确的信息。错误的信息必然导致错误的决策，其后果比没有信息更糟糕。

2）有效的信息必须是及时的信息。过时的信息在控制活动中是没有价值的。

3）有效的信息必须是全面完整的信息。

3. 控制必须建立起明确的责任制

标准的确立，仅仅为控制提供了一个衡量计划执行状况的尺度。这个标准，只有得到贯彻落实才会起控制作用。所以，控制必须建立起明确的责任制。通过建立责任制，使每一个人都明白自己的职责和要达到的标准，并在工作中自觉地履行职责，按标准要求去完成任务。这样的话，外部控制就会转变为自觉的内部激励，或者说自我控制，使控制的效率大大提高。

建立责任制过程本身也可以说就是一种控制行为。为了达到全面控制的目的，组织中的一切有目的的活动都必须建立责任制，不论是管理者还是被管理者，都应纳入责任制体系之中。

4. 控制要有组织

控制要有组织，包含这样两重含义：

1）为完成组织管理的控制应建立起专门的施控机构，配备专职的施控人员，授予其权力，明确其责任。这是解决由谁来控制的问题。

2）控制应注意协调。在一个组织中，控制是多方面的，各方面的内容和目的都不一样，为了保证组织的根本目标得以实现，各个部门的步调必须一致。所以，控制中必须充分注意各方面的协调。

## 四、提高控制效率的措施

提高控制效率，最主要的是必须做到如下几点。

1. 树立现代控制观念

现代控制观念是现代管理观念的主要组成部分。虽然控制在管理科学诞生的初期就被确立为管理的职能之一，但今天的控制所包含的内容已远不是早期控制职能所包含的内容了。什么是现代控制观念呢？简单地说就是：

1）树立新的施控者与受控者关系的观念。传统的控制管理观念认为，施控者处于绝对支配地位，受控者处于被支配地位。二者之间只有命令和服从的关系。现代控制观念则认为，施控者与受控者是平等的，施控者的施控行为只有被受控者承认和接受时才有意义。

2）重视反馈。反馈是现代控制的特征之一，没有反馈，控制不可能提高效率。施控者不是万能的，他必须依据受控者的反馈来进行判断和决策。建立反馈观念，重视反馈，不仅要建立制度化的反馈机制。更为重要的是要让下级畅所欲言，敢讲、愿讲真话，全面、及时地反映真实情况。

2. 合理分权

分权是控制中的问题，也是组织机构设置的中心问题，怎样才能做到合理分权？没有放之四海而皆准的真理，分权的合理与否只能根据实际情况来判定。一般来说，以下几条原则可以保证分权合理性：

1）权力下放和责任落实相一致，保证权责对等。

2）切记越级授权，越级授权必然导致越级指挥，从而给中层管理人员的控制活动造成困难。

3）从实际出发，分权是因人、因时、因地、因事而异的管理活动，管理者的分权必须从实际出发，不能盲目地照搬他人的做法。

3. 做好控制制度建设工作

控制制度建设包含着广泛的内容，在某种意义上与管理相等同。就狭义的控制制度建设而言，主要应做好如下几道工作：

1）建立精简、高效的控制机构，配备合格的施控人员。
2）建立明确的控制责任制。
3）完善组织内部的信息沟通体系，保证信息上下沟通顺畅及反馈。
4）搞好协调工作，形成有机的控制网络。

**案例** —————　　　　　　　**麦当劳公司的控制系统**

　　1955年，克洛克在美国创办了第一家麦当劳餐厅，其菜单上的品种不多，但食品质量高，价格廉，供应迅速，且餐厅环境优美。连锁店迅速发展到每个州，至1983年，麦当劳在美国已超过6000家。1967年，麦当劳在加拿大开办了首家国外分店，以后国外业务发展很快。到1985年，国外销售额约占它的销售总额的1/5。在40多个国家里，每天都有1800多万人光顾麦当劳。麦当劳金色的拱门允诺：每个餐厅的菜单基本相同，而且"质量超群、服务优良、清洁卫生、货真价实"。它的产品、加工和烹制程序乃至厨房布置，都是标准化的，严格控制的。它撤销了在法国的第一批特许经营权，因为他们尽管盈利客观，但未能达到快速服务和清洁方面的标准。

　　麦当劳的各分店都由当地人所有和经营管理。鉴于在开餐饮食业中维持产品质量和服务水平是其经营成功的关键，因此，麦当劳公司在采取特许连锁经营这种战略开辟分店和实现地域扩张的同时，就特别注意对各连锁店的管理控制。如果管理控制不当，使顾客吃到不对味的汉堡包或受到不友善的接待，其后果就不仅是这家分店将失去这批顾客及周遭人光顾，还会波及其他分店的生意，乃至损失整个公司的荣誉。为此，麦当劳公司制定了一套全面、周密的控制方法。

　　麦当劳公司主要通过授予特许权的方式开辟连锁分店。使购买特许经营权的人成为分店经理的同时也成为该分店的所有者，从而在直接分享利润的激励机制中把分店经营得更出色。特许经营使麦当劳公司在独特的激励机制中形成了对其扩展中的业务的强有力控制。麦当劳公司在出售其特许经营权时非常谨慎，总是通过各方面调查了解后挑选那些具有卓越经营管理才能的人作为店主，而且到时候如发现其能力不符合要求便撤回这一授权。

　　麦当劳公司要求所有分店的经营者和员工们都遵循一种标准化、规范化的作业。麦当劳公司制作汉堡包、炸土豆条招待顾客和清理餐桌等工作事先进行详实的动作研究,确定各项工作开展的最好方式,然后再编成书面的规定,用以指导各分店管理人员和一般员工的行为。公司在芝加哥开办了专门的培训中心——汉堡包大学,要求所有的特许经营者在开业之前都接受为期一个月的强化培训。

为确保所有特许经营分店都能按统一的要求开展活动,麦当劳公司总部的管理人员经常走访,巡视世界各地的经营店,进行直接的监督和控制。例如,有一次巡视中发现某家分店自作主张,在店厅里摆放电视机和其他物品以吸引顾客,这种做法因与麦当劳的风格不一致,立即得到了纠正。除了直接控制外,麦当劳公司还定期对各分店的经营业绩进行考评。为此,各分店要及时提供有关营业额和经营成本、利润等方面的信息,这样总部管理人员就能把握各分店经营的动态和出现的问题,以便商讨和采取改进的对策。

麦当劳公司的再一个控制手段,是在所有经营分店中塑造公司独特的组织文化,这就是"质量超群、服务优良、清洁卫生、货真价实"口号所体现的文化价值观。麦当劳公司的共享价值观建设,不仅在世界各地的分店,在上上下下的员工中进行,而且还将公司的一个主要利益团体——顾客也包括进这个建设队伍中,麦当劳的顾客虽然被要求自我服务,但公司特别重视满足顾客的要求,如为他们的孩子们开设游戏场所、提供快乐餐和组织生日聚会等,以形成家庭式的氛围,这样既吸引了孩子们,也增强了成年人对公司的忠诚感。

(案例来源:王凤彬,刘松博. 2009. 管理学教学案例精选. 上海:复旦大学出版社)

## 习 题

1. 什么是控制?它与管理其他职能有着怎样的联系?
2. 实施有效控制应遵循哪些基本原则?怎样贯彻这些原则?
3. 控制有哪些常见的类型?它们的特点与适用范围是什么?
4. 控制一般要经过哪几个阶段?
5. 有哪些控制方法?试述其各自的特点与适用性。
6. 什么是控制系统?它有什么特征?
7. 怎样才能实现有效控制?
8. 麦当劳公司所创设的管理控制系统,具有哪些基本构成要素?该控制系统对麦当劳公司全球扩展战略的实现有何作用?

# 第十章 协 调

**教学目标**

通过本章学习，掌握协调的概念及类型，明确协调的功能与作用，了解协调应遵循的主要原则，熟悉协调的内容与主要方法；掌握沟通的概念与重要性，了解沟通的主要类型及其适用范围，把握沟通的障碍因素与实现有效沟通的对策；明确冲突的类型与解决冲突的各种方法，认识人际关系的重要性与改善人际关系的措施。

任何一个组织内外都有复杂多变的关系与矛盾，如果不及时有效地协调关系，化解矛盾和纠纷，那么矛盾势必由小变大，由少变多，组织的基石便会被瓦解。所以，协调是管理的一项重要职能，也是最花费时间的工作，有的管理学家甚至认为管理就是协调。协调包括对内和对外两个方面：对内协调的核心是沟通，难点是如何对待非正式组织，如何正确解决冲突，其结果是形成内部人际关系；对外协调的核心是公关，难点是如何处理与政府、传播媒体、客户及社会公众的关系，其结果是树立组织形象。

## 第一节 概 述

协调是一种"软"科学，管理者可能未必是专业的"硬"专家，他甚至可能是外行，但他必须是"职业软专家"，必须精通协调的艺术。他能够把组织内外的各方面关系理顺，为组织谋得良好的发展环境，使组织各项工作井然有序，使员工心情舒畅，使组织具有很强的凝聚力。

### 一、含义与类型

#### 1. 含义

从字面意义看，所谓"协，同心之和，从力，从心"，"协调"就是同心同力、配合恰当之意。所谓协调，就是协商问题和调节关系。管理中的协调，是指管理者通过一定的手段和方法，对管理活动中各个要素之间的问题和关系进行协商和调节，使之互相配合，从而高效、步调一致地实现管理目标的活动。协调所包含的内容是相当广泛的，既有人与人之间的协调，也有物与物之间的协调，还有人与物之间的协调。但最关键的是人与人之间的协调，因为物与物之间的协调和人与物之间的协调，归根到底也是人与人之间的协调。协调是管理的一项职能，也是管理者的一项重要工作，它在实施计划的过程中显得尤为重要。

讲到协调，自然就联想到指挥。协调和指挥都是管理的重要职能。指挥是管理者为实现目标而采取各种命令性措施的行为；协调是管理者为实现管理系统各要素间良好的配合而采取的各种协商、调节性的行为。协调和指挥是既有联系又有区别，其区别主要表现在：①指挥的直接作用对象是人，即被管理者；而协调不仅仅是对人，还包括财和物，人是协调对象中最重要的因素。②协调是对不统一、不和谐、有偏差之类的现象和情况的处理，其直接目的是改善各要素间的联系状况，实现各要素的协调一致，密切配合；但指挥并不单纯着眼于改善联系状况，实现良好配合，还包括力量的部署、前进的方向和方法的选择等内容。③指挥可以用于协调，可以具有协调的意义；协调往往可通过指挥得到实现，协调有利于提高指挥的有效性。由于协调和指挥的对立统一关系，所以管理者要注意它们的区别和联系，以便于有效地指挥和成功地协调。

2. 协调的必要性

管理过程中为什么特别需要协调，主要有两个方面的原因：一方面，一个管理系统是一个复杂的有机统一体，各部门各环节的活动具有相对独立性，但又必须密切配合，才能发挥较好的整体功能。在实施计划的过程中，管理系统是一个动态系统，其投入的人、财、物各要素，活动过程的各环节以及上下级关系等都始终处在运动变化过程中，并且在它们的排列组合上产生了人与人、人与物、物与物、时间与空间、上级与下级、领导与群众等各种关系，也就必然产生各式各样的矛盾和摩擦，需要管理者进行处理和调节。另一方面，一个管理系统又面临复杂多变的外部环境，它随时都要反映到系统内部来，影响和制约内部各要素。如政治、经济、文化等社会因素和地理、气候、环境等自然因素都处在变化之中，且影响着计划的实施工作，因而需要管理者随时调整内部状况或尽可能改造外部环境以求得内外环境的协调一致。因此，协调的存在，既是调节管理系统内部各种矛盾的必需，也是调节管理系统和外部之间各种矛盾的必需。

3. 协调的类型

组织协调作为组织管理的一项重要活动和职能，也同样可以从不同的角度对其作出类型划分和分析。较常见的有以下几种：

1）纵向协调和横向协调。这是根据协调对象的不同而对组织协调所作的区分。纵向协调就是上下关系协调，一是协调同上级部门和单位的关系，二是协调同下级部门和单位的关系。横向协调就是左右关系协调，一是协调同级管理部门和单位的关系，二是协调同级管理人员之间的关系。

2）内协调和外协调。这是根据组织关系的不同而对组织协调所作的区分。内协调就是组织内部各部门、单位和人员之间的协调，外协调就是组织同环境之间的协调。

3）政策协调、事务协调、人事协调和社会协调。这是根据协调内容不同而对组织协调所作的类型区分。政策协调就是对政策所涉及的各种组织关系和矛盾进行协调，事务协调就是对组织内的各种日常事务和矛盾进行协调，人事协调就是对组织管理中所存在的人事关系和矛盾进行协调，社会协调就是对组织的社会关系和矛盾进行协调。

## 二、作用

马克思说："一切规模较大的直接社会劳动或共同劳动，都或多或少地需要指挥，以协调个人的活动，并执行生产总体的运动——不同于这一总体的独立器官的运动——所产生的一般职能。一个单独的提琴手是自己指挥自己，一个乐队就需要一个乐队指挥。"这就告诉我们，任何有组织的活动都需要协调这一管理和指挥手段，协调的过程也就是管理的过程。协调对于组织管理的这种重要职能又主要通过以下几方面体现出来。

### 1. 有利于发挥管理系统的整体功能

管理活动是由管理者、被管理者和作用对象三个要素结合而成的为了实现组织目标的整体活动。当管理者与被管理者之间的关系以及这二者内部各个方面的关系都比较融洽和谐，并且能与作用对象相适应时，管理者就能紧密地团结被管理者，同心协力，发挥管理系统的整体功能作用，按照计划，有效地影响和控制作用对象。反之，如果上述各个方面的关系紧张、互相掣肘，各种力量互相抵消，整个管理活动就会处于混乱状态，管理系统的整体功能就将大大降低，根本没有力量去实现计划。因此，为了发挥管理系统的整体功能作用，消除管理系统各要素之间的矛盾、摩擦和冲突，必须努力做好协调工作。

### 2. 有利于增强组织的内聚力

一切计划，归根到底都是靠广大群众去实现的。如果没有群众的积极性，任何正确的计划，也都只是空中楼阁。而要调动群众的积极性，则有赖于经常的具体的协调工作，及时发现各种矛盾，加强信息沟通，积极进行民主协商，调整各方利益，减少以至消除各方分歧，从而使彼此之间增进理解，互相关心，互相爱护，互相帮助，使整个组织增强凝聚力，人人心情舒畅，从内心深处激发出关心组织、爱护组织的热情，自觉地为实现计划所确定的组织目标而奋斗。在市场经济的今天，组织的协调工作尤为重要。因为，改革必然会冲击到人们原有的观念和利益，影响人们相互之间的关系。管理者如果不重视协调工作，这些矛盾就不能得到及时解决，相互之间的关系就会逐渐疏远，整个组织就会松散，以致失去战斗力。

### 3. 有利于增强组织的活力

正确的管理，从根本上说，就是管理者的主观认识和客观实际相结合，充满活力的组织与客观环境相符合。为此，管理者不但要计划科学，组织合理，用人得当，指挥有方，而且要在计划实施过程中深入检查执行情况，及时发现问题，采取措施，调整主观认识，使之与作用对象相符合。特别是要协调好管理者与被管理者之间的关系，以及这二者内部的各种关系，使之与客观的发展变化的环境相符合。如果管理者不善于及时协调各方面的关系，整个组织将会处于僵化状态而失去活力。管理者善于协调组织内的关系，使组织内上下左右各方关系都很顺畅，整个组织就会充满活力，易于克服困难，较为能够经受风险。

## 4. 有利于提高管理工作效率

协调工作的有效开展，能使整个管理系统的整体功能得以有效的发挥；使管理组织具有强大的吸引力；使人人心情舒畅，工作积极性高，整个组织充满生机和活力；使组织管理机构和人员高瞻远瞩，信息灵通，指挥有方，真正体现管理机构和人员的中心枢纽职能，其管理工作的效率必然是高的。

## 三、原则

由于组织的内外关系错综复杂，必然使组织管理中的协调工作千头万绪。而为了使千头万绪的工作能有条不紊地进行，就必须确立若干行之有效的协调原则。组织协调的原则主要有六个方面。

### 1. 统筹全局原则

组织协调的目的在于实现组织的整体功能和总体目标。而要有效地实现这种整体功能与总体目标，就必须首先形成全局的、系统的观念，遵循统筹全局的原则。这一原则要求管理者在进行协调活动和工作时，必须从全局出发，从总体目标、总体部署上来认识协调工作的重要性。局部服从全局，部分服从整体。因为只有维护和发展了全局的整体利益，局部利益的保存和发展才有保障条件。当然，全局是由局部组成的，局部是全局的基础，各个局部搞好了，全局才会兴旺。但是局部和全局又是有矛盾的，有时有的事对局部有利，对全局却有害。因此，在协调中，要把全局利益放在第一位，提倡以全局为重，绝不允许以局部利益来损害全局利益行为的存在。当然，在坚持全局利益的前提下，也要兼顾局部利益。

### 2. 综合平衡原则

组织的系统、整体功能是建立在组织要素之间的相互联系、相互依存、相互作用的基础之上的，任何组织要素在结构和功能上的残缺，都必然造成组织整体在结构和功能上的不健全。因此，组织管理者要有效地对组织活动进行协调管理，还必须确立并遵循综合平衡的原则。这一原则要求组织管理者在进行组织协调活动和工作时，不仅要使组织所属的各部门、单位和人员职、权、利分明，忠于职守，而且还必须使组织所属的各部门、单位和人员密切配合、团结协作，防止顾此失彼和扯皮现象的发生。

### 3. 主次有序原则

综合平衡要求我们在对组织进行协调管理时，要注意每一要素在结构和功能上的完整和健全，但这并不是要我们在任何时候、任何条件下都必须"均衡"地对待，并不是要求我们采取"眉毛胡子一把抓"的协调态度和方法。事实上，任何事物都是有主有次、有轻有重的。因此，为了有效地对组织进行协调管理，除了确立和遵循统筹全局、综合平衡的原则外，还必须进一步确立并遵循主次有序的原则。这一原则要求我们在对组织进行协调管理时，必须做到有主有次，有轻有重，有先有后，抓住重点，照顾一般。

### 4. 互相尊重原则

组织活动中需要协调的问题，一般都是在根本利益一致下的人民内部矛盾问题，对这类问题的处理，互相尊重、理解是问题得到解决的前提和基本要求。而尊重、理解是人的一种较高层次的需要，满足这种需要，人就心情舒畅。因此，协调工作要坚持互相尊重、理解，不论是上级、下级和同级，都要力戒骄傲和冷漠。要避免因为态度不好、恶语伤人使关系疏远，问题恶化，力求态度诚恳，互相尊重、理解，在友好的气氛中将矛盾淡化和解决。

### 5. 民主协商原则

协调工作通常不能靠硬性裁决来解决问题，如果思想不通，硬性裁决不仅不能解决问题，反而会种下新的矛盾种子。为此，协调工作要坚持民主，提倡平等协商。这样做，一方面有利于矛盾双方在感情上的靠拢，为协调创造一个和谐的气氛；另一方面，双方在民主协商中畅所欲言，有利于管理者全面了解情况，做到"兼听则明"。这样双方感情距离缩小，加上管理者的正确措施，被管理者就更易于接受调节，协调工作才能真正见效。

### 6. 求大同存小异原则

在管理系统中，由于各个层次、各类人员所处的地位、责权不同，加之个人的经历、知识、个性心理特征上的差异，因此，矛盾的存在是必然的、普遍的。在协调工作中，不能大问题、小事情都千篇一律地要求一致。应当允许在不影响全局利益、他人利益的前提下，保留一点部门、个人的权利。在单位、个人间求大同存小异。管理者的协调艺术，在于既坚持原则，又善于妥协，大事不糊涂，小事不计较，把坚持原则和必要的妥协巧妙地结合起来。

# 第二节　内容与方法

## 一、内容

协调的内容非常广泛，从协调的对象看，有组织协调、工作协调和人际关系协调。从协调的范围看，有系统内部的协调和系统外部的协调。从协调的方向看，有水平方向协调和垂直方向协调。这里主要从范围和方向的角度来阐述协调的内容。

### 1. 管理系统外部关系的协调

管理系统外部关系的协调，可以从垂直方向和水平方向来看其具体内容。

1）垂直方向的协调。外部垂直方向的协调，主要是与上级主管部门之间关系的协调。它包括有关政策、方针、规定、计划等方面的协调，涉及人员、资金、物资等很多方面。上级主管部门对这些问题的处理，一方面要依据有关方针、政策、规定，另一方面与他们对所辖单位的了解程度有关。因此，管理者在处理与上级的关系时，应积极介绍本单位的情况，加强联系和了解，以求得理解和支持。

2）水平方向的协调。水平方向的协调首先是和服务对象的关系的协调，如工业企业与用户，商业企业与顾客，党政机关与群众等关系的协调。这类关系是否协调得好，直接关系到管理目标能否实现，关系到一个单位的信誉等。另外，在现代社会，任何一个组织要完成一项协调，没有别的单位的协作是不可能的。因此就形成了与协作单位的关系问题，这是水平方向需要协调的第二个方面的内容。水平方向需要协调的外部关系的第三个内容，主要是和法院、公安、教育、市政、银行、保险、环保、新闻媒体等方面的关系。这些部门的关系往往对一个单位的工作影响很大，所以，管理者不可忽视与他们之间关系的协调。

### 2. 管理系统内部关系的协调

管理系统内部关系协调的内容，也可以从垂直方向和水平方向两方面来考察。

1）垂直方向的协调。在管理系统内部，垂直方向的协调，主要是领导与群众、上级与下级关系的协调。造成关系不协调的原因，通常主要是来自领导和上级。比如，领导关心群众利益、群众情绪的程度不够；领导对群众讲清自己的工作意图不够；上级下达的指令不恰当，调度不适宜，资金、物资、人员的分配不合理等。有时也有下级群众不理解上级领导意图，或思想跟不上形势的现象。但是总的说来，管理系统内部垂直方向的协调工作，矛盾的主要方面在上级而不在下级，在领导不在群众。管理者在协调工作中一定要注意从自己身上找原因，同时，对于下级领导的"某某我指挥不动，某某不听话"之类的申诉，切忌不要偏听偏信。

2）水平方向的协调。在一个管理系统内部最大量、最经常又最不易处理的关系是水平方向的关系问题，需要管理者花费大量时间和精力。水平方向的关系协调，包括一个系统内各个层次中，处在同一层次之中的不同单位、不同部门、不同人员之间的关系协调。这种协调的主要内容包括：①分工协调。即便是一个经过严密周到的考虑，组织计划完善的管理系统，也不可能在计划中将可能碰到的问题全部概括进去，也不可能尽善尽美地做到合理分工，因此，在计划实施阶段经常会碰到一些新问题要考虑。另外，在计划实施过程中一些你也可干、他也可干的处于"结合部"的工作，也常常会产生矛盾，需要协调。"结合部"的工作常常出现的问题是：有利的有人争，没利的没人管。②目标协调。这主要是指总目标在化为各部门、各单位及个人的分目标后，出现目标不一致的现象，从而导致部门、单位、个人之间的工作不协调，影响整个系统工作的顺利进行。③利益协调。在一个系统内总体利益是一致的，但每个部门、每个单位、每个人都有相对独立的利益，都希望获得更多的利益，因此，常常在利益分配问题上产生矛盾。利益协调是各项协调中最敏感的问题，它是很多问题的起因和终结所在。管理者对此一定要头脑清醒，认真对待。

## 二、方法

为搞好组织管理中的协调工作，有效发挥协调作用，除了必须确立并遵循一定的基本原则和明确协调的内容及要求外，还必须掌握并灵活运用好协调的方法。管理活动中的协调方法主要有四种。

### 1. 会议协调法

这是一种最常见最常用的协调方法。为进行协调而召开的会议一般有以下3种：

1）例会。例会，是由单位主管领导牵头组织有关部门在固定时间（如每月的某一日，每星期的某一日）内召开的会议。一个较大的单位在一星期或一个月内总会有些事情需要协调，因此，就干脆固定一个时间来召开会议进行协调。例会，是解决横向管理中的"例外事件"的专门性会议，而不是研究各职能部门职权以内的例行工作。一个单位是否建立例会协调制度，例会间隔时间的长短等要根据单位工作的性质，发生"例外事件"的频率而定。

2）合署办公会。所谓合署办公会，就是将与问题有关的几个职能部门联合在一起办公，集中研讨解决问题的办法，在统一认识的基础上，做出具体的协调规定。这种方式有利于各职能部门认识到协同工作的重要性，提高协调的自觉性。这种方式与例会方式的不同点主要是，例会是在固定的日期，按惯例举行，合署办公是针对某一特殊问题临时召开的专门会议。

3）现场会。现场会就是在协调某一问题时，把有关人员带到问题的现场，请现场主管人员讲述问题产生的原因和设想的解决办法，同时允许对其他部门提出要求，然后，当场定出解决问题的措施的一种会议形式。这种方式的好处是，能使现场的主管有一种"紧迫感"，与此有关的人员看到此种情况，也愿意赶快帮一把，这样问题就能较好地得到解决。

以上几种会议协调方式的应用，要根据所协调的问题的具体情况而定。不管用哪种形式，都要注意会前要有充分准备，会议当中让与会者充分发表意见，同时要注意把握好会议方向，会议最后应形成明确、具体的决定。

### 2. 谈话协调法

1）个别谈心。在很多情况下，人们之间发生矛盾，是由于信息、思想、感情沟通不够引起的。大家在各自的岗位上，经历的情况，想问题的方法、角度，往往是不相同的，如能及时沟通，就能取得一致。谈心通气是一种比较好的沟通方式。谈心通气主要是解决思想、感情上的不协调问题。因此，要对谈话主题的确定、时机的选择、方式方法的运用、情感的表露、语言的表达、程度的掌握等进行细心地研究，灵活地运用。

2）协商对话协调法。这种方法特别适用于领导者与被领导者之间和管理者与被管理者之间的协调活动。这是因为，领导者与被领导者和管理者与被管理者经常会出现矛盾或冲突的情况，而这种情况的出现又常常是由于彼此间缺少交往或沟通渠道不畅而造成的。因此，采取直接交流的协商对话这种协调方法，不但可以增强领导者和管理者的工作透明度，增进被领导者与被管理者对于工作的了解和理解，而且也有利于上情下达和下情上达，减少彼此间的误会和摩擦。协商对话协调法，也是民主管理和参与管理的一种重要手段和方式，是现代组织管理的一大主要趋势。因此，很多组织管理者都将其作为一项重要的管理工作和协调方法来抓，并力图使其走上制度化和法制化的轨道。

### 3. 调整协调法

1）调整组织机构。由于组织机构设置不合理，而导致矛盾产生的现象是常有的。这就需要通过调整组织机构来达到协调的目的。现实生活中，机构庞大臃肿，层次过多，职责不清，互相扯皮造成不协调的现象比较普遍，对此，调整组织机构的主要方法是按照职能分工和精简、高效的原则进行机构的精简合并。有时也可能是由于缺少某一机构，而导致各方面工作不能很好协调的现象，对此，则应增设一个机构。

2）调整人员。在计划实施过程中，由于某些工作人员的不称职、不适应而导致组织运转不灵的现象也是存在的，对此，为保证计划的顺利实施，只有适当调整人员才行。调整人员的办法不可不用，但也不可多用，只能适当使用。通常是在某人的能力实在不宜于做某项工作，且又不可能短时间内提高这方面能力的情况下，或者是某人思想品质上有严重问题，经教育不能改正而又影响工作的情况下，才用调整人员的办法。另一种情况，就是某两个人之间关系严重不协调，经过做工作在一定时期内难以好转，而工作任务又必须由他们很好配合才能完成的情况下，则只好将主要矛盾—方调走。还有一种需要进行人员调整以求得协调的情况是，各部门、各环节人员分配不合理，某个部门人多没事干，某个部门事多人少，而影响整个管理系统的工作顺利开展，也必须进行人员调整。不管在什么情况下进行人员调整，都必须注意做好被调整人员的思想工作，并妥善安排他们新的工作岗位。

### 4. 心理协调法

组织是由人组成的，组织中的矛盾和冲突，归根到底是人与人之间的矛盾和冲突。形成人与人之间的矛盾和冲突，除了组织目标、组织制度和组织规章等带有"硬性"作用的因素外，更复杂的还是人的情感、性格、爱好、需要等带有"软性"作用的心理和人际关系因素。因此，为搞好组织的协调工作，就必须将心理学特别是管理心理学的知识引进到组织管理工作中来，注意从心理的角度进行调适。管理心理学家已对心理协调法作了很多具体的研究，在研究的基础上又概括出许多具体的心理协调方法，诸如改变情景法、精神发泄法、需要满足法、目标激励法、认知行为疗法、操作行为疗法、模仿治疗法、反应行为疗法等等。只要运用得当，这些方法都是能够收到减少矛盾和冲突，达到和谐一致的功效的。

此外，协调的方法还有很多，比如，目标协调、制度协调、资金协调、物资协调等等，他们都是有效的协调方法。

## 第三节　沟通与冲突管理

对管理者来说，有效沟通不容忽视，这是因为管理者为进行管理活动所做的每一件事中都包含着沟通。再好的想法，再有创意的建议，再优秀的计划，不通过沟通都无法实施。沟通，是使不协调关系得以协调的关键。

### 一、沟通的概念、过程与类型

#### 1. 沟通及其过程

沟通是指可理解的信息或思想在两个或两个以上人群中的传递或交换的过程，目的是激励或影响人的行为。在很大程度上，组织的每个管理者的工作都和沟通有关。在组织内部，有员工之间的交流，员工与工作团队之间的交流，工作团队之间的交流；在组织外部，有组织与客户之间的交流，组织之间的交流等。

沟通，简单地说就是传递信息的过程。在这过程中至少存在着一个发送者和一个接受者，即发出信息方和接受信息方。但是实际上，管理学意义上的沟通是一个复杂的过程。这种复杂过程可以用图10.1简要地反映出来。

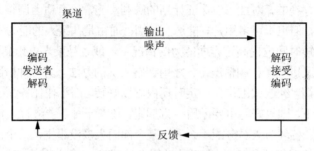

图 10.1　沟通过程简图

1）发送者需要向接受者传送信息或者需要接受者提供信息。这里所说的信息包括很广，诸如想法、观点、资料等。

2）发送者将这些信息译成接受者能够理解的一系列符号。为了有效地进行沟通，这些符号必须能符合适当的场合。如果是进行书面报告，符号的形式应选择文字、图表或者照片；如果是举办讲座，应选择文字、投影胶片和板书。

3）将上述符号传递给接受者。由于选择的符号种类不同，传递的方式也不同。传递的方式可以是书面的（信、备忘录等），也可以是口头的（交谈、演讲、电话等），甚至还可以通过身体动作来表述（手势、面部表情、姿态等）。

4）接受者接受这些符号。接受者根据这些符号传递的方式，选择相对应的接受方式。如果这些符号是口头传递的，接受者就必须仔细地听，否则符号将会丢失。

5）接受者将这些符号译为特定含义的信息。由于发送者翻译和传递能力的差异，以及接受者接受和翻译水平的不同，信息的内容和含义经常被曲解。

6）接受者理解信息的内容。信息的接受者对信息内容的理解，除了受自身价值观、文化水平、经验、理解能力、当时情绪等影响外，还要受到当时环境的影响。

7）发送者通过反馈来了解他想传递的信息是否被对方准确无误地接受。一般说来，由于沟通过程中存在着许多干扰和扭曲信息传递的因素（通常将这些因素称为噪声），这使得沟通的效率大为降低。因此，发送者了解信息被理解的程度也是十分必要的。图 10.1 中的反馈，构成了信息的双向沟通。

2. 沟通的重要性

从某种意义上说，整个管理工作都与沟通有关。计划者与组织外部人士的交流，组织者与被组织者的信息传递，领导者与下属的感情联络，控制者与控制对象的纠偏工作，无不与沟通相联系。一般说来，沟通在管理中具有以下几方面的重要意义：

1）沟通是协调各部门、各成员、各要素，使组织成为一个整体的凝聚剂。每个组织都由数人、数十人甚至成千上万人组成，组织每天的活动也由许许多多的具体的工作所构成，由于各成员的地位、利益及能力的不同，他们对组织目标的理解、所掌握的信息也不同，这就使得各成员的目标有可能偏离组织的总体目标，甚至完全背道而驰，如何保证上下一心，不折不扣地完成组织的总目标呢？这就需要互相交流意见，统一思想认识，自觉地协调各成员的工作活动，以保证组织目标的实现。因而，没有沟通就没有协调，也就不可能实现组织的目标。

2）沟通是领导者激励下属，实现领导职能的基本途径。一个领导者不管他有多么高超的领导艺术与水平，有多么灵验的管理方法，他都必须将自己的意图和想法告诉下属，并且了解下属的想法。领导环境理论认为，领导者就是了解下属的愿望并为此而采取行动，为满足这些愿望而拟订各种实施方案的人，而下属就是从领导者身上看到了一种达到自己愿望目的的人。而这些"愿望"、"目的"的"看到"或"了解"，都需要沟通这个基本环节和途径。

3）沟通也是组织与外部环境之间建立联系的桥梁。组织必然要和顾客、政府、公众、原材料供应者、竞争者等其他社会主体，发生各种各样的关系。如企业必须按照顾客的要求调整产品结构，遵守政府的法规法令，担负自己应尽的社会责任，获得适用且廉价的原材料，并且在激烈的竞争中取得一席之地，这使得企业不得不和外部环境进行有效的沟通。而且，由于外部环境永远处于变化之中，企业为了生存就必须适应这种变化，这就要求企业与外界保持持久的沟通，以便把握住成功的机会，避免失败。

### 3. 沟通的类别

沟通的类别依划分标准的不同而不同。按照功能划分，沟通可以分为工具式沟通和感情式沟通。工具式沟通指发送者将信息、知识、想法、要求传达给接受者，目的是影响和改变接受者的行为。感情式沟通指沟通双方表达情感，获得对方精神上的同情和谅解，最终改善相互间的人际关系。

按照方法划分，沟通可分为口头沟通、书面沟通、非言语沟通、体态语言沟通、语调沟通及电子媒介沟通等。这些沟通方式的比较如表 10.1 所示。

**表 10.1　各种沟通方式比较**

| 沟通方式 | 举例 | 优点 | 缺点 |
| --- | --- | --- | --- |
| 口头 | 交谈、讲座、讨论会和电话 | 快速传递、快速反馈且信息量很大 | 传递中经过层次愈多信息失真愈严重，核实越困难 |
| 书面 | 报告、备忘录、信件、文件、内部期刊和布告 | 持久、有形，可以核实 | 效率低，缺乏反馈 |
| 非言语 | 声、光信号（红绿灯、警铃、旗语、图形和服饰标志）、体态（手势、肢体、动作和表情）和语调 | 信息意义十分明确。内涵丰富，含义隐含灵活 | 传送距离有限，界限含糊，只能意会，不能言传 |
| 电子媒介 | 传真、闭路电视、计算机网络和电子邮件 | 快速传递、信息容量大、远程传递，一份信息可同时传递多人且廉价 | 单向传递，电子邮件可以交流，但看不到表情 |

按照组织系统划分，沟通可分为正式沟通和非正式沟通。正式沟通是以正式组织系统为渠道的信息传递，非正式沟通是以非正式组织系统或个人为渠道的信息传递。

按照方向划分，沟通可分为下行沟通、上行沟通和平行沟通。下行沟通指上级将信息传达给下级，是由上而下的沟通。上行沟通指下级将信息传达给上级，是由下而上的沟通。平行沟通指同级之间横向的信息传递，这种沟通也称为横向沟通。

按照是否反馈划分，沟通可分为单向沟通和双向沟通。单向沟通指没有反馈的信息传递，双向沟通指有反馈的信息传递。表10.2比较了这两种沟通的优缺点。

表10.2　单向和双向沟通比较

| 因　素 | 结　果 |
| --- | --- |
| 时间 | 双向沟通比单向沟通需要更多的时间 |
| 信息和理解的准确程度 | 在双向沟通中，接受者理解信息和发送者意图的准确程度大大提高 |
| 接受者和发送者的置信程度 | 在双向沟通中，接受者和发送者都比较相信自己对信息的理解 |
| 满意 | 接受者比较满意双向沟通；发送者比较满意单向沟通 |
| 噪声 | 由于与问题无关的信息较易进入沟通过程，双向沟通的噪声要比单向沟通要大得多 |

## 二、有效沟通

### 1. 有效沟通的障碍

所谓有效沟通，简单地说就是传递和交流信息的可靠性和准确性高，它表明了组织对内外噪声的抵抗能力。在沟通过程中，由于存在外界干扰以及其他原因，信息往往被丢失或曲解，使得信息的传递不能发挥正常的作用。因此，组织的有效沟通存在一定的障碍，主要的障碍因素有以下几种：

1）个人因素。个人因素主要包括两大类，一是有选择地接受，另一是沟通技巧的差异。所谓有选择地接受，是指人们拒绝或片面地接受与他们的期望不相一致的信息。研究表明，人们往往听或看他们感情上有所准备的东西，或他们想听或想看到的东西，甚至只愿意接受中听的，拒绝不中听的信息。除了人们接受能力有所差异外，许多人运用沟通的技巧也很不相同。有的人擅长口头表达，有的人擅长文字描述。所有这些问题都妨碍有效的沟通。

2）人际因素。人际因素主要包括沟通双方的相互信任、信息来源的可靠度和发送者与接受者之间的相似程度。沟通是发送者与接受者之间"给"与"受"的过程。信息传递不是单方面，而是双方面的事情，因此，沟通双方的诚意和相互信任至关重要。上下级间的猜疑只会增加抵触情绪，减少坦率交谈的机会，也就不可能进行有效的沟通。

信息来源的可靠性由下列四个因素所决定：诚实、能力、热情、客观。有时，信息来源可能并不同时具有这四个因素，但只要信息接受者认为发送者具有即可。可以说信息来源的可靠性实际上是由接受者主观决定的。就个人而言，员工对上级是否满意很大程度上取决于他对上级可靠性的评价。就团体而言，可靠性较大的工作单位或部门比较能公开地、准确地和经常性地进行沟通，它们的工作成就也相应地较为出色。

沟通的准确性与沟通双方间的相似性有着直接的关系。沟通双方特征（如性别、年龄、智力、种族、社会地位、兴趣、价值观、能力等）的相似性，影响了沟通的难易程度和坦率性。沟通一方如果认为对方与自己很相近，那么他将比较容易接受对方的意见，并且达到共识。相反，如果沟通一方视对方为异己，那么信息的传递将很难进行下去。

3）结构因素。结构因素主要包括地位差别、信息传递链、团体规模和空间约束四个方面。研究表明，地位的高低对沟通的方向和频率有很大的影响。地位悬殊越大，信息趋向于从地位高的流向地位低的。事实很清楚地表明，地位是沟通中的一个重要障碍。

一般说来，信息通过的等级越多，它到达目的地的时间也越长，信息失真率则越大。这种信息连续地从一个等级到另一个等级所发生的变化，称为信息传递链现象。当工作团体规模较大时，人与人之间的沟通也相应变得较为困难。这是由于沟通渠道的增长大大超过人数的增长。企业中的工作，常常要求工人只能在某一特定的地点进行操作。这种空间约束的影响，往往在工人单独于某位置工作或在数台机器之间往返运动时尤为突出。空间约束不仅不利于工人间的交往，而且限制了他们的沟通。一般说来，两人之间的距离越短，他们交往的频率也越高。

4）技术因素。技术因素主要包括语言、非语言暗示、媒介的有效性和信息过量。

大多数沟通的准确性依赖于沟通者赋予字和词的含义。由于语言只是个符号系统，本身并没有任何意思，它仅仅为我们描述和表达个人观点的符号或标签。每个人表述的内容常常是由他独特的经历、个人需要、社会背景等决定的。因此，语言和文字极少对发送者和接受者双方部具有相同的含义，更不用说许许多多的不同的接受者。语言的不准确性还不仅仅表现在对符号的不同了解，而且它能激发各种各样的感情，这些感情可能又会更进一步歪曲信息的含义。同样的字词对不同的团体来说，会导致完全不同的感情和不同的含义。

管理人员十分关心各种不同沟通工具的效率。一般说来，书面和口头沟通各有所长。书面沟通常常用于传递篇幅较长、内容详细的信息，其优点是：为读者提供以适合自己的速度、自己的方式阅读材料的机会，易于远距离传递，易于储存并在做决策时可提取信息，因为经过多人审阅所以比较准确。

口头沟通适合于需要翻译或精心编制才能使拥有不同观念和语言才能的人理解的信息。其优点是：快速传递信息，并且希望立即得到反馈；可传递敏感的或秘密的信息；可传递不适用于书面媒介的信息；适合于传递感情和非语言暗示的信息。

总之，选择何种沟通工具，在很大程度上取决于信息的种类和目的，还与外界环境和沟通双方有关。

我们生活在一个信息爆炸的年代。企业经理面临着"信息过量"的问题。例如，管理人员只能利用他们所获得信息的 1/10 000 到 1/100 进行决策。信息过量不仅使经理人员没有时间去处理，而且使他们难于向同事提供有效的必要的信息，沟通也随之变得困难重重。

2. 有效沟通的实现

从上述沟通障碍看，只要采取适当的行动方式将这些沟通障碍有效消除，就能实现管理的有效沟通。因而，无论组织内沟通还是组织间沟通，有效沟通的实现取决于对沟通技能的开发和改进。克服沟通障碍，一般有以下准则：

1）明确沟通的重要性，正确对待沟通。管理人员十分重视计划、组织、领导和控制，

对沟通常有疏忽，认为信息的上传下达有了组织系统就可以了，对非正式沟通中的"小道消息"常常采取压制的态度，这表明管理层没有从根本上对沟通给予足够的重视。

2）培养"听"的艺术。对管理人员来说，"听"不是件轻而易举的事情。要较好地"听"，也就是要积极倾听。一些积极倾听的要点如表 10.3 所示。

表 10.3　"听"的艺术

| 要 | 不要 |
|---|---|
| 1. 表现出兴趣 | 1. 争辩 |
| 2. 全神贯注 | 2. 打断 |
| 3. 该沉默时必须沉默 | 3. 从事与谈话无关的活动 |
| 4. 选择安静的地方 | 4. 过快或提前作出判断 |
| 5. 留适当的时间用于辩论 | 5. 草率地给出结论 |
| 6. 注意非语言暗示 | 6. 让别人的情绪直接影响你 |
| 7. 当你没有听清楚时，请以疑问的方式重复一遍 | |
| 8. 当你发觉有遗漏时，直截了当地问 | |

3）创造一个相互信任，有利于沟通的小环境。管理人员不仅要获得下属的信任，而且要得到上级和同僚们的信任。他们必须明白，信任不是从天上掉下来的，而是诚心诚意争取来的。

4）缩短信息传递链，拓宽沟通渠道，保证信息的畅通无阻和完整性。如减少组织机构，在利用正式沟通渠道的同时，开辟高级管理人员至低级管理人员的非正式的直通渠道，以便于信息的传递。

5）成立特别委员会，定期加强上下级的沟通。特别委员会由管理人员和第一线的工人组成，定期相互讨论各种问题。

6）非管理工作组。当组织发生重大问题，引起上下关注时，管理人员可以授命组成非管理工作组。该工作组由一部分管理人员和一部分职工自愿参加，利用一定的工作时间，调查组织的问题，并向最高主管部门汇报。最高管理阶层也要定期公布他们的报告，就某些重大问题或"热点"问题在全组织范围内进行沟通。

7）加强平行沟通，促进横向交流。一般说来，组织内部的沟通以与命令链相符的垂直居多，部门间、科室间、工作小组间的横向交流较少，而平行沟通却能加强横向的合作。

### 三、冲突的类型及影响

沟通是为了减低组织的管理成本，进而降低组织之间的交易成本。但是，由于组织之间以及组织中员工之间本质的区别，沟通并不会达到尽善尽美的效果，这样，组织摩擦和人员摩擦不可避免地发生，带来额外的管理组织成本。这种摩擦程度越大，组织的协调成本越高。这就是冲突的由来。人与人之间在利益、观点、掌握的信息或对时间的理解上都可能存在差异，有差异就可能引起冲突。不管这种冲突是否真实存在，只要一方感觉到有差异就会发生冲突。显然，沟通不足或没有沟通，都可能导致冲突。所以，要了解冲突，前提是了解出现差异的原因及其表现形式。

### 1. 冲突的原因

人们之间存在差异的原因是多种多样的，但大体上可归纳为三类：

1）沟通差异。由于文化和历史背景不同、语义困难、误解及沟通过程中噪声的干扰都可能造成人们之间意见不一致。沟通不良是产生冲突的重要原因，但不是主要的。

2）结构差异。观察管理中经常发生的冲突，绝大多数是由组织结构的差异引起的。由于分工造成组织结构中垂直方向和水平方向各系统、各层次、各部门、各单位、各岗位的分化，组织愈庞大、愈复杂，组织分化愈细密，组织整合愈困难。由于信息不对称和利益不一致，人们在计划目标、实施方法、绩效评价、资源分配、劳动报酬、奖惩等许多问题上都会产生不同看法，这种差异是由组织结构本身造成的。为了本单位的利益和荣誉，许多人都会理直气壮地与其他单位甚至上级组织发生冲突。不少管理者，甚至把挑起这种冲突看作是自己的职责，或作为建立自己威望的手段。几乎每位管理者都会经常面临与同事或下属之间的冲突。

3）个体差异。每个人的社会背景、教育程度、阅历、修养等方面的不同，塑造了每个人各不相同的性格、价值观和作风。人们之间这种个体差异造成了合作和沟通的困难往往也容易成为导致某些冲突的根源。

这说明，由于沟通差异、结构差异和个体差异的客观存在，冲突也就不可避免地存在于一切组织中。从而，管理冲突的必要性就突出出来。

### 2. 组织冲突的类型

对组织冲突可以按照不同的标准进行分类，最常用的是按冲突发生的不同层次来分类。按组织冲突发生的层次来划分，组织冲突可以分为个人层次的冲突、团体层次的冲突、组织层次的冲突。这几个层次的冲突之间相互联系、相互作用。

（1）个人层次的冲突

个人层次的冲突通常可以细分为两种：个人内心和人际关系的冲突。

1）个人内心的冲突。个人内心的冲突指当个人面临相互矛盾的目标、认识、相互矛盾的行动趋势或一个同时具有肯定和否定特征的目标时，内心发生的冲突。此时个人会表现得犹豫不决，茫然不知所措。个人内心冲突常常包括多选一的选择和一些相应的不相容的影响，有肯定的，也有否定的。一个很典型的例子就是目前很多大学毕业生不得不决定是进企业还是进政府机关工作（二者只能选其一），因为同政府机关相比，企业里的工作会提供较高的报酬，但保障性较差（两个不相容的结果）。可见个人内心冲突的影响可能是肯定的，也可能是否定的，甚至两种可能都存在。根据面临的选择结果的可能性，可以把个人内心的冲突分为三种形式：①双趋冲突。它要求个人在两个或两个以上的目标中作出选择，但每个目标的结果都是肯定的，比如，个人在两个条件同样优越的工作面前的选择问题。此时，冲突的关键在于两个或两个以上的目标对个人都有很大的吸引力，但"鱼和熊掌不可兼得"，必须"舍鱼而取熊掌也"，即个人常常会选择其中条件相对更优越的一个。②趋避冲突。这种类型的冲突在组织中是最常见的。通常在某种目标既具有肯定特征又具有否定特征时就会发生趋避冲突，其肯定特征吸引了个人，而其否定特征又排斥个人，使人内心发生冲突。如企业的投资项目若要求有高的收益，就必然会带来高的风险，这就是趋避冲突的例子。特别是当决策对个人非常重要，而且选择结果的肯定概率同否定概率各半时，冲突就会加强。此时的决策，主要取决于个人对风险的态度。③双避冲突。与双趋冲突类似，这种冲突通常影响作用较小，也容易解决。当个人面临两个或两个以上的具有否定特性的目标需要进行选择时，双避冲突就出现了。例如，在一个公司里，上级要求下级销售伪劣产品时，下级人员要么为公司销售伪劣产品坑害消费者，要么不为公司销售产品而有被解雇的危险，两者都是一个下级人员所不期望的，即是此例。通常，个人会比较两者的差别，按自己的标准作出选择，即所谓"两害相权取其轻"。

2）人际关系冲突。人际关系冲突是指两个或两个以上的个人在其目标实现的过程中发生的对抗。它可以发生在团体内部成员间，也可以发生在两个不同团体成员之间（此时极易导致团体间的冲突）。如企业中质量检验员同生产工人之间的冲突就是人际关系冲突。质检员的职责就是查出错误，查出错误就意味着他的成功，而他的成功是建立在生产工人失败的基础之上的，二者之间必然会发生冲突。著名的"囚徒困境"，描述的就是一种典型的人际关系冲突情形。从这一情形，我们可以看出组织中人际关系的冲突通常具有以下特征：①一方的结果依赖于另一方怎么做。②强调个人行动结果和合作行动结果的差别。如在"囚徒困境"中，个人最佳选择是承认，但合作行动的最佳选择却是都保持沉默。③冲突的解决需要双方相互信任，但往往事与愿违。实验表明，"囚徒困境"中的双方即使在此之前已经知道两种不同情况的结果，并且见过面，以后双方仍然会选择对自己有利的做法，而不敢相信对方。

（2）团体层次的冲突

团体层次的冲突包括团体内的冲突和团体间的冲突两种类型。

1）团体内的冲突。组织中的团体是由一个个的个人组成的，但团体不是所有个人的简单加总。同样地，团体内的冲突既包括了团体内个人层次的所有冲突（即个人内心冲突和人际关系冲突），但又比个人层次冲突的总和要复杂得多，通常还应包括个人与团体间的冲突。

从个人与团体之间的冲突来看，任何一个团体，都有其特定的目标，为了维护其自身的运行秩序，必然要对个人提出种种要求和限制，即团体的目标要求个人行为"非人格化"；而个人又都有着自己的目的、利益意愿。希望个人完全忽视个人的目的而为团体目标服务，是不可能的。所以，两者之间必然会发生冲突。这也是团体内部冲突的一种形式。

2）团体间的冲突。团体间的冲突是组织内团体之间由于各种原因而发生的对立情形。它可能是同一团体内部成员间的冲突导致成员分化成两个或更多个小团体，从而把团体内的冲突转化为团体间的冲突，也可能是由分别处于两个团体内的成员间的个人冲突逐渐升级而成。其根源主要在于，各个团体片面强调自己的利益，而忽略了对方的和共同的利益。

组织中团体间的冲突通常有以下几种形式：①垂直冲突。垂直冲突是指组织中通过纵向分工形成的不同层次间的冲突，也就是上级部门与下级部门间的冲突。如企业的董事长与总经理、总经理与中层管理者之间的冲突等。这些冲突可能是由于上级部门对下级部门监管过于严格或下级部门的"次级目标内化"而造成的，也可能是由于双方缺乏交流或掌握的信息

（事实）不同，导致认识上的差异而造成的。②水平冲突。水平冲突是指组织中通过横向分工形成的不同职能部门间的冲突，也称为功能冲突。例如，生产部门同销售部门的冲突就是一个典型的例子。其产生原因关键在于，过分强调自己的目标，忽略了对其他部门及组织整体的影响。③指挥系统与参谋系统的冲突。组织中的直线指挥人员与职能参谋人员经常发生冲突，特别是在企业组织中。④正式系统与非正式系统间的冲突。组织的正式系统与非正式系统之间也经常发生冲突。如组织中正式系统与非正式系统的目标往往不一致，而非正式系统的成员经常置正式系统的规则而不顾，自然就会形成冲突。一般来说，它们之间的冲突是由于管理人员忽视了作为社会技术系统的组织的社会面而造成的。

（3）组织层次的冲突

组织层次的冲突不仅包括由上述两个层次的冲突组成的组织内的冲突，而且包括组织间的冲突。如果说组织内的冲突是由于组织内的工作设计、组织结构和内部权力的分配造成的，那么组织间的冲突，则主要与其生存环境有关。

从系统的观点出发，任何组织都是属于一个更广泛的环境系统的子系统。为了生存和发展，组织必须与外界环境进行各种要素的交换，并在交换过程中求得一种动态平衡。于是，组织在与其生存环境中的其他一些组织发生关系时，经常会由于目标、利益的不一致而发生各种各样的冲突。如，企业与它的竞争对手之间会发生冲突，各个政党与其对手之间的竞争也是不可避免的。甚至可以说，组织内部的冲突是在其外部冲突的影响下造成的。

3. 组织冲突的影响

其实冲突并不可怕，因为虽然有的冲突对组织是有害的，但有些冲突却是有益的，并且有害的冲突通过有效的管理亦可为我所用。那么组织冲突对组织究竟有哪些积极的影响作用，又有哪些消极的影响作用呢？下面以团体间的冲突为例加以说明。组织的冲突有时会推动组织目标的实现，这时冲突的影响就是积极的，主要包括下面两个方面。

（1）对团体内的积极影响

1）团体间的冲突能增加团体内部成员的凝聚力。实验表明，当存在竞争、冲突或其他外部威胁时，团体内部成员会表现出高度的一致性，减少分歧，联合起来，一致对外。

2）成员关心的重点转移到了工作任务上。当冲突发生时，人们会自觉地把重心转移到工作上来，做团体该做的事并尽力地做得更好——完成团体的任务，并把"敌人"打败。显然这时候对成员个人心理需要的关心逐渐减弱，因为这种需要已经退居次要位置了。

3）容易激发成员的创造性思维，提高创新能力。不同思想的交流，不同意见的交锋，极易激发创造性思维的"火花"。特别是，冲突问题的解决需要人们改变其思考问题、处理问题的方式，使人们对问题的认识更加深入，提出一些建设性建议。

4）团体间的冲突会导致组织变革。组织内的冲突过程通常是组织主动变革的"催化剂"，而寻求冲突问题解决的途径又使得组织的变革和各种变化更易于被成员所接受。

（2）对团体间的积极影响

1）冲突的结果可以提高组织的效率。组织内的良性冲突，会导致产量的提高。特别是对于并不是必须以团体形式工作的个人而言，冲突（准确地说是引起冲突的竞争）会使彼此更加努力地工作，会导致组织效率的提高。

2）组织冲突便于发现问题，以便及时解决问题。虽然说冲突并不是组织机能失调的反映，但组织冲突仍然可以反映出组织内存在的某些问题，如组织结构、任务指派、奖励制度等方面的问题。于是，人们可以及时地对其加以考察，并有效地解决，使组织更适应外界环境的不断变化，促使组织目标的有效实现。而且，冲突的结果有利于各团体进行反省，发现自身的长处，充分发挥其优势。

上述是冲突的积极影响，但我们必须知道这些积极影响是有条件的，并不是任何形式的冲突的影响都是积极的。冲突的积极影响往往取决于冲突产生的原因、冲突的性质以及对冲突处理的态度和方式。如果组织冲突处理方式不当，或者是其产生原因及性质具有危害性，那么组织冲突会带来一些消极的影响。

（1）对团体内的消极影响

1）冲突会给人一种情绪上的压力，影响其精神健康，有时还会引起个人层次的不必要的敌意的冲突。

2）冲突加剧时，领导作风会趋向于独裁，民主减少。虽然这时候团体成员会乐意接受这种独裁领导，但它给了某些领导采取错误行为的机会，如压制某些内部严重的分歧，避免其在不适当的时候迸发出来冲击团体的"安全"目标等。

3）当冲突问题不能很好解决时，冲突就意味着一种浪费。它使团体的努力偏离了组织的方向，造成组织资源的大量浪费，特别是宝贵的时间和资金的浪费。

4）冲突容易强化次级目标的内化，导致人们忽视组织的总目标，甚至使某些团体或个人脱离组织。

（2）对团体间的消极影响

1）导致对对方的歪曲理解。双方都会认为自己比对方重要，认为自己在组织目标的实现过程中的作用比对方大。如销售人员会说："没有我们销售产品，其他人的工资报酬只能是一个空话。"而生产人员会讲："没有我生产的产品，你们就没什么可卖的了"等。事实上，组织目标的实现需要大家共同的努力，彼此之间并不存在谁更重要的问题，只是双方在目标实现过程中承担了不同的角色、职能而已。

2）彼此之间产生一定的成见。当冲突加剧和一些曲解形成后，团体成员会不自觉地加强对对方的成见。如直线人员会讲："我们常说那些参谋人员总自以为了不起，这不恰好证明了吧"等。结果导致团体成员暂时忽略了内部分歧，而夸大了团体间的差异，甚至对对方充满了敌意。

3）减少了相互间的交流。冲突发生后，团体间的交流会明显减少。这样会给组织带来许多消极影响，特别是团体间存在单向的时间顺序依赖或质量上的依赖时，就会直接影响产品质量及任务完成时间，导致组织目标不能实现。

4）当双方在外部压力下进行意见交流时，往往会对信息进行有保留的传递，对对方的信息作有选择性的和歪曲性的接受，乐意倾听对自己有利的意见。

## 四、冲突的管理

### 1. 对待组织冲突的正确态度

既然组织冲突既有积极作用，又有消极的作用，其产生原因又各不相同，那么管理者应该如何对待组织冲突问题呢？通常情况下，人们对冲突是采取回避的态度，甚至有点"谈冲突而色变"，其原因主要在于冲突往往是不受人欢迎的。但组织中的冲突又是不可避免的，管理者应该正确地对待它。

1）正视冲突的存在。从前面的分析可以知道，组织冲突产生的原因在于个体之间的相互依赖性和彼此间的差异性。而组织所面临的社会环境越来越复杂，使得人们工作上的独立自主性减少，工作越来越依赖于其他人；同时经过分工以后的工作间的差异越来越大。导致人们在实现目标的过程中只能扮演各种不同的角色，于是人与人之间在目标上、认识上会存在许多的差异。特别是近年来出现的一些新趋势，如非市场性的外部人员的权力不断增加，国际竞争日趋剧烈和技术日益复杂化等，使得个体间的差异性特征和相互依赖的关系越来越突出。而且，没有任何证据表明这些趋势在不久的将来会出现逆转。可见组织冲突问题的存在具有其客观性。既然如此，管理者就应该正视组织中的冲突问题，不应视冲突为一种不正常的现象而对其进行不必要的排斥或者忽视组织中的冲突现象。

2）分清冲突的性质，区别对待。虽然说组织冲突是一种客观的现象，管理者不应忽视或排斥它，而应该正视它的存在，但这并不意味着管理者对所有的冲突的态度应千篇一律，平等对待。正确的态度是分清冲突的性质，区别对待之。从冲突的性质来看，组织冲突有建设性冲突和破坏性冲突之分。建设性冲突对组织目标的实现是有益的，而破坏性冲突对组织目标的实现是有害的，因此，我们对不同性质的冲突应采取不同的态度：对破坏性冲突应采取适当的方法进行有效的管理，使冲突双方均满意，以降低其对组织目标实现的妨碍作用；对建设性冲突应充分利用，以发挥其建设性功能，帮助实现组织的目标。

总之，我们应使组织冲突保持在一个适当的水平之上，使其不致于过低，不能激发成员的创造能力和创新精神；也不能太高，以致于冲突的过程妨碍了组织目标的实现。

### 2. 托马斯的人际冲突处理模式

为了有效地解决组织中的人际关系冲突，美国的行为科学家托马斯提出了一种两维模式，如图 10.2 所示。

托马斯认为至少有五种处理人际冲突的策略，每种方法都是由两个维度来确定的：关心自己和关心他人。其中，"关心自己"表示在追求个人利益过程中的武断程度；"关心他人"表示在追求个人利益过程中与他人合作的程度。五种策略即代表了合作性与武断性之间的五种不同组合。

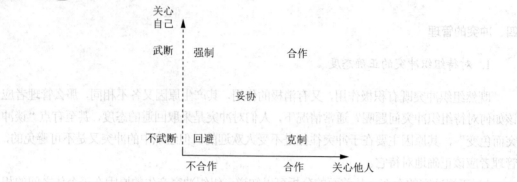

图 10.2　人际关系冲突处理的两维模式

1）回避策略。回避策略是指既不合作又不武断的策略。这时，人们将自己置身于冲突之外，忽视了双方之间的差异，或保持中立态度。这种方法反应出当事人的态度是任冲突自然发展，对自己的利益和他人的利益均无兴趣，于是回避各种紧张和挫折的局面。回避方法的使用可以避免问题扩大化，但常常会因为忽略了某种重要的意见、看法，使对方受控，易遭对手的非议，故长期使用效果不佳。

2）强制策略。强制策略是指高度武断且不合作的策略。它代表了一种"赢—输"的结果，即为了自己的利益牺牲他人的利益。一般来说，此时一方在冲突中具有占绝对优势的权力和地位，因此，一般会认为该方的胜利是必然的，而另一方则必然会以失败而告终。强制策略通常可以使人们只达到自己的目的，所以同样地不受对手的欢迎。

3）克制策略。克制策略代表着一种具有高度合作精神而武断程度较低的策略。可以说这是无私的策略，因为当事人牺牲自己的利益而满足他人的要求。通常克制策略是为了从长远利益出发而换取对方的合作，或者是屈服于对手的意愿。因此，克制策略是最受对手欢迎的，但容易被对手认为是过于软弱或是屈服的表示。

4）合作策略。合作策略是在高度的合作精神和武断的情况下采取的策略。它代表了冲突解决中的"双赢"局面，即最大限度地扩大合作利益，既考虑了自己的利益，又考虑了他人的利益。一般来说，持合作态度的人有几个特点：①他们认为冲突是一种客观的、有益的现象，处理得当会引起一些建设性问题的解决。②相信对手。③相信冲突双方在角色上是平等的，并认为每个人的观点都有其合理性。④他们不会为了共同的利益而牺牲任何一方的利益。

5）妥协策略。在妥协策略下，合作性和武断程度均处于中间状态，它建立在"有予必有取"的基础之上，通常情况下需要一系列的谈判和让步。同合作方式相比，妥协策略只求部分地满足双方的要求，但妥协策略是最常用的、被人们广泛接受的一种解决冲突的策略。人们认为妥协策略至少有以下优点：①尽管它部分地阻碍了对手的行为，但仍然表示出合作的姿态。②它反映了解决冲突的实利主义态度。③有助于保持双方之间的良好关系。一项研究表明，人们之所以欢迎妥协策略，是因为妥协策略的确提供了一个解决办法，而不能解决问题是软弱的表现，而且接受对方提出的意见需要很大的勇气。

3. 解决冲突的办法

根据冲突产生的原因、冲突的激化程度以及冲突双方的态度，可以分别采用下面几种办法加以解决：

1）调解法。这是指冲突双方通过协商或谈判，订立一个协议或公约来解决冲突的方法。处理冲突的领导者应该是一个调解者。他首先应当充分倾听双方意见，了解情况，摸清双方分歧所在，然后分析双方意见的合理之处和共同之处。接着找寻更大范围内的共同目标与利益，并且提出建议，设法使双方协商，求同存异，实行妥协。最后根据新的目标拟定出协议或公约，在领导的监督下共同执行。协商之初分歧可能很大，但随着协商的进行，一致性逐步扩大，以至最后消除分歧，如图 10.3 所示。

了解情况　分析权衡　提出建议　双方协商　拟定协议　监督执行

图 10.3　协商解决冲突的程序

采用这种办法解决冲突，其前提是所要解决的问题是客观存在的，而不是冲突双方不合理的要求。这种办法的好处是双方先不分谁是谁非，消极因素少。但费时较多，见效较慢。总的来说，它是一种比较好的解决办法。

2）互助法。这是一种较好的解决冲突的办法。它是冲突双方在第三者（专家和领导）的协助指导下，通过充分讨论来解决冲突的办法。采用这种方法的关键是有一位精通业务的专家或领导参与，其次是创造一种能使双方心平气和坐下来讨论问题的气氛。具备这两条，再复杂的问题和冲突都能得到比较好的解决。其步骤是先在专家的参与下，双方充分提出自己的观点和依据，并加以分析比较，从而确定一个共同的认识基础。然后双方各自根据共同的认识，提出解决问题的方案，并由专家排列比较，最后从中选择或者归纳出最合理的方案予以实施。

这种方法的优点较多，主要是分歧能得到较彻底的消除，调动积极性的速度比较快，诞生的新方案比较合理。缺点是处理过程颇长，耗用时间精力较多。实践证明，只要参加处理的专家和领导具有足够的工作能力，其效果是甚为理想的。

这种办法与前面方法的不同点是前面强调调解、折衷妥协、双方互相让步。而这种方法是寻求共同的认识基础，并以此作为边界条件，协力寻求合理的方案。

3）裁决法。所谓裁决法是指掌握权力的人或组织对冲突作出裁决的方法。这个方法的明显长处是简单、省力，再严重的冲突、再复杂的问题，只要权威一出现，凭他几句话就可以裁决，被裁决者只能无条件服从。这种办法只有当权威者是一个有能力、公正、熟悉情况并明了事理的人时，裁决才可能是正确和公正的。反之，必然严重挫伤被裁决者的积极性。即使裁决正确，因为裁决时往往要判明是非，判非者自然不高兴，心里不服；判是者，虽然高兴，但认为理所当然，所以也不会带来多少积极的后果。

除了权威仲裁外，有时也利用抽签的办法来解决冲突。这种办法仅用于冲突的双方或几方都认为很公正时，以及对各方成功和失败的概率相同时才适用。裁决法在情况紧迫时有其特殊的作用。

4）改组法。组织调整的具体做法有如下几种：①吸收合并，以复制方式加以分离（见图10.4）。比如，研究部门经常有些加工任务，如果总让生产车间进行加工就可能发生冲突，这时可以分配给研究部门一个小的加工单位，专门从事研究部门的加工任务，生产车间不再负责研究部门的加工任务。②采用矩阵式组织将冲突表面化，让冲突者一起参与讨论解决冲突的过程。③使互相冲突的岗位、人员相互轮换，以进行角色体验，加深彼此了解。④调整个人职责，使分工单一，简化角色要求，减少角色冲突。例如，为减少科研和教学的矛盾，教师在某一阶段专门从事其中一项工作。⑤利用缓冲物加以分离或利用连缀角色加以缓冲（如图10.5所示）。该图可以说明，当铸工车间和机工车间由于对毛坯质量标准的看法不同，要求不一，对某批毛坯是否合格产生分歧。如果他们直接对话，可能争执不下。通常的解决办法是：他们不直接对话，由厂部建立的毛坯库、质量检查科或厂部调度人员作为中介，这样就减少了冲突。

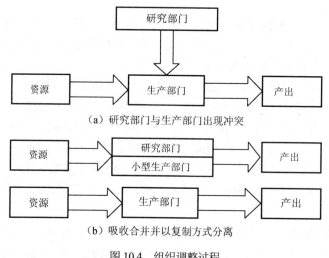

（a）研究部门与生产部门出现冲突

（b）吸收合并并以复制方式分离

图10.4　组织调整过程

5）支配法。这是指冲突的一方利用自己手中的权力、权威与实力迫使冲突的对方退却、放弃，这种解决冲突的方法称为支配法。支配可以是个人支配、联合支配或多数人支配。所谓个人支配是指一个管理者可以利用职权将冲突的对手一人或数人革除职务或进行其他的人事调动。所谓联合支配是几个人形成一个权力中心，来支配别人或支配冲突的另一方。所谓多数人支配是指管理人员致力于形成多数人一致的看法，使意见不一致的对方所拥有的力量，小到可以忽视的程度，迫使对方退出冲突或保持沉默。但是，支配往往是针对具体人的，而冲突并不一定都是由某人引起的，所以人虽然受到了支配，但冲突并未真正得到解决。因此，此法虽简单，但往往效果不好，只是不得已而用之。

6）拖延法。这是指拖延一些时间，使矛盾双方激动情绪平静下来，问题的实质暴露得更加清楚时再行处理，这种方法也被称为"冷却法"。这种方法适用于对人的处理，特别是政治原因对人的处理。此法比较谨慎，不在"风口浪尖"上和双方"气头"上进行处理，而是冷却后再处理，可以更稳妥，副作用较少。

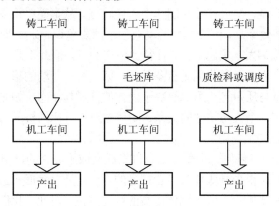

图 10.5 缓冲物和连缀角色的应用

# 第四节 团 队 建 设

团队是由两人或两人以上组成的，并通过人们彼此之间相互影响、相互作用而形成的群体。它是具有共同目标的一种介于组织与个人之间的人群集合体。一个单位、一个企业，协调得上下精诚团结，才会充满生气、朝气蓬勃。

## 一、团队的作用

团队，可以起两个方面的作用：

1）保证组织任务的完成。第一，团队是执行组织任务的有力工具，它承担了组织分配的职责和任务。在团队内部，任务和责任落实到个人，使其更加具体并易于贯彻，而且在许多情况下，团队工作会比个体单独工作有较好的表现和较高的工作效率。第二，团队内便于研究探索问题，能够集思广益，有利于作出更好的决策与创新。第三，团队可以作为媒介，促进沟通。它介于组织与个人之间，便于上情下达，下情上达，加强上下之间的信息沟通。第四，团队可以协助组织，约束个人。团队对个人的行为起着无形的作用，它的控制和影响起到规章制度和纪律所起不到的作用。

2）满足个人的心理需要。第一，团队能够满足个人的安全、社交、情感、自尊、认可的需要，从而增加个人的满足感和组织的稳定性，降低人员的流动和离职率。第二，在团队中个人能得到别人的帮助、支持和具体指导，不仅能弥补组织的不足，而且能增强士气和自信心，协助个人达成组织目标。第三，团队可以对个人提供精神上和物质上的援助与关心体贴，协助个人解决困难。第四，它可以保障个人免受侵犯。

## 二、团队对个人行为的影响

团队对个人的态度和行为是有很大影响的。我们通常讲，好的团体是个大熔炉，后进的可变先进；坏的团体是个大染缸，中间的可变后进。团体对个人通常有下面几种影响：

1）社会助长作用。个人在集体中的表现，往往不同于个体单独情况下的表现。一般说来，由于集体的约束影响，个人往往在团体中表现较好。从事简单重复的劳动时，几个人一起干，比一个人单独干效率高，因为集体劳动有助于消除单调、提高兴趣。需要用脑的问题，众人一起讨论可以相互启发、集思广益，往往比单个为好。但并不是在任何情况下都有助长作用，我们说集体对个人的助长作用是有条件的，第一要看劳动的形式和内容，如体力和脑力、简单与复杂、数量与质量等；第二取决于团体的性质与状态，如先进与落后、凝聚力和吸引力的大小等；第三，个人与团体的关系、团体对组织目标的赞同态度等都是条件。我们不能一概而论认为都起助长作用。

2）社会标准化倾向。任何一个团体都有许多成文或不成文的，但都被大家所意识和认可的行为标准。这些标准很少是团体领导者规定的，往往是自然形成的。这些标准对大家的行为有着极大的约束和影响力，成为团体成员的行为规范。对此，我们称之为常规。常规是一种非道德行为标准，它表明团体对成员的要求和希望。常规的具体内容取决于团体的性质和目的，但是一般而言，常规受社会标准的影响。个体行为不只受到所属团体的影响，而且团体和个人也受到社会上其他团体的行为、社会舆论、宣传和报导的影响。

3）社会从众行为。团体常规的内容由于团体的性质和目的而有所不同，但是普遍地存在着一种现象，就是团体经常对个体施加压力，以使团体成员的态度和行为（知觉、判断、信仰等）表现出与团体中多数人相一致，这种现象被称作社会从众行为，或叫团体压力的顺从现象，俗称为随大流。

社会心理学家阿虚（S. E. Asch）曾做过有关社会从众行为的试验，他将试验的大学生分成 8 人一组，要求他们指出图 10.6 中的 A、B、C 三条线中的哪一条和 X 线等长。其中每组只有一位是真正的被试验者，他们被安排在每组的最后。阿虚让每组的前 7 个人都有意作出错误的判断，结果真正被试验者竟有 32% 也跟着多数人作出错误的判断。

从众行为的主观原因是自我怀疑和不愿意被孤立。当个人的意见与众不同时，心理上就会紧张，往往产生自我怀疑，甚至会有一种被孤立的感觉，从而使个体产生不愿意标新立异，而愿意顺从多数人的倾向。从众行为的客观原因是外来的影响和压力。当团体中出现不同意见时，为了保持团体行动的一致，达成团体目标，使团体免遭分裂，团体确实会对持有异议的成员施加影响和压力。这种影响和压力是逐渐施加的，它的形式和强度也是逐渐改变的。开始是讨论协商，进而劝说、诱导，再而批评、攻击，以至孤立、排斥。

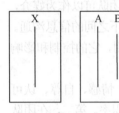

图 10.6    阿虚试验卡片

### 三、正确对待非正式群体

非正式群体是人与人在交往的过程中，根据自己的兴趣、爱好和情感自发产生的，它的权利基础是由下而上形成的，成员之间的相互关系带有明显的感情色彩，并以此作为行为的依据。非正式群体又称作非正式团体。

1. **非正式团体的优点**

1）协助工作。正式团体的工作计划和工作程序，大多是事先制定的，缺乏随机应变能力。而非正式团体则往往不受工作程序的约束，具有高度的弹性，对于临时发生的急迫问题，常能寻求非正式途径及时而有效地解决。能否发挥这个作用，取决于主管人员是否接受并尊重非正式团体，也取决于能否使正式团体与非正式团体利益协调一致。

2）分担领导。非正式团体可以分担正式组织和团体的主管人员的领导责任，减轻领导负担。在非正式团体与主管人员保持良好关系并采取合作态度时，能自动工作并积极提供意见，主管人员不必躬亲，可节约许多时间与精力。

3）增加稳定。非正式团体的作用是给人一种吸引力，从而能增加稳定性，减少人员流动。

4）发泄感情。非正式团体可作为职工受到挫折时发泄感情的通道，并能协助解决困难，给予安慰。

5）制约领导。非正式团体能矫正管理措施，使领导者必须对若干问题作合理的计划与修改，不敢滥用权力，即对领导有制约作用。

综上所述，非正式团体搞得比较好时，可以对正式组织和领导起协助、分担、稳定、调节和制约的作用。

2. **非正式团体的缺点**

1）倾向保守。非正式团体是为了达到特定的个人目标与满足个人的愿望而自由组合起来的，它的特点是比较保守，倾向维持现状。因此当组织上采取变革措施或有人冒尖时，它起阻碍作用。

2）角色冲突。当个人利益与组织利益发生矛盾时，正式团体和非正式团体可能发生冲突，使个人处于左右为难的境地，增加了思想顾虑。

3）滋生谣言。非正式团体越多，小道消息和谣言越多，这是因为非正式团体是以感情作为基础，往往歪曲事实、无事生非。谣言的产生是由于情绪波动或者未满足个人需要所致，或者由于风气不正、正式信息流通渠道不畅所致。

4）不良压力。正式团体和非正式团体都有行为的标准和规范，都对个人有约束力，甚至对个人造成压力。但非正式团体的压力较正式团体的压力往往来得沉重，如讽刺、挖苦、打击、造谣等，可能迫使个人脱离正式团体所要求的行为规范。

3. **正确对待非正式团体**

正确地对待非正式团体，利用其积极作用，防止和克服其消极影响，是领导者的职责。

1）一分为二。非正式团体的出现，有它的必然性。人是有感情的，当正式团体和组织不能完全满足个人的需要时，必然有非正式团体的出现。不能把非正式团体和我们日常所说的小集团、小圈子、小宗派等同起来，更不要和非法组织混为一谈。对非正式团体的作用要一分为二，它有消极作用，但也有积极作用。关键是如何引导以及怎样处理领导与非正式团体的关系。引导得法它将是正式团体的必要补充和支持。因此对非正式团体不宜采取消极限制的态度。

2）无害支持。非正式团体只要不是非法组织、流氓集团，不要采取取缔或限制的办法。疏导胜于防堵，防堵可能引起反抗或不满。只要不妨碍组织目标，不仅允许非正式团体的存在，而且一般不要伤害他们的利益。总的原则是无害支持。

3）目标结合。领导的主要精力应放在正式团体上，但要使正式团体的利益尽量和非正式团体的利益结合起来。正式团体越能满足个人的需要，非正式团体就越少。但正式组织难以满足职工多种多样的需要，在这方面非正式团体可以互补。领导者可以根据职工的需要，有意识的组织各种非正式团体，如球队、集邮协会、美术小组等。

4）为我所用。对非正式团体要加以疏导利用，使其行为符合组织规范。要团结非正式团体的领袖并发挥其作用，采纳非正式团体的合理意见，允许参与，以便促使非正式团体改变态度。对个别不利于组织目标的非正式团体，在说服引导无效后应采取措施拆散。

# 第五节　人际关系

就一个组织来说，组织中人际关系的好坏，关系到组织的凝聚力、成员的积极性以及组织是否具有成效。因此，通过卓有成效的协调工作，在组织内建立和谐的人际关系，应该成为组织管理者的重要任务。

## 一、含义和作用

所谓人际关系，就是人们在共同的实践活动中结成的相互关系的总称。在人的生活、学习和工作中，必然要遇到各种各样的人和事，结成各种各样的人际关系。管理者在管理活动中应处理的人际关系主要有：与上级的关系，与下级的共系，与同事的关系，与系统外部的（包括同行业和不同行业）关系，被管理者之间的关系。这些关系又可以从不同的角度分为正式关系、非正式关系，协调的关系、不协调的关系，紧张的关系等等。

现代社会高度的分工协作，使人们在社会上结成一张巨大的关系网，管理者则是这张网上的结。无论从事何种管理工作，都离不开别人的支持、配合、帮助；现代管理者必须处理好上下左右之间的关系，方能进行卓有成效的管理。良好的人际关系在管理中的作用是多方面的，主要体现在以下几个方面：①能促进工作的顺利开展，有助于提高工作效率。②对精神文明建设有良好的促进作用。③对改变人的不良行为有着重大的促进作用。④有利于人的身心健康。

## 二、平衡

### 1. 含义

所谓人际关系平衡，是指交往双方的需要和这种需要的满足程度以及人际吸引的程度保持平衡。用公式表达为

$$甲对乙的（需要＋吸引）＝乙对甲的（需要＋吸引）$$

所谓人际需要，包括不同层次的需要：物质需要、感情需要、归属需要、交往需要、尊

重需要、赏识需要、体谅和宽容的需要等。所谓人际吸引，包括审美的需要、学习的需要和模仿的需要，在人际交往中这类需要常常表现为一方对另一方的吸引。人际需要和人际吸引是同时存在、互相补充的。

### 2. 人际关系平衡的种类

我们研究人际关系，即是研究人际关系在什么条件下失去平衡，以及如何创造条件达到新的平衡。为此，首先应研究人际关系达到平衡的种类。

1）自觉平衡。自觉平衡就是指人际关系出现不平衡状态之后，关系双方能够依靠关系本身的基础，进行内部调节，使关系重新进入平衡状态。这种情况一般多发生在人际吸引对于人际需要的补充和调节。

2）主动平衡。主动平衡指人际交往中，交往双方从明确的共同目标出发，各自调整自己的需要，以适应对方的平衡方式。这种平衡方式主要出现在社会群体和组织中，关系双方以共同目标进行自我约束来实现人际关系的平衡。

3）消极平衡。交往双方在自身利益所迫的情况下，通过不情愿地牺牲个人利益和需要来实现人际关系的平衡。这种平衡的特点是有人际需要，无人际吸引，关系的情绪基础薄弱，在利益驱动下被迫违心地实现人际关系的平衡。

## 三、破坏

所谓人际关系的破坏，指人际关系失去平衡。造成人际关系破坏的原因，通常来自两个方面。

### 1. 个人品质的缺陷

1）自私——私心过重，精得可怕。或损人利己，或落井下石，或乘人之危，或一毛不拔，使人们对他望而却步，甚至化友为敌。

2）虚伪——虚情假意，表里不一。台上握手，台下踢脚；嘴上甜蜜蜜，心中一把刀；平时好，关键时刻踢一脚。

3）骄傲——自我膨胀，蔑视他人。

4）刁钻——拨弄是非，制造矛盾，破坏团结，破坏人际关系。在一个群体里，常有一些心术不正的人，散布流言，挑拨离间。他们破坏了群体内的团结。

### 2. 管理工作的不足

1）沟通不良。在组织的上下级之间、平行部门和同事之间沟通不良，造成互不了解、互不信任，甚至互相猜疑、互抱成见，影响人际关系的和谐。

2）过分竞争。任何一个组织，没有竞争则缺乏活力，容易形成不思进取、得过且过的消极文化；但内部过分竞争，则会使同事成为对手，处处互留一手、互相戒备，难于互相帮助、主动协作。

3）非正式组织的消极作用。由于正式组织管理不善，凝聚力下降，给非正式组织以很大的生存空间，广大职工在许多非正式组织的团体压力下活动，往往造成帮派心理，排除异己、打击先进，庸俗关系学盛行，人际关系遭到扭曲和破坏。

4）政策和领导方式不当。或者由于分配政策、人事升降政策不合理，造成人际之间的不公平；或者由于领导专断，缺乏民主作风，盛气凌人，使得职工的不满情绪较大，人际关系失去平衡。

## 四、改善

为了改善人际关系，应该有针对性地从两个方面采取措施。

### 1. 改善人际交往素质

每位职工和管理人员都应该努力改善自己的人际交往素质，遵循正确的人际关系原则。

1）求同存异。相似性因素是导致人际吸引、建立良好人际关系的重要因素。求同存异就是把双方的共同点发掘出来，作为改善关系的基础。态度和价值观的相似，是最重要的相似性因素，以它为基础的人际吸引，是人际关系的稳定因素。因此，加强组织文化建设，培育共同的价值观，是在组织内部改善人际关系的基础性工作。

2）以诚待人。真诚会产生感情的交融和心理的相悦，从而大大地增进人际吸引。要形成良好的人际关系，待人必须热情诚恳，真心实意地与别人交往。在真诚的前提下，与人交往时要注意面部的表情。交往时要关心、体贴、同情、理解别人。要培养自己在人际交往中的共知感，即心目中装着他人，设身处地为他人着想，将心比心，善于体谅别人，与别人分担忧愁，共享欢乐。

3）尊重他人。在与人交往时不要以自我为中心，突出自己，夸夸其谈，而应当以他人为中心，耐心倾听对方的讲话，不要心不在焉或随便打断别人讲话。要尊重别人的劳动和人格，只有尊重别人，才能赢得别人尊重。

4）严于律己。要建立良好的人际关系，在与人交往中必须谦虚谨慎、言行一致，严格要求自己。要求别人做到的，首先自己要做到。对自己的缺点要勇于做自我批评，对于别人的批评应当虚心接受，客观地作出分析判断，有则改之，无则加勉，不应形成偏见、耿耿于怀。

### 2. 提高管理工作水平

1）优化组织风气。一个组织的领导者，应该下功夫培育起优良的企业文化，在积极向上的价值观指引下，努力营造团结、友爱、和谐、进取的组织风气。在这种风气的熏陶感染下，组织内部就比较容易形成和谐、亲密的人际关系。

2）重视人际关系培训。组织的领导者应该关心干部和职工的人际关系素质，并要求人事部门安排人际关系培训，以不断改善他们的人际关系素质和人际关系技巧。

为此可采用两种方法对人们进行训练：①角色扮演法。即模拟某种现实问题的情景，让一个人在此问题中扮演不同的角色，站在不同的角色立场上处理问题，以便体验别人的感情和需要，从而改善对待他人的态度。②敏感性训练。即通过办训练班进行群体讨论，培养与提高管理人员观察、分析、体贴他人的能力，学会从别人的认识中正确地看待、分析、检讨自己，增加对个别差异性的忍受性，培养并提高与他人共处的能力以及解决冲突的技能。

3）适当修改政策。在组织内的分配制度改革中，既不能搞平均主义、"大锅饭"，也不宜过分强调拉开差距；在职务和岗位的聘任工作中，既要坚持"竞争上岗"，又要坚持公平考核、公开招聘；在工作中，既要强调优胜劣汰，又要强调真诚合作，靠团队的集体力量做好工作。总而言之，政策不能走极端，既借助适度竞争焕发组织活力，又防止过度竞争破坏人际关系。

4）改善领导作用。组织的领导者应该礼贤下士，尊重人才，尊重职工，平等待人，与人真诚相处；在组织内部要发扬民主，让人们畅所欲言，把问题和争论摆到桌面上来，就会避免暗中勾心斗角的现象发生，从而建立亲密和谐的上下级关系和一切人际关系。

5）及时调解帮助。组织内部一旦出现人际关系失衡或破坏的情况，作为组织的领导者应责成有关部门或干部，及时进行调解帮助，借助组织的力量，实现人际关系的主动平衡。

## 案例 ——— 山泉水与纯净水之战

"在水一方"是一家生产销售山泉水的企业，该企业似乎非常热衷于攻击性市场策略。这些年来，公司出于拓展自己天然山泉水市场的需要，重点是对纯净水这一产品展开进攻。如"在水一方"公司曾请专家做代言人，说山泉水如何比纯净水更有益健康，而自己的产品又取自某某湖。于是在 1998 年媒体出现了某某湖湖水污染严重的报道。到 1999 年，该企业又因为其在中央电视台播放的一则攻击纯净水的广告而被北京某纯净水公司告上法庭，最终，法庭一审判决该企业败诉。

尽管屡屡招来竞争对手的反击，但该企业的攻击性策略并未止步。2000 年，该企业再次出击，先是宣布由于纯净水无益于人体健康而决定停止自己的纯净水生产，随后又在中央电视台播放了一则广告——水仙花实验。该实验以两株水仙花为参照，一株浇注该山泉纯净水，一株浇注该山泉天然水，结果两个花的成长不一样——浇注天然水的水仙花长势明显好于浇注纯净水的。这两大举动立即在饮水行业掀起了轩然大波，该企业遭到全国纯净水企业的集体攻击。广西、四川、广东等地的纯净水厂家先后集体声讨该企业，纷纷提出将采取法律手段对该企业予以回击。随后，全国 60 多家纯净水厂家在某市召开会议，声讨该企业，并指出该企业的行为完全是一种不正当竞争行为，呼吁有关部门进行查处。

虽然该企业一再声称并没有说过纯净水有害，但有关纯净水无益于健康的言论却通过媒体大面积传播，这个时候，政府有关部门就不得不站出来说话了。中国饮料工作协会发表声明：纯净水按国标生产，可放心饮用；全国食品工业标准化技术委员会在一个"关于天然水的答复"中声称，目前国内尚未对"天然水"给出定义，泉水也无标准的定义，因此很难判断市场上销售的泉水、天然水是真是假。食品工业标准化委员会的说法一经说出立即激怒了该企业，于是，企业把炮口对准了该委员会，对诸多问题提出异议，并限定委员会一周内做出明确答复，否则将"自动进入法律程序以维护自身的合法权益"。全国食品标准化技术委员会随即答复，十分不客气地在文中指责该企业"是不是过于嚣张，狂妄了？"并正告："世间的事物往往是机关算尽太聪明，反误了卿卿性

命；善有善报，恶有恶报，不是不报，时间未到。" "你们有胆量就将此文在报上发表，不要再干那种色厉内荏的蠢事……"

平心而论，该企业的策划还是很巧妙的，许多纯净水企业老总也表示，抛开道义及法律因素，该企业在营销策划方面的智慧很令人佩服。但是，现在该企业的前景也实在无法看好，因为这一招攻击性策略已经使他陷入了四面受敌的境地，而且在这场水战中，该企业几乎不可能会取胜，因为它至少还要面对以下几个问题：

一、如何面对行业主管？国家行业主管部门似乎不可能发一个文件指出纯净水有害，似乎也不可能立即出台一个新的"天然水"标准。既然不会出台一个新的标准，该企业生产的合法化问题始终得不到解决。

二、如何面对竞争对手？即使水战打到最后，人们认可了所谓"天然水"的概念，竞争对手们也不会轻易"放过"该企业的，因为"天然水"可能是好的，但你取自某某湖的天然水却未必好。媒体早在1998年就报道该湖湖水污染严重的问题。

三、如何面对消费者？虽然该企业在各种场合都没有明确指出纯净水"有害"，但拿出的事实全部耸人听闻。既然如此，如果消费者集体诉讼要求赔偿又该如何？法律方面的专家完全可以指出，你明明在1999年10月就明确知道纯净水无益，为什么却在2000年4月才停止生产？

四、如何面对公众评价？此次水战，该山泉的知名度是上去了，但该山泉绝没有获得一个好的名声。一个没有名声的品牌，特别是食品，是很难形成消费者忠诚度的。而且，从目前不顾一切的搅乱水市的做法来看，该企业不像是在经营一个长久的品牌，如果这个印象传递给消费者，对企业来说是十分危险的。

对于该企业，现在已经很难全身而退了。现在退就意味着败，继续打下去，企业的经营面临着一个很尴尬的局面。

（案例来源：魏江，严进. 2006. 管理沟通：成功管理的基石. 北京：机械工业出版社）

# 习　题

1. 怎么样去理解"管理就是协调"？
2. 协调应遵循哪些基本原则？
3. 常用的协调方法有哪些？其适用性怎样？
4. 沟通的主要障碍因素有哪些？怎样实现有效沟通？
5. 简述托马斯人际冲突处理模式的基本内容。
6. 怎样正确认识和对待非正式组织？
7. 造成人际关系破坏的原因是什么？怎样改善人际关系？
8. "在水一方"公司出现外部沟通危机的原因是什么？怎样评价其采取的沟通策略？

# 第十一章　系　统　原　理

## 教学目标

通过本章学习，了解管理基本原理的含义、特征及与管理原则的关系；掌握系统原理的内容、要求及其在管理学中的地位；明确整分合、相对封闭和反馈三大原则各自的内涵、要求及在管理中的应用。

管理活动虽然错综复杂、千变万化，但具有内在的、本质的、必然的联系，存在共同的规律。管理者只要掌握了管理的基本规律，面对任何纷繁杂乱的局面都可胸有成竹，管理得井井有条。管理的基本规律即管理原理，指的是管理领域内具有普遍意义的基本规律，它以大量的管理实践为基础，其正确性为实践所检验和确定，从而指导管理的理论研究和实践。管理原理是对现实管理现象的一种抽象和对管理实践经验的一种升华，是对管理实践的客观规律进行分析和总结而得出的具有普遍意义的道理。它反映管理行为具有的规律性、实质性的内容。因此，管理原理可以运用在任何场合和条件下，对一切管理行为和管理方法有着普遍的指导意义。

管理原理的重要性不言而喻，但直到现在，管理学对管理原理的认识仍然没有统一，仍然没有一家学派提出令其他学派信服的管理原理。经验主义的代表人物欧内斯特·戴尔（Ernest Dale），甚至否认管理原理的普遍性，主张用比较的方法对大企业的管理经验进行研究。

"原理"、"原则"一词源于拉丁文 prinzip，意思是本质、基础。本质是事物本身所固有的内在联系、内在规律；基础指事物的根基、根本。原理是指最基本的规律，或是指具有普遍意义的道理，科学的原理是以大量实践为基础的，故其正确性为实践所检验和确定。从科学的原理出发，可以推演出各种具体的定理、公式和原则等，从而进一步对实践活动起指导作用。原则，就是根据对客观事物的基本原理的认识而引申出来的、要求人们共同遵循的行动规范。"原理"和"原则"的含义是不同的，原理是指带有普遍性、最基本的可以作为其他规律的基础的规律，是具有普遍意义的道理；而原则一般指说话或行事所依据的法则或标准，原则不是普遍存在的规律，而是在某些特定条件下处理问题的准则，如原则会受到地域和文化的影响，而原理则不会。

管理原理是在总结大量管理活动经验的基础上，经过高度综合和概括而得出的具有普遍性、规律性的结论。管理原理不是一时一地的局部经验，而是被大量的管理实践所证明的行之有效的科学真理。管理原理必须反映管理的根本问题，即"管理是什么"、"如何进行管理"这两个问题。同时，管理原理还应具备下列特性。

**1. 普遍性和客观性**

管理原理之所以能够被运用于各种不同的管理过程，是因为它反映了各种管理活动过程中所具有的共同规律性，舍弃了各种管理过程的具体特点，从而也就抽象化了。抽象程度越高的方法，也就越具有更大范围的普遍性。管理实践中大量的事例证明了管理原理的普遍性。管理原理同时也是管理活动客观规律的反映，是对包含了各种复杂因素和复杂关系的管理活动客观规律的描绘。或者说，它反映的是事物的内在联系和事物发展的必然趋势，是不以人们的意志为转移的。

**2. 稳定性和明确性**

管理原理和一切科学原理一样，必须是稳定的。不管事物的运动、变化和发展的速度多么快，管理原理必须是相对稳定的，只有这样管理原理才能够被人们认识和利用，从而指导管理实践活动并取得成效。同时，正因为管理原理是用来指导管理实践活动的，它还应当和其他科学原理一样是明确而具体的，因为只有如此，管理原理才可以被学习、掌握和应用。否则，管理也不能被称为一门科学了。

**3. 系统性**

管理原理不是若干原则的简单堆砌，也不是各种互不相关的论点的机械组合，而是根据管理根本问题的有机联系，形成一个相互联系、相互依存的完整的统一体。管理原理之间密切相关、互为制约、互不包含，各原理从不同的侧面不同的角度反映管理的根本问题，彼此构成了一个完整的有机体系。任何一条管理原理都不是孤立存在的。一个管理原理只有在其他原理的配合下才能有效地发挥作用。如果孤立地使用一个管理原理，它就可能丧失其应有的作用，甚至还可能会产生反作用。

管理领域究竟有哪些原理和原则，人们还在探索之中，目前尚没有一个统一的认识。我们认为管理学存在以下三个基本原理：系统原理、人本原理和权变原理。与此相对应存在八条管理原则。这三条原理和八条原则回答了"管理是什么"和"如何进行管理"这两个根本问题，揭示了管理的本质。本章将介绍系统原理及其派生的管理原则。

# 第一节　系统论和系统原理

## 一、系统论概述

这里所说的系统论，是有关系统的全部理论和方法。目前学术界公认，系统论是 20 世纪 40 年代由美籍奥地利理论生物学家路德维希·冯·贝塔朗菲（Ludwig Von Bertalanffy）首先明确提出，后经许多科学家发展形成的。它包括贝塔朗菲提出的一般系统论，维纳提出的控制论，申农提出的信息论，普里高津提出的耗散结构理论，哈肯提出的协同理论等等，也包括在科学及工程领域得到广泛应用的系统分析技术。

1. 系统的概念及其特征

系统，是指由若干相互联系、相互作用的部分组成，在一定环境中具有特定功能的有机整体。组成系统的各个部分，被称为要素、单元或子系统。由于系统可以划分为不同层次的要素，所以，要素具有相对性。

我们可以从不同角度对系统进行分类。按照自然界从低级到高级的层次，可分为无机系统、生物机体系统和社会系统；按照系统的要素及其形成与人类实践的关系，可以分为自然系统和人造系统；按照系统与环境的联系，可分为封闭系统和开放系统。此外，按系统状态与时间的关系，可分为静态系统和动态系统；按系统要素的客观实在性，可分为实体系统和概念系统；按系统目标、功能的多寡，可分为单目标单功能系统和多目标多功能系统；按系统的规模、复杂程度，可分为小系统、大系统、超大系统及简单系统和复杂系统等。

系统的一般特征包括集合性、相关性、层次性、整体性、环境制约性、动态性，对于人造系统，还有目的性的特征。

1）集合性。系统总是由若干元素组成的。单独一个元素不能称为系统。在系统中各元素具有相对独立性，具有可识别的界限或标识。例如，人体是由呼吸器官、消化器官、血液循环器官、运动器官、神经器官等部分组成；企业是由若干车间、班组、科室所组成等。识别系统，必须分析系统的构成元素。

2）相关性。在系统内各元素不是孤立存在的，而是存在这样那样的联系。所谓系统的联系，是指系统内各部分之间发生的物质、能量、信息的传递和交流。结果是某一部分的变化会导致另外部分的变化，这就是所谓相关性。例如，企业的销售部门工作不力，会导致正常的采购商品积压；经理的高昂斗志会鼓舞其下属努力工作等等。

3）层次性。世界上绝大多数系统都有复杂的层次结构，例如，联想集团公司由联想电脑、神州数码、联想控股等三家法人企业组成；联想电脑公司又由许多部门组成，每个部门由若干员工组成。不同层次具有不同功能：员工层次完成局部工作；部门可以生产部件或履行诸如采购、会计、人事等某一方面的职能；企业则提供相对完整的商品或配套服务。

4）整体性和系统功能。系统不是若干元素的机械堆砌，而是存在有机联系的整体。系统整体的性质和功能不等于构成系统各部分的性质和功能的加总，人们形象地用 $1+1\neq2$ 表示，这就是著名的贝塔朗菲定律。系统理论的创始人贝塔朗菲举例说，尽管人体器官都是由细胞、组织构成的，但人体器官的功能却是组成器官的细胞或组织所没有的。

系统的整体性集中表现为系统的功能。系统的功能就是系统对环境的作用，就是系统把环境的输入变成自身输出的转换作用。例如，消化系统的功能就是将食物变成人体活动及生长所需的热量和各种营养。

功能是识别系统的直接依据，甲系统之所以区别于乙、丙系统，首先是因为这三者功能不同。例如，我们根据社会功能性质不同把各种组织划分为工厂、学校、医院、商店等等。我们还根据功能的水平把医院分成甲级、乙级等。

5）环境制约性。系统不是孤立存在的，它要与周围事物发生各种联系。这些与系统发生联系的周围事物的全体，就是系统的环境。系统的功能一方面取决于系统内部的结构和联系，所谓系统的结构，是指构成系统的元素的性质、数量、比例、空间排列及时序组合形成的层次；另一方面，系统要受环境的影响和制约，例如，机器的加工功能受所在的厂房地基和周围的温度、湿度等环境的影响，企业的效益受政治环境、经济环境、文化环境的影响。

6）动态性。系统的状态与功能不是一成不变的。系统不仅作为一个功能实体而存在，而且作为一种运动而存在。系统的内部联系是一种运动，系统与环境的相互作用也是一种运动。系统的功能是时间的函数，因为无论是系统要素的状态和功能，还是环境的状态都不是一成不变的。例如，企业的人员、资金、设备运行状态都在发生变化，企业环境也不断变化，因此企业效益必然也会发生波动。

7）目的性。世界上共有两类实体系统：一类是由矿物、植物、动物等自然物天然形成的系统，如天体系统、海洋系统、生态系统等等，统称为自然系统；另一类是人们为达到某种目的而人为地建立（或改造过）的系统，如生产系统、运输系统、军事预警系统、管理系统等等，统称为人造系统。

人造系统的目的性表现在功能的人为性方面。人们通过系统要素的选择、联系方式及系统的运动设计反映人们的某种意志，服从于人们的某种目的。例如，运输系统设置多少交通工具，交通枢纽站点如何布局，车辆如何运行等，都反映人们的运输计划，服从于人们的运输目的。

### 2. 系统思维的特点

系统论作为一种新的思维方法，与传统的思维方法相比有以下几个特点：

1）注重事物的整体性。美国著名的哲学家 E. 拉兹洛（E. Laszlo）指出："科学现在不再像从前那样，在一个时刻观察一个事物，看它在另外一个事物作用下的行为。而是观察一定数目的不相同的、相互作用的事物。看它们在多种多样的影响作用下作为一个整体的行为。"系统论认为系统不是若干简单事物的堆砌，而是具有新的性质和功能的整体。

2）研究事物的内部结构及联系。系统论认为系统整体的性质和功能取决于系统内部的结构和联系。不同的结构和不同的联系导致系统不同的性质和功能，认识系统就要弄清系统内部的结构和联系，改造系统就是调整系统的结构和联系。

3）强调系统的开放性与动态性。系统论把世界看成是相互联系的整体，每个系统都是某个更大系统的一部分，因此系统的性质和功能不能不受到环境的影响和制约。传统的思维，则往往把事物看成是一个封闭的系统。系统论认为，封闭系统因受热力学第二定律的作用，其熵将逐渐增大，活力逐步减少。一个有机系统必须对外开放，与外界交换物质、能量和信息，才能维持其生命。系统处于不断的运动和变化状态之中，一方面，系统内部存在"自组织"的活动；另一方面，由于环境的变化，系统也难以维持其原来的状态。

## 二、系统论对管理学的贡献

系统论不仅作为一种世界观和方法论充实和发展了当代哲学，而且对管理学，乃至整个科学技术的发展，都有直接而巨大的贡献。系统论对管理学的发展至少有以下三方面的贡献。

### 1. 推动了管理观念的更新

人们从系统的整体性及相互制约性中得到启发，强化了管理工作中统筹兼顾、综合优化的意识，在决策时能考虑到有关的方方面面，克服了传统思维容易造成的片面性。

任何一个系统均从属于更大的系统，这个概念能够帮助人们正确认识组织与其他组织的地位、使命及社会责任，有助于克服本位主义，纠正目光短浅的行为。

开放系统及组织效应理论、耗散结构理论，有力地支持和推动了各种组织之间、国家之间的联合与协作。如欧盟的建立大大增强了欧洲经济实力，就是一个典型的例子。

系统论把信息提高到与物质、能量同等重要的地位，使人们重新认识资源的含义，把信息视作战略资源之一，有意识地加强了信息管理工作。

系统论关于结构、联系决定系统功能的观点，使人们更加重视对系统机制的分析研究。所谓机制，就是决定系统运动的物质载体、动因及控制方式，也就是系统的结构与联系。它为人们提供了通过调整结构、改善联系以增强系统功能这一有效途径。

系统论提出的系统层次、反馈和控制等概念，为人们改进管理工作提供了新的思路。

### 2. 提供了解决复杂问题的分析工具

系统论揭示的宇宙中各类系统具有相似性这一真理，使人们开阔了视野，变得聪明和灵活起来。管理人员在自然科学及工程技术领域找到了许多有力的工具，如控制论、运筹学、数理统计、可靠性方法、模糊数学、心理学等等，它们构成了管理系统工程的主体内容。

随着人类实践的深化、科学技术的发展、生产社会化程度的提高和管理领域的扩大，人们要处理的系统设计和系统控制问题也日益复杂起来。首先是系统规模越来越大，有的企业横跨几个国家，职工几十万人；有的产品有成千上万个零部件，怎样合理组织才能保证其效能和质量？其次，企业或多数工程项目都有多元目标，如企业要盈利、保持市场地位、维护国家利益、谋求自身发展、满足职工需要等，如何处理目标间冲突，寻求令人满意的管理方案？最后，对于一个处于不断变化状态中的组织系统，如何进行预测和控制？对于这样一些用传统思路难以解决的课题，系统理论及其工程方法提供了有效的思维工具，例如，运用系统层次概念及递阶控制原理，有助于解决大系统的管理控制问题；利用系统整体相关概念及多目标规划方法，可以较好地处理多元目标系统优化问题；利用模型、模拟和马尔可夫方法、系统动力学方法可以帮助解决动态系统的预测和控制问题。

### 3. 促成了新的管理模式的出现

对管理学发展历史的考察表明，现代管理学中广为采用的全面质量管理、目标管理等新的管理模式的出现，与系统论的应用有直接的关系。

## 三、系统管理原理的内容和地位

### 1. 系统管理原理的内容

系统管理原理是从系统论角度认识和处理管理问题的理论和方法，是管理的四大原理之一。

现代管理活动，其对象首先表现为一个复杂的社会组织目的系统。所以，管理者必须运用系统理论组织系统活动，从整体上把握系统运行规律，对管理各个方面的问题，作系统的分析、综合，进行系统优化，并在组织行为活动的动态过程中，依照组织的活动状态、效果和社会环境的变化，运用系统方法，调节、控制组织系统的运行，最终引导组织实现预定目标，这就是系统管理原理。

如何运用系统管理原理分析具体管理工作呢？一般说来，系统管理原理分析应包括如下几个方面：

1）通过系统集合性分析，了解系统中各要素组成是否合理，比例是否恰当，有哪些要素是多余的，有哪些要素还未充分发挥其功能，还应补充什么新的要素。

2）通过系统相关性分析，了解要素与要素之间、要素与系统之间以及系统与外部环境之间的关系是否正常、合理，各要素排列组合的方式、关联的强度、联系的密度等有无改进的情况。

3）通过系统目的性分析，了解系统存在价值及其功能的大小有什么问题，应做些什么调整。各要素是以一定的目的而协调组合起来的，只有减少直至消除盲目性，明确系统的特定功能及共同目标，才能充分有效地发挥各要素、各环节的作用。

4）通过系统层次性分析，了解系统结构是否合理，上下各环节是否协调，各层管理机构分工是否明确，职能是否清楚，有无互相脱节现象。系统的各要素之间的联系不应是杂乱无章，而应是秩序井然、有条不紊的。因此在管理活动中必须坚持有序性原则。系统从无序到有序是一种发展，而从有序到无序，则是系统的一种退化。

5）通过系统整体性分析，了解整体与局部之间的关系，使之趋于合理，减少内部摩擦，加强和集中整体功能。

6）通过系统适应性分析，协调好系统与外部环境的关系，使系统更具有生命力。

在现实管理活动中，系统管理原理可以具体化、规范化为若干相应的管理原则，其中主要的有管理的整分合原则、相对封闭原则、反馈原则。

**2. 系统管理原理的地位**

系统管理原理在管理学中的重要地位是举世公认的。西蒙指出："系统这个术语越来越多地被用来指那种特别适于解决复杂组织问题的科学分析方法。"美国管理学家 F.E.斯科特（F. E. Kast）和米彻尔（MitchD）在《组织理论》一书中说："现代组织理论的与众不同的特质是它的概念分析基础，即研究组织的唯一有意义的方法是把组织当作系统来研究。"卡斯特和 J. E. 罗森茨威克（J. E. Rosenzweig）在管理学名著《组织与管理》中提出："系统理论为研究社会组织及其管理提供了新的规范……系统方法有助于分析和综合复杂、动态的环境，它不仅研究系统及其超系统之间的相互作用，分系统之间的相互关系，还提出了协同的方法。这种概念体系使我们能够研究一个完全处于外界环境系统制约中的组织——个人、小群体动力和大群体现象。"美国生产管理学权威之一埃尔伍德·斯潘塞·伯法（Elwood Spencer Buffa）认为："系统的概念对于现在绝大多数管理问题的研究是极端重要的……系统概念的巨大价值之一是，它能帮助我们了解一个很复杂的情况，并使之具有秩序和组织形式。"前美国管理学院院长孔茨断言："不论哪一本管理著作，也不论哪一个从事实务的主管人员，都不应忽视系统方法。"

系统管理原理不仅为认识管理的本质和方法提供了新的视角，而且它所提供的观点和方法广泛渗透到其他各个管理原理和原则以及管理职能之中，从某种程度上说，在管理原理体系中起着统率的作用。

# 第二节　整分合原则

## 一、含义

现代管理活动必须从系统原理出发，把任何管理对象、问题，视为一个复杂的社会目的组织系统。首先，从整体上把握系统的环境，分析系统的整体性质、功能，确定出总体目标；然后围绕着总目标，进行多方面的合理分解、分工，以构成系统的结构与体系；在分工之后，要对各要素、环节、部分及其活动进行系统综合，协调管理，形成合理的系统流通构成，以实现总目标。这种对系统的"整体把握、科学分解、组织综合"的要求，就是整分合原则。

概括地说，整分合原则，是指为了实现高效率管理，必须在整体规划下明确分工，在分工基础上进行有效的综合。在这个原则中，整体是前提，分工是关键，综合是保证。因为，没有整体目标的指导，分工就会盲目而混乱，使整体受到"五马分尸"之苦；离开分工，整体目标就难以高效实现。如果只有分工，而无综合或协作，那么也就无法避免和解决分工带来的各环节的脱节及横向协作的困难，出现不能形成凝聚力等众多问题。管理必须有分有合，先分后合，这是整分合原则的基本要求。

由于系统的层次性，从整体上看，整分合也是相对的。现代管理活动形成总体上的整分合，就具体某一方面，局部管理活动也同样体现出许多小的、局部的整分合。

## 二、在管理中的应用

应用整分合原则，一般经过整体目标确立、系统分解、组织综合三个步骤。

### 1. 确立整体目标

整分合原则实施的前提条件，实质上就是从整体角度设计组织系统的结构功能，确定系统的总体目标。但这离不开对下列因素的分析：

1）对系统环境的分析。根据系统原理，管理组织是一个开放性系统，与外部环境密切相关。系统环境对系统本身具有一定的影响和制约作用。因此，在设计系统结构，确定系统整体目标时，必须充分了解和分析系统环境的状况以及可能对系统产生的影响，尽可能满足环境和适应环境的要求。

2）对系统本身属性的分析。包括对管理组织中存在多少构成要素或子系统，各要素或子系统的结构、功能如何，各要素或子系统之间的关系及相互作用状况如何等的分析。

### 2. 系统分解

科学的系统分解实质上就是把管理职能划分为各个部分并确定各部分之间的联系。对于组织成员个人及部门活动而言，表现为分工，而对目标、计划等，则为分解。例如，对不同的人分配做不同的工作，把不同的人群组成不同的部门，确定其职责，就是分工；把企业总计划分为若干不同性质的部门、个人计划，则为分解。我们这里将它们统称为分解，管理活动是一种整分合的连续统一过程。分解必须在整体把握的基础上进行符合规律的科学分解。

科学的系统分解的主要要求如下：

1）分解要适度。任何分工，在既定条件下都有一个合理的界限，即分工所带来的系统整体效益的变化，存在着一个最佳点。通俗地说，即分工不够和分工过细都会降低系统效益。这是因为，分工过细，管理者负担过重，将因顾不过来而导致管理低效，也必将增大组织成本和管理成本而影响系统效益的提高。

2）分解要完全。各部分的功能必须能有机地整合为系统整体功能，不能出现"空白"或"断口"。

3）分解不能出现多余部分和环节。出现多余部分则意味着系统的内部浪费，必将导致系统整体功能的低劣化。例如，在政府、企业组织中存在的不少不管事或劳而无功的机构和人员。

4）分解后各部分的比例要合理。不能出现某些部分过重或者不足的现象。

5）分解要配套。例如，分出一个部门，委以一定的职责，那么，相应的权力和条件就必须配套地分解下去。

在分解过程中，必须注意一定的人对一定的工作负全责。例如，对于企业，无论如何分解，厂长必须对企业的生产、管理、经营活动和社会责任等负全责。

### 3. 组织综合

为了避免系统分解活动所带来的诸如部门间的脱节、各行其是、部门利益冲突、横向协调难等问题，在系统内按照系统内在的联系把各部门、各环节有效地结合起来，协调它们之间的关系，使各部门相互支持，相互配合，使整体力量集中到整体目标的实现上来。

组织综合主要包括以下几方面的工作：

1）合理确定各个局部之间的相互协作、联系方式，以此减少不必要的相互隔绝、脱节和相互牵制。

2）合理调节各个局部、个人利益的相互关系以及它们与系统整体利益之间的关系。

3）以有效的信息反馈和沟通去实施及时的指挥和控制。

4）始终把握整体目标，从总体目标出发去统一各部分的思想和行为。

### 三、应用整分合原则要注意的问题

在这里，我们需要再次强调，分工并不是现代管理工作的终结。同时，分工也不是万能的，它也会带来许多新问题，分工的各个环节，特别容易在相互联系方面产生新的脱节，在相互影响方面产生新的矛盾，在需要协调方面产生新的问题。因此，必须进行强有力的组织管理，使各个环节同步协调，有计划按比例综合平衡地发展，只有这样才能创造出真正高水平的生产力。这就是有分有合，先分后合。如果只分工而不进行强有力的组织综合，其效能可能还不如一个自给自足的"大而全"或"小而全"组织。现在有些企业将一些零部件分解出去，进行专业化生产，甚至跨越了国界。如果国家和地区之间设置了重重障碍，企业与新的生产零部件单位分而治之，又缺少有效的经济手段加以制约，零部件供应的时间、数量和质量反而得不到保证。

现代管理强调分工，但管理本身的功能是不能分解的。管理的基本原则：一定的人对所管的一定的工作完全负责。每个独立功能单位实行分工以后，它就必须具有完全的管理功能。因此，它所管理的内容（人、财、物等）是不能分解的，必须在一条管理线上，集中于它这个独立功能单位内。在整个生产过程中，输入管理线（供）的是人、财、物，最后从管理线上输出（销）的还是人、财、物。如果这个功能单位对自己的人、财、物没有足够的管理权，那么管理就只剩下形式的外壳，从而失去了调节运筹的力量，也就不能构成有活力的运动了。供、产、销是人、财、物运动的必然流程，理所当然不可分解，否则无从考核人、财、物运动的效果。因此，确保基层独立功能单位在管理人、财、物方面有必要的自主权，是现代管理必须遵循的原则。

## 第三节 相对封闭原则

### 一、含义

现代管理活动的对象，一方面，是独立性很强的组织系统，有着内部相对稳定的结构、内部流通构成，形成内部的运动环流；另一方面，又和外部环境有着广泛、频繁的纵向、横向联系和交换，与外界环境存在物质、能量、信息的交换。这样，就系统运动看，相应地具有内部封闭性和对外的开放性。

从管理活动过程来说，管理活动本身就是一种各因素、各环节相互影响、相互制约、环环相扣的链式循环过程。无论是决策活动还是信息活动，都必须构成一个连续封闭的回路。

现代管理，必须在对外开放的前提下，对内采取封闭性的管理，使得内部各个环节、部分，有序衔接，首尾相连，形成环路，从而构成一个完整无缺、有去有回、有进有出的过程环流，使各部分连为一体，相互联系，相互促进，以完成整体目标。这就是现代管理的相对封闭原则。

### 二、具体内容

1. 管理总体过程的封闭性

管理组织的整分合，从整个运行过程看，实际上也是一种管理封闭。将整体目标分解，形成许多相关的局部目标及其活动，最后，无论是管理活动还是业务活动，都必须聚合成整体活动并复归于整体目标的实现。不合不行，合了但却不是合到整体目标的实现也不行，如图11.1所示。

如果我们将现代管理活动过程各环节以及相应的机构抽象为一个共同的流程图，它必须形成一个封闭回路。我们可以用下面管理封闭回路的基本模式来表示，如图 11.2 所示。

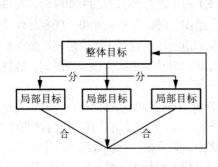

图 11.1 管理组织的整合过程

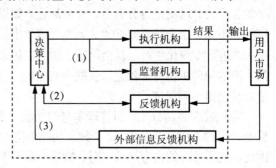

图 11.2 管理封闭回路的基本模式

这个模式说明，管理活动的起点是由指挥中心向执行机构和监督机构同时发出指令；然后执行机构在监督机构的督促下实施，实施结果输入反馈机构，由反馈机构处理后反馈给指挥机构；最后，指挥机构在反馈信息基础上发出新的指令，如此不断循环下去。

作为管理手段的机构来说，执行机构必须准确无误地贯彻决策机构的指令，为了保证这一点，应有监督机构。没有准确的执行，就没有正确的输出。为了检查输出的情况，还要有反馈机构，如果只有单向的输出，就无从知道决策与实际执行的正确与否，管理便失去了活力。根据执行实践的反馈信息能够及时提出修正决策的正确意见，可见，反馈机构是必须的。

### 2. 管理制度的封闭性

任何管理的封闭性，都离不开一系列管理制度的确定和实施。管理制度必须构成封闭，才能真正有效。不仅要有一个尽可能全面的执行制度，而且应有对执行的监督制度，还必须有反馈制度，它包括执行过程中产生矛盾的裁决制度，对执行发生错误的处理制度等等。管理制度不封闭，等于没有制度，若有空子可钻，有错时制度也不能真正执行。只有构成一个封闭的制度网，法网恢恢，才能疏而不漏。法不成网，纵密亦漏。岗位责任制是一个管理制度，如果不监督执行，执行与不执行无人过问，执行的好坏没有赏罚，这个制度就不封闭，就是写成大字，贴在墙上，也徒有形式而已。

### 3. 管理信息系统的封闭性

现代管理活动离不开信息的有效传递。一方面，管理过程，以相应的信息流为前提，信息流贯穿管理的整个过程；另一方面，对信息流进行的管理活动已经从管理活动中独立分化出来，形成专门的管理信息系统。管理信息系统的有效运转，进而整个管理活动的有效开展，除了要求组织能全面、及时、准确地获取外部原始信息外，还必须在组织内部形成信息流。这种内部信息流必须构成封闭，即必须形成信息输入、输出、再输入（反馈）、再输出的不断循环，封闭的内部信息流是一切管理活动封闭进而有效的前提和保证。

### 三、实质和相对性

#### 1. 相对封闭原则的实质

管理的相对封闭实质上是管理活动相互制约、相互促进的过程机制。管理活动本身就是一种客观上层层相因、环环相扣的循环过程，是各因素、各环节相互作用、相互制约的统一。例如，从拟定计划、执行，到反馈、修正计划，这一过程使组织做功，同时改变着组织的状况，加之，在这同时，环境也在变化，所以又须做新的计划或决策，开始新的循环。这就是管理组织的输出功能必须延续的过程的封闭回路。但如何保证既定计划得以准确无误地执行呢？必须建立监督、反馈部门来促进、约束执行部门，而且决策中心一旦通过结果反馈（内部反馈），发现执行偏差，就可以通过下达控制、纠正指令来予以消除。这些则构成了各环节相互制约的过程机制。

#### 2. 封闭原则的相对性

我们之所以将此原则称为相对封闭原则，是因为它具有相对性。这是因为：

1）开放性的社会组织系统，一方面在内部管理活动中形成封闭循环，另一方面它又作为更大系统的一个子系统而加入更大的循环，从而具有开放性。从根本上说，内部封闭小循环，最终是为了子系统能更好地融入大循环之中。环境的不断变化，将导致组织系统内部封闭的某种变化。

2）任何内部封闭，都是在特定条件下，由管理活动所决定、设计的一种相对稳定的过程和机制的组合图式。一旦情况变化，管理活动中原先的封闭图式将无法适应，出现"断头"，或者功效不佳，就必须做出调整与变化，而任何系统的变化改革，都将产生新的封闭形式。因此，管理者必须注意内部封闭的相对性。但是，这里决不是否定封闭的必要性与普遍性，因为任何不封闭的组织内部活动，都是不合理而无效的。不断用新的封闭来取代旧的封闭以适应环境，提高组织系统功效，恰恰是正确地贯彻了相对封闭原则。

### 四、在管理中的应用

#### 1. 应用相对封闭原则的必备条件

相对封闭原则的运作，必须在下列基本条件具备后才能在管理系统中顺利有效地发挥作用。这些基本条件是：

1）管理系统的相对独立性。是指管理系统在人、财、物的支配上，在目标、计划、组织、控制及规章制度的实施上都有不受外界干扰的相对独立权限，从而保证管理指令的下达和有效的信息反馈。

2）具有相互制约和相互促进关系的封闭职能机构。一个管理系统一般可分解为指挥机构、执行机构、监督机构和反馈机构四部分。这四个机构在封闭回路中相互制约，相互促进，构成了完整的封闭职能体系，如果不具备这一封闭职能机构体系，管理的封闭回路就不可能形成。

3）具有能灵敏捕捉信息和及时传递信息的完善的信息系统。管理活动离不开信息，信息贯穿于管理封闭回路的全过程。为了更有效地为管理活动提供及时、准确、全面的信息服务，形成专门的管理信息系统已成为一切管理活动封闭的前提和保证。

### 2. 如何实现封闭式管理

1）从后果评估出发。评，就是对后果的质的评议；估，就是对后果尽可能有量的估计。采取任何管理措施都要考虑它可能产生的后果。一般是按原定的目标，检验实际执行结果是否达到预期的目标，有多大的偏差。后果与目标总是不完全一致的，这就要采取对策，加以封闭，杜绝偏离目标的后果。即使可以达到目标，也要一分为二，因为与此同时，总会产生某些副作用，这就需要采取对策使副作用尽量减少，这也是封闭。

2）从各种后果中循踪追迹。组织长期管理混乱，原因很多。作为问题最主导的作用反馈上来了，原因找到了，因为组织无权，问题无法解决怎么办？封闭的办法就是扩大组织的自主权，可是扩大自主权又带来一些新的问题，还要循踪追迹。例如，应用科学研究所扩大了自主权，从外部关系讲，必须有专利法和经济法庭，以保护科研成果的出售；从内部关系讲，至少应有权选择和招聘科学人才，保证不断研究出高质量、高价值的成果。这样，扩大组织自主权才能构成封闭的管理回路，才能进行真正有效的运动。否则，就是试点单位行之有效，全面推广也会碰壁，有效于一时，终难持久。因此，要从各种后果中循踪追迹，选择可以反馈控制的主导线，加以封闭。

3）封闭的专家顾问管理法。建立顾问团倾听专家的意见，这是改进和提高管理的重要措施。但专家的主意有对的也会有错的，怎样才能保证正确的意见被吸取、采纳，不正确的被剔除、扬弃呢？这就必须有一个封闭的管理方法。改变那种把专家顾问团当作荣誉席位安排的做法，真正把它看成是汇集人才的组织。顾问团专家可以数年一任，不断更新。同时，采用科学的方法倾听各类专家的意见。国外推行的一种"专家集体预测法"，它不仅可以兼听则明，而且只见意见不见人，足以消除私人偏见。另外，还必须做到后果封闭，赏罚分明：专家提了正确建议，经采纳取得成效的，应授奖；敢于直言，提了反对意见，事后证明是正确的，要加倍奖励；对于以极不负责的态度对待所承担的咨询工作，出现不应有的差错，造成重大损失者，要给予惩罚；从来没有明确态度，长期不提一条建议的，应撤销专家顾问资格。如此等等，才是封闭的专家顾问管理法，使专家真正起到智囊团的作用。

## 第四节　反　馈　原　则

### 一、含义

反馈是控制论中一个极其重要的概念。反馈，通俗地说，就是由控制系统把信息输送出去，又把其作用结果返送回来，并对信息的再输出发生影响，起到控制的作用，以达到预定的目的。

现代管理制定了一系列具有高弹性的目标、计划、方案和策略后，如何在动态过程中依据外部环境的变化以及系统自身活动的进展，发挥出组织系统的积极弹性作用并最终导向优化目标的实现呢？这就必须对环境变化和每一步行动结果不断地进行跟踪，及时准确地掌握变动中的态势，进行再认识、再确定。一方面，一旦发现原先的计划、目标与客观情况发展有较大出入，要做出适时性的调整；另一方面，将行动结果情况与原来的目标要求相比较，如有偏差，则采取及时有效的纠偏措施，以确保组织目标的实现。这种为了实现一个共同目标，把行为结果传回决策机构，使因果关系相互作用，实行动态控制的行为准则，就是管理的反馈原则。

前述管理的相对封闭原则实质上是一个管理活动相互制约、相互促进的过程，在这个过程中必须有一个完善的信息系统作为支撑，信息流的封闭循环也就是一个管理信息不断反馈的过程，因而管理的相对封闭原则与反馈原则是互为条件、互为保证的。

应用反馈方法进行控制时，一般产生两种不同的效果：如果反馈使系统的输入对输出的影响增大，导致系统的运动加剧发散，这种反馈叫做正反馈；如果反馈使系统的输入对输出的影响减少，使系统偏离目标的运动发展，趋向于稳定状态，叫做负反馈。

## 二、现代管理系统的反馈控制模型

管理系统的反馈控制模型可以表现为两种类型：一是对系统外部环境变化的反馈控制模型，如图 11.3 所示；二是对系统内部活动变化的反馈控制模型，如图 11.4 所示。

图 11.3 表明，对组织系统外部环境的追踪了解，获取的环境变化信息，可以通过反馈通道送回管理系统，以此为依据，对原有的计划目标进行适时的调整。

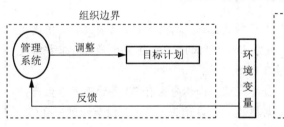 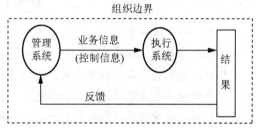

图 11.3 对系统外部环境变化的反馈控制模型　　图 11.4 对系统内部活动变化的反馈控制模型

图 11.4 表明，管理系统内执行系统输出业务信息（或控制信息），执行系统执行后的结果，通过反馈通道送回管理系统，以此为依据，管理系统重新向执行系统发出新的业务信息（或控制信息）。

## 三、在管理中的应用

反馈原则在管理活动中已得到广泛应用，但要使反馈原则充分发挥有效的作用绝非易事。为了使反馈原则真正有效，必须满足以下三个方面的要求。

### 1. 建立灵敏的信息接受部门

与传统的管理活动相比，现代管理活动在信息工作方面有着根本的区别：第一，信息量急剧增长。这一方面是因为涉及的内外因素更为众多复杂，另一方面是因为这些因素随着时间的变化常常变幻莫测；第二，现代管理活动对这些信息收集在质、量、时间上有着更高的要求；第三，信息对于实现组织目标的作用日益增强，能否及时、准确、充分地获取与组织活动有关的信息，常常是成败的关键。

及时有效地收集和接受组织系统内外信息，是开展反馈活动的前提，是有效运用反馈原则的基本要求，不能及时准确地接受信息，反馈活动就成了无源之水、无本之木。随着实现组织目标对信息的收集和接受在质量和时间上都提出了更高的要求，组织要努力加强信息的接受活动，一方面建立高度灵敏的信息接受部门；另一方面通过加强人员培训、提高接受设备先进性等手段，加强信息接受的科学性，为反馈活动的有效进行提供可靠保证。

**2. 加强对初始信息的分析综合工作**

初始管理信息至多是某一方面情况及其原因的客观说明以及建议等等，要求管理者必须对其做出科学的分析和处理，其中包括去伪存真、对照比较、分门别类等措施，以把握"计划出入"和"行动偏差"，分析其原因，以提供可供决策参考的信息资料。

**3. 实行适时有效的反馈**

欲使反馈有效，必须做到：及时发出反馈信息；给反馈人员以相应的权力和条件；让全体有关人员理解反馈的意图和必要性；确定有效的反馈方法、途径和步骤等。

---

**案例**　　　　　　　　　　　**保利公司的总经理**

保利公司是一家中美合资的专业汽车生产制造企业，总投资 600 万美元，其中固定资产 350 万美元，中方占有 53% 的股份，美方占有 47% 的股份，主要生产针对工薪家庭的轻便、实用的汽车，在中国有广阔的潜在市场。

公司董事会决定聘请美国山姆先生担任总经理。山姆先生有 20 年管理汽车生产企业的经验，对振兴公司胸有成竹。谁知事与愿违，公司开业一年不但没有赚到一分钱，反而亏损 80 多万美元。山姆先生被公司辞退了。

这位曾经在日本、德国、美国等地成功地管理过汽车生产企业的经理何以在中国失败呢？多数人认为，山姆先生在技术管理方面是个内行，为公司吸收和消化先进技术做了很多工作。他对搞好保利公司怀有良好的愿望，"要让保利公司变成一个纯美国式的企业"。他工作认真负责，反对别人干预他的管理工作，并完全按照美国的模式设置了公司的组织结构并建立了一整套规章制度。在管理体制上，山姆先生实行分层管理制度，总经理只管两个副总经理，下面再一层管一层。但这套制度的执行结果造成了管理混乱，人心涣散，员工普遍缺乏主动性，工作效率大大降低。山姆先生强调："我是总经理，你们要听我的。"他甚至要求，工作进入正轨后，除副总经理外的其他员工不得进入总经理的办公室。他不知道，中国企业负责人在职工面前总是强调和大家一样，以求得职工的认同。最终，山姆先生在公司陷入非常被动、孤立的局面。

（案例来源：余敬，刁凤琴. 2006. 管理学案例精析. 武汉：中国地质大学出版社）

# 习　题

1. 怎样理解管理原理的内涵与特征？
2. 何谓系统？系统的基本特征有哪些？
3. 简述系统原理的内涵、要求及对管理理论与管理实践的影响。
4. 简述整分合原则的内涵及要求。
5. 管理中应如何体现反馈原则的要求？
6. 试运用系统原理的相关理论来分析保利公司总经理失败的原因。

# 第十二章 人本原理

 **教学目标**

通过本章学习，掌握人本原理及其派生的能级原则、动力原则和行为原则的基本内容；了解人本原理的含义、依据及特征，人本管理模式选择时应考虑的主要因素；明确能级原则、动力原则和行为原则的内涵、要求及在管理中的应用。

管理首先是人为达到自己的目的而进行的自觉活动，一切管理活动的主体都是人。人既是管理的主体（管理者），同时又是管理的客体（被管理者），离开了人就谈不上管理。在组织管理中，管理其实就是对人、财、物的管理，而在这三者之间，只有人是有能动作用的因素，对财和物的管理都只有通过对人的管理才能真正实现。管理归根结底就是对人及人的行为的管理。只要把人的因素管好了，其他因素也就管好了。人又是组织各项资源中最有开发潜力的资源，国外行为科学家的研究表明：同一个人在同一组织中，管理得法，人的积极性得到发挥，其能力存量可得到 80%～90%的利用；反之，其能力存量的利用程度只有20%～30%。人才，是每个组织成功及发展的核心要素。没有一个成功的组织不以人才为重，没有一个组织的成功不以人才为本。人才是组织管理的核心，是组织赢得竞争优势的"重中之重"。管理现代化的一个极为重要的问题，就是如何科学地管理人、激励人，激发人的内在潜力，充分调动人的积极性、主动性和创造性，做到人尽其才。人本原理，是管理的另一条基本原理。

## 第一节 概 述

### 一、含义

现代管理学的人本管理原理，是指管理者要达到组织目标，一切管理活动都必须以人为中心，以人的积极性、主动性、创造性的发挥为核心和动力来进行。

人本管理原理体现以人为中心、以人为目的的管理理念，对应的是以上帝、偶像为中心的"拜神教"，以金钱等物质财富为中心的"拜物教"和唯技术论的"拜技术教"。这些理念否定、贬低人的地位和利益，是与人本管理相对立的。

以人为本的管理有各种各样的模式，其共同的特点是重视人的价值的实现。人本管理原理的实质就是围绕帮助人们实现其价值进行管理。人的价值包括其社会价值和自我价值，人本管理原理体现人的社会价值和个人价值的统一。所谓人的社会价值，就是个人对社会的贡献。爱因斯坦在谈到人的价值时说："看一个人的价值，应当看他贡献什么而不应当看他取得什么……一个人的社会价值，首先取决于他的感情、思想和行动对增进人类利益有多大作用。"所谓个人价值,就是社会给予个人的关注、尊重和正当利益的满足程度,也可以简称为人权。

人本管理原理既反对片面强调社会贡献而漠视个人利益,把人当作实现某种目标的工具、不关心人的疾苦的禁欲主义,又反对只讲个人利益不讲社会贡献的极端个人主义和单纯福利主义。因为只有将社会贡献和个人利益有机统一起来,才能形成高绩效—高满意度的互动,才能形成社会发展和个人发展的良性循环。

人本管理原理要求管理者研究人的行为规律,理解认知、需要、动机、能力、人格、群体和组织行为;掌握激励、沟通、领导规律,改善人力资源管理;了解人、关心人、尊重人、激励人,努力开发和利用人的创造力,实现人的社会价值;努力满足人的合理需要,开发人的潜能,实现人的自我价值。

在现实管理活动中,人本管理原理可以具体化、规范化为若干相应的管理原则,其中主要的有管理的能级原则、动力原则、行为原则。

## 二、依据

以人为本的管理原理之所以被广泛接受,是有充分理论依据和实践依据的。

### 1. 符合历史唯物主义原理

重视人的因素,依靠全体成员实现组织目标的思想,符合历史唯物主义的观点。历史唯物主义认为,人类社会的历史是人的历史,不是神的历史。是人民群众创造历史,而不是少数英雄创造历史。人类有极大的主观能动性和创造力,可以改造自身和改造自然、改造社会。在生产力诸因素中,资金、技术、信息、自然资源固然都很重要,但人无疑是最重要的因素,因为唯有人才能将上述要素结合起来,转化成现实的生产力,并决定生产力的水平,而且人是资本、技术和部分信息的最终来源。即使在科学技术日益发展、机器的应用越来越普遍的今天,人类对自然力的驾驭作用始终有增无减。

### 2. 符合中国传统的管理思想

中国传统文化一直重视人的因素。《孟子》提出,"天时不如地利,地利不如人和。"《孙子兵法》指出,"故经之以五事,校之以计,而索其情:一曰道,二曰天,三曰地,四曰将,五曰法。道者,令民于上同意,可与之死,可与之生,而不危也;天者,阴阳、寒暑、时制也;地者,远近、险易、广狭、死生也;将者,智、信、仁、勇、严也;法者,曲制、官道、主用也。凡此五者,将莫不闻,知之者胜,不知之者不胜。"

### 3. 符合教育经济学及比较经济学的研究结果

教育经济学的一个重要论点是,国民素质是一国经济发展的基础性因素,智力投资是经济建设中最合算的投资。国民素质高,可以弥补自然资源的不足,利用其科学技术及管理的优势获取较快的经济发展;国民素质低,即使自然资源丰富,国外给予大量援助,也难以取得良好的经济效益。据许多经济学家计算,教育和培训方面的投资收益率明显高于物质投资。

美国的舒尔茨曾推算，1900～1957 年，美国物质投资增加 4.5 倍，产生的利润增加了 3.5 倍；教育投资增加 8.5 倍，产生的利润却增加了 17.5 倍。

### 4. 符合当今社会结构及阶级力量对比的现实要求

第二次世界大战后，不仅工人阶级日益觉醒和趋向成熟，对资本统治的传统方式提出了挑战，少数人的指挥棒日益失灵，而且劳动者的文化教育水平及劳动方式也发生了很大变化，劳动者对工作过程的自我控制能力大大加强。只有调动劳动者的主观能动性，才能保证生产经营应有的功能和效率。此外，通过斗争，劳动者的物质生活得到了明显改善，对精神方面的需求更加强烈。

### 5. 符合各国企业管理的实践经验

20 世纪五六十年代，中国依靠工人群众和知识分子办企业，克服了物质方面的严重困难，创造了一系列经济奇迹，涌现了像鞍钢、大庆那样闻名于世的成功典范。日本、新加坡在人的工作方面，也形成了独特的体系，有效地调动了职工的积极性，创造了 20 世纪六七十年代的东亚奇迹。欧美各国运用行为科学也取得了良好的效果，一位美国大公司的董事长总结说："多年来我一直认为资本是发展工业的瓶颈，可是现在我觉得此话不再是对的了。公司没有能招聘和保持一支高素质的劳动队伍才是真正构成生产的瓶颈。我不知道有哪一个有好的思想、活力及受到热情支持的大工程，会因为资金短缺而一直停顿不前的……我认为这一点在将来能看得更清楚。"

## 三、表现形式

总结国内外的管理实践，人本管理在组织目标设置、发展战略、管理体制、管理政策、工作环境、领导作风等六个方面与传统管理相比，具有鲜明特点，更具有人情味。

### 1. 组织目标设置

实行人本管理的组织在目标设置方面，普遍而明确地突出满足人的需要。实行传统管理的组织的目标一般突出利润、市场占有率、产量（计划经济时期还有产值）等物化指标，以人为本的组织则突出客户利益、员工利益和股东利益。例如，摩托罗拉公司确定公司的基本目标是"顾客完全满意"，日本丰田的使命是"通过汽车奉献社会、造福人类"等。

### 2. 发展战略

实行人本管理的组织，在发展战略方面更加重视人力资源开发。组织战略是在竞争性环境中为实现整体目标对资源和行动的总体部署。传统的组织发展战略主要通过市场、财务、技术等手段来实现，管理重点是物质资源的开发。遵循人本管理的组织在发展战略思想方面有很大的变化，管理的重心在人的积极性、主动性、创造性的发挥上。正像摩托罗拉公司在为其高级经理编写的教材中所说："目前，许多著名的成功企业，他们的文化价值观逐步由原来的物本主义转向人本主义，由注重企业的资本增值转向注重人力资源的合理开发与利用，注重企业文化的建设。"

### 3. 管理体制

实行人本管理的组织，在管理体制方面更加重视发挥人的创造性。传统的管理是建立在"上智下愚"的思维基础上的，其管理体制采用有利于统一的金字塔型组织构架。这种体制强调组织分工，等级森严，少数管理人员及技术专家发号施令，大多数员工只是消极地执行命令，对组织的运营管理没有发言权，对本职工作没有自我控制权。人本管理是建立在"全员经营"思维基础上的，认为实现组织目标要依靠全体人员的干劲和智慧，其管理体制有利于发挥人的创造性，努力为各级各类人员参与管理、发挥才干提供机会、权利和条件。他们广泛采用任务小组、创业团队等组织形式，开展目标管理、合理化建议、TQC 小组等活动。

### 4. 管理政策

实行人本管理的组织，在管理政策方面贯彻效率优先、兼顾公平的原则。

从实现人的价值的角度出发，一方面组织为了激励员工提高效率，实现其社会价值，必然要从物质利益的分配上形成差别、拉开档次，平均主义实际上是对优秀员工的一种漠视；另一方面，组织要依靠全体员工，因此在制定政策时必须考虑是否有利于调动和保护大多数员工的积极性和创造性。例如，IBM 公司在制定定额时，要考虑到让 65%～75%的职工超额完成任务，得到物质与精神的奖励；而只有 5%～10%的人不能完成定额。

从以人为本的理念出发，有些企业甚至在经济不景气时也不大量裁减工人，而是采用普遍减薪的方式降低成本以渡过难关。即便要裁员，公司也不是简单处理，而是对员工进行培训，让员工明白公司的困境及就业形势，让员工掌握重新就业的知识和技能，增强员工自信心。同时，公司还为被裁者提供劳动力市场信息，积极为他们寻找新的工作。

### 5. 工作环境

在作业和环境方面，传统管理在作业和环境设计方面注重高效率、低成本，以人为本的组织重视人性化设计。例如，在工厂大量采用流水线生产的条件下，每个工人就像会说话的机器，每天机械地完成极其简单的重复性工序作业，导致士气低落；实行人本管理的企业则更多地考虑人的精神需要，采用工作轮换，职务内容扩大化、丰富化等方法，改善员工的工作生活质量，同时对工作环境的采光、色彩、物料布置、操作系统、座椅以及周边环境等进行专门研究，实施减轻疲劳、提高效率的方案。

### 6. 领导作风

以人为本的组织在领导作风方面，更加重视领导艺术和组织文化。传统管理的基本手段是运用规章制度和物质刺激；实行人本管理的组织，特别强调舆论导向、感情投资、尊重爱护、坚持思想教育等领导艺术和组织文化的作用。在舆论导向上，许多组织通过宣传教育，树立员工主人翁责任感及地位感。

### 四、模式选择

管理既是一门科学，又是一门艺术。一方面，必须遵循人本管理的某些基本原则，符合若干基本要求；另一方面，又必须结合具体情况，设计人本管理的模式。所谓管理模式，就是具有某些典型特征及明显特色的管理方式。某种管理方式只有当它具有明确、一贯的典型特征，从而可以加以界定及鉴别时，才能称之为模式。同时，一种管理方式只有具备不同于其他管理的明显特色，才有研究其模式的意义。

考察国内外成功的企业，它们虽然在管理中都体现了重视培养人、激励人、充分发挥人的作用等人本管理思想，但在实现这一思想的具体形式和途径方面，各有侧重和特色。

#### 1. 人本管理模式的区分

人本管理模式的区分，可以从人的价值的实现重点、机制、方式等方面着眼：

1）价值实现重点。在实现人的价值方面，有的侧重于人的社会价值，有的侧重于人的自我价值。例如，在用人方面，宝钢的思路是紧缩编制，在 20 世纪 80 年代末 90 年代初，通过培训使员工掌握多种技能，提高工时利用率，每年压缩编制 20%。他们提出宁可开辟新事业，输出劳务，也绝不浪费人的年华。

2）价值实现机制。在实现人的价值的机制方面，有的通过计划机制，有的通过市场机制；有的通过制度约束，有的主要依靠思想觉悟，有的将两者结合起来。例如，海尔集团既有严格的责任制，同时又通过每天自我教育活动，使海尔的创新服务文化变为员工自觉的行动。

3）价值实现方式。在如何最大限度地发挥人的作用方面，有的注重培训，有的注重激励；在满足人的需要方面，有的注重职业保障，有的重视人尽其才；在企业不景气时，有的企业采取裁员并给予可观的补偿的方法，有的采用降低工资、减少工时的方法，共渡难关；在关心人、尊重人方面，有的注重沟通等领导艺术，有的注重民主管理制度建设，有的注意解除后顾之忧；在激励员工方面，有的重视期权股权，有的重视工资奖金。

#### 2. 选择人本管理模式应考虑的因素

在借鉴或者设计人本管理模式时，要考虑组织自身的物质和文化基础，主要包括以下五个方面：

1）组织的业务性质与特点。不同行业、不同组织有自身不同的性质和特点，对人员也有不同的要求。例如，IT 行业竞争非常激烈，知识更新极快，所处的行业迫使微软公司必须永远保持应变能力和速度。微软一直注意避免机构过快膨胀，"苗条"、灵活，才能保持高速运转，才能有效地传达贯彻"变化"的指令。微软的规模多年保持在 3 万雇员。每年做预算时每一个新增的名额都要被反复查问，不但要看新的申请是否非常必要、是不是配合整体策略，还要仔细查看现有的资源是否确实物尽其用、人尽其才了，能否通过组织调整再"优化"出资源而不必新增投入。在微软要人比要钱要困难得多，总经理在提出新的申请时都要再三斟酌，每一个被批准的名额都非常珍贵，要在最短时间内补上。一般有新增名额会先在内部征求，如果内部找到了，就要尽快去补内部空出来的职位，真正是一个萝卜一个坑。

2）组织的主要矛盾。人本管理的模式往往是组织在解决发展过程中遇到的主要矛盾与主要问题时逐步形成的。例如，杭州万向集团、娃哈哈集团、华为集团等一些民营企业，由于白手起家，又不像国有大中型企业那样有可靠的人才分配渠道，为求生存发展，必须采取各种措施吸引人才，采用适合自己特点的管理模式。

3）组织传统及人员情况。人本管理模式与组织开创时形成的传统及人员结构存在内在联系。大庆油田开始建设时，吸引了一大批复员转业军人，他们把解放军的一套优良传统，如思想动员在先、党员及干部冲锋在前等作风带进了大庆，所以才能在很短的时间里，在极其艰苦的条件下，取得巨大成功。

4）组织环境。组织环境也是影响人本管理模式形成的主要因素。宝山钢铁总厂位于上海市郊，许多后勤服务有可能由社会提供。因此，他们从提高劳动生产率的角度出发，尽量精简机构，使后勤服务社会化，以提高效率。

5）领导人的风格与创新精神。组织文化必然打上组织领导人的烙印，组织文化实际上是创始人理念的组织化。西门子公司百年保持创新传统，首先就是因为创始人是发明家；美国惠普公司对员工提供了一个尊重和宽松的工作环境，就是因为创始人休利特、柏卡德是富有热情和创意的工程师，他们了解创新需要什么。

# 第二节 能级原则

## 一、能、级、位（势）的概念

我们借用现代物理学的概念和原理，来描述管理学的能级原则。

能，在物理学里表示物体做功的能量。在现代管理活动中，则表示个体的能力。人的这种能力及其大小，取决于人在先天素质基础上的后天习得，是专业的智能、个人的品德、人生观、价值观乃至气质、身体条件等因素的总和，即个性。考虑到管理的意义，人的能力则是指个体能够对组织目标起作用的那些能力之和。

在理解能的概念时，须注意：第一，就同种性质工作或劳动所需的能力来说，不同的人能力有大小之分，这导致量上的差别；第二，即使具备大体相同的能力，不同的人对不同性质的工作，其适应性、胜任度也有不同，这导致相同一级水平能力上的质的区别。

级，即层级，表示事物系统内部的结构、秩序、层次，如物理学中原子的电子层结构，等等。

位（势），在物理学场论中，指的是具有不同能量、层级的粒子或单体在力场中具有特定的、不同的功能作用。例如，某一确定的电位势点上的带一定电荷数的粒子所具有的电能，物体的重力势能等。如果将社会管理活动视作一种作用力场，那么，组织成员的位（势）能是指其在管理活动中客观影响作用的大小。这主要取决于由个人自身能力所产生的影响力，当然也与个人在组织管理结构中的层级位置相关，但后者有时是次要的。例如，我们在一些组织中会看到，非正式领导比正式领导的实际影响大，或者下级比上级的实际作用大。

## 二、能级原则

在微观物理学中，各个电子按其各自的能量不同而分布在相应的电子层组上，围绕原子核旋转，从而形成原子的系统性、有序性、稳定性，这就是能级对应关系。而且某一电子的能量有了一定量的增加或减小，则必然产生层级"跃迁"，使系统在新的质态下恢复稳定，否则，系统就将不稳定或被破坏，人们将这一自然原则移植到社会管理系统中来，即成为管理的能级原则。

为使管理活动有序、稳定、可靠、高效，必须在组织系统中，建立一定的层级及其相应的标准、规范，形成纵向、横向上严格的组织网络体系，从而构成相对稳定的一种组织管理"场"的结构系统。然后，把所有组织成员，按其自身的能力、素质，十分恰当地安排在整个网络的"纽带点"上，赋予其组织层次位置，确定其"组织角色"身份性质。这就是管理的能级原则。

能级原则实际上也是量才用人、层次用人的原则，是不依人们意志为转移的客观存在。管理是一种综合性的创造活动。在管理组织系统中，只有将具有不同素质、能力和专长的人进行科学的组合，才能产生最大的效应。管理能级包括两个方面，组织各层次的岗位能级和人才各类型的专业能级。解决好这两者的协调适应问题，对管理的有效性具有重要意义。

## 三、能级原则在管理中的应用

### 1. 管理必须按层次进行，要求具有稳定的组织结构

稳定的组织结构，是管理系统正常运转的先决条件。稳定的管理能级结构应当是正三角形，或正宝塔形。倒三角形、倒宝塔形或菱形都会形成多头领导，呈现出不稳定的状态。就管理系统而言，管理三角形可分为四个层次：最高层是决策层，决定系统的大政方针；第二层次是管理层，运用管理职能来实现决策目标；第三层次是执行层，具体执行管理指令，直接组织人、财、物等方面的管理活动；最低层次是操作层，直接从事操作和完成各项具体任务。四个层次不仅使命不同，而且反映了四大能级差异。

管理的组织结构应该体现能级原则，没有能级，就没有管理运动的"势"，组织结构就不稳定，那就极易导致管理的失败。但是，要设置一个稳定的组织结构，必须注意以下几个方面：第一，严格地根据组织系统的社会整体功能需要以及组织与环境的关系情境对组织结构进行科学的总体设计；第二，以职能划分为中心，对结构问题进行精心划分、设计，确定层次、网络、结点和它们之间的相互联系方式；第三，追求高效、简单、节约的目标，杜绝"闲差"、"因人设机构、设事"等现象。

同时，要正确处理能级结构的稳定性与变革性的关系。组织的能级结构对于组织功能以及组织对环境的关系，具有一定的独立性。有效、有序的管理活动要求组织的能级结构具有相对的稳定性。否则动不动就变，甚至动大手术，很容易造成对组织和员工的不利冲击，但随着环境的变化和组织功能的改变，也应当适时的对旧的、不合理的结构作一定的调整，这需要在建立组织的能级结构时要有预见性，为适应未来的变化留有余地。

2. 不同的能级应该表现出不同的权力、责任和利益

权力、责任和利益是能量的一种外在体现，必须与能级相对应，这也是管理的封闭原则的要求。在其位、谋其政、行其权，尽其责、取其酬、获其荣，失职者要惩其误。有效的管理不是拉平或消灭这种权力、责任和利益上的差别，而是必须对应合理的能级给予相当的待遇。如城市规划是关系到城市全面系统的大事，必须由市长主持的市级机构来抓，才能做到统筹、协调，达到能级相称。

人们往往容易把管理能级与封建等级混为一谈。等级制度是封建社会的一个重要特征，把等级作为贵贱荣辱的界限。垄断世袭，其本质是不按劳力分等，只是按地位的差异作出区别，这与着眼于能级的现代管理，有根本的区别。因为只要有管理，就应有能级，优化的管理就是建立合理的能级。真正的平等不是消灭管理能级，"人无贵贱之分"，每个人达到相应的能级的权利与机会均等，不能有垄断，不能有特权，更不能世袭。

3. 各能级必须动态的对应

人有各种不同的才能，现代管理必须知人善任。根据相对封闭原则，各类管理人员应具备怎样的才能呢？指挥人员，应具有高瞻远瞩的战略眼光，具有出众的组织才能，善于识人用人，善于判断决断，有永不衰竭的事业进取心；反馈人员，须思想活跃敏锐，知识兴趣广泛，吸收新鲜事物快，综合分析能力强，敢于直言，必须具有追求和坚持真理的精神，没有权力欲望；监督人员，应公道正派，铁面无私，熟悉业务，联系群众；执行人员，要忠实坚决，埋头苦干，任劳任怨，善于领会上级意图等。现代科学管理必须善于区别不同才能和素质的人，不要用错。只有混乱的人才管理，没有无用的人才。

怎样才能实现各类管理能级的对应？绝对的对应是不可能的，靠主观愿望或刻板的计划也是无法实现的。应当允许人们在各个能级中不断地自由运动，通过各个能级的实践，施展、锻炼、检验人们的才能，发挥他们的才能，使其各得其位。何况，岗位能级是随客观情况不断变化的。不同历史时期，任务不同岗位能级就有差异。人的才能也是不断变化的，通过学习和实践，才能不断提高。老年体弱智衰，能量自然下降。因此必须动态地实行能级对应，才能发挥最佳的管理效能。今天你的能量高，你应登上高的能级，经过一段时间，你的能量下降了，或有更高能量的人才涌现，你就应当转移到你相应的能级中去。纵是人才能级相应，也应不断运动。一方面通过各种实践，获得"杂交优势"，使自己能量提高；另一方面，将人一分为二，老固定在一个岗位上，优点固然可以充分发挥，但缺点所带来的对管理的损失，将无法克服。

总之，现代管理的岗位能级必须是合理有序，人才运动又必须无序，这样才有合理的管理。

# 第三节　动力原则

## 一、管理动力的概念

　　自然体要运动，就必须有其动力源，有了动力源，还要使动力能够沿着一定方向合乎规律地驱动出来作定向有序运动，即特定的动力机制问题。例如汽车，动力源是汽油，但却必须有一系列混合、汽化，入缸、压缩，点火、燃烧，带动曲轴，然后经变速箱、万向轴、后轮轴、半轴等能量转化、传导，最后才对轮子形成力矩，实现汽车向前运动，这就是动力机制系统。现代管理活动与此同理。管理动力就包含有两个相互联系的问题，即动力源和相应的动力机制。

　　从心理学角度看，在管理组织系统内部，对个人来说，管理的动力源，是指管理活动中所有可能导致人们投入管理活动的人的种种需求。管理动力机制，是指一种确定的引发、刺激、导向、制约动力源的条件机制。正确、有效的动力机制，首先使得动力源被现实地引发起来，同时又能够诱导、限定人们朝着有助于实现组织整体目标的方向作有序的、合乎管理要求的定向行为活动，而所有成员个体通过这种行为活动的系统整合，就汇成一股强大的行为能量流，推动组织目标顺利达成。在宏观上看，大系统对于下属各个组织子系统，管理动力源也表现为对子系统发展条件的保证和满足。目前，企业普遍实行的经济责任制就其实质，首先就是把员工个人的基本生理需要和某些心理需求视为动力源，然后，提供一系列工作条件，并制定一系列的工资制度、劳动数量质量考核标准等动力机制体系，以对动力源进行有效地诱发、引导、制约、定向，最终提供并确定一种员工个人必须将其个体行为活动纳入达成组织整体目标的轨道中，并且以个人对组织目标实现所作的实际贡献大小为前提、为基数，来获取个人相应比例的工资报酬的规定性机制环境。这样，就保证有可能在组织目标最佳达成的同时，个人也获得高报酬。

## 二、动力原则的含义

　　管理活动的目的，在于使组织目标卓有成效地达成，而这依赖于由各成员的个人动力所汇聚成的组织整体动力能量的定向、有序、高效的发挥。正确认识、掌握种种动力源、动力，并创造、提供一系列有效的动力机制，以正确使用动力，使管理活动持续有效地进行，不断地促成组织目标的实现，这就是管理的动力原则。

　　动力原则的核心内容，一是动力源，二是有效的动力机制。二者缺一不可。无动力源，管理活动如一潭死水，运动不能产生；无有效的动力机制，或者是动力源不被引发为动力，或者是动力（包括个人、集体的种种动力）作用方向杂乱无章，甚至相互抵消，汇聚不成有效方向上的强大集体能量，管理活动也无法进行。

　　动力原则在很大程度上影响着其他原理、原则的效能。能级原理必须有充分的能源才能实现，没有强有力的动力制约因素，能级可能蜕化为封建等级。"人才辈出，人尽其才"，光靠人们的良好愿望是无法实现的，只有当某种动力因素迫使人们非用人才不可，才能真正做到不拘一格选人才，否则领导选拔就可能任人唯亲、任人唯诺；如果没有一定的动力驱使，群众选举往往会选出能力不一定强的老好人；如果没有切身的动力迫使领导需要反馈信息，他又何必自找麻烦？不如自己拍脑袋、想当然简单，即使建立起反馈系统，久而久之也只是增加了一个起不了多少作用的机构。因此，研究贯彻动力原则在现代管理中是很重要的。

### 三、动力类型

一般地说，动力有三种类型，即物质动力、精神动力和信息动力。把动力分为物质和精神两类，是基于动力源的性质不同的完全分类，另外加上一种信息动力，则是就动力机制而言的。因为个人或集体必须借助足够的确定性信息，才能自我确定所面临的动力机制环境，从而决定是否行动和如何行动。因而，一组相关的信息，常常形成一种确定的动力机制环境，使个人或集体产生动机并作现实的定向行为活动，就这种意义上，信息构成了一种动力。

#### 1. 物质动力

物质动力直接以人类物质性需求为源，简言之，就是一种促使人们去做出追求物质需要满足的相应行为活动的动力。就劳动者个人而言，由于目前人们参加工作、劳动还是谋生的手段，所以，物质动力是管理的第一位动力。

同时，我们也应当看到，这里的物质不只是动力，而且是巨大的制约因素。不重视物质动力，或者物质用得不是地方，又或者物质用的过多过少，都可能受到恶化的物质后果的惩罚，这本身也是一个经济效益问题，在我国目前物质不富裕的情况下，显得更为重要。

当然，物质动力不是万能的，使用不当，就会产生副作用。把物质动力简单地理解为工资和奖金，只要有机会能向社会或其他单位提供一些支援或协助，就高价索费，一切"向钱看"，把自己当成商品等，都是物质、金钱"万能"思想的反映。解决这些问题的办法，除了用合理的管理制度加以封闭，用物质的办法来解决物质问题外，还必须充分发挥其他两种动力的作用。

#### 2. 精神动力

精神动力直接源于人类的精神性需要。当管理活动提供人们满足这种精神需要的条件与机制时，人们就会产生相应的动机并投入行为活动，从而形成精神动力。

精神动力，其强烈、持久程度，常常超出个体直接性的物质动力。因为，在管理活动中，一般来说，个体物质需求表现为周期性的循环，但对精神需求较强的人，一旦物质生活水平达到一定的富裕程度时，个人的物质动力强度就趋于平缓。而精神需求，尤其那些与个人人生观、价值观直接相关的精神需求，一经产生和巩固，就有强度不断上升、终生不懈追求的趋向，从而提供强烈、持久、不断上升的精神动力。

#### 3. 信息动力

个人、集体、社会有种种物质、精神需求，但这种动力源能否被引发起来，并做定向的行为活动，则取决于动力机制环境的现实形成并被明确地认知，这就需要有关信息的提供和获得。我们把信息通过被获知而产生出的个人、集体、社会的某种定向行为活动称为信息动力。

现代社会中，个人、集体和社会的决策行为，管理活动及其效果，都无例外地取决于有效、充分、准确和及时的信息获取和认知。失败常常起因于信息不灵或信息传导、理解失真。管理者必须高度重视信息这种特殊动力作用。信息的动力作用，有其非常特殊的性质，人们行为活动本质上受信息引发、约束和导向，但人们又是自主地作出抉择。西蒙主张，每个职工都应自主决策，但如何保证个人决策对组织目标的一致性呢？主要是管理者必须提供有明确规定性、有实质帮助的足够信息，从而形成某种确定的决策价值与技术前提。这样，职工依据前提所作的似乎由个人自己做出的决策，必然与管理者的意图、组织目标要求相一致，而且，由于这种自主决策方式调动了个人的积极性、主动性，比管理者代为作出决策，其质量和执行效果可能更佳。

在运用信息动力时，要注意信息量的适度。事实上，信息量不一定越大越好，适当的信息量可以成为促进个人与机构发展的动力。信息量过多，也可能导致行动无所适从。科学的管理不一定要获得一切信息，而需要的是足够的适当的信息量，有时最大的失策，往往来自信息的混乱和信息量过大造成的失真。

## 四、动力原则在管理中的应用

### 1. 综合协调应用各种动力

对每一个管理系统而言，三种动力可以同时存在。在不同的管理系统中，三种动力又不会绝对平均，必然有差异，乃至巨大的差异。就是同一系统，随着时间、地点、条件的变化，三种动力的比重也会随之变化。这就要求正确认识、把握各种动力的性质、特点和表现方式，并处理好三种动力的相互关系，有重点地综合协调应用。现代管理就是要根据不同的具体情况，通过综合协调应用各种动力来调动人们的行为积极性，达到组织的整体目标。"实则泻之，虚则补之"，才能"血脉和通"。包医百病的处方古未闻焉，一个处方用到底的必是庸医。"同病异治，异病同治"，貌似奇诞，实是医术高超的表现。现代管理要得以健康运转，就必须如中医一样善于辩症施治。

### 2. 正确认识和处理个体动力与集体动力的辩证关系

管理是社会运动，现代管理更是与社会化大生产融为一体的。它必然以一个集体目标作为自己管理的前提。集体是由个体组成的，每一个个体又有自己的目标。一般来说，个体与集体都有它们各自的精神动力、物质动力和信息动力，具体地进行分析，它们决不会完全一致。所以，管理者必须通过恰当的管理活动，提供和确定一种有效的动力机制，使得个人动力与集体动力方向尽可能大体一致。必须指出，绝对的一致是不可能的，也不符合现代社会人的发展的个性化要求。

### 3. 正确处理眼前动力与长远动力的关系

不同的动力，对于管理而言，发挥作用的时间长短、影响快慢也有差异。一般来说，个体动力容易倾向于近期而忽略长远；集体和社会动力，则涉及长远的影响与发展。近期动力与长远动力具有内在的相互转化关系而又有所区别，必须合理兼顾。眼前动力与长远动力还可以看成"标"、"本"关系，现代管理不可忘记中医"急则治标"、"缓则治本"的法则。

**4. 运用管理动力时需要重视与掌握好"刺激量"**

在运用管理动力时需要重视"刺激量"这个概念。由于提供的刺激量不同，对人的激发作用也不同。所以，既要注意对各部门、各成员施以刺激量的相对比例要适宜，又要注意对个体刺激量的给予要适度。比如发奖金是一种物质动力，假使我们规定的全额量是 7 个单位，那么刺激量是 7，对促进各项工作的开展确实能起不小作用。有的单位在执行中为了减少"矛盾"，把奖金分为 5、6、7 三个档次，其中 5 是最低额且人人都有，这样奖金的刺激量就只有 7－5＝2，作为物质动力的效能就大大下降了；在精神动力方面也是如此，当树立一个或几个英雄人物、劳动模范或先进生产者时，刺激量大，榜样的力量是无穷的。有的单位红榜一登，几百名先进人物，占本单位全体人数的 1/3，大家彼此彼此，精神刺激量反而下降，失去了榜样的力量和作用。

在确定刺激量的时候要注意以下几点：
1）刺激量必须适度，既不宜过大，也不宜过小。
2）刺激量要有针对性，奖罚要有明确的对象和目的。
3）考虑到未来刺激量的刚性特点，要有前瞻性。
4）保持一定的刺激量的比较差异，刺激量分配要合理。

# 第四节　行 为 原 则

## 一、含义

人的行为，即人的由一系列动作单元组合而成的行动。行为可分为不自觉无意识行为与有意识的动机性行为。一般来说，在管理活动中，行为是指动机性行为。动机性行为是人们为了满足某种需要而进行的指向确定目标的定向性、意识性行为。

管理者必须对组织成员的行为进行科学的分析，采取有效的管理，以求最大限度地调动人们为实现组织管理目标的积极性，这就是管理的行为原则。

行为原则有两个相互联系的核心内容：一是对行为的科学分析，二是对行为及其效果有效的管理。要科学地分析、揭示人的行为规律、特点，并非易事，但却非常重要。这是因为，人的行为是人的需要及其相应的心理活动、动机等内隐因素的外在表现，它受到人的意识、理性及意志的自觉控制。人的外显行为与内隐因素存在着复杂的关系。同样的行为可以由完全不同的需要、动机引起；而同样的需求、动机，对不同的人又有非常不同的行为方式。因此，管理者既要探寻人的行为具有共性、普遍性的一面，以求科学地归纳组织成员的共同行为规律，又要研究个体行为的差异性和特殊性的一面，以便管理者因人而异的开展管理活动，求得管理实效。

## 二、在管理中的应用

### 1. 尽力解决组织各成员正当合理的物质需要和精神需要

尽力解决组织成员正当合理的物质需要和精神需要方面的问题，并创造条件，使这些需要的现实满足程度不断提高，是管理者义不容辞的责任，绝非什么可有可无的恩赐。人们参加组织从事工作与劳动，为实现组织目标效力，其每个人需要的满足，既是作为个体的主要目的，也是组织成员的正当权益。这些需要如果未能得到合理满足，甚至不被认可，将会挫伤大多数成员的积极性。

### 2. 使每个人的工作都有明确的可考核的具体责任

人本原理的核心在于调动人的积极性，但这种积极性不是别的什么积极性，而是组织成员为实现组织整体目标而努力的行为积极性。而这种努力，在实际中，就是个人担负并完成组织所赋予的具体责任（任务）。责任首先确定了个人的具体组织任务，同时也明确了个人完成组织任务的方向和具体标准界限。

现代管理中的目标管理，其主要的、有特色的核心内容之一就是对组织整体目标的逐层、逐次有机分解，经由中间的部门、科室、车间目标最后定出个人的明确的、量化的具体目标，从而使每个成员都有明确的、可考核的具体责任。

### 3. 对每个人的责任履行进行认真考核并与个人利益挂钩

也就是说必须对每个人的工作效率、结果进行严肃认真、毫不含糊的考核和鉴定，根据规定给予应得的奖惩。这是科学管理中运用行为管理原则的一个重要环节，没有这个环节，上面所说的"需要"、"责任"等只会落空。一个人工作的好坏，只能以最后的实际效果来判定。良好的动机固然重要，但必须同良好的效果统一起来。工作上任劳任怨是好的精神，整天忙忙碌碌却不一定能办成多少事。一个好的管理者，在"管好"人这个核心问题上，不能时时刻刻盯住下层，看其"如何工作"，弄得他们谨小慎微，缩手缩脚，更重要的是验收、考核他们最后的工作效果。这是一种重要的行为管理方法。这样做，有助于进一步激发人们工作的责任心、主动性和创造性。

> **案例** ——————　　　　　**L公司的组织与文化建设**　——————
>
> 　　L公司是一家投资近3亿美元的中外合资企业，坐落于上海浦东高新技术开发区。该公司的张总经理由中方选派，他对企业的管理与发展颇有自己的想法与做法。经过一番思考之后，他决定在公司内部开展以下几项活动。
>
> 　　**1. 员工座右铭活动**
> 　　员工座右铭活动是这样开展的：每个新入公司的员工应自己掏钱买一棵公司指定范围内的树，然后亲手种在公司的地域之内。这棵树上挂上种植人的姓名，并由种植人负责照看，意即"十年树木，百年树人"，员工与公司一起成长。与此同时，每个员工在

经过公司的新员工培训后，提出自己的人生座右铭。公司希望每个员工的人生座右铭能够成为他们各自生活、工作的准则。当你的座右铭确定后，也可以修改，但公司要组织评选，看看哪一位员工的座右铭最好、最有意义。

2. 集思广益活动

集思广益活动是指全体员工为了把生产、经营、管理等诸方面的工作做得更好而出主意、想办法、提建议。员工有建议有设想，就可以把这些写出来贴在公司在各处安放的"集思广益招贴板"上，如果其他人对这些意见有不同看法或更进一步的想法，可以把自己的意见贴在旁边，以期讨论。每周五，部门、车间等安排一个小时的时间讨论本周内本部门内的各项建议，以期取得一致意见，安排具体改进的人员和任务；如果本周没有建议，则可研究下周的工作安排等事项。

3. 文化活动

公司开展了一系列文化活动，如摄影比赛、体育比赛、书画活动等等，让每个员工都参与活动，充分展示他们各自的才能，最后还要进行评奖活动。

更有意思的是，公司将食堂的桌椅都设计的富有变化，如桌子的形状有三角形、六角形、长方形、正方形、圆形等，另外，桌子的色彩也富有变化。

（案例来源：芮明杰. 2004. 管理学教程. 北京：首都经济贸易大学出版社）

## 习 题

1. 管理为什么要"以人为本"？怎样实现"以人为本"？
2. 人本原理的主要特征和要求是什么？
3. 选择人本管理模式应考虑的主要因素有哪些？
4. 何谓能级原则？管理中怎样遵循与体现能级原则？
5. 管理动力有哪些？怎样发挥人的积极性、主动性与创造性？
6. 何谓行为原则？管理中怎样应用行为原则？
7. L公司有没有采取人本管理？体现在哪些方面？

# 第十三章 权变原理

 **教学目标**

    通过本章学习，掌握权变原理及其派生的弹性原则、创新原则的基本理论，了解权变原理的含义、基本思想和表现形式，明确弹性原则的概念、产生背景及基本要求，掌握增强管理弹性的途径和方法，了解创新的含义、创新原则的基本内容，明确管理过程中运用创新原则的对策措施。

    世界上的任何事物都在发展变化之中，管理也不例外。世界上不存在一成不变的、普遍适用的管理模式，管理的有效性总是与特定的管理对象和环境条件相联系的，没有放之四海而皆准的管理模式，也没有永远最优的管理方法。宽松的管理不一定比严格的好；专业化未必比多元化好；分权未必比集权好；在此组织最有效的管理方法在彼组织不一定最有效；同一组织在此部门最有效的管理方法在彼部门不一定最有效；同一组织同一部门在此时期最有效的管理方法在未来的时期也不一定最有效；同一组织同一部门同一时期在此国最有效的管理方法在彼国同样不一定最有效。任何科学有效的管理总是相应于特定的组织和特定的环境中，当组织和环境发生变化时，管理也应相应地做出改变。任何管理都要根据所处的内外条件随机应变，实行动态管理。管理者应该从实际出发，在不违背客观规律的前提下，实事求是，灵活地选用管理方式，根据客观条件的变化，实现组织的目标，使组织不断向前发展。这就是管理的权变原理。本章将对权变原理及引申和派生的弹性原则和创新原则进行阐述。

## 第一节 概 述

### 一、含义

    权变原理是 20 世纪 70 年代西方管理学界提出的一种新的管理理论。所谓权变，就是随机应变，以变应变，即根据不同的情况和条件，灵活地区别对待某种事物的意思。西方管理学者中也有人将权变管理理论称作"管理情境论"或"形势管理论"。

    权变管理理论认为，由于组织系统的复杂多变，在管理中没有一成不变、普遍适用的"万能的"管理理论和管理方法，管理者应当根据组织系统所处的内外环境条件来决定其管理方法和管理技术，即要按照不同的情境、不同的组织系统类型、不同的目标和价值，采取不同的管理方法和管理技术，以确保组织目标得以顺利实现，这就是权变管理原理。

    权变管理原理同系统管理原理有着密切的联系。可以说，系统管理原理是权变管理原理的前提，权变管理原理则是系统管理原理在逻辑上发展的必然结果。系统管理原理指出，组织是一个开放的社会技术系统，它是由各个分系统构成，并同外部的环境超系统相联系。组织的各个分系统之间和组织与环境超系统之间都处于相互作用的关系中。在这里，系统管理原理使人们从总体的相互联系中把握管理对象，给人们研究问题提供了一个一般的方法论。然而，人们为了实现有效的管理，还必须弄清组织系统内部各个分系统之间及其与环境超系统之间相互适应的关系模式。权变管理原理的基本点，就是要求人们弄清这些系统的各个有关变量的特征及其相互关系的具体情况，以便找到组织的各个分系统之间以及组织与环境超系统之间的适当的关系模式，实现其一致性和适应性。于是，系统管理原理便发展为权变管理原理，并自然地合而为一了。

在现实管理活动中，权变管理原理可以具体化、规范化为若干相应的管理原则，其中最为主要的是管理的弹性原则和创新原则。

## 二、基本思想

权变管理原理主要是研究内外环境条件、管理对象、管理活动（包括管理方法、管理技术和管理过程）和管理目标之间关系的理论。

在管理过程中，要保证管理工作的高效率，在内外环境条件、管理对象和管理目标三者发生变化时，施加影响和作用的管理的种类、方法和程度也应有所变化，即管理方法和管理技术也应该发生变化，这就是权变。

在管理对象和管理目标保持不变，内外环境条件发生变化的情况下，在原有环境条件下的管理方法和技术已不适应于新的环境条件，这与高效率的管理所要求的管理方法和技术应与环境条件相适应的原则相背。因而，管理方法和技术应该发生改变。

在管理目标和内外环境条件保持不变，管理对象发生变化的情况下，施加影响和作用的接受者已经发生了变化，这种影响和作用就很难达到预定的管理目标。因而，为达到原来高效率的管理目标，管理方式和手段应跟随管理对象的不同而发生变化。

在管理对象和内外环境条件保持不变，管理目标发生变化的情况下，施加不变的影响和作用只可能达到原来的管理目标，要实现变化了的新的管理目标，施加的影响和作用也应发生变化，即管理方法和技术应随管理目标的变化而发生变化。

环境条件、管理对象、管理目标、管理方法和技术的相互关系可由下列等式近似地加以描述为

管理目标＝f｛管理对象，环境条件，管理方法和技术｝

权变管理的基本思想，认为在管理对象、环境条件、管理方法和技术与管理所要到达的组织目标之间存在着一种函数关系。其中，在管理对象保持不变的情况下，作为因变量的管理方法和技术，应随着环境条件变化而相应变化，以期能够更有效地实现组织目标。

在这里要注意，环境条件变量分为外部环境和内部环境两种。外部环境是自变量，它又分为两种：一般外部环境和特定外部环境。一般外部环境，包括社会、科学技术、经济、政治法律等因素。这些因素一般不会直接影响组织系统，但会发生间接的影响，而且，这些外部环境因素相互之间也会发生影响；特定外部环境，这些因素会直接对组织系统发生影响，它们相互之间也发生影响。一般外部环境和特定外部环境中的各因素，都存在于组织系统之外，难以直接控制。内部环境包括组织结构、决策程序、联系与控制、科技状况等因素，这

些内部环境变量相互之间是相互关联和依赖的，同时与外部环境变量也是相互影响的。

外部环境变量既可能是自变量，也可能是因变量。例如科技，一方面可看作是外部环境变量，因为科技大都是从基础研究发展而来的，在现代管理的权变关系中，通常作为自变量；另一方面科技又可看作是内部环境变量，因为它能够影响管理方法和管理技术。如果某一工厂采用装配线生产程序，那么就可能会采用集权式组织结构和权力主义的领导方式，才能有效地达到组织目标，在这种情况下，科技就是自变量；反过来，如果一个工厂采用集权组织结构和权力主义领导方式，那么生产程序采用装配线，才能有效地达到组织目标，在这种情况下，科技就成了因变量。总之，权变管理应按照实际情况来处理这两项变量的关系。

内部环境变量一般应作为因变量，因为它们受到外部环境变量的直接影响。例如，为了适应国家有关防止公害的法律要求，企业的组织结构、决策程序、科技状况等也必须作出相应的改变。这表明外部法律是自变量，内部环境诸因素是因变量。除了科技之外，组织结构和决策程序等内部环境变量已得到广泛的研究，并受到管理的控制，因而可以把这些内部环境列入管理变量之中，所以它们只能作为因变量而不能作为自变量。

### 三、表现形式

西方管理学家把权变管理思想应用于各个管理领域，提出了许多具体的管理主张。其中，主要涉及人性假设、领导方式、组织结构、人事选择以及信息处理系统和计量方法的选择、计划和财务工作等方面，下面仅就人性假设、领导方式和组织结构的权变加以简单介绍。

#### 1. 人性假设的权变

体现人性假设的权变理论最典型的是美国管理心理学家莫尔斯和洛希在 1970 年提出的"超 Y 理论"，其要点如下：第一，人的需要是多种多样的，并且随着人的发展及生活条件的变化而变化；第二，人在同一时间内存在的多种需要和动机，彼此之间会发生相互作用，并结合为统一的整体，形成错综复杂的动机模式；第三，人既不是生来就勤奋，也不是天生懒惰，人是否愿意为组织目标作出贡献取决于他自身的需求状况和他与组织之间的相互关系；第四，由于人的需要不同，能力各异，对同一种管理方式会有不同的反应。

因此，超 Y 理论认为，在管理活动中，对不同的人，在不同的时间，不同的工作性质，要用不同的方法进行管理，没有一套适合任何人、任何时间、任何工作性质的普遍行之有效的、最好的管理方法和管理理论，必须具体分析、区别对待。

#### 2. 领导方式的权变

权变管理认为，并不存在一种普遍适用的"最好的"或"不好的"领导方式，一切以组织的任务、个人和团体的行为特点、领导者和职工的关系而定。这方面的代表性观点有很多：

1）菲德勒的"领导的权变模型"。菲德勒指出，在工作环境中有三种主要因素影响领导方式的确定：一是领导者同下属的相互关系，即一个组织中的成员对其领导者信任、喜爱或愿意追随的程度。程度越高者，领导者的权力和影响力越大。研究表明，这是最重要的因素；二是工作结构，即对工作明确规定的程度。工作结构程度越高，即工作明确规定的程度越高，领导者的影响力就越大；三是地位权力，即不同于领导者个人能力的、正式地位的权力。地位权力的大小是由领导者对其下属有多大的直接权力来决定的。假如一个基层单位的工头有权雇佣或开除工人，他在那个基层单位中的地位权力就比公司董事长还要大，因为董事长一般并不能直接雇佣或开除一个工人。

2）坦南鲍姆和施米特的领导方式连续统一体理论。领导方式连续统一体理论认为，存在着多种多样的领导方式，形成一个连续统一体，其中的两个极端是专制的领导方式和民主的领导方式，中间则是领导者权力同下属权力多种不同的结合方式。并不存在一种"最好的"领导方式。一切取决于领导者、被领导者和环境因素——任务性质、职权关系和团体动力等。

除以上的两种观点外，还有领导方式三因素理论，"目标—途径"理论，领导生命周期理论等等，这里不一一阐述了。无论哪一种领导方式的权变理论都要求在不同的组织系统的不同具体情况下，采取不同的领导方式，才能实现有效的领导功能。

3. 组织结构的权变

美国管理学家明茨伯格认为，在建立和改造组织结构时，有五种标准的组织形态可以选用：直线制、职能制、直线职能制、事业部制，矩阵制。在具体进行组织设计时，究竟采取哪种组织结构形态为好，明茨伯格认为要根据实际情况而定。他提出了明确的判断标准，这就是外部环境的不确定程度和组织活动的技术特点两个方面。明茨伯格提出的组织设计方法简明可行，使组织设计的权变理论朝规范化和实用化方向跨进了一大步。

管理学家琼·伍德沃德（Joan Woodward）认为，组织的技术分系统与结构分系统有直接的相互关系，技术状况制约着组织结构，每种类型的技术都有与其相适应的最佳结构。以许多成功的企业为例，凡属大批量生产的企业，由于其生产批量大、生产技术状况较为稳定，因而多半采用传统的直线职能制结构，并运用传统的管理原则，强调直线指挥人员和参谋人员的分工，运用组织图和职务说明书明确规定职务的责任和权限，实行严格的控制和监督；而小批量和连续生产的企业则不强调上述传统的组织结构和管理原则，而多半采用较为灵活的组织结构，强调下放权限和责任，实行职工参与管理，以适应外部环境的变化，更好地满足需要，并跟上技术不断发展的要求。

保罗·劳伦斯（Paul Lawrence）和杰伊·洛希（Jay W. Lorsch）也对外部环境与组织结构的关系问题进行了系统的研究。他们研究了不同类型的企业，结果表明，企业的外部环境制约着组织结构的选择，因而对处于不同外部环境的企业，应当采用与外部环境相适应的不同的组织结构。这里所说的外部环境指市场销售、技术、经济和科学，并从这三个方面衡量外部环境的不确定性。这里所说的组织则既包括了"分化"的要求，又包括了"整体化"的要求。组织的外部环境越不稳定，组织为了适应外部环境的变化，就越需要划分为若干个较小的单位，或者说组织就越是需要分化。然而，组织越是分化，便同时越是需要加强对组织的这些不同单位之间的协调和统一，或者说组织就越是需要加强整体化。企业成功与否，就在于能否找到实现组织整体化的适当手段。他们指出，外部环境较为稳定，因而分化程度较小的企业，适于运用较正规的手段实现整体化，采取较为集权的组织结构。外部环境越不稳定，因而分化程度较大的企业，适于运用较为灵活的手段实现整体化，采取较为分权的组织结构。这个原则也适用于组织内部的不同部门。

# 第二节　弹　性　原　则

管理的弹性原则主要是基于组织系统的动态性以及组织与环境关系发展、变化的复杂性而提出的，它是权变管理原理在管理活动中的体现。

## 一、现代管理活动过程的动态特征

工业化进程的飞速发展、社会经济的不断变革，给现代经济活动带来的最为重要的影响和挑战是组织外部环境因素的变化日益加速、剧烈，并且组织系统和环境的关系日益密切。在这种情况下，管理者为了提高组织功效，实现组织目标，求取组织在社会环境中的生存与发展，就必须不断适应环境的急剧变化，实施灵活善变的动态过程性管理。

1. 现代管理活动的复杂性、动态性要求管理者必须作出超前预见和工作安排

1）现代组织从准备、开始业务活动到取得结果之间的时间间隔日益延长。例如，一个现代大型金属冶炼企业上马投产，其准备工作起始于矿山勘探，厂址选择，人、财、物的组织筹措，基建设计，生产设备制造、购置，然后正式施工建基。试产后，正式投产，生产过程又经历了探、采、冶、炼、加工成型、产品运输、流通，最后才为市场提供产品。时间常常需要十几年、几十年甚至更长。但是，对于现代管理而言，该项目是否上马以及所有的准备、生产活动，却必须先由管理者事先做出分析、决策并确定目标，制定计划方案，然后才由管理人员具体组织实施。

2）现代组织向社会提供产品和服务，不是一次性的，一般来说是相当长期的。这样，一方面，组织的成果必然经历着社会（市场）长期的功能、价值检验；另一方面，组织活动及其结果输出，将对社会许多方面（生态、生活、文化、经济乃至政治）产生长期性的深远影响。组织成果的长期社会效应如何，直接决定了组织系统的长期效益，但这种长期的社会效应，却常常直接以组织过去或现在的行动为原因。因而，现代管理必须在始步之前就对其有综合的考虑、权衡、预测并具体体现在总目标的确定、长远计划的制订之中。

3）现代管理活动本身就是一个复杂的思维和系统设计过程，它牵涉到众多复杂的、随时间而变化的变量因素，决策过程复杂，周期较长。

总之，现代组织活动周期长，牵涉因素众多、复杂且行动后果对社会方面有重大、长期的影响，使得管理活动必须超前进行，作出科学的、深思远虑的预见性决策。那种"先干起来再说"、"走一步、看一步"的管理方式，会带来不可挽回的严重失误与损失。我们以前以及目前尚存在的那种"边施工、边设计"、"结论在前，论证在后"、"先生产，再找市场"，以及"头脑一热就拍板上马"的管理方式，已经或正在给我们带来许多损失和严重后果。古人言："人无远虑、必有近忧"，对于现代管理来说，无远虑带来的"远忧"更为严重和可怕。

2. 现代管理活动的超前性、复杂性，必然给管理工作带来许多不确定性

超前性要求管理者对未来有科学的预测、估计和推断。情况越复杂、变化程度越大、时

间越长，则对未来情况的预测、推断的可靠性越小。现代社会环境千变万化，而且常常为管理者所无法控制，无论如何科学、持之有据的预测，都只能是追求一种对未来的大体"近似"与"逼近"，这样就给管理者的管理工作带来不确定性。

管理所涉及的变量因素众多且复杂，所有这些因素的变化及其组合构成未来环境总体，管理者无法对所有因素的所有方面进行充分完备的分析，只能是集中于主要因素、主要关系以及主要方面的发展趋势，必然要舍弃一些次要因素、方面和细节。管理者总是面对无法完全确定的未来而必须凭推测进行确定性的行动，现代社会及其管理的特点使得这种矛盾在现代管理活动中，表现得非常尖锐而普遍。

现代管理活动的不确定性导致风险性。由于管理者只能根据对未来"逼近"的推测，采取确定性的行为活动，所以，一旦未来的发展情况与原先推测相比，出现不利的变化并超出一定的限度，就有可能导致组织输出成果严重降低甚至出现负值，从而给系统自身带来损失和灾难，这就是由不确定性导致的风险性。我们看到，20 世纪 60 年代的国际石油危机，导致了美国三大汽车企业之一的克莱斯勒公司濒于破产。我们还看到，埃及阿斯旺水坝工程，在带来巨大经济效益的同时，也产生了当初所不曾料及的严重生态后果和社会后果。此类事例，在我国也并不鲜见。

管理者对组织内部的情况、发展趋势难以完全认识，也会出现为管理者事先所不曾预料到的情况（管理学一般称为例外情况），因而，也具有不确定性和风险性。

## 二、弹性原则的含义

在对系统外部环境和内部情况的不确定性给予事先考虑并对发展变化的诸种可能性及其概率分布，作较充分认识、推断的基础上，在制订目标、计划、策略等方面，相适应地留有余地，有所准备，以增强组织系统的可靠性和管理对未来态势的应变能力，这就是管理的弹性原则。

弹性，一般指物体在外界力的作用下，能作出反应并维持自身稳定性的能力与特性。这种特性必须是一方面能够有所变化（例如，弹簧通过伸缩变形），而另一方面又能不被破坏（如伸缩后的弹簧，仍然是原来的弹簧，一旦外力撤走即恢复自身原本面目）。对于现代组织系统而言，弹性就表现为能够对外部环境变化作出能动的反应并最终达成有效目标的能力。一遇到麻烦就马上降低要求甚至放弃目标，那是一种不可逆的"塑性变形"而绝不是什么"弹性适应"。组织系统的弹性却必须通过富有弹性的管理来实现，所以称之为"管理弹性"。

根据产生弹性的主体，可将管理弹性分为局部弹性和整体弹性。局部弹性指的是局部自身的应变能力，主要表现在某部门在变化中为实现整体目标而完成自身局部任务的能力。整体弹性指整个系统对外部环境的应变、适应能力。局部弹性，尤其是关键环节的弹性，是系统整体弹性的基础，但正如系统理论指出的，整体弹性具有整体"新质"，并非全部局部弹性的机械相加。

卓有成效的管理追求的是积极弹性，它是在对变化的未来作科学预测的基础上，留有灵活余地。积极弹性也就是"多一手"或"多几手"，组织系统应当备有多种方案和预防措施，它的目的在于一旦态势有重大变故，能够不乱方寸、有备无患地做出灵活的应变反应，从而

保证系统的可靠性。消极弹性则是降低可能实现的目标，做什么都"留一手"，闲置部分资源，以不图上进或巨大浪费为代价，来增强所谓的"弹性"。例如，在企业的经营管理过程中，要考虑到未来可能出现的多种情况和风险因素，多准备几套备用方案，不要等到真的发生不利的局面时企业措手不及，只能被动地适应环境变化，失去经营活动的主动性。

### 三、增强管理弹性的途径和方法

#### 1. 树立全面的积极弹性观念

实际上，在管理活动的每一个方面、环节、位置，都存在"弹性"问题，并且在每一个"点"上，都有积极弹性与消极弹性之分。因此，管理者必须树立全面的积极弹性观念。例如，汽车工业，自从利用大规模的自动化流水线后，效率极大提高，产量剧增，但是，却带来从流水线产出的汽车都一个模样、简直无法区别的单调性。汽车消费者往往要求消费上的多样化，甚至个性化，日益反感甚至厌恶这种产品的单调性。怎么办呢？这就产生了提高产品适应消费者日益多变而各不相同的需求特点的能力问题，即产品弹性问题。消极的做法是，要么取消流水线，要么在生产、技术、设备、流水线水平不变前提下，增添若干不同的流水线，生产不同样式的汽车并在外观色彩上作些变化。这样，在市场需求量相对稳定的条件下，必然以低效率或者低开工率、高成本换取适应性，结果可能得不偿失。而目前世界上一些先进的汽车企业，却是采取弹性生产作业方式，通过技术改造、革新，使同一条流水线上配有多种不同成套的关键设备，可以通过这些关键设备的互换、重组，在同一条流水线上生产出多种形态、功能各异的汽车主体，然后再经过外观色彩、部分配件的变化搭配，就可生产数十种不同的汽车。另一方面，加强广告、营销工作的科学性和预测水平，订货工作远远走在生产前面以提高市场的确定性，从而能够按订单甚至按购买者个人的特殊要求来安排生产。这种积极弹性的应变，带来了高适应性和高效益的统一。

#### 2. 努力提高关键环节的局部弹性

所谓关键环节，是指那些对组织整体目标的实现有着举足轻重的影响，确定性程度小，变化可能性及变化的方向、程度非常大，其变化难以直接控制的环节。

关键环节必然要成为管理者贯彻弹性原则时应予以极度重视的"局部焦点"。当然，并非同时具备上述所有特性的环节才成为关键环节。同时，所谓关键与非关键环节之分也不是一成不变的。

提高关键环节的弹性，主要是通过备有多种方案和制定有效的防范措施来实现的。第一，要对某一问题、对象在未来将产生多少不同方向的变化以及变化的概率作出判断。例如，不能说明天就一定下雨或不下雨，但可以预测下雨的概率，从而可以事先做出种种方案以备不测之用，并沿着可能性最大的方向去行动。第二，要根据预测采取种种防范措施，防患于未然。第三，在势态处于萌芽状态时，采取措施，消除不利因素，促使局面向有利方向发展。

#### 3. 增强系统整体弹性

通过局部弹性的提高，可以增强整体弹性，但现代管理更多的是从整体入手来解决管理弹性问题。比如企业，为避免单一产品市场的不稳定，可采取多角经营方式，同时生产和经销多种不同的产品，以提高企业整体弹性，扩散和减弱市场风险。当然，一旦提高整体弹性的方案确定，也还要靠各方面局部弹性的增强来支持。

### 4. 计划要留有余地

要增强积极弹性，很重要的一点是计划要留有余地，而这一点主要体现在计划的内容及其指标上。目前一些企业采取一种"滚动计划"，实质上就是在计划和方案确定上留有余地，随着形势的发展，逐步明朗化、确定化，通过几个时间阶段，使计划的各项指标由粗到细、由宽泛到精确，从而更加符合客现实际，能够指导行动取得更好效果。因为，计划作为现代管理的一项重要活动内容，必须体现长远性，但长远的未来则无法精确肯定，只能在总体方向、目标上做出明确规定。同时，计划的行动指导性，又要求精确、严密；在计划的具体指标上又必须留有余地，以便在现实发展中，再进一步细化、明确下来。

## 第三节 创 新 原 则

### 一、创新的概念

创新理论是美国经济学家熊彼特 1912 年首先建立的，他在其代表作《经济发展理论》中提出：创新是建立一种新的生产函数，是一种从来没有过的关于生产要素和生产条件的新组合，包括引进新产品，引进新技术，开辟新市场，控制原材料的新供应来源，实现企业的新组织。

根据几十年来人类的实践和理论发展，可以认为，创新就是在有意义的时空范围内，以非传统、非常规的方式先行性地、有成效地解决社会技术经济问题的过程。该定义包括以下含义：

1）创新的目的是解决实践问题，是一项活动。

2）创新的本质是突破传统、突破常规。

3）创新是一个相对的概念，其价值与时间、空间有关。同样的事物在今天看来是创新，明天可能是追随，后天大多数人都接受了，可能就是传统了。创新必须在一定范围内具有领先性，有的是世界领先，有的是地区领先。

4）创新可以在解决技术问题、经济问题和社会问题的广泛范围内发挥作用，它是每个人都可以参与的事业。

5）创新以取得的成效为评价尺度。有成效才能认为是创新，根据成效，创新可以分成若干等级：有的是划时代的创新，例如，北大方正的汉字激光照排系统，淘汰了铅字印刷，使全国印刷业告别了对铅与火等自然资源的依赖；有的不过是时尚创新，例如，电子宠物曾为厂商带来丰厚利润，但不久就失宠了。

### 二、含义

管理的创新原则是权变管理原理最有效的体现。

现代组织系统的管理工作可以概括为：设计系统的目标、结构和运行规划，启动并监视系统的运行，使之按预定的规则操作；分析系统运行中的变化，进行局部或全局的调整，使系统不断呈现新的状态。显然，管理的核心内容就是维持与创新。任何组织系统的任何管理工作无不包含在"维持"或"创新"中。维持和创新都是管理的本质内容，有效的管理在于适度的维持与适度的创新的组合。

维持是保证系统的活动顺利进行的基本手段，也是系统中大部分管理人员，特别是中层和基层的管理人员要花大部分精力从事的工作。根据物理学的熵增原理，原来基于合理分工、职责明确而严密衔接起来的有序的系统结构，会随着系统在运转过程中各部分之间的摩擦，而逐渐地从有序走向无序，最终导致有序平衡结构的解体。管理的维持职能便是要严格地按预定的规划来监视和修正系统的运行，尽力避免各子系统之间的摩擦，或减少因摩擦而产生的结构内耗，以保持系统的有序性。没有维持，社会经济系统的目标就难以实现，计划就无法落实，各成员的工作就有可能偏离计划的要求，系统的各个要素就可能相互脱离、各自为政、各行其是，从而整个系统就会呈现出一种混乱的状况。所以，维持对于系统生命的延续是至关重要的。

任何社会系统都是由众多要素构成的，与外部环境不断发生物质、信息和能量交换的动态、开放的非平衡系统。而系统的外部环境是在不断地发生变化的，这些变化必然会对系统的活动内容、活动形式和活动要素产生不同程度的影响；同时，系统内部的各种要素也是在不断发生变化的。系统内部某个或某些要素在特定时期的变化，必然要求或引起系统内其他要素的连锁反应，从而对系统原有的目标、活动要素间的相互关系等产生一定的影响。系统若不及时根据内外环境条件变化的要求，适时进行局部或全局的调整，则可能被变化的环境条件所淘汰，或为改变了的内部要素所不容。这种为适应系统内外变化而进行的局部和全局的调整，便是管理的创新原则。

## 三、基本内容

系统在运行中的创新，涉及许多方面。为了便于分析，本小节以社会经济生活中大量存在的企业系统为例来介绍创新原则的内容。

### 1. 产品创新

产品创新就是研究开发和生产出更好的满足顾客需要的产品，使其性能更好，外观更美，使用更便捷、更安全，总费用更低，更符合环境保护的要求。因为产品是满足社会需要、参与竞争、直接体现企业价值的东西，所以这是企业创新的主要任务。产品创新可在以下三个层面上实现：

1）开发出具有新功能的产品。例如，三九集团开发出 999 健康煲，用于家庭煎药，有文火、武火、文武火三档选择，有药液循环系统、回流系统、蒸汽回流系统、时限报警、水位报警等功能，保证药效稳定，操作安全方便，大受市场欢迎。

2）产品结构方面的改进。例如，使产品轻、巧、小、薄，携带和使用方便，节省材料、降低能耗。电子记事本、摄像机、手提电脑、超薄洗衣机等就是典型的例子。

3）外观方面的改进。例如，服装款式及色彩的改变都可以使顾客需求得到新的满足，从而增加销售收入；苹果电脑曾一度依靠推出彩壳流线型 PC 机，而显著地提高了市场占有率。

### 2. 技术创新

技术创新是指采用新的生产方法或新的原料生产产品，以达到保证质量、降低成本、保护环境或使生产过程更加安全和省力。技术创新可在四个层面上实现：

1）工艺路线的革新，这是生产方式思路的改变。例如，用精密铸造、粉末冶金代替金属切削生产复杂的机械零件，可大大缩短生产周期，降低成本。

2）材料替代和重组。例如，前几年，美国农产品过剩，农场主负债累累，政府补贴农业的财政负担沉重。堪萨斯、卡罗来纳等州的农民与大学合作，从环保角度，以农产品作原料生产工业产品。比如用玉米生产一次性水杯、餐具和包装盒；从玉米中提取燃烧用的乙醇；从大豆中提取润滑油替代石油产品等，受到市场欢迎，政府决定给予减税等支持。

3）工艺装备的革新。例如，用电脑绣花机代替手工绣花、用数控机床代替手动操作机床等。

4）操作方法的革新，用更省力、更高效的操作方法，代替过去的一些传统的、不适应现代技术进步的操作方法。例如，用鼠标点击代替键盘操作。

### 3. 制度创新

制度创新是从社会经济角度来分析企业系统中各成员间的正式关系的调整和变革。制度是组织运行方式的原则规定。企业制度主要包括产权制度、经营制度和管理制度等三个方面的内容。

产权制度、经营制度、管理制度这三者之间的关系是错综复杂的（实践中相邻的两种制度之间的划分甚至很难界定）。一般来说，一定的产权制度决定了相应的经营制度。但是，在产权制度不变的情况下，企业具体的经营方式可以不断进行调整。同样，在经营制度不变时，具体的管理规则和方法也可以不断改进。而当管理制度的改进发展到一定程度，则会要求经营制度作相应的调整；经营制度的不断调整，则必然会引起产权制度的革命。因此，反过来，管理制度的变化会反作用于经营制度，经营制度的变化会反作用于产权制度。

制度创新的方向是不断调整和优化企业所有者、经营者、劳动者三者之间的关系，使各个方面的权力和利益得到充分的体现，使组织的各个成员的作用得到充分的发挥。

### 4. 职能创新

职能创新就是在计划、组织、控制、协调等管理职能方面采用新的更有效的方法和手段。我国企业技术落后，管理更落后，因此职能创新任务紧迫。

1）计划的创新。许多企业在计划工作中运用运筹学取得显著成效。例如，华北油田电厂从 1997 年开始在购电、电网运行和用电方面采用目标规划，使油田用电费用年节约额达 2000 万元以上。

2）控制方式的创新。例如，丰田公司首创准时生产制（JIT），显著降低了成本；潍坊亚星化工集团采用购销比价管理，加强购销环节监控，5年增收和节支共7092万元。

3）用人方面的创新。例如，应用测评法招聘选拔和考核干部员工，采用拓展训练等方法改善培训效果等。

4）激励方式的创新。例如，美国企业实行"自助餐式"的奖励制度，使同样的支出获得更好的激励效果。

5）协调方式的创新。1999年，福建南平市政府试行科技特派员制度，他们通过调查，了解村镇和农业大户需要哪些技术支持，同时将全市3500名农业科学技术人员按专长分类公布，然后将两者对接起来，实行双向选择，结果农户收入和农业科技部门、农业技术人员的收入都大幅度增加。

实际上，由于管理职能互相渗透，有些创新很难归入哪一种，如PERT计划评审技术既是计划新方法，又是控制新方法（重点环节控制）；目标管理既是计划新方法，又是激励、协调新方法；TQC小组既是控制新方法，又是组织和激励新方法。

### 5. 结构创新

结构创新是指设计和应用新的更有效率的组织结构。结构创新按其影响系统的范围可分为技术结构的创新和经济与社会结构的创新两类。

1）技术结构的创新。例如，福特在20世纪20年代首创流水线生产方式，让工人依次地完成简单工序，大大提高了生产率，从而开创了大规模生产标准产品的工业经济时代。

2）经济与社会结构的创新。通过调整人们的责、权、利关系以提高组织效能。例如，美国通用汽车公司20世纪20年代采用事业部制，解决了统一领导与分散经营的矛盾，使规模经营与适应市场的要求得到了统一，极大地增强了竞争力。

### 6. 环境创新

环境是企业经营的土壤，同时也制约着企业的经营。环境创新不是指企业为适应外界变化而调整内部结构或活动，而是指通过企业积极的创新活动去改造环境，去引导环境朝着有利于企业经营的方向变化。例如，通过企业的公关活动，影响社区政府政策的制定；通过企业的技术创新，影响社会技术进步的方向等。就企业来说，环境创新的主要内容是市场创新。

市场创新主要是指通过企业的活动去引导消费，创造需求。新产品的开发往往被认为是企业创造市场需求的主要途径。其实，市场创新的更多内容是通过企业的营销活动来进行的，即在产品的材料、结构、性能不变的前提下，或通过市场的地理转移，或改进交易和支付方式以及通过揭示产品新的物理使用价值，来寻找新用户，也可以通过广告宣传等促销工作，来赋予产品以一定的心理使用价值，影响人们对某种消费行为的社会评价，从而诱发和强化消费者的购买动机，增加产品的销售量。

## 四、管理中的应用

要有效地组织系统的创新活动，就必须研究和揭示创新的规律，并在组织管理活动中灵活地运用创新原则。

### 1. 对创新活动过程的把握

总结众多成功企业的经验，成功的创新要经历"寻找机会、提出构想、迅速行动、坚持不懈"这样四个阶段的努力。

1）寻找机会。创新活动是从发现和利用旧秩序内部的一些不协调现象开始的。旧秩序中的不协调既可存在于系统的内部，也可产生于对系统有影响的外部。就系统内部来说，引发创新的不协调现象主要有：生产经营中遭遇到瓶颈、企业意外的成功和失败等；就系统的外部说，有可能成为创新契机的变化主要有：技术的变化、人口的变化、宏观经济环境的变化和文化与价值观念的转变等等。

2）提出构想。敏锐地观察到了不协调现象的产生以后，还要透过现象究其原因，并据此分析和预测不协调现象的未来变化趋势，估计它们可能给组织带来的积极或消极后果，并在此基础上，努力将威胁转换为机会，将危机转换为商机，采用头脑风暴法、特尔菲法或畅谈会等方法提出多种解决问题、消除不协调和使系统在更高层次实现平衡的创新构想。

3）迅速行动。创新成功的秘密主要在于迅速行动。提出的构想可能还不完善，甚至可能很不完善，但这种并非十全十美的构想必须立即付诸行动才有意义。"没有行动的思想会自生自灭"，这句话对于创新思想的实践尤为重要，一味地追求完美，以减少受讥讽、被攻击的机会，就可能坐失良机，把创新的机会白白地送给自己的竞争对手。创新的构想只有在不断地尝试中才能逐渐完善，企业只有迅速地行动，才能有效地利用"不协调"提供的机会。

4）坚持不懈。构想经过尝试才能成熟，而尝试是有风险的，是不可能"一打就中"的，是可能失败的。创新的过程是不断尝试、不断失败、不断提高的过程。因此，创新者在开始行动以后，为取得最终的成功，必须坚定不移地继续下去，决不能半途而废，否则便会前功尽弃。

### 2. 对创新活动的组织引导

系统的管理者不仅要对自己的工作进行创新，而且更主要的是组织下属的创新。组织创新，不是去计划和安排某个成员在某个时间去从事某种创新活动——这在某些时候也许是必要的，而更重要的是为下属的创新提供条件、创造环境，有效地组织系统内部的创新。

1）正确理解和扮演"管理者"的角色。管理人员往往是保守的，他们往往自觉或不自觉地扮演现有规章制度的守护神角色。为了减少系统运行中的风险，防止大祸临头，他们往往对创新尝试中的失败吹毛求疵，随意惩罚在创新尝试中遭到失败的人，或轻易地奖励那些从不创新、从不冒险的人。在分析了前面的关于管理的维持与创新职能的作用后，再这样来狭隘地理解管理者的角色，显然是不行的。管理人员必须自觉地带头创新，并努力为组织成员提供和创造一个有利于创新的氛围与环境，积极鼓励、支持、引导组织成员不断进行创新。

2）大力促进创新的组织氛围的形成。促进创新的最好方法是大张旗鼓地宣传创新、鼓励创新、激发创新，树立"无功便是有过"的新观念，使每一个成员都能奋发向上，努力进取，跃跃欲试，大胆尝试。要造成一种人人谈创新、时时想创新、无处不创新的组织氛围，使那些无创新欲望或有创新欲望却无创造行动、从而无所作为者自己感觉到在组织中无立身之处，使每个人都认识到组织聘用自己的目的，不是要自己简单地用既定的方式重复那也许重复了许多次的操作，而是希望自己去探索新的方法、找出新的程序，只有不断地去探索、去尝试才有继续留在组织中的资格。

3）制定有弹性的计划。创新意味着打破旧的规则，意味着时间和资源的计划外占用，因此，创新要求组织的计划必须具有弹性。创新需要思考，思考需要时间。把每个人的每个工作日都安排得非常紧凑，对每个人在每时每刻都实行"满负荷工作制"，则创新的许多机遇便不可能发现，创新的构想也无条件产生。同时，创新需要尝试，而尝试需要物质条件和试验的场所。要求每个部门在任何时间都严格地制定和执行严密的计划，则创新会失去基地，而永无机会尝试的新构想，就只能留在人们的脑子里或图纸上，不可能给组织带来任何实际的效果。因此，为了使人们有时间去思考、有条件去尝试，组织制定的计划必须具有一定的弹性。

4）正确地对待失败。创新的过程是一个充满着失败的过程。创新者应该认识到这一点，创新的组织者更应该认识到这一点。只有认识到失败是正常的，甚至是必需的，管理人员才可能允许失败，支持失败，甚至鼓励失败。当然，支持尝试，允许失败，并不意味着鼓励组织成员去马马虎虎地工作，而是希望创新者在失败中取得有用的教训，学到一点东西，变得更加明白，从而缩短下次失败到创新成功的路程。

5）建立合理的奖酬制度。要激发每个人的创新热情，还必须建立合理的评价和奖惩制度。创新的原始动机也许是个人的成就感、自我实现的需要，但是如果创新的努力不能得到组织或社会的承认，不能得到公正的评价和合理的奖酬，则持续创新的动力会渐渐削弱甚至消失。

**案例**

## 克莱斯勒公司的危机

在20世纪80年代，艾珂卡因拯救濒临破产的美国汽车巨头之一克莱斯勒公司而名声鹊起。今天，克莱斯勒公司又面临另外一场挑战：在过热的竞争和预测到的世界汽车产业生产能力过剩的环境中求生存。为了渡过这场危机并再次成功地进行竞争，克莱斯勒不得不先解决以下问题：

首先，世界汽车产业的生产能力过剩，意味着所有汽车制造商都将竭尽全力保持或增加它们的市场份额。美国的汽车公司要靠增加投资来提高效率，日本的汽车制造商也不断在美国建厂，欧洲和韩国的厂商也想增加他们在美国的市场份额。艾珂卡承认，需要对某些车型削价，为此，他运用打折扣和其他激励手段来吸引消费者进入克莱斯勒的汽车陈列室。可是，艾珂卡和克莱斯勒也认为，价格是唯一得到更多买主的方法。但从长期性来看，这不是最好方法。克莱斯勒必须解决的第二个问题是改进它所生产汽车的质量和性能。艾珂卡承认，把注意力过分集中在市场营销和财务方面，而把产品开发拱手让给了其他厂家是不好的。他还认识到，必须重视向消费者提供高质量的售后服务。艾珂卡的第三个问题是把美国汽车公司（AMC）和克莱斯勒的运作结合起来。兼并美国汽车公司意味着克莱斯勒要解雇许多员工，这包括蓝领工人和白领阶层。剩余的员工对这种解雇的态度从愤怒到担心，给克莱斯勒的管理产生巨大的压力：难以和劳工方面密切合作、回避骚乱，确保汽车质量和劳动生产率。

为了生存，克莱斯勒承认，公司各级管理人员和设计、营销、工程和生产方面员工应通力协作，以团队形式开发和制造与消费者的需要相匹配的产品。克莱斯勒公司的未来还要以提高效率为基础。今天，克莱斯勒一直注重降低成本、提高质量并依靠团队合作的方式提高产品开发的速度，并发展与供应商、消费者的更好关系。在其他方面，艾珂卡要求供应商提供降低成本的建议——他已收到上千条这样的提议。艾珂卡说，降低成本的关键是"让1万名员工都谈降低成本。"

艾珂卡现已从克莱斯勒公司总裁的职位退休。有些分析家开始预见克莱斯勒的艰难时光。但一位现任主管却说，克莱斯勒有一项大优势：它从前有过一次危机，却渡过了危机并生存下来，所以，克莱斯勒能够向过去学到宝贵的东西。

（案例来源：王国涛，宋俊波. 2006. 管理学概论. 北京：经济管理出版社）

## 习　题

1. 怎样理解权变原理的基本思想？
2. 权变原理有哪些基本要求？
3. 何谓弹性原则？为什么必须使管理富有弹性？
4. 管理中怎样有效应用弹性原则？
5. 如何理解局部弹性和整体弹性之间的关系？
6. 什么是创新？创新的基本内容或表现形式有哪些？
7. 管理过程中怎样遵循和应用创新原则？
8. 如何用权变管理的思想解决克莱斯勒面临的问题？
9. 克莱斯勒在今天该怎么做？

# 第十四章 管理方式

 **教学目标**

通过本章学习，掌握管理方式的基本理论，了解管理方式的内涵与重要性，掌握目标管理方式的概念、基本思想、基本过程、主要优点与缺陷；明确管理方式的分类标准管理方式或产生的哲学基础在于对人性的认识，掌握主要的人性假设及与之适应的管理方式，弄清各种管理方式之间的关系。

任何管理，都要选择、运用相应的管理方式。管理学不只是明确管理的目的，提出管理的职能，揭示管理的基本原理，还要研究解决管理的方式方法问题。管理方式也是管理链不可或缺的重要环节，它存在于整个管理过程中，选择运用得当直接影响着管理活动的效率和管理目标的实现。人们一直在管理活动中不断摸索、寻找、实践着正确的合乎需要的有效的管理方式。本章将重点介绍目标管理方式以及基于各种人性假设而产生的管理方式。

## 第一节　管理的基本方式

### 一、管理方式的含义与重要性

管理方式是指为使管理活动顺利进行，达成管理目标，在管理过程中管理主体对管理客体进行有目的作用的办法、手段、措施、途径和程序等的总和，它是管理组织及其管理者执行管理职能的手段，引导、协调管理对象共同活动的桥梁，也是管理能力的构成要素。

管理方式是管理系统的有机组成部分，是组织管理活动必不可少的构成因素。管理任务的完成是借助一定的管理方式来实现的，管理系统中的各种因素都必须依靠选择有效的管理方式来发挥作用。管理方式既是管理者在实践上掌握现实的工具和手段，又是联系管理理论与管理实践的桥梁。管理方式是管理理论、管理原理的自然延伸和具体化、实际化，是管理原理指导管理活动的必要中介和桥梁，是实现管理目标的途径和手段。管理原理必须通过一定的管理方式才能在管理实践中发挥作用，管理方式的作用是一切管理理论、原理所无法代替的。

管理实践的发展促进了管理学研究的深化。在吸收和运用多种学科知识的基础上，管理方式已逐渐形成一个相对独立、自成体系的研究领域。

### 二、管理方式体系

管理方式来源于管理实践。管理的发展过程，也即是管理方式的创新发展过程。现代管理方式是一个多层次、多序列且内容十分丰富的体系。管理方式的丰富性，反映了现代管理内容更加丰富、复杂，反映了现代管理科学水平的不断提高，反映了人类管理能力的不断增强。对管理方式进行不同层次和角度的分类，可使我们全面了解不同管理方式的内容、特点和运用领域，以便在管理中适当地选择方法、创新方法、运用方法和完善方法。

由于管理的任务、对象和环境是复杂多变的，因此，实践中运用的管理方式也是多种多样的。

1. 按其普遍性程度可分为专门管理方式和通用管理方式

第一种是专门管理方式。它是对某个资源要素、某一局部或某一时期实施管理所特有的专门方式，是为解决具体管理问题的管理方式。如计算机信息管理是以信息资源为主要管理对象的具体管理方式，激励管理方式是以人力资源为管理对象的具体管理方式。而生产管理、销售管理、库存管理、行政管理等，由于管理对象、目的不同而具备不同的管理的特点，这就要求有适应这些特点的特殊的、专门的管理方式。即使是同一类型的管理，由于其具体的条件不同，也各有其不同的特点。例如，同样是企业的生产管理，但对每一个特定企业而言，由于工艺技术不同，所有制不同，生产的规模不同，工人的素质不同，社会环境不同，其管理都会具有各自的特点，需要有同它们的特点相适应的管理方式。总之，每一事物、每一过程的矛盾都各有其特殊性质，用不同的方式去解决不同的矛盾，是由各种不同的管理活动所具有的特殊规律决定的，管理者应该根据各种不同的具体条件发挥其创造性。每个新的具体方式的产生，都是管理者的知识经验、组织能力、专业技能和创造性思维的集中表现。

第二种是通用管理方式（或称为根本方式），是以不同领域的管理活动都存在某些共同的属性为依据而总结出的管理方式。通用管理方式是人们对不同领域、不同部门、不同条件管理实践的理论概括和总结，揭示出了这些共同属性，从而总结出的管理方式。比如，不论是政治活动还是经济活动，都需要做好决策和为协调各方面的活动而进行的组织和控制，以保证预定目标的实现。这种存在于各种管理活动中的共同性，决定了某些管理方式的通用性。在管理的实践过程中，管理学家根据管理实际工作中的应用问题提出了许多通用的管理方式，其中有任务管理法、权变管理法、目标管理法、系统管理法等。这些通用管理方式对于各种不同的管理活动都是适用的，是管理方式重要的组成部分。

2. 按量化程度可分为定量的管理方式和定性的管理方式

任何事物都有质的规定性和量的规定性，原则上都可以从质和量的两个方面来把握。一般认为，确定事物内部和外部各种数量关系的方式，叫做定量的方式；确定事物及其运动状态的性质的方式，叫做定性的方式。在管理实践中，管理者运用数理知识方式，对管理现象及其发展趋势，以及与之相联系的各种因素，进行计算、测量、推导等，属于定量分析方式。管理者对管理现象的基本情况进行判断，粗略统计和估计属于定性分析方式。定性是粗略的定量，定量是精确的定性。在现代管理中，定量管理已成为很重要的方法和手段，这标志着管理水平的提高。

3. 其他分类

也有从其他特定角度对管理方式进行分类的。如按照管理对象的范围可划分为宏观管理方式、中观管理方式和微观管理方式，按照管理对象的性质可划分为人事管理方式、物资管理方式、资金管理方式、信息管理方式等。

### 三、各种管理方式的联系与结合

以上我们介绍的几种主要管理方式，在实际管理过程中，并不是互相独立地对管理系统发挥作用，而是互相联系，共同促进的，不同管理方式既有区别又有联系。管理活动是一种广泛、复杂和联系面广的社会活动，它受到多种客观因素的制约。比如，任何一种管理方式的运用，都不能背离客观规律。同时，管理活动又是人们以一定组织利益为出发点所进行的活动，因此，各种管理方式的运用，又都必须受到统一的管理目标的制约。另外，管理作为以组织为存在载体的人类活动，必然离不开人这一主体，在管理过程中，人始终具有双重角色，即人既是管理的主体，又是管理的客体。任何管理目标的实现，都离不开人的活动与努力。客观规律、管理目标、人等的多重制约，使得在管理活动中所采用的各种不同的管理方式，都存在相互联系的共同基础。一方面，它们各自调节着各种管理关系总体的某一部分；另一方面，它们又互相渗透，互相结合，共同对整个管理活动起着调节作用。

专门管理方式和通用管理方式并非是绝对分立，而是相互影响、相互制约的。通用管理方式是专门管理方式的前提和基础，它为人们运用专门管理方式提供思想路线和基本原则，专门管理方式则是通用管理方式的具体表现。人们在把专门管理方式运用于实际工作的时候总是自觉不自觉地表现其通用的方式；反过来说，通用的方式又必定会支配和制约着人们对专门管理方式的运用。

定量方式是重要的，但是它并不排斥定性的方式，这不仅是由于定性是定量的基础，而且还在于，有许多事物和现象运用目前的手段还难于进行定量研究，从而使定量方式受到限制。定量方式和定性方式又是相互渗透的，许多问题的解决，常常需要二者相互补充。还有不少方法既可用来定性，又可用来定量。管理者在管理的过程中，要充分的利用这两种管理方式的特点，为管理服务。

## 第二节　目标管理方式

管理的目的，是提高组织系统功效，实现组织目标。管理方式，是实现组织目标的手段。手段不解决，目标就成了空话。管理目的是管理活动的灵魂，无论实施何种管理手段，都必须服从于、服务于管理目的，正如爱因斯坦所说："在一切方法的背后，如果没有一种生气勃勃的精神，它们到头来不过是笨拙的工具。"同样，为实现管理目标，必须配之以一整套切合实际和切实有效的方式，管理方式是实现管理目标的保证。

### 一、目标管理的概念

目标管理出现在 20 世纪中叶，是以泰罗的科学管理法和行为科学理论为基础形成的一套管理制度。

1. 目标管理的概念

目标管理（Management By Objects，MBO）又称成果管理，或标的管理，是由美国经营管理专家彼得·德鲁克教授在 1954 年倡导的一种管理哲学。目标管理是一个全面的管理系统，它用系统的方法，使许多关键管理活动结合起来，将组织的整体目标转换为组织单位和成员的目标，通过层层落实和采取保证措施，有效而又高效率地实现目标。由此可见，目标管理是一种管理工作系统，是一种管理制度和方法，是一个动态的过程，并不仅仅是工具或手段。作为一个全面的管理系统，它应包括目标网络、组织结构、管理运行、协调控制和方案预算等。

彼得·德鲁克把 MBO 看作是将每一种工作的目标导向整个企业的目标；戴尔·麦卡锡认为 MBO 是一种结果管理；约翰·哈姆勃则认为 MBO 是一个将公司的利润及增长目标与经理需求集成在一起并自我发展的系统。对于彼得·德鲁克来说，MBO 是激励组织内的人们形成有效协作的手段。1954 年，德鲁克提出："任何企业必须塑造一个真正的团队，并且能将个人努力融入共同的努力，企业的每个成员做出不同的贡献，但他们必须是为了同一目标，他们的努力方向必须一致，他们的贡献必须融为一体——没有差异，没有摩擦，没有不必要的重复劳动。"如图 14.1 所示，说明在 MBO 系统下，层次目标是如何反馈到公司和组织的战略目标的。

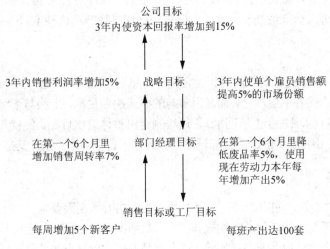

图 14.1　目标管理的连锁指标

2. 目标管理的基本思想

1）企业的任务必须转化为目标，企业管理人员必须通过这些目标对下级进行领导并以此来保证企业总目标的实现。凡是在工作成就和成果直接地、严重地影响企业的生存和繁荣的部门中，目标都是必须的，并且经理取得成就必须是从企业目标中引伸出来的，他的成果必须用他对企业的目标有多大贡献来衡量。

2）目标管理是一种程序，使一个组织中的上下各级管理人员共同来制定共同的目标，确定彼此的成果责任，并以此项责任作为指导业务和衡量各自贡献的准则。一个管理人员的职务应该以达到公司目标所要完成的工作为依据。如果没有方向一致的分目标来指导每个人的工作，在企业规模越大、人员越多时，发生冲突和浪费的可能性就越大。

3）每个企业管理人员或工人的分目标就是企业总目标对他的要求，同时也是这个企业管理人员或工人对企业总目标的贡献。只有每个人的分目标都完成了，企业的总目标才有完成的希望。

4）管理人员和工人是靠目标来管理，由所要达到的目标为依据，进行自我指挥、自我控制，而不是由他的上级来指挥和控制。

5）企业管理人员对下级进行考核和奖罚也是依据这些分目标。

## 二、目标管理的特点

MBO 的特点，主要表现在下述几个方面。

### 1. 明确目标

研究人员和实际工作者早已认识到制定个人目标的重要性。美国马里兰大学的早期研究发现，明确的目标要比只要求人们尽力去做有更高的业绩，而且高水平的业绩是和高的目标相联系的。人们注意到，在企业中，目标技能的改善会继续提高生产率。然而，目标制定的重要性并不限于企业，而且在公共组织中也是有用的。在许多公共组织里，普遍存在的目标的含糊不清对管理人员来说是一件难事，但人们已在寻找解决这种难题的途径。

### 2. 参与决策

MBO 中的目标不是像传统的目标设定那样，单向由上级给下级规定目标，然后分解成子目标落实到组织的各个层次上，而是用参与的方式决定目标，上级与下级共同参与选择设定各对应层次的目标，即通过上下协商，逐级制定出整体组织目标、经营单位目标、部门目标直至个人目标。因此，MBO 的目标转化过程既是"自上而下"的，又是"自下而上"的。

### 3. 规定时限

MBO 强调时间性，制定的每一个目标都有明确的时间期限要求，如一个季度、一年、五年，或在已知环境下的任何适当期限。在大多数情况下，目标的制定可与年度预算或主要项目的完成期限一致。但并非必须如此，这主要是要依实际情况来定。某些目标应该安排在很短的时期内完成，而另一些则要安排在更长的时期内。同样，在典型的情况下，组织层次的位置越低，为完成目标而设置的时间往往越短。

### 4. 评价绩效

MBO 寻求不断地将实现目标的进展情况反馈给个人，以便他们能够调整自己的行动。也就是说，下属人员承担为自己设置具体的个人绩效目标的责任，并具有同他们的上级领导人一起检查这些目标的责任。每个人因此对他所在部门的贡献就变得非常明确。尤其重要的是，管理人员要努力吸引下属人员对照预先设立的目标来评价业绩，积极参加评价过程，用这种鼓励自我评价和自我发展的方法，鞭策员工对工作的投入，并创造一种激励的环境。

## 三、目标管理的过程

由于各管理组织的活动性质不同，目标管理的步骤也许不完全一样，但最基本的步骤是不能省略的。目标管理工作如何在实践中有效地实施和运作，图 14.2 可以帮助我们比较清楚地、直观地了解这一过程。

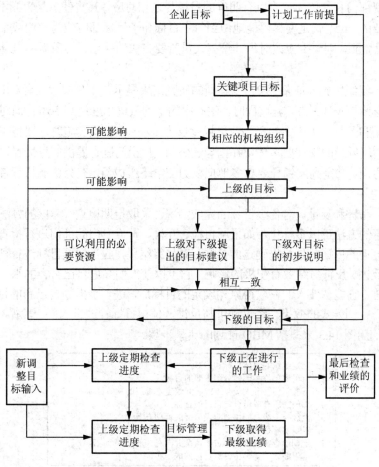

图 14.2　目标管理的过程与步骤

在理想的情况下，上述图示过程应始于组织的最高层，并且由领导人给予积极的支持和组织指导。但实质性目标的制定，更多地是从基层组织单位及更低层的管理人员开始的。

从目标管理的过程来看，大致可分为以下四个步骤：

第一步：建立目标体系。实行目标管理，首先要建立一套完整的目标体系。这项工作总是由上而下地逐级确定目标。对最高管理人员来说，制定目标的第一步是确定在未来特定时期内企业的宗旨或使命和更重要的目标是什么。由上级设置的目标是初步的，是建立在分析和判断基础之上的。而当由下级拟订出整个可考核的目标系列时，应根据上级制定的最初目标，上级领导和下级一起进行暂定目标的商议和修改。上下级的目标之间通常是一种"目的—手段"的关系。

在制定目标时，管理人员也要建立衡量目标完成的标准，并把衡量标准与目标结合起来。目标体系应与组织结构相吻合，从而使每个部门都有明确的目标。

第二步：明确责任。有时我们会遇到这种情况，即在达到目标的过程中，所期望的结果和责任之间的关系往往被人忽视。通常，组织结构并不是按组织在一定时期的目标而建立的，因而常常发现部门和具体岗位难以有明确的目标与之相对应，其责任多是含糊不清的。实施目标管理重要的一点，就是要尽可能地做到每个目标和子目标都应成为部门或个人的明确责任，如果难以做到，则至少应该对每一管理人员所要完成的计划目标所做的具体任务有明确的规定。

第三步：组织实施。斯蒂芬 P. 罗宾斯的研究结果显示，当高层管理者对 MBO 高度负责，并且亲身参与 MBO 的实施过程时，生产率的平均改进幅度达到 56%；而对应高层管理低水平的承诺和参与，生产率的平均改进幅度仅为 6%。在组织实施时，要特别注意把握好两点：一是高层领导的管理要多体现在指导、协助、提出问题、提供信息情报以及创造良好的工作环境方面；二是高层领导要更多地把权力交给下级成员，充分依靠执行者的自我控制来完成目标任务。

第四步：考评和反馈。对各级目标的完成情况，采取定期检查、考核的办法是比较有效的手段。检查的方法可以多样化，如采用自检、互检、责成专门的部门进行检查或评比、竞赛等形式。检查的依据就是事先确定的目标。对最终结果，应当根据目标进行评价，并将评价结果及时反馈。反馈对绩效有积极的影响，它可以使人们知道自己努力的水平是否足够或是否还得加强，它能诱使人们在取得原先设定的目标后，进一步提高自己新的目标，而且使人们了解自己行动方式的效果。经过评价与反馈，使得目标管理进入下一轮循环过程。

下面我们用图 14.3 来概括 MBO 计划的典型步骤。

```
1. 制定组织的整体目标和战略。
2. 对下属单位和部门分配主要的目标。
3. 下属部门管理人员与上级一起议定本部门的具体目标。
4. 部门的所有成员设定自己的目标。
5. 上级与下级共同协商实现目标的行动方案。
6. 组织实施行动方案。
7. 定期检查实现目标的进展情况并向有关部门和个人反馈。
8. 基于绩效的奖励将促进目标的成功实现。
```

图 14.3    MBO 计划的典型步骤

## 四、目标管理的评价

目标管理是以相信人的积极性和能力为基础的，企业各级领导者对下属人员的领导，不是简单地依靠行政命令强迫他们去干，而是运用激励理论，引导职工自己制订工作目标，自主进行自我控制，自觉采取措施完成目标，自动进行自我评价。目标管理的最大特征是通过诱导启发职工自觉地去干，激发员工的生产潜能，提高员工的工作效率，来促进企业总体目标的实现。

目标管理与其他任何事物一样具有两个方面，既有积极的优点，又有本身的局限性。

1. 目标管理的优点

1）管理强化，水平提高。扼要地讲，目标管理最大的好处就是它能导致管理水平的提高。以最终结果为导向的目标管理，它迫使各级管理人员去认真思考计划的效果，而不仅仅是考虑计划的活动。为了保证目标的实现，各级管理人员必然要深思熟虑实现目标的方法和途径，考虑相应的组织机构和人选，以及需要怎样的资源和哪些帮助。许多经理认为，有一套目标体系，有一套评价标准，就激励和控制来讲，没有比这更能推动有效管理了。

2）成果导向，结构优化。目标管理的另一个好处，是促使管理人员根据目标去确定组织的任务和结构。目标作为一个体系，规定了各层次的分目标和任务，那么，在允许的范围内，组织机构要按照实现目标的要求来设置和调整，各个职位也应当围绕所期望的成果来建立，这就会使组织结构更趋合理与有效。为了取得成果，各级管理人员必须根据他们期望的成果授予下属人员相应的权力，使其与组织的任务和岗位的责任相对应。

3）任务承诺，责任明确。目标管理还有一个重要好处，是由各级管理人员和工作人员去承担完成任务的责任，从而让各级管理者和工作人员不再只是执行指标和等待指导，而成为专心致志于自己目标的人。他们参与自己目标的拟订，将自己的思想纳入计划之中，他们了解自己在计划中所拥有的自主处置的权限，能从上级领导那里得到多少帮助，自己应承担多大的责任，他们就会把管理工作做得更好。

4）监督加强，控制有效。目标管理能使责任更明确，由此就不难推理，它会使控制活动更有效。控制就是采取措施纠正计划在实施中出现与目标的偏离，确保任务的完成。有了一套可考核的目标评价体系，监督就有了依据，控制就有了准绳，也就解决了控制活动最主要的问题。

2. 目标管理的局限性

目标管理有许多优点，但它也有缺陷，这是一个事物的两个方面。有些缺陷是方式本身存在的，有些缺陷是在实施过程中因工作没到位而引起的。

1）目标难确定。真正可考核的目标是很难确定的，尤其是要让各级管理人员的目标都具有正常的"紧张"和"费力"程度，即"不跳够不到"、"跳一跳够得到"的合理程度，是非常困难的。而这个问题恰恰是目标管理能否取得成效的关键。为此，目标设置要比展开工作和拟订计划做更多的研究。

根据先进性、可行性、可量化及可考核等要求确定管理目标体系，会对各级管理人员产生一定的压力。为了达到目标，各级管理人员有可能会出现不择手段的行为。为了防止选择不道德手段去实现目标的可能性，高层管理人员一方面要确定合理的目标，另一方面还要明确表示对行为的期望，给道德的行为以奖励，给不道德的行为以惩罚。

2）目标短期化。几乎在所有实行目标管理的组织中，确定的目标一般都是短期的，很少有超过一年的。其原因是组织外部环境的可能性变化，各级管理人员难以作出长期承诺。短期目标的弊端在管理活动中是显而易见的，短期目标会导致短期行为，以损害长期利益为代价，换取短期目标的实现。为防止这种现象的发生，高层管理人员必须从长远利益来设置各级管理目标，并对可能出现的短期行为作出某种限制性规定。

3）目标修正不灵活。目标管理要取得成效，就必须保持目标的明确性和肯定性，如果目标经常改变，说明计划没有深思熟虑，所确定的目标是没有意义的。但是，如果目标管理过程中，环境发生了重大变化，特别是上级部门的目标已经修改，计划的前提条件或政策已变化的情况下，还要求各级管理人员继续为原有的目标而奋斗，显然是愚蠢的。然而，由于目标是经过多方磋商确定，要改变它就不是轻而易举的事，常常修订一个目标体系与制定一个目标体系所花费的精力和时间是差不多的，结果很可能不得不中途停止目标管理的进程。

综上所述，目标管理可能看起来简单，但要付诸实施，管理者必须对它有很好的领会和理解。第一，管理者必须知道什么是目标管理，为什么要实行目标管理。如果管理者本身不能很好地理解和掌握目标管理的原理，那么，由其来组织实施目标管理也是一件不可能的事。第二，管理者必须知道组织的总目标是什么，以及他们自己的活动怎样适应这些目标。如果组织的一些目标含糊不清、不现实、不协调、不一致，那么主管人员想同这些目标协调一致，实际上也是不可能的。第三，目标管理所设置的目标必须是正确的、合理的。所谓正确，是指目标的设定应符合组织的长远利益，和组织的目的相一致，而不能是短期的。合理的，是指设置目标的数量和标准应当是科学的，因为过于强调工作成果会给人的行为带来压力，导致不择手段的行为产生。为了减少选择不道德手段去达到这些效果的可能性，管理者必须确定合理的目标，明确表示行为的期望，使得员工始终具有正常的"紧张"和"费力"程度。第四，所设目标无论在数量或质量方面都具备可考核性，这是目标管理成功的关键。任何目标都应该在数量上或质量上具有可考核性。有些目标，如"时刻注意顾客的需求并很好地为他们服务"，或"使信用损失达到最小"，或"改进提高人事部门的效率"等，都没多大意义，因为在将来某一特定时间没有人能准确地回答他们实现了这些目标没有。如果目标管理不可考核，就无益于对管理工作或工作效果进行评价。

正因为目标管理对管理者的要求相对较高，且在目标的设定中总是存在这样、那样的问题，使得目标管理在付诸实施的过程中，往往流于形式，在实践过程中有很大的局限性。于是，管理学者们顺应管理学的不断发展，根据不同发展时期对人性的不同认识，提出了相应的管理方式。

## 第三节　人性假设及其相应的管理方式

管理，简言之就是由管理者采用一定的方式管人和理事，而每一种管人和理事方式的产生和形成都有其哲学基础。管理作为以社会组织为存在载体的人类活动，必然离不开人这一主体，在管理过程中，人始终具有双重角色，即人既是管理的主体，又是管理的客体；同时，人又是管理活动诸要素中唯一具有能动性的要素，达到管理目标所进行的各项活动也都离不开人的主体作用，所谓的"事在人为"。因此，各种类型组织的管理，均存在如上共同点，现代管理也越来越强调人在管理中的中心地位，强调管理要以人为本，遵循人本原理的基本要求。

然而，管理者对人本身的认识，是一个不断深化的过程。作为斯芬克斯之谜谜底的"人"一直是人类本身最难认识的问题之一。而对人的认识，最重要的莫过于对人的"本性"的认识。对人的本性的认识，构成了管理学的哲学基础。如中国历史上的儒、法两家，由于对人性认识的不同，产生了两种对立的治国方略：儒家强调"以德治国"；法家主张"以法治国"。"以德治国"作为儒家的治国理念，是以"人之初，性本善"为前提的；"以法治国"作为法家的治国理念，则是以"人之初，性本恶"为基础的。从中，我们可以得到启发：对人性的认识或假设，是管理学尤其是管理方式研究的哲学基础。管理者对人性的认识或假设，不管这种认识与假设是自觉的还是非自觉的，构成了管理方式产生或选择的哲学基础。管理者采取何种方式、方法去管理，事实上取决于管理者对人性的假设，不同的人性假设会导致不同的管理方式。

纵观管理理论与实践的发展历程，对人性的认识，始终是管理学发展的一条主线。管理学及管理方式是随着人们对人性认识的不断深化而向前发展的。对此，西方一些管理学大师已作了研究与概括，并提出了多种人性假设及与之相适应的管理方式。

## 一、"经济人"的假设与 X 理论的管理方式

### 1. "经济人"的主要内容

"经济人"的假设是亚当·斯密首先提出来的，他认为市场经济条件下的经济活动主体，都是"经济人"。"经济人"的本质特征是"利己"动机，即有理性的并寻求自身利益最大化的人。为了自身利益的最大化，经济主体才积极参与竞争，努力工作，或者说，对自身利益最大化的追求是驱使人们参与经济运行的内在动力。

美国管理学家麦格雷戈在《企业的人性面》中提出的 X 理论就是对"经济人"假设的概括。经济人假设的主要内容是：

1）大多数人天生是懒惰的，只要有可能就会逃避工作。

2）大多数人生来就以自我为中心，无视组织的需要，不会积极主动地为实现组织的目标而努力，只有通过逼迫、威胁，甚至惩罚的方法，才能使他们为组织目标的实现而努力工作。

3）大多数人天生缺乏进取心，怕负或不愿负责任，为了逃避责任，甚至甘愿受他人的领导，没有什么抱负。

4）大多数人反对变革，只追求生活的安宁，把对自身安全的要求看得高于一切。而生活的安宁又依赖于金钱，因而他们转向了对金钱的追求。也即只有金钱，才能激励人们工作的积极性。

5）大多数人缺乏理性，容易受外界和他人的影响作出一些不适宜的举动。

**2. 相应的"X理论型"的管理方式**

基于以上假设，相应的管理方式是采取"X理论型"的或称"外部控制型"的管理方式，即运用工资、奖金等金钱的方式激励人们努力工作，以外部的权力、严格的规章制度与严酷的纪律等控制体系来迫使员工为组织目标的实现而努力。其管理职能的重点是计划、组织、控制。

这种管理方式只注重人的生理需要和安全需要的满足，把金钱作为主要的激励手段，把惩罚作为有效的控制方式，因而被形象地称为"胡萝卜+大棒"的管理方式，也称"甜头+苦头"的管理方式。弗雷德里克·温斯洛·泰罗提出的"泰罗制"，就是这种管理方式的典型代表，泰罗极力主张通过"刺激性的差别工资制"来刺激工人按照科学的定额和作业方法从事生产，从而提高工作效率，做大剩余，"使雇主实现最大限度的富裕，也连带着使每个雇员实现最大限度的富裕"。

"X理论型"的管理方式在生产力水平不高，劳动主要是人们谋生手段的历史条件下，对提高劳动生产率是有显著作用的。但它也存在着严重不足，它忽视了人的因素在管理中的作用，把工人主要看作是机器的附属品，是"活的机器"，没有认识到人力资源的特殊性，把人力资源视作与机器、设备等物力资源类同的资源。主要采用严格的规章制度等外部控制手段来进行管理，因而容易激起工人的反抗，如组织好斗的工会，对不断提高的工作定额不满，对工资、奖金的刺激的反应迟钝等。为此，梅奥等人提出了一种新的人性假设。

## 二、"社会人"的假设与参与的管理方式

**1. "社会人"假设的主要内容**

"社会人"的人性假设是梅奥教授根据在芝加哥郊外西方电气公司下属的霍桑工厂进行的长达八年的著名的"霍桑试验"提出来的。其主要观点是：

1）从根本上说，人是由社会需求而引起工作的动机的，并且通过与同事的关系而获得认同感。

2）工业革命的进行、机器的普遍使用，使工作本身失去了意义，但人又必须工作，因此必须从工作以外获得乐趣，而这种乐趣主要来自于人与人之间的社会关系。

3）员工对同事的社会影响力，比对管理者所给予的经济诱因及控制更为重视。因此认为客观存在的非正式组织对生产效率的提高会有很大的影响。

4）员工工作效率的高低，主要取决于员工的士气的高低。而士气来自于员工正常的社会需要的满足度的提高。即员工的工作效率随着上司满足他们社会需求的程度而改变。

**2. 相应的参与的管理方式**

"社会人"不仅要求经济上的满足，更重要的是要得到社会需求的满足。员工之间的人际关系比管理者提供的经济诱因有时对员工更具有影响力。为此对"社会人"，应采取参与的或"人际关系型"的管理方式。

1）管理人员不应只注意工作任务的完成，而应注意满足工人的社会要求，要建立各种各样的组织，使员工尽可能地参与到"组织机构"中去，使其有归属感。

2）不应只注意指挥、监督等管理职能，而更应重视培养员工之间良好的人际关系。

3）不应只注意对个人的奖励，而应提倡集体奖励。

4）要使员工参与管理，淡化管理者和被管理者之间的对立情绪。即将管理的重点从制定计划、组织工序、检验产品等转向了解情况、沟通信息、协调关系上来。

这种管理方式开始从外部"控制人"转向重视人的内在需求的满足，认识到了人力资源与机器、设备等物力资源的区别，认识到管理必须重视人的因素，特别是重视员工群体间的尊重和合作，使他们彼此愉悦，心情舒畅。只有这样才能达到工作效率的提高。"社会人"的假设及与之相适应的参与的管理方式，无疑比"经济人"假设及"X 理论型"的管理方式前进了一步。

### 三、"自我实现人"的假设与"Y 理论型"的管理方式

#### 1. "自我实现人"假设的主要内容

"自我实现人"的假设，是麦格雷戈根据马斯洛的需求层次理论和阿吉里斯的"不成熟—成熟理论"提出来的。其人性假设的要点是：

1）人生来并不一定厌恶工作，要求工作是人的本能，如果环境条件允许与有利，人们工作起来，就像游戏或休息一样自然快乐。

2）在适当的条件下，一般人不仅会接受某种职责，而且还会主动寻求职责。

3）个人追求与组织的需要并不矛盾，并非必然对组织的目标产生抵触和消极态度。只要管理适当，人们能够把个人目标与组织目标统一起来。控制和惩罚不是实现组织目标的唯一手段，人们能够通过自我指导、自我控制、自我管理来促成组织目标的实现。

4）人对于自己所参与的工作，能够实行自我管理和自我指挥。有自我满足和自我实现需要的人，往往以达到组织目标作为自己致力于实现组织目标的最大报酬。

5）大多数人都蕴含着巨大的发明力、想象力、创造力，而这些能力在现代工业的条件下，只有很少一部分得到了发挥与利用。即大多数人，都蕴含着巨大的潜力。

#### 2. 相应的"Y 理论型"的管理方式

基于"自我实现人"假设的是"Y 理论型"的管理方式。

1）在激励方式上，主张更多地采用自我激励、内激励的方式，即给予员工来自工作本身的内在激励，也就是根据每个员工的爱好和特长，安排具有吸引力和挑战性的工作。因为简单重复的工作，不能激发人的动力和潜力。

2）在管理制度上，更多地强调自我管理、自我控制。即要尽可能地下放管理权限，要给予职工更多的权力，强调在管理过程中的分权、授权。要重视人的主动特征，把责任最大限度地交给每个人，相信他们能自觉地完成工作任务。应该用"启发与诱导"代替"命令与服从"，用信任代替监督，发挥每个人的主观能动作用。

3）要使员工参与组织的重大问题的决策，使员工获得成就感和满足感。

4）把管理职能的重点放在创造一个使人能充分发挥才能的工作环境上。即通过管理要使工作条件和环境不断得到优化，使个人目标能不断实现，从而也促进组织目标的实现。

"Y 理论型"管理方式强调不仅仅用金钱、人际关系等外部因素来激励员工努力工作，而是要给予员工来自工作本身的内在激励，强调管理职能的重点是创造一个使人能充分发挥才能的工作环境。在这种管理模式下，员工不仅有归属感，而且更有自豪感和成就感，使人的需求得到了更高层次的满足。但是，经过实践，人们发现："Y 理论型"管理方式并非在任何条件下都比"X 理论型"管理方式优越，人们的需要在不同的制度、不同的时期、不同的环境下是很不相同的，管理思想和管理方式应根据人员素质、工作特点、环境情况等而定，不能一概而论。这便产生了"复杂人"的假设及"超 Y 理论"的管理方式。

### 四、"复杂人"的假设与"权变型"的管理方式

#### 1. "复杂人"假设的主要内容

"复杂人"假设，是由美国管理学家莫尔斯和洛希经过比较实验和问卷调查后，在 1970 年发表的论文《超 Y 理论》中提出的，因而也称为"超 Y 理论"，其主要观点是：

1）人的需要是多种多样的，并且人们是怀着许多不同的需要加入工作组织的。

2）人的需要不仅是多样的而且是多变的。这是指在人的各种需要中，人的主导需要是随着时间、地点、环境的不断变化而变化的。而且由于人在组织中的工作和生活条件是不断变化的，因而会产生新的需要和动机。也即组织的类型、组织的文化建设对人的需要有很大的影响，它能引导、培养、改变、造就一个人的需要。

3）参加组织的人各自有不同的情况。有的人自由散漫，不愿参与决策，不愿承担责任，需要正规化的组织机构和严格的规章制度加以约束；有的人责任心强，积极向上，则需要更多的自治、责任和发挥创造性的机会，去实现尊重和自我实现的需要。

4）当一个目标达到后，能激起员工的胜任感与成就感，使他们为达到新的、更高的目标而努力。

#### 2. 相应的"权变型"的管理方式

基于上述"复杂人"假设，相应的管理方式应是"权变型"管理方式，也称为"超 Y 理论型"管理方式。

1）强调管理要有针对性。认为没有普遍适用的、一成不变的、最好的管理方式。要求主管人员要根据具体员工的能力、动机、性格的不同，采用灵活多样的管理方式。如对有些人（如懒惰、缺乏进取心者）适用"X 理论型"管理方式，而对另一些人（如富有责任心、工作主动者）则适用"Y 理论型"管理方式。

2）组织形式、职工培训、工作分配、工作报酬和控制程度等，都要从工作性质、工作目标、员工素质等方面进行综合考虑，不能千篇一律。

这种管理方式的核心是强调随机应变，以变应变，强调管理的不断创新。将管理的重点

放在"管理功能"与"工作环境"的关系上。该管理方式灵活,运用得当可以使每个职工都得到满足,充分发挥他们的自主性和创造性。但这种管理方式也存在着缺陷:不易操作,需要管理者有很高的创造性和艺术性,并且过于强调各种具体的条件和情况,而忽视普遍性规律的研究,只强调个性,否认共性。

对上述人性假设经过认真分析和研究之后,我们不难发现都存在一个共同的不足之处,就是其理论研究的出发点,多半是从管理当局与员工对立为基本前提。有鉴于此,便产生了"文化人"的假设。

### 五、"文化人"的假设与"Z 理论型"的管理方式

#### 1. "文化人"的假设的主要内容

"文化人"的假设是于 20 世纪 80 年代提出的。"文化人"假设的基本思想是:人是文化的人,人的价值观、行为方式无不打着深深的文化烙印,由企业职工及其特有的文化传统、文化心态、文化水准而形成的企业整体文化素质,对于一个企业的生存和发展具有无可替代的重大作用,因此企业管理要注重培育企业文化,真正地发挥劳动者内在的劳动热情和智慧,充分实现劳动者的自身价值。

"文化人"假设提出的背景是,第二次世界大战后日本由原来的战败国经过短短的二三十年发展成为世界上的经济强国,甚至对先进管理理论的输出国美国也产生了很大的冲击。于是美国的经济学家和管理学家开始研究日本经济奇迹的奥秘,这些学者把目光集中在美日的文化差异上,并有了惊人的发现,相继出版了一系列的企业文化书籍。如《日本名列第一》、《日本的管理艺术》、《追求卓越》等,而其中威廉·大内的《Z理论》一书,最引人注目。威廉·大内认为,日本企业之所以取得成功,并非仅仅得益于现代化的技术,而是在于日本企业特有的文化传统和文化素质,在于日本企业实行了一种与西方迥然不同的新的管理模式,他们把企业看作为一个"命运共同体",强调"微妙性、亲密感、信任感"。为了进一步阐述他的观点,他列出了三种企业管理模式,即以"A型"代表美国的企业管理模式;以"J型"代表日本的企业管理模式;以"Z型"代表接近"J型"的美国企业管理新模式。他对"A型"和"J型"管理模式进行了多视角的、多方面的比较,如表14.1所示。而这些差异存在的原因是文化背景不同。大内因此提出,美国的企业应该结合本国的特点,向日本企业管理方式学习,形成自己的管理方式,即"Z理论型"的管理方式。

表14.1 "A型"与"J型"两种管理模式的区别

| 内容\类型 | 雇用制 | 工资制 | 决策方式 | 责任制 | 人员的晋升和评价 | 职业发展 | 对人员的监督控制 | 企业对员工的关心 |
|---|---|---|---|---|---|---|---|---|
| A型 | 短期雇用 | 个人决定制 | 个人决策 | 个人负责制 | 迅速升迁 | 专业化道路 | 直接控制 | 工作时间内关心 |
| J型 | 长期雇用 | 年功序列制 | 集体协商决策 | 集体负责制 | 缓慢升迁 | 全面发展 | 含蓄的控制 | 全面关心 |

## 2. 相应的"Z理论型"的管理方式

基于"文化人"假设的"Z理论型"管理方式的主要内容是：

第一，以独特的企业文化的构建和培育为主要手段，运用文化的力量调控人们的行为。这种管理方式追求一种企业整体的优势和卓越良好的集体感受，它要求管理者有意识地培育企业共有的价值观、经营理念、行为规范和企业精神等。其中价值观是企业存在的目的、使命，即企业为什么而存在；经营理念是指明企业凭借什么使企业的目的、使命得到实现；企业精神是企业文化的灵魂和核心。如大庆的艰苦奋斗精神，形成大庆文化；邯钢的节约形成了邯钢的成本文化；海尔的创新精神形成了"日高"的创新文化等等。而行为规范是企业形成的独特的规章制度。一个企业要成功，关键是要有独特的企业文化。

第二，采用各种途径来构建和培育独特的企业文化。

1）要汲取古今中外优秀的文化营养去建立。

2）利用各种各样的仪式、活动、庆典来强化企业的价值观和经营理念，形成一种文化氛围。

3）要树立企业的"先进模范人物"，使其成为企业内部鲜活的文化载体，使员工有学习看齐的榜样。

4）每当企业发展到一定时期时，作为企业的经营管理者应对企业以往的发展进行总结提炼。这样做既容易被员工接受，又容易引向社会，从而树立企业的文化个性。

5）要进行企业形象的策划（CIS），主要是对企业三个层次的形象进行策划。第一层次为视角识别，即一看到颜色、图案、形状等就能认出是哪家企业；第二层次为行为识别，统一着装、统一的行为规范等；第三层次为理念识别，提出一些较好的，能反映企业成功经验的口号及经营理念方面的战略。

通过企业文化，使员工形成共同的价值观和共同的行为规范。这一人性化管理方式，是行为科学的发展和继续，但决不是行为科学的简单重复。"Z理论型"管理方式充分发挥文化覆盖人的心理、生理、人的现状与历史的功能，把以人为中心的管理思想全面地突显出来。

上述各种人性假设都只是把人看作是一种资源，但随着知识经济时代的到来，人不仅是一种资源，更是一种资本的认识更加深化，而人作为资本就不会像其他资源一样，由于使用而消耗掉，而是可以通过学习、开发、创新使自身的价值不断提高。于是有了"创新人"的假设。

## 六、"创新人"的假设与"学习创新型"的管理方式

### 1. "创新人"假设的主要内容

20世纪90年代以来，随着知识经济的崛起和信息技术的迅猛发展，使世界进入了以知识为基础的经济时代。知识经济时代呼唤知识管理，而知识管理又需要管理的知识。因此对人性的假设又有了新的发展，即提出了"创新人"（或称"学习人"）的假设。"创新人"的假设的主要代表人物有德鲁克、哈默、彼德·圣洁等。德鲁克在《九十年代的管理》和

《21 世纪管理的挑战》等书中都强调了创新的重要性，强调现代管理者必须成为变革的领导者，必须学会使现有组织具有创新能力，如果不能学会创新，其后果相当严重。哈默和钱皮在《公司再造》一书中提出要对公司的整个运作过程进行根本性的重新思考，并加以彻底的变革，从而使公司的实绩有显著的长进。他们强调公司再造必须以人为中心，发挥"领头人"、"流程主管"和"再造总协调"的重要作用，以发动一场巨大的变革行动。彼德·圣洁在《第五项修炼——学习型组织的艺术与实务》中，提出了学习型组织的理念，指出作为学习型组织的成员应该具有系统思考、超越自我、改善心智模式、建立共同愿景和团队学习的五项修炼技能。这种思想是一种全新的富有变革精神的管理思想，其中"系统思考"体现了管理的系统和动态的变革观，力图"从任何局部的蛛丝马迹中看到整体的变动"；"超越自我"反映了新的价值观和利益观：不是不要个人利益，而是要有更远大的目标，要从长期和整合全局的整体利益出发；"改善心智模式"要求员工在分析事物时，需要把已有的心智模式作为基础，要不断反思和探询他人的心智模式；"建立共同愿景"要变革传统的目标管理，建立融合每个人利益的共同愿景；"团队学习"是指要运用深度会谈来发展员工和团体的合作关系，使个人的力量能通过集体实现。

## 2. 相应的"学习创新型"的管理方式

支持"创新人"假设的人认为，由于组织环境的变化非常迅速，管理要改变被动适应的状况，必须进行全面、彻底的变革，其中，人的不断学习和创新是最重要的内容。因此其相应的管理方式应该是"学习创新型"管理方式，即在这种"人是学习创新人"的人性假设前提下，把对"人"的管理从简单的"资源管理"转向复杂的"资本管理"，加大人力资本的投资，以增强组织的学习为核心，以提高群体智商和创造力为目的，通过培训和教育等手段来培养弥漫于整个组织的学习气氛，提高员工的整体素质，使员工不但能勤奋工作，而且能充分发挥其潜力和创造性的思维能力，实现人与工作的真正融合，使员工活出生命意义，自我超越，不断创新，使人力资本的价值进一步提升，为企业创造更多的价值，从而使企业具有持续学习和创新的能力、具有高于个人绩效总和的综合绩效，使企业成为能持续发展的组织。也即建立起以共同愿景为基础，以团队学习为特征，对顾客负责的扁平化的横向网络管理系统——"学习型组织"以代替传统的以等级为基础，以权力为特征，对上级负责的垂直型纵向线性的管理系统。

"创新人"假设及其相应的管理方式是对传统管理学的人性假设和管理方式的突破，它消除了组织目标和个人目标、管理者与被管理者的对立，这是因为创新将使组织和个人实现双赢。

**案例** —— **A 公司的目标管理**

A 公司自从 2002 年 7 月份开始实行目标管理，当时属于是试行阶段，后来人力资源部由于人员的不断的变动，这种试行也就成了不成文的规定执行至今，到现在运行了

将近一年的时间了。A公司目标管理的程序如下。

一、目标的制定

1. 总目标的确定

上一年末公司总经理在职工大会上作总结报告，向全体职工讲明下一年度大体的工作目标。然后，在年初的部门经理会议上，总经理和副总经理、各部门经理讨论协商确定该财年的目标。

2. 部门目标的制定

每个部门在前一个月的25日之前确定出下一个月的工作目标，并以目标管理卡的形式报告给总经理，总经理办公室留存一份，本部门留存一份。目标分别为各个工作的权重以及完成的质量与效率，由权重、质量和效率共同来决定。最后由总经理审批，经批阅以后方可作为部门的工作最后得分。

3. 目标的分解

各个部门的目标确定以后，由部门经理根据部门内部的具体的岗位职责以及内部分工协作情况进行分配。

二、目标的实施

目标的实施过程主要采用监督、督促并协调的方式，每个月月中由总经理办公室主任与人力资源部绩效主管共同或是分别到各个部门询问或是了解目标进行的情况，直接与各部门的负责人沟通，在这个过程中了解到哪些项目进行到什么地步，哪些项目没有按规定的时间、质量完成，为什么没有完成，并督促其完成项目。

三、目标结果的评定与运用

1. 目标管理卡首先由各部门的负责人自评，自评过程受人力资源部与办公室的监督，最后报总经理审批，总经理根据每个月各部门的工作情况，对目标管理卡进行相应的调整以及自评的调整。

2. 目标管理卡最后以考评得分的形式作为部门负责人的月考评分数，部门的员工的月考评分数的一部分来源于部门目标管理卡。这些考评分数作为月工资的发放的主要依据之一。

但是执行的过程并不是很顺利，每个月目标管理卡的填写或制作似乎成了各个部门经理的任务或者说是累赘，总感觉占了他们大部分的时间或者说是浪费了他们许多的时间。每个月都是由部门办公室督促大家写目标管理卡。除此之外就是一些部门，例如财务部门的工作每个月的常规项目占据所有工作的90%，目标管理卡的内容重复性特别的大；另外一些行政部门的工作临时性的特别的多，每一个月之前很难确定他们的目标管理卡。

另外，有的部门员工反映对本部门的目标管理卡不是很明确，如果领导每个月不对员工解释清楚，员工就不知道自己的工作目标是什么，只是每个月领导叫干什么就干什么，显得很被动。

（案例来源：郭京生. 2008. 绩效管理案例与案例分析. 北京：中国劳动社会保障出版社）

# 习 题

1. 如何理解管理方式的重要性?

2. 管理方式分类的标准有哪些?

3. 什么是目标管理? 怎样评价目标管理方式的优缺点?

4. 怎样提出科学合理的组织目标?

5. 怎样理解"管理方式的哲学基础在于人性假设"?

6. 有哪些人性假设? 与其相适应的管理方式各是什么?

7. 怎样把握不同管理方式之间的关系?

8. A 公司的目标管理总体上存在哪些问题? 为什么会出现这样的问题?

9. 为什么会出现"员工不知道他们的工作目标是什么,领导叫干什么就干什么"的情况? 应该如何解决?

# 参 考 文 献

陈国钧，陆军. 1997. 管理学. 南京：南京师范大学出版社

郭朝阳，何燕珍. 2000. 管理学概论. 北京：科学出版社

郭跃进. 1999. 管理学. 北京：经济管理出版社

何钟秀. 1985. 现代管理学概论. 杭州：浙江教育出版社

黄津孚. 2002. 现代企业管理原理. 4版. 北京：首都经济贸易大学出版社

李兴山. 2002. 现代管理学（修订本）. 北京：中共中央党校出版社

潘大钧. 2003. 管理学教程. 北京：经济管理出版社

乔忠. 2007. 管理学. 2版. 北京：机械工业出版社

芮明杰. 2005. 管理学：现代的观点. 2版. 上海：上海人民出版社

王凤彬，李东. 2001. 管理学. 3版. 北京：中国人民大学出版社

王俊柳，邓二林. 2003. 管理学教程. 北京：清华大学出版社

吴照云. 2001. 管理学原理. 北京：经济管理出版社

周三多，陈传明. 2009. 管理学原理. 2版. 南京：南京大学出版社

朱佳林. 1988. 现代管理学基础：历史、原理、职能、方法. 武汉：中国地质大学出版社

艾尔弗雷德D·钱德勒. 2002. 战略与结构：美国工商企业成长的若干篇章. 孟昕译. 昆明：云南人民出版社

罗伯特·安东尼，维杰伊·戈文达拉扬. 2010. 管理控制系统. 12版. 杜胜利，刘霄仑译. 北京：人民邮电出版社

斯蒂芬·P·罗宾斯，玛丽·库尔特. 2008. 管理学. 9版. 孙健敏等译. 北京：中国人民大学出版社

韦里克，坎尼斯. 2008. 管理学：全球化与创业视角. 马春光译. 北京：经济科学出版社

F. W. 泰罗. 1985. 组织理论与管理. 罗理平，汤明哲，吴思华，林至洪译. 台北：桂冠图书股份有限公司

H. 法约尔. 1982. 工业管理与一般管理. 周安华，林宗锦，展学仲，张玉琪译. 北京：中国社会科学出版社

H. 明茨伯格. 1986. 经理工作的性质. 孙耀君，王祖融译. 北京：中国社会科学出版社

H. 伊戈尔·安索夫. 2010. 战略管理. 邵冲译. 北京：机械工业出版社

DuBrin，Andrew J. 2008. Essentials of Management. South-Western：Division of Thomson Learning

Harold Koontz and Cyril O'Donnell. 1995. Principles of Management：An Analysis of Managerial Functions. New York： McGraw-Hill

Kenneth Andrews. 1994. Concepts of Corporate Strategy. New York: McGraw-Hill

Peter F. Drucker. 2001. Management Challenges for the 21st Century. New York: Harper Collins

# 第二版后记

本书自 2004 年 8 月出版以来，承蒙许多高校师生的厚爱，已多次重印，并被列为浙江省"十一五"重点建设教材。根据多年教学实践及师生的意见，作者对第一版作了重新的修订、补充和完善。本版在基本保持第一版框架结构的基础上，综合管理学近几年的发展情况及管理实践中出现的新问题，增添了管理环境、管理基础工作两章，在各章的结尾增添了相关的管理学经典案例，并对某些章节进行了更新和补充完善。本版试图让广大读者能以更多视角和维度去学习管理学，从而更加深刻地理解和把握管理学原理，领略管理学所带来的魅力。